Patrick Breternitz

Königtum und Recht nach dem Dynastiewechsel
Das Königskapitular Pippins des Jüngeren

Quellen und Forschungen zum Recht im Mittelalter

Herausgegeben von Ludger Körntgen und Karl Ubl
Band 12

Patrick Breternitz

Königtum und Recht nach dem Dynastiewechsel

Das Königskapitular Pippins des Jüngeren

JAN THORBECKE VERLAG

Gedruckt mit Unterstützung der Nordrhein-Westfälischen Akademie der Wissenschaften und der Künste.

Dissertation, angenommen von der Philosophischen Fakultät der Universität zu Köln.

FSC www.fsc.org MIX Papier aus verantwortungsvollen Quellen FSC® C022176

Klimaneutral Druckprodukt ClimatePartner.com/14549-2003-1001

Für die Verlagsgruppe Patmos ist Nachhaltigkeit ein wichtiger Maßstab ihres Handelns. Wir achten daher auf den Einsatz umweltschonender Ressourcen und Materialien.

Bibliografische Information der Deutschen Nationalbibliothek
Die Deutsche Nationalbibliothek verzeichnet diese Publikation in der Deutschen Nationalbibliografie; detaillierte bibliografische Daten sind im Internet über http://dnb.dnb.de abrufbar.

Verlagsgruppe Patmos in der Schwabenverlag AG, Ostfildern
www.thorbecke.de

Umschlaggestaltung: Finken & Bumiller, Stuttgart
Umschlagabbildung: St. Paul im Lavanttal, Stiftsbibliothek, Cod. 4/1, fol. 1v
Satz und Repro: Schwabenverlag AG, Ostfildern
Druck: Memminger MedienCentrum, Memmingen
Hergestellt in Deutschland
ISBN 978-3-7995-6092-4

Inhalt

Danksagung

Es ist mir eine Freude einer Reihe von Personen zu danken, die mich bei meinem Promotionsprojekt unterstützt und begleitet haben. Meinem Erstbetreuer Prof. Dr. Karl Ubl verdanke ich die Anregung, mich mit den Kapitularien Pippins des Jüngeren zu beschäftigen. Ihm gilt mein Dank für seinen Rat und seine Unterstützung in Fragen aller Art, die mich während des gesamten Promotionsprojektes begleiteten. Prof. Dr. Sabine von Heusinger danke ich für Ihre Bereitschaft, die Zweitbetreuung zu übernehmen.

Die Kölner Arbeitsstelle „Edition der fränkischen Herrschererlasse" war mir während der Arbeit an der Dissertation stets eine angenehme und bereichernde Arbeitsumgebung. Dr. Britta Mischke und Dr. Sören Kaschke lasen einzelne Kapitel. Lea Raith, M.A., übernahm die Lektüre des gesamten Manuskripts. Ihnen danke ich für diese Mühe und ihre Korrekturen, Hinweise und Anregungen, die mir sehr weitergeholfen haben. Dominik Trump, M.A., danke ich für seine Hilfe auf dem Gebiet der tironischen Noten. Dr. Michael Glatthaar (Freiburg) hat mich freundlicherweise mit seiner Einschätzung der Überlieferung von Pippins Kapitularien unterstützt. Für die Aufnahme meiner Dissertation in die Reihe „Quellen und Forschungen zum Recht im Mittelalter" gilt man besonderer Dank Karl Ubl und Prof. Dr. Ludger Körntgen (Mainz). Jürgen Weis und dem Jan Thorbecke Verlag danke ich für die Betreuung und Unterstützung während der Drucklegung. Die Nordrhein-Westfälische Akademie der Wissenschaften und der Künste unterstützte dankenswerterweise den Druck dieses Buches mit einem großzügigen Zuschuss.

Meiner Frau danke ich für ihre Unterstützung, ohne die diese Dissertation nicht möglich gewesen wäre. Ihr und unseren drei Söhnen Paul, Herbert und Fritz sei diese Dissertation gewidmet.

1. Einleitung

1.1 Fragestellung

Es besteht kein Zweifel, dass Karl der Große der bekannteste Herrscher des Frühmittelalters ist. Der Aachener Karlspreis, zahlreiche Studien und Monographien legen davon Zeugnis ab. Nach dem Jubiläum der Kaiserkrönung im Jahr 2000 löste der 1200. Todestag im Jahr 2014 eine neue Welle von Interesse und Biographien aus. Aufgrund seiner Bekanntheit und seiner Beliebtheit als Forschungsthema besteht die Gefahr, dass Karl die anderen Karolinger überstrahlt. Für viele Themen wie beispielsweise Christianisierung, Herrschaftsorganisation, Bildungs- und Liturgiereformen lässt sich eine starke Fokussierung der Forschung auf Karl den Großen beobachten.

Sein Sohn Ludwig der Fromme wurde mittlerweile aus dem Schatten seines Vaters befreit und wird nicht mehr nur als gescheiteter Sohn des großen Karl eingestuft.[1] Den Auftakt dieser Neubewertung bildete die 1990 publizierte Tagung „Charlemagne's Heir"[2], die bis heute zahlreiche Studien und Tagungen über Ludwig auslöste, aber immer noch den Namen seines Vaters im Tagungstitel trug. Mittlerweile sind die Urkunden Ludwigs ediert und die Edition seiner Kapitularien ist weit fortgeschritten.[3]

Der Glanz Karls des Großen überstrahlte jedoch nicht nur seinen Sohn, sondern stellte auch seine Vorfahren in den Schatten. Das gilt weniger für seinen Großvater Karl Martell, für den immerhin zwei jüngere wissenschaftliche Biographien vorliegen,[4] als für seinen Vater Pippin den Jüngeren. Zwar hatte Pippin für seine Familie das Königtum errungen, doch war diese Leistung durch Karls Kaiserkrönung übertrumpft worden. Die Beschäftigung mit Pippin fristete in der historischen Mediävistik eher ein Nischendasein. Der erste karolingische König war immer wieder Gegenstand einzelner Aufsätze oder Diskussionen,[5] doch setzte eine intensivere Erforschung der Zeit Pippins erst nach der Jahrtausendwende ein. Dann rückten erneut der Dynastiewechsel und die Diskussion um die Salbung(en) Pippins in den Mittelpunkt, die sich 2001 beziehungsweise 2004 zum 1250. Mal jährten.[6]

Traditionell war die Beschäftigung mit Pippin oft eng mit der Bonifatiusforschung verknüpft. Die späteren Jahre von Pippins Regentschaft fanden dadurch stets weniger Aufmerksamkeit als die Zeit bis zu Bonifatius' Tod 754. So förderte auch die 2004 erschiene Dissertation Michael Glatthaars über Bonifatius

---

1 Vgl. Staubach, Bild Ludwigs.

2 Vgl. Godman – Collins, Charlemagne's Heir.

3 Vgl. Kölzer, Urkunden Ludwigs; Hartmann, Bericht 2018/19, S. X.

4 Vgl. Fouracre, Charles Martel; Fischer, Karl Martell.

5 Vgl. die Literaturüberblicke bei Busch, Herrschaften, S. 119–121; Schieffer, Karolinger, S. 237 f.

6 Vgl. Semmler, Dynastiewechsel; Becher – Jarnut, Dynastiewechsel; Becher, Pippin der Jüngere.

und das Sakrileg viel Neues über Pippin zu Tage.[7] Erik Goosmann beschäftigte sich in seiner Utrechter Dissertation mit der Darstellung von Pippins Herrschaft in den Quellen bis 900.[8] Seit einigen Jahren widmet sich Alain Stoclet einer auf fünf Bände angelegten Biographie Pippins, von der der erste Band über die Zeit vor der Erlangung der Hausmeierwürde bereits 2013 erschienen und der zweite Band im Druck ist.[9] Zum 1250. Todestag am 24.09.2018 fand in Köln ein internationaler Workshop über Pippin statt.[10] Die Pippinforschung hat also in den letzten Jahren Fahrt aufgenommen, und diese Studie über Pippin will sich in die intensivere Beschäftigung mit dem ersten Karolinger auf dem Königsthron einreihen, indem sie das Verhältnis Pippins zum Recht untersucht.

Im Mittelpunkt müssen natürlich seine Kapitularien stehen. Eine Definition dieser Quellengattung fällt nicht leicht. Hubert Mordek schien mit seiner Definition als von den fränkischen Herrschern ausgehende, meist in Kapitel gegliederte Texte, Erlasse, Verordnungen, Verlautbarungen von gesetzgeberischem, administrativem und religiös-belehrendem Charakter einen kleinsten gemeinsamen Nenner gefunden zu haben.[11] Doch erwies sich, wie Karl Ubl betont, auch diese Definition noch als zu eng, da in einigen Fällen nicht sicher zu beurteilen sei, ob der Text vom Herrscher ausgegangen oder an ihn beispielweise als Entwurf herangetragen worden sei.[12]

Ein überliefertes Kapitular Pippins stammt aus der Hausmeierzeit und ist noch stark vom Reformbestreben des Bonifatius geprägt.[13] Aus der Königszeit sind mit dem sogenannten Königskapitular und den Bestätigungen der Konzilien von Ver, Verberie und Compiègne vier Kapitularien erhalten.[14] Hinzu tritt ein Rundschreiben an alle fränkischen Bischöfe aus dem Jahr 765, von dem nur das Exemplar an Lul von Mainz bekannt ist.[15] Als letztes ist noch das sogenannte Pippini capitulare Aquitanicum zu erwähnen, das nur in der Bestätigung Karls des Großen überliefert ist.[16]

Anders als in der Arbeit Mathias Geiselharts über die Kapitularien Lothars I. sollen hier nicht alle Kapitularien Pippins untersucht werden.[17] Vielmehr konzentriert sich die Arbeit auf das Königskapitular. Die sieben Beschlüsse des Königskapitulars behandeln mit Inzest und Ehe, Zöllen, Münzen, Immunitäten und der Rechtspflege sehr heterogene Themen. Die Idee, ein einzelnes Kapitular ins Zentrum einer Monographie zu stellen und es intensiv zu untersuchen, ist

---

7 Vgl. Glatthaar, Bonifatius.

8 Vgl. Goosmann, Memorable Crises.

9 Vgl. Stoclet, Fils, dens., Champs de Mars.

10 Vgl. Breternitz – Ubl, Pippin der Jüngere.

11 Vgl. Mordek, Karolingische Kapitularien, S. 27.

12 Vgl. Ubl, Kapitularien, S. 1.

13 Pippini principis capitulare Suessionense, in: MGH Capit. 1, Nr. 12, S. 28–30.

14 Concilium Vernense, in: MGH Capit. 1, Nr. 14, S. 32–37; Decretum Vermeriense, in: MGH Capit. 1, Nr. 16, S. 39–41; Decretum Compendiense, in: MGH Capit. 1, Nr. 15, S. 37–39.

15 Pippini ad Lullum epistola, in: MGH Capit. 1, Nr. 17, S. 42. Vgl. dazu de Clercq, Législation, S. 145.

16 Pippini capitulare Aquitanicum, in: MGH Capit. 1, Nr. 18, S. 42f.

17 Vgl. Geiselhart, Kapitulariengesetzgebung.

nicht neu. Stefan Esders stellte die Praeceptio Chlotharii in den Mittelpunkt seiner 1997 gedruckten Dissertation.[18] Ein solcher mikroskopischer Ansatz ist natürlich durch die Quellenarmut für die Mitte des 8. Jahrhunderts bedingt, die es einerseits erfordert, die wenigen Quellen besonders intensiv zu studieren, andererseits aber auch überhaupt erst erlaubt, einer einzigen Quelle so viel Aufmerksamkeit zu schenken.

Das Königskapitular aus dem Jahr 754/55[19] entstand in einer turbulenten Zeit der Herrschaft Pippins und bietet sich daher besonders an, um Pippins Umgang mit Recht zu untersuchen. Nach dem Rückzug von Pippins Bruder Karlmann ins Kloster 747[20], dem Dynastiewechsel 751 und dem Tod seines Halbbruders Grifo 753, der auch nach 751 noch Widerstand geleistet hatte,[21] waren auf den ersten Blick alle innerfamiliären Konkurrenten ausgeschaltet und Pippin schien die Herrschaft fest im Griff zu haben. Das Jahr 754 zeigte jedoch, dass Pippin drei Jahre nach dem Dynastiewechsel weniger fest im Sattel saß, als er es sich erhofft haben dürfte. Bereits Ende 753 hatte sich Papst Stephan II. auf den Weg ins Frankenreich gemacht, um Pippin um Beistand gegen die langobardische Bedrohung zu bitten. Auf einer Heeresversammlung in Berny-Rivière beriet Pippin das päpstliche Anliegen mit seinen Großen.[22]

Einhard berichtet in seiner mit deutlichem Abstand zu den Ereignissen verfassten Vita Karls des Großen von Pippins Langobardenfeldzügen als Vorgeschichte und Vergleichsobjekt zu Karls Eroberung des Langobardenreichs. Auch die Versammlung in Berny-Rivière wird erwähnt, ohne dass allerdings Ort und Zeit genannt werden. Dort sollen, so Einhard, gewisse Große so heftig gegen den Kriegszug protestiert haben, dass sie Pippin offen damit drohten, ihm die Gefolgschaft zu verweigern und nach Hause zurückzukehren.[23] Der Widerstand einiger Großen gegen den Kriegszug zeigte die Grenzen von Pippins Macht für alle Beteiligten deutlich auf. Auch die Reise Karlmanns ins Frankenreich, die nicht nur ein Vermittlungsversuch zwischen Langobarden und Franken war, sondern ebenso, wenn nicht sogar vor allem, wie Matthias Becher herausarbeitete,[24] auf die Stärkung der Stellung seines Sohnes Drogo abzielte, bedrohte die Stellung Pippins.

18 Vgl. Esders, Rechtstradition.

19 Zur Datierung vgl. unten Kap. 1.3.

20 Zum Rückzug Karlmanns zuletzt Goosmann, Politics.

21 Zur Bedeutung Grifos als Motivation zum Dynastiewechsel und zu seinem Widerstand nach 751 vgl. Becher, Verschleierte Krise.

22 Vgl. Schieffer, Karolinger, S. 61.

23 Einhard, Vita Karoli magni c. 6, S. 8 Z. 4–11: *Quod prius quidem et a patre eius, Stephano papa supplicante, cum magna difficultate susceptum est; quia quidam e primoribus Francorum, cum quibus consultare solebat, adeo voluntati eius renisi sunt, ut se regem deserturos domumque redituros libera voce proclamarent. Susceptum tamen est tunc contra Haistulfum regem et celerrime conpletum.*

24 Vgl. Becher, Drogo, S. 151. Zur Reise vgl. auch Tangl, Sendung. Auch wenn Karlmanns Tod noch im selben Jahr Pippin sicherlich nicht unwillkommen gewesen sein dürfte, enthalten die Quellen keine sicheren Indizien, die den von Wolf, Bemerkungen, in den Raum gestellten Verdacht eines unnatürlichen Todes stützen könnten.

Stephan II. hingegen bemühte sich unter Einsatz seiner geistlichen Autorität inständig darum, die fränkischen Großen zum Waffengang zu überzeugen.[25] Die Salbung Pippins in St-Denis und die Begründung der geistlichen Verwandtschaft zwischen Papst und fränkischem König durch die Übernahme der Firmpatenschaft für dessen Söhne sind nicht nur als Lohn für Pippins anstehenden Italienzug zu sehen, sondern auch als päpstliches Bemühen, Pippin und seine Königsherrschaft gegen den offen zu Tage getretenen Widerstand eines Teils der Großen zu stärken.[26] Dabei sei es aber, wie Ludger Körntgen betont, um mehr als einen bloßen Tausch von Legitimation gegen militärische Unterstützung gegangen.[27] Gleichzeitig versuchte Stephan II. auch die fränkischen Großen gezielt zu umwerben, für die er einerseits Geschenke mit ins Frankenreich brachte und die er auch in mehreren Schreiben des Codex Carolinus direkt adressierte und um Unterstützung bat.[28]

Das Königskapitular fällt also in eine Zeit, in der der königliche Herrschaftsanspruch Pippins herausgefordert war. Auf militärischem Gebiet gelang es ihm schließlich, in die Offensive zu kommen und den langobardischen König Aistulf in einem schnellen Feldzug zu besiegen, nachdem er es erreicht hatte, genug Große zum Eingriff in Italien zu bewegen.[29] Inwieweit er in dieser Situation auch versuchte, mithilfe des Rechts seinen Führungsanspruch zu sichern, ist Gegenstand dieser Untersuchung.

Wenn Recht in dieser Studie als Untersuchungskategorie gewählt wird, ist zunächst eine Klärung notwendig, was unter Recht im frühen Mittelalter zu verstehen ist. Eng damit verbunden ist die Frage, wie die Menschen im Frühmittelalter oder zumindest die Eliten Recht wahrnahmen und ob Recht für sie, insbesondere für Pippin überhaupt eine eigene Kategorie bildete. Von juristischer wie historischer Seite herrscht heutzutage große Einhelligkeit darüber, dass sich das mittelalterliche Recht, insbesondere das Recht vor dem Aufkommen des gelehrten Rechts im 12. Jahrhundert, durch eine große Alterität gegenüber dem Recht der Gegenwart auszeichnet.

Anders als das moderne, kontinentaleuropäische Recht darf das mittelalterliche Recht nicht als möglichst widerspruchfreies, möglichst alles regelndes und möglichst alle erfassendes System verstanden werden. Vielmehr war das Frühmittelalter von einem starken Rechtspluralismus beziehungsweise einer Multinormativität geprägt.[30] Nicht nur das Personalitätsprinzip der Leges[31],

---

25 Vgl. Ubl, Karolinger, S. 34.

26 Vgl. Caspar, Pippin; Fritze, Papst, S. 63–94; Angenendt, Kaiserherrschaft, S. 155–157; Schieffer, Großreich, S. 100 f.; dens., Karolinger, S. 62 f.; Becher, Merowinger und Karolinger, S. 67–69; Ubl, Karolinger, S. 34–37. Die in der Forschung intensiv behandelte Frage, ob es sich bei der Salbung in St-Denis um die erste oder zweite Salbung Pippins handelt, muss hier nicht diskutiert werden. Vgl. dazu Busch, Herrschaften, S. 73 mit weiterer Literatur.

27 Vgl. Körntgen, Möglichkeiten, S. 383.

28 Vgl. Affeldt, Mitwirkung des Adels, S. 410 f.

29 Zu Pippins Langobardenfeldzügen vgl. Pohl, Papsttum; Wittlinger, Kaiser, S. 34–49; Goosmann, Italienpolitik; Kaschke, Italienfeldzüge.

30 Vgl. Esders, Governanceforschung, S. 170–185; Duve, Multinormativität; Seineke, Rechtspluralismus.

sondern auch die Sonderstellung des Klerus, der nach römischem Recht lebte,[32] trugen zu diesem Pluralismus bei.[33] Trotz der großen Bedeutung des Personalitätsprinzip dürfen räumliche Aspekte nicht vernachlässigt werden. So machte sich unlängst Caspar Ehlers für die Erforschung von frühmittelalterlichen Rechtsräumen stark.[34] Als ein Beispiel für große Rechtsräume führt er Königreiche an, mahnt aber auch an, die Binnenstruktur zu berücksichtigen.[35]

Sicherlich kann das Frankenreich in der Mitte des 8. Jahrhunderts als Rechtsraum beschrieben und untersucht werden, doch ist es nötig, innerhalb eines solch großen Rechtsraums verschiedene Rechtslandschaften zu differenzieren. Das Verhältnis dieser Rechtslandschaften untereinander und die Wechselwirkungen zwischen Rechtslandschaften und Rechtsraum lassen sich aufgrund der Quellenarmut schwer fassen. Schwer zu beurteilen ist, welche Bedeutung der gemeinsamen Klammer Rechtsraum für die einzelnen Rechtslandschaften zukam. Hatten beispielsweise zwei Rechtslandschaften an unterschiedlichen Enden des Frankenreichs mehr gemeinsam als zwei unmittelbar benachbarte Rechtslandschaften, die in verschiedenen Rechtsräumen lagen? Privaturkunden und lokalisierbare Formelsammlungen sind die geeignetsten Quellen, um diesen Fragen nachzugehen. Doch sind diese Quellen nur sehr ungleichmäßig überliefert und erlauben ohnehin nur einen partiellen Blick auf eine vorwiegend orale Rechtskultur. Diese Fragen können in dieser Arbeit nicht untersucht werden. Dennoch ist es wichtig, sie zu problematisieren, weil das Denken in (binnengegliederten) Großrechtsräumen stets die Gefahr in sich birgt, Recht und Rechtsentwicklung einseitig als Top-Down-Prozess zu beschreiben und darüber die Möglichkeit von Bottom-Up-Entwicklungen ebenso aus dem Blick zu verlieren wie von Entwicklungen, die sich sozusagen auf einer Ebene von Rechtslandschaft zu Rechtslandschaft ausbreiteten.

Bei vielen Rechtsphänomen ist die Zahl der Quellenbelege relativ gering, die überdies noch zeitlich und räumlich gestreut sind. Bei der Auswertung dieser Belege ist das Spannungsverhältnis zwischen Rechtsraum und Rechtslandschaften zu berücksichtigen. Etwas überspitzt formuliert, hat die ältere rechtsgeschichtliche Forschung häufig alle Belege aus allen Rechtslandschaften zusammengetragen, die Belege harmonisiert und aus ihnen Rechtsregeln des Rechtsraums rekonstruiert und die Gültigkeit aller dieser Rechtsregeln auf alle Rechtslandschaften des Rechtsraums übertragen. Doch wird dieses Vorgehen der Quellenlage nicht gerecht. Zum einem wird die Entwicklung des Rechts, seine Dynamik zu wenig berücksichtigt. Zum anderen lässt sich bei der dünnen Belegdichte kaum unterscheiden, was typisch für den gesamten Rechtsraum und was eher spezifisch für eine bestimmte Rechtslandschaft war. Auch muss damit gerechnet werden, dass einerseits dasselbe in verschiedenen Rechtslandschaften

31 Vgl. Kannowski, Personalitätsprinzip.
32 Vgl. Kéry, Kleriker.
33 Verstärkt wurde dieser Pluralismus durch die Immunitäten. Vgl. unten Kap. 5.
34 Vgl. Ehlers, Rechtsräume.
35 Vgl. Ehlers, Rechtsräume, S. 83.

unterschiedlich bezeichnet wird und andererseits das verschiedene Rechtstermini in unterschiedlichen Rechtslandschaften dennoch ein und dasselbe meinen.

Generell lassen sich für das frühmittelalterliche Recht das vorgebliche Alter des Rechts und die Gewohnheit als Orientierungspunkte ausmachen, doch handelt es sich nicht um ein Gewohnheitsrecht im modernen Sinne als Komplementärbegriff zum Gesetzesrecht.[36] Um diese Andersartigkeit fassen zu können, führte Karl Kroeschell den Begriff der Rechtsgewohnheit ein.[37] Auch wenn der Begriff Rechtsgewohnheit mittlerweile zumindest in der deutschsprachigen Forschung fest etabliert ist,[38] zeichnet sich bei weitem noch kein Konsens über eine Definition dieses Phänomens ab, zumal das Problem eng verknüpft ist mit der Frage, welcher Rechtbegriff auf das (frühe) Mittelalter anzuwenden sei. Erneut angefeuert wurde die Debatte 2009 durch die Dissertation von Martin Pilch, der anhand der Diskussion um mittelalterliche Rechtsgewohnheiten zu einer allgemeinen, rechtstheoretischen Kritik des Normensystemdenkens ansetzt.[39] Trotz mancher fundamentaler Kritik an seiner Studie[40] gelang es Pilch, die Themen Rechtsgewohnheit und Rechtsbegriff wieder stärker in den Fokus der Forschung zu rücken.[41] Pilch spricht sich zwar explizit gegen die Brauchbarkeit des Normbegriffs und erst recht des Normsystembegriffs aus, bietet aber keine eigene Definition des mittelalterlichen Rechtsbegriffs. Vielmehr spricht er nach mehr als 500 Seiten Diskussion sieben Empfehlungen aus, die bei der Entwicklung eines frühmittelalterlichen Rechtsbegriffes zu berücksichtigen seien.[42]

Ziel dieser Arbeit ist es explizit nicht, diese vor allem unter Rechtswissenschaftlern geführte Debatte voranzutreiben. Es stellt sich auch die Frage nach dem Sinn und Nutzen, den einen Rechtsbegriff des Mittelalters zu definieren. Wenn das mittelalterliche Recht trotz des in jüngerer Zeit wieder stärker betonten Rechtspluralismus und der heterogenen Ausprägungen über Ort und Zeit hinweg auf einen zentralen Kern, ein zentrales Wirkprinzip zurückgeführt werden soll, besteht die Gefahr letztendlich in die alten Muster zurückzufallen und mittelalterliches Recht wieder als ein System in unterschiedlichen Facetten zu denken.

---

36 Vgl. Krause – Köbler, Gewohnheitsrecht, Sp. 364: „G[ewohnheitsrecht] ist das aus Gewohnheit von Menschen entstehende Recht. Es bildet den Gegensatz zu einem unabhängig vom Verhalten von Menschen vorhandenen Recht (Naturrecht) und zu einem von Menschen durch eine bewusste und gewollte Einzelhandlung in einem allgemein anerkannten Verfahren geschaffenen oder gesetzten Recht."

37 Vgl. Kroeschell, Rechtsgewohnheiten.

38 In andere Ländern wurde die Diskussion wie Heirbaut, Unkown treasure, betont, kaum rezipiert.

39 Vgl. Pilch, Rahmen der Rechtsgewohnheiten; dens. Rechtsgewohnheiten.

40 Grundsätzlich gegen die Rolle der Rechtsgeschichte als „Dienerin" der Rechtstheorie wendet sich Luminati, Rechtstheorie, S. 50: „Die Falsifizierung, Validierung oder Rehabilitierung einer (Rechts-)Theorie durch eine rechtshistorische Untersuchung ist meines Erachtens nicht möglich."

41 Vgl. Dilcher Einführung; dens., Rechtsgewohnheit; Esders, Herrschaft und Gewohnheit.

42 Pilch, Rahmen der Rechtsgewohnheiten, S. 531–534.

Aus der Zeit der Karolinger sind keine Reflexionen über den Rechtsbegriff erhalten, so dass die Betroffenen selbst keine direkte Auskunft geben können, ob und wenn ja welchen Rechtsbegriff sie ihrem Handeln zugrunde legten. Auch das Königskapitular enthält keinerlei Hinweise, was die Teilnehmer der Versammlung, auf der dieses Dokument beraten und beschlossen wurde, unter Recht verstanden.

Jürgen Weitzel wendet sich gegen Pilchs Ansatz, Rechtsgewohnheiten und frühmittelalterliches Recht ohne das Denken in Normativität und Geltung zu erfassen, und wirft ihm ein zu enges Verständnis von Normativität und Rechtsgeltung vor. Für ihn selbst sei die Normativität des mittelalterlichen ungelehrten Rechts „schlicht ein rechtliches Sollen, das in irgendeiner näher zu bestimmenden (das heißt auch: zu erforschenden) Weise Verbindlichkeit ausdrückt."[43] Wenn ein solch weites Verständnis von Normativität zu Grunde gelegt wird, geht vom Königskapitular zweifelsohne Normativität aus. Bestimmte Eheverbindungen sollen nicht eingegangen werden (Kapitel 1–3), in bestimmten Fällen sollen keine Zölle erhoben werden (Kapitel 4), Münzen sollen mit einem bestimmten Gewicht geschlagen werden (Kapitel 5), die Immunitäten sollen eingehalten werden (Kapitel 6) und im Streitfall soll in der Regel zunächst das Grafengericht angerufen werden Kapitel 7). Die Normativität im Sinne eines einfachen Sollens dürfte auch den Zeitgenossen bewusst gewesen sein, und zwar unabhängig von der Frage, wie konsequent diese Regelungen in der Praxis befolgt wurden. Ob sie aber diese Bestimmungen einer Sphäre des Rechts zuordneten und sie scharf von anderen normativen Ordnungen wie religiösen Vorstellungen, sozialen Erwartungen und Ähnlichem abgrenzten, dürfte eher zu bezweifeln sein.

Pilch betont auch die enge Verbindung und „Gleichursprünglichkeit" von Recht und Politik, die beide auf die Zähmung von Gewalt und ein friedliches Zusammenleben abzielten und zur Erreichung dieses Ziels der Gewalt bedürften.[44] Dies weist bereit auf die Herausforderung hin, mittelalterliches Recht nicht in Kategorien zu denken, die durch die moderne Gewaltenteilung geformt sind. Doch muss festgehalten werden, dass Recht und Politik auch im Frühmittelalter nicht gleichzusetzen sind. Recht und Politik unterscheiden sich sowohl in Hinsicht auf ihren Zeithorizont als auch hinsichtlich ihres Abstraktionsgrades.[45] Natürlich darf der Abstraktionsgrad von Rechtsquellen des 8. Jahrhunderts nicht an modernen Maßstäben gemessen werden. Aber konkrete Formulierungen in Rechtsquellen schließen abstraktes Rechtsdenken auch nicht aus. Wenn Kapi-

---

43 Vgl. Weitzel, Zweiter Paradigmenwechsel, S. 64–65.

44 Vgl. Pilch, Rahmen der Rechtsgewohnheiten, S. 534.

45 Vgl. Esders, Rechtliche Grundlagen, S. 432: „Vielmehr entsteht ‚Recht' im Ringen politischer Institutionen und gesellschaftlicher Gruppen darum, Richtlinien des gemeinsamen Zusammenlebens zu verobjektivieren, sie innergesellschaftlich erwartbar zu machen. Dabei spielten auch ‚Machtfragen' eine nicht unerhebliche Rolle, doch ist eine wesentliche Eigenheit des Rechts im Unterschied zur bloßen ‚Macht' im Sinne der Rechtssoziologie darin zu sehen, dass rechtlichen Normen ein höheres Maß an Abstraktion, an situationsunabhängiger Dauerhaftigkeit und damit an gesellschaftlicher Erwartbarkeit und Konsensfähigkeit eignet."

tularien wie das Königskapitular beispielweise konkrete Eheverbote anstatt einer abstrakten Inzestdefinition bieten, muss das kein Beleg für ein wenig abstraktes Rechtsdenken der Teilnehmer der Versammlung sein, auf der dieses Kapitular beraten und beschlossen wurde, sondern könnte ebenso eine Antizipation der eingeschränkten Abstraktionsfähigkeit möglicher Rezipienten sein.

Ausgelöst durch eine Kontroverse zwischen Johannes Fried und Hans-Werner Goetz wurde in den letzten Jahrzehnten intensiv über Staatlichkeit im frühen Mittelalter diskutiert.[46] Die Debatte blieb vor allem auf die deutschsprachige Forschung beschränkt.[47] Auch bei dieser Diskussion geht es letztendlich um die Frage der Abstraktionsfähigkeit, und zwar um die Frage, welcher Grad von abstraktem Denken über herrschaftliche Ordnung den frühmittelalterlichen Quellen zu entnehmen ist.[48] Die Frage nach der Staatlichkeit des Frankenreichs im 8. Jahrhundert ist auch für die Interpretation des Königskapitulars von Belang, und zwar sowohl, was einzelne Bestimmungen betrifft, als auch in Hinsicht auf das Dokument in seiner Gesamtheit.

Hanna Vollrath stieß zu Beginn der 1980er Jahre die Diskussion um die Oralität der frühmittelalterlichen Rechtswelt an.[49] Von Seiten der Rechtsgeschichte nahm vor allem Gerhard Dilcher diesen Impuls auf und legte zahlreiche Studien zum Zusammenhang zwischen Oralität und Rechtsgewohnheiten vor.[50] Auch wenn Kroeschell einwirft, dass Rechtsgewohnheiten nicht per se an orale Rechtskulturen gebunden seien, sondern ebenso in schriftlichen Rechtskulturen bis hin zur Gegenwart anzutreffen seien,[51] so kann die frühmittelalterliche Rechtswelt als vorwiegend oral klassifiziert werden. Nur vorwiegend oral war sie, weil eben doch in Form von Urkunden, Leges und Kapitularien schriftliche Rechtsquellen existierten, auch wenn der Einfluss schriftlicher normativer Quellen auf die Rechtswirklichkeit stark umstritten ist.[52]

Andreas Thier plädiert dafür, auch den Einfluss der „benachbarten Schriftkultur" der Kirche auf diese vorwiegend orale Rechtskultur zu berücksichtigen.[53] Pilch vertritt die These, dass erst Schriftlichkeit eine bewusste Veränderung des Rechts im Sinne von Gesetzgebung ermögliche.[54] Doch stellt sich die Frage, warum orale Gesellschaften grundsätzlich nicht in der Lage sein sollten, die Regeln, nach denen sie leben, bewusst zu verändern. Thier ist daher sicherlich zuzustimmen, wenn er in diesem Punkt eher einen quantitativen als einen qualitativen Unterschied zwischen schriftlicher und mündlicher Rechtskultur

46 Zur Kontroverse vgl. zusammenfassend Jarnut, Anmerkungen, mit weiterer Literatur.
47 Vgl. Schieffer, Internationale Forschung, S. 49.
48 Vgl. Busch, Herrschaften, S. 57, 113f. mit weiterer Literatur.
49 Vgl. Vollrath, Typik oraler Gesellschaften. Die Wirkung von Vollraths Aufsatz untersucht Esders, Herrschaft und Gewohnheit.
50 Zusammenfassend Dilcher, Rechtsgewohnheit.
51 Vgl. Kroeschell, Rechtsgewohnheiten, S. 61.
52 Vgl. Wormald, Lex scripta; Nehlsen, Aktualität.
53 Vgl. Thier, Rechtsgewohnheiten, S. 42.
54 Vgl. Pilch, Rechtsgewohnheiten, S. 28.

konstatiert.[55] Auch sei noch einmal daran erinnert, dass im 8. Jahrhundert keine rein orale Rechtskultur für das Frankenreich zu konstatieren ist.

Was das Königskapitular betrifft, so stellt sich die Frage nach dem Referenzpunkt der darin enthaltenen Beschlüsse. Konkret geht um die Frage, ob der Referenzpunkt eher in den schriftlichen Rechtsquellen zu suchen ist (schließlich handelt es sich beim Königskapitular ja auch um eine schriftliche Rechtsquelle) oder doch eher in mündlich vermittelten Rechtsgewohnheiten. Pauschal lässt sich diese Frage nicht beantworten. Bezüge zu Schriftquellen lassen sich in mehreren Fällen aufzeigen und teilweise weist auch viel auf die Verwendung schriftlicher Vorlagen hin. Auf der anderen Seite stehen jedoch auch Beschlüsse, für die sich keine schriftliche Referenzquelle finden lässt. Gleichzeitig berühren die Beschlüsse teilweise auch Themen, die so elementar und zentral sind, dass kaum vorstellbar ist, dass sie nicht jedem Versammlungsteilnehmer bekannt gewesen sein dürften.

Hinzu kommt das Problem, dass in vielen Fällen unbekannt oder nur mühevoll zu rekonstruieren ist, in welchem Verhältnis die Beschlüsse zu früheren Rechtsgewohnheiten und Rechtsregeln stehen. Daher ist dieses Verhältnis in jedem Einzelfall zu untersuchen, um zu klären, ob das Königskapitular oder zumindest Teile davon überhaupt Gesetzgebung im Sinne einer bewussten Andersgestaltung des Rechts waren oder ob es nicht vielmehr um das Wiedereinschärfen in Vergessenheit geratener oder nicht ausreichend befolgter Regeln ging. Auch darf der Apekt der Selbstvergewisserung nicht außer Acht gelassen werden. Es ist daher auch zu fragen, ob nicht das Inszenieren von Konsens unter Pippin und den Großen im Mittelpunkt stand und Pippins Einsatz für Recht und Gerechtigkeit gezeigt werden sollte.

Doch bevor näher auf das Verhältnis von Kapitular und Konsens eingegangen wird, muss noch ein weiterer Aspekt der frühmittelalterlichen oralen Rechtskultur angesprochen werden, und zwar die Sprache dieser Rechtskultur. Die Sprache des Rechts im 8. Jahrhundert war in erster Linie die Volkssprache. Sie war ebenso die Sprache des Gerichts wie auch der Versammlungen, auf denen über Recht beraten und Kapitularien beschlossen wurden. In ihr wurde Recht gedacht sowie individuell und kollektiv erinnert. Bis auf wenige Ausnahmen wie beispielsweise den Malbergischen Glossen zur Lex Salica liegen Rechtsquellen allein auf Latein vor.[56] Auskunft über die fränkische Rechtswelt geben somit lediglich Quellen, die in einer Sprache verfasst sind, die sowohl für die modernen Forscher als auch für die Verfasser der Quellen selbst eine Fremdsprache bildet.

Was das 8. Jahrhundert betrifft, so ist eine unterschiedliche Nähe beziehungsweise Ferne zwischen der Muttersprache und der lateinischen Rechtssprache zu konstatieren. In den germanischsprachigen Gebieten des Frankenreichs trat die sprachliche Distanz besonders deutlich zu Tage. Hier war das Lateinische eindeutig eine Fremdsprache. Schwieriger zu beurteilen ist die

55 Vgl. Thier, Rechtsgewohnheiten, S. 41.
56 Vgl. Ubl, Sinnstiftungen, S. 81 f.

Sprachsituation westlich der Sprachgrenze. Marc van Uytfanghe beschreibt das Verhältnis zwischen romanischer Volkssprache und lateinischer Sprache in der Mitte des 8. Jahrhunderts überzeugend als unbewusste intralinguale Diglossie.[57] Das bedeutet, dass es einerseits im Gegensatz zu einem Dialekt-Sprachkontinuum bereits eine deutliche Distanz zwischen Romanisch und Lateinisch gab und andererseits das Lateinische nicht mehr Muttersprache war, auch wenn sich die romanische Volkssprache natürlich deutlich weniger von der lateinischen Hochsprache unterschied als das Fränkische. Durch die karolingischen Reformen sei das Sprachniveau des Lateinischen erhöht und damit die Distanz zur romanischen Volkssprache vergrößert worden.[58] Zudem seien zu Beginn des 9. Jahrhundert erstmals Reflexionen über den Unterschied zwischen romanischer Volkssprache und lateinischer Sprache überliefert, weshalb van Uytfanghe diese folgende Periode als die Zeit der bewussten intralingualen Diglossie bezeichnet. Die Frage, ob aus dem Fehlen von früheren Belegen für derartige Reflexionen, auf das grundsätzliche Fehlen solcher Reflexionen im 8. Jahrhundert geschlossen werden darf, soll hier nicht weiter vertieft werden. Wichtiger ist die Feststellung, dass das Lateinische auch für die romanischsprachige Bevölkerung in der Mitte des 8. Jahrhundert bereits keine Muttersprache mehr war. Das genaue Verhältnis zwischen der romanischen und der lateinischen Rechtssprache entzieht sich aufgrund fehlender Belege für die erstere der Beobachtung.[59]

Die Übersetzungswissenschaft betont, dass Übersetzungen ihre Vorlage niemals eins zu eins abbilden können und immer Interpretationen bleiben. Bei der Annäherung an die Rechtswelt des 8. Jahrhunderts schlägt der Übersetzungsfaktor gleich zweimal zu Buche. Um das rechte Verständnis der lateinischen Rechtsquellen wird seit Generationen gerungen. Zahlreiche Forschungen zur historischen Semantik, Studien zu einzelnen Rechtsphänomen und das Voranschreiten großer lexikographischer Projekte wie des Mittellateinischen Wörterbuchs haben zu einem immer reflektierteren und subtileren Verständnis der Quellen geführt. Über diese Fortschritte bei der Quelleninterpretation darf jedoch nicht vergessen werden, dass die Autoren dieser Quellen keiner Muttersprachler waren und ihr Umgang mit der lateinischen Sprache weit weniger reflektiert und subtil war, als die moderne Forschung manchmal voraussetzt.

Die gegenüber dem klassischen Latein zahlreichen, elementaren Fehler in Morphologie und Syntax machen es nicht unwahrscheinlich,[60] dass es in der Mitte des 8. Jahrhunderts bei vielen auch um die Beherrschung der Semantik nicht immer zum Besten stand. Eine direkte Beurteilung der Übersetzungsleistungen ist aufgrund des Fehlens volkssprachiger Rechtsquellen nicht möglich. Dirk Heirbaut weist jedoch bezüglich dieses Problems auf hochmittelalterliche Rechtsquellen aus Flandern hin. Die altfranzösischen und mittelniederländi-

57 Vgl. van Uytfanghe, Diachronie latino-romane, S. 437 f.

58 Vgl. van Uytfanghe, Diachronie latino-romane, S. 435–437.

59 Generell ist festzuhalten, dass die sprachwissenschaftliche Forschung und Modellbildung vor allem auf der Beobachtung von phonetischen und morphologischen (und in geringerem Umfang syntaktischen) Entwicklungen fußt.

60 Vgl. Stotz, Handbuch.

schen Quellen ließen die Verwendung einer konsequenten und reflektierten Rechtsterminologie erkennen, während in den zeitgenössischen lateinischen Rechtsquellen das Gegenteil der Fall sei.[61] Dieser Befund lässt sich sicherlich zumindest teilweise auf das Frankenreich des 8. Jahrhunderts übertragen, so dass von einer eingeschränkten Fähigkeit auszugehen ist, die vorwiegend orale und volkssprachliche Rechtswelt schriftlich und auf Latein zum Ausdruck zu bringen.

Im Einzelfall lässt sich nicht mehr überprüfen, wie präzise und adäquat die Bestimmung eines Kapitulars wie des Königskapitulars auf Latein das abbildet, was auf der dahinterstehenden Versammlung in der Volkssprache verhandelt und beschlossen wurde. Auch wenn das Königskapitular an einigen Stellen für die moderne Forschung mit ihrem fragmentarischen Wissen über die fränkische Rechtswelt nur schwer oder nicht eindeutig verständlich ist, darf dies nicht Anlass sein, frei zu spekulieren, was der Verfasser des Textes wohl gemeint haben könnte oder dürfte. Ausgangspunkt der Quelleninterpretation muss stets der überlieferte beziehungsweise der textkritisch rekonstruierte Quellentext bleiben. Doch darf die Sprachenproblematik bei der Beurteilung der Tragfähigkeit der aus dieser Quelleninterpretation gewonnenen Erkenntnisse nicht aus dem Blick geraten. Zumindest sollte sie zur Vorsicht mahnen, zu präzise und zu subtile Aussagen zu unterstellen, bei denen völlig unklar ist, ob die Sprachfähigkeit ihrer Autoren solch feine Differenzierungen überhaupt zuließ.

Bereits erwähnt wurde der Begriff Konsens beziehungsweise das Konzept der konsensualen Herrschaft, das Bernd Schneidmüller in seinem berühmten Essay von 2000 als Erklärungsmodell mittelalterlicher Herrschaft zur Diskussion stellte und das von der Mediävistik stark rezipiert wurde.[62] Steffen Patzold warnt davor konsensuale Herrschaft zum analytischen Begriff zu erheben, weil der Begriff in seinen Augen noch unterdefiniert sei.[63] Er beobachtet, dass sich der Begriff *consensus* im Sinne eines in Gemeinschaft etablierten und gottgewollte Einigkeit demonstrierenden Konsenses in der merowingischen Zeit lediglich in den Konzilstexten finden lasse, während er erst in der Karolingerzeit in den von weltlichen Versammlungen ausgehenden Dokumente anzutreffen sei.[64] Diese Beobachtung bringt er in Verbindung mit einem neuen Verständnis von *ecclesia* und wirft die Frage auf, welche Akteure für diese Transformation des späten 8. Jahrhunderts, die besonders in der Admonitio generalis von 789 sichtbar werde, verantwortlich seien.[65] Hier deutet sich ein Problem an, das im Laufe dieser Arbeit immer wieder anklingen wird, und zwar dass aufgrund der gegebenen Überlieferungssituation vieles erstmals unter Karl dem Großen belegt ist und dann zu fragen ist, ob es sich um ein unter Karl dem Großem neues

61 Vgl. Heirbaut, Rechtsgewohnheiten, S. 56.

62 Vgl. Schneidmüller, Konsensuale Herrschaft. Zum Zusammenhang von Recht und Konsens vgl. vor allem den gleichnamigen Sammelband Epp – Meyer, Recht und Konsens.

63 Vgl. Patzold, Konsens, S. 267–274.

64 Vgl. Patzold, Konsens, S. 296.

65 Vgl. Patzold, Konsens, S. 296.

Phänomen oder lediglich um eine unter Pippins Sohn erstmals belegte Erscheinung handelt.

Das Königskapitular selbst enthält keinerlei Formulierungen, die explizit den Konsens der Beteiligten betonen. Beim Konzil von Ver von 755, finden sich in mehreren Beschlüssen deutliche Bezüge auf Konsens.[66] Aus Bayern beinhalten die ebenfalls in den 750er Jahren entstandenen Decreta Tassilonis ebenfalls Betonungen des Konsens.[67] Differenziert man zwischen den eigentlichen Versammlungen auf der einen Seite und den von diesen Versammlungen ausgehenden Dokumenten (Kapitularien, Konzilskanones) auf der anderen Seite, so stellt sich die Frage nach dem Verhältnis von Konsens auf der Versammlung und Konsensbekundungen in den entsprechenden Quellen. Letztendlich geht es um die Frage, ob aus fehlenden expliziten Konsensäußerungen in diesen Dokumenten, auf eine geringe oder fehlende Relevanz von Konsens und Konsensbekundungen auf diesen Versammlungen geschlossen werden darf. So betont der Fredegarfortsetzer den Konsens und die Zustimmung aller Franken in Bezug auf die Gesandtschaft an Papst Zacharias.[68] Die fehlende Zustimmung einer Gruppe von Großen zum ersten Langobardenzug Pippins, von der Einhard berichtet, zeigt, dass der Konsens der Großen keine Selbstverständlichkeit war. Es lohnt daher nicht nur auf explizite Konsensäußerungen in den Quellen zu achten, sondern auch unter rechtlich-inhaltlichen Aspekten nach Konsens in den Beschlüssen des Königskapitulars zu suchen. Auch wenn die Quellen keine direkten Informationen darüber überliefern, liegt es nahe, dass das anfängliche, öffentliche Scheitern der Konsensfindung bezüglich des ersten Langobardenfeldzug so kurz nach dem Dynastiewechsel, Pippin unter Zugzwang setzte, den Konsens unter den Großen wiederherzustellen. Eine besondere Herausforderung für Pippin dürfte die Integration der ehemaligen Unterstützer Grifos und Drogos gewesen sein.

Insgesamt kam es weniger auf die Freiwilligkeit der Konsensbekundung oder die Überzeugung der Beteiligten[69] an als auf die Selbstbindung der Großen an den durch Konsens hergestellten Kompromiss oder Entschluss, wodurch die Legitimität des Konsens begründet wird und überhaupt erst die Voraussetzung für eine Umsetzung geschaffen werden kann.[70] Die fränkischen Großen dürfen dabei weder vor noch nach dem Dynastiewechsel als monolithischer Block verstanden werden. Vielmehr deuten sich in den Quellen Konflikte unter den Großen und auch unterschiedliche Ziele und Positionen an.[71] Aufgrund der Überlieferungssituation beleuchten die Quellen schlaglichtartig die eine Familie der Pippiniden/ Karolinger, während die anderen Großen kaum in Erscheinung

---

66 Vgl. Glatthaar, Konzilsdekret.

67 Vgl. Siems, Herrschaft, S. 320–334.

68 Continuationes chronicarum quae dicuntur Fredegarii Scholastici c. 31, S. 182 Z. 10f.: *Quo tempore una cum consilio et consensu omnium Francorum missa relatione ad sede apostolica,* [...]. Zur Gesandtschaft zuletzt Kölzer, Usurpation.

69 Vgl. Meyer, Konsens, S. 21f.; Patzold, Konsens, S. 272.

70 Vgl. Esders, Consensus iuris, S. 467–471; dens., Governanceforschung, S. 185–206.

71 Vgl. Ebling, Opposition; Airlie, Carolingian Aristocracy; dens. Supporters and Opponents.

treten. Zwar ist die Zahl der namentlich bekannten Großen und Amtsträger gar nicht so gering,[72] doch sind die meisten dieser Personen und vor allem ihre Beziehungen untereinander überhaupt nicht oder nur schemenhaft erkennbar. Selbst dort, wo sich verwandtschaftliche Beziehungen rekonstruieren lassen, ist Vorsicht geboten, wenn es darum geht, die Auswirkungen dieser Beziehungen auf konkretes Handeln abzuschätzen. Pippins eigene Familie ist das beste Beispiel dafür, dass Verwandte eine wichtige Rolle im Netzwerk der Macht spielen konnten, dass es aber ebenso Verwandte gab, die nicht Teil dieses Netzwerks waren oder aus ihm ausgeschlossen wurden.

Schon vor dem Dynastiewechsel hatte Pippin als Hausmeier eine führende Stellung unter den Großen eingenommen. Es lassen sich keine Anzeichen beobachten, dass der Dynastiewechsel größere Auswirkungen auf die Zusammensetzung der Großen hatte. Pippin musste also auch als König seinen Führungsanspruch mehr oder weniger gegenüber denselben Personen behaupten wie zuvor. Als Hausmeier war er zwar der mächtigste Große im Frankenreich gewesen, aber im Prinzip war er immer noch einer der Ihren geblieben. Als König zählte er nun nicht mehr zu den Großen, sondern stand für alle sichtbar über ihnen. Helmut Reimitz konnte anhand der Königsurkunden und dem Umgang mit dem Frankentum zeigen, wie sehr Pippin versuchte, ein gemeinsames Gruppengefühl zwischen sich und den Großen zu fördern.[73]

Das Königtum eröffnete Pippin eine Reihe von neuen Handlungsfeldern und Optionen. Darin lag einerseits die große Chance, seine Herrschaft mithilfe des Königtums weiter auszubauen. Andererseits war damit auch die Herausforderung verbunden, diese Handlungsfelder zu besetzen. Deshalb gilt es, in dieser Studie ein besonderes Augenmerk auf das Verhältnis zwischen Königskapitular und Königtum zu legen. Königtum bedeutet dabei mehr als bloßer königlicher Führungsanspruch. Denn bereits in merowingischer Zeit kam es, wie vor allem Eugen Ewig und Yitzhak Hen herausarbeiteten, zu einer Christianisierung des Königsgedankens, an den die Karolinger nahtlos anknüpften.[74] Natürlich wurden Faktoren wie militärische Stärke und kriegerischer Erfolg nicht obsolet.[75] Daneben traten aber nun christliche Herrschertugenden wie Frömmigkeit, Milde oder Gerechtigkeit. Die Bedeutung dieser Tugenden für das Königtum Pippins spiegelt sich auch im Königskapitular wider.

Diese Arbeit folgt im Aufbau der durch das Kapitular vorgegebenen Reihenfolge. Teilweise werden auch mehrere miteinander zusammenhängende Beschlüsse gemeinsam behandelt. Die Untersuchung der jeweiligen Beschlüsse oder Gruppen von Beschlüssen orientiert sich dabei jeweils an drei Fragen: Was legt der Beschluss eigentlich fest? Wie verhält sich dieser Beschluss zu anderen einschlägigen Quellen der Zeit, falls vorhanden? Warum könnte dieser Beschluss in dieser Form ausgerechnet im Rahmen des Königskapitulars getroffen worden

---

72 Vgl. Isel, Prosopographie.

73 Vgl. Reimitz, *Viri inlustres*; dens., History. Zum Frankentum vgl. unten Kap. 4.2.3.

74 Vgl. Ewig, Königsgedanken; Hen, Christianisation; dens. Kultur und Religion.

75 Zur Bedeutung von Krieg und vor allem dem Verteilen von Beute für die Herrschaft der Karolinger vgl. Reuter, Plunder.

sein? Abstrakter formuliert: Es geht um Textverständnis, Kontextualisierung im Diskurs und historische Einordnung.

Unterschiedliche Rechtsthemen erfordern auch unterschiedliche Zugriffe in den einzelnen Kapiteln dieser Arbeit. Teils ist dies im Beschluss selbst begründet, teils bedingt sich dies durch die Quellen, die zur Interpretation und Kontextualisierung der Kapitularsbeschlüsse herangezogen werden können.[76] Das Königskapitular soll in dieser Arbeit jedoch mehr als ein bloßer Anlass zu rechtshistorischen Einzelstudien zu den im Kapitular behandelten Rechtsthemen sein. Das Ziel ist vielmehr die Interpretation des Kapitulars in seiner Gesamtheit als wichtige Quelle aus der Zeit kurz nach dem Dynastiewechsel und die Beantwortung der daran anknüpfenden, übergeordneten Frage von der Bedeutung des Rechts für Pippin und sein Königtum. Dieses Ziel macht jedoch zunächst einige Vorüberlegungen zur Authentizität, Überlieferung und Datierung des Königskapitulars nötig, bevor die einzelnen Beschlüsse selbst in den Mittelpunkt rücken können.

1.2 Authentizität und Überlieferung des Königskapitulars[77]

Das Königskapitular Pippins, das von seinem letzten Editor, Alfred Boretius, den Kunsttitel Pippini regis capitulare erhielt und von seinem vorherigen Editor Georg Heinrich Pertz Pippini regis capitulare incerti anni genannt wurde, ist ohne eine Praefatio oder ähnliches überliefert.[78] Lediglich ein Incipit, das in drei Handschriften überliefert ist, gibt einen Hinweis auf den Ursprung der Kapitelliste: „Es beginnen die Kapitel der anderen Synode, die unter dem Herrn König Pippin selbst stattfand."[79] Das bedeutet, dass das Kapitular auf eine Versammlung zurückgeht, zu der unter dem Vorsitz Pippins sowohl weltliche als auch geistliche Große zusammenkamen.

Dass die letzten drei Kapitel des Kapitulars mit Münzgewicht, Immunitäten und Gerichtswesen eher weltliche Themen behandeln, führte zu Zweifeln, ob es sich bei dem Text überhaupt um das Produkt einer Synode handeln könne.[80] Eine scharfe Trennung zwischen rein weltlichen Versammlungen auf der einen und rein geistlichen Versammlungen auf der anderen Seite scheint es in der Mitte des 8. Jahrhunderts jedoch nicht gegeben zu haben. Für die Synoden von Les

---

76 So liegt es beispielsweise in der Natur der Sache, dass Zollurkunden eine andere Herangehensweise erfordern als Münzen oder Vorlagen nur behandelt werden können, wenn entsprechende Quellen überliefert sind.

77 Die hier für die Überlieferung des Königskapitulars verwendeten Siglen stammen von Mordek, Bibliotheca capitularium. Eine Übersicht der hier vorkommenden Siglen findet sich auch im Anhang dieser Arbeit (Kap. 7.2) und online unter http://capitularia.uni-koeln.de/mss/key/.

78 Pippini regis capitulare, in: MGH Capit. 1, Nr. 13, S. 31 f.; Pippini regis capitulare incerti anni, in: MGH LL 1, Nr. 17, S. 30 f.

79 P, V und V_{20}: *INCIPIUNT CAPITULA DE ALIA SINODO* [V: *SYNODO*] *SUB IPSO DOMNO REGE PIPPINO FACTA* [V_{20}: *FACTO*].

80 Vgl. Hartmann, Synoden, S. 68.

Estinnes und Soissons in den 740er Jahren ist die Anwesenheit von weltlichen Großen ausdrücklich bezeugt.[81] Auch einige der dort behandelten Themen wie die Entschädigung entfremdeten Kirchenguts berühren sowohl die geistliche als auch die weltliche Sphäre. Anders als in der Zeit Ludwigs des Frommen wird der Begriff *synodus* im 8. Jahrhundert noch nicht ausschließlich für Versammlungen benutzt, die exklusiv von geistlichen Großen besucht wurden.[82] Dies wird bei den bereits genannten zwei Versammlungen der 740er Jahre deutlich. Die neben geistlichen Großen auch von *comites* und *praefecti* besuchte Veranstaltung in Les Estinnes wird als *synodalis conventus* bezeichnet, die auch von *comites* und *obtimates Francorum* besuchte Veranstaltung in Soissons als *synodus vel concilium.*[83]

Vor diesem Hintergrund erscheinen die Zweifel, dass auf einer *synodus* nicht über Münzen, Immunitäten und das Gerichtswesen beraten werden konnte, unbegründet.[84] Selbst die scharfe Trennung zwischen weltlichen und geistlichen Themen scheint, wie im Laufe dieser Arbeit ausführlich gezeigt werden wird, nicht angebracht zu sein: Münzen wurden unter Pippin auch von kirchlichen Großen und Institutionen geprägt, Immunitäten betrafen Kirchen ohnehin und das siebte Kapitel zum Gerichtswesen geht sogar separat auf *ecclesiastici* ein. Inhaltlich spricht also nichts dagegen, dass diese sieben Beschlüsse auf eine *synodus* zurückgehen und gemeinsam ein Kapitular bilden.

Auffällig ist, dass die Handschriften die sieben Kapitel teilweise als einen eigenständigen Block bieten, teilweise aber auch in zwei separaten Blöcken, die wiederum als Teil anderer Kapitularien präsentiert werden. Diese ungewöhnliche Überlieferungssituation führt dazu, dass zunächst das Zusammengehören dieser sieben Kapitel und somit die Existenz oder Originalität des Königskapitulars nachzuweisen ist. Diese Debatte wird seit dem 19. Jahrhundert geführt. Anschließend gilt es die Datierung in den Blick zu nehmen, die seit den letzten Jahren wieder verstärkt diskutiert wird. Die Überlieferung des Königskapitulars bietet daher nicht wenige Probleme, die näher untersucht werden müssen, bevor die Beschlüsse selbst und ihr Rechtsinhalt in den Mittelpunkt rücken können.

Es ist nicht sinnvoll, hier die gesamte Überlieferung des Königskapitulars vorzustellen und einzuordnen, da auf der Grundlage der Kollation eines einzigen Kapitulars nur sehr beschränkte und lediglich vorläufige Aussagen möglich sind. Die Berücksichtigung aller Kapitularien (Pippins) und vor allem eine Er-

---

81 Karlmanni principis capitulare Liptinense c. 1, in: MGH Capit. 1, Nr. 11, S. 27 Z. 42–45: *Modo autem in hoc synodali conventu, qui congregatus est ad Kalendas Martias in loco qui dicitur Liftinas, omnes venerabiles sacerdotes Dei et comites et praefecti prioris synodus decreta consentientes firmaverunt, se implere velle et observare promiserunt.* Pippini principis capitulare Suessionense praef., in: MGH Capit. 1, Nr. 12, S. 29 Z. 3–7: *Dum plures non habetur incognitum, qualiter nos in Dei nomine una cum consensu episcoporum sive sacerdotum vel servorum Dei consilio seu comitibus et obtimatibus Francorum conloqui apud Suessionis civitas synodum vel concilio facere decrevimus: quod ita in Dei nomine et fecimus.*

82 Für die Verwendung des Begriffes unter Ludwig dem Frommen vgl. Eichler, Reichsversammlungen, S. 29.

83 Vgl. oben Anm. 81.

84 Verwiesen sei auch auf die Regelungen des Frankfurter Konzils 794 zum neuen Denar. Vgl. Synodus Franconofurtensis c. 5, in: MGH Capit. 1, Nr. 28, S. 74 Z. 31–38.

forschung der für die Überlieferungsgeschichte zentralen Stellung der Kapitulariensammlungen, was durch die in Arbeit befindlichen neuen Editionen für die Monumenta Germaniae Historica von Michael Glatthaar (Kapitularien bis 814) sowie Stefan Esders, Steffen Patzold und Karl Ubl (Kapitularien ab 814) geleistet werden wird,[85] wird ein viel genaueres Bild der Überlieferungssituation bieten, das auch Rückwirkung auf die Beurteilung der Überlieferung des Königskapitulars haben wird. In dieser Arbeit kann es nur darum gehen, die handschriftliche Überlieferung so weit zu analysieren und einzubeziehen, wie es zur Beurteilung der Authentizität des Königskapitulars notwendig ist. Die inhaltlichen Bedenken gegen die Einheit konnten bereits ausgeräumt werden.

Erklärungsbedürftig bleibt das Problem, dass das Kapitular sowohl als Ganzes in sieben Kapitel überliefert ist als auch separat in zwei Abschnitten (Kapitel 1–3 sowie Kapitel 4–7) als Teil anderer Kapitularien. Besonders verwirrend ist, dass die beiden Vertreter der mit dem Bistum Sens in Verbindung stehenden Collectio capitularium Senonica (P und V), die das ganze Kapitular überliefern, zusätzlich alle Kapitel noch einmal in den genannten zwei Blöcken tradieren.[86] Diese seltsame Überlieferungssituation ließ wie bereits angedeutet Zweifel an der Originalität des Kapitulars aufkommen. Bereits Ludwig Oelsner trat 1871 entschieden dem Verdacht entgegen, dass ein Kompilator aus einigen Kapiteln anderer Kapitularien ein neues zusammengesetzt habe.[87] Die Kenntnis der handschriftlichen Überlieferung hat sich seit Oelsners Zeiten deutlich verbessert.[88] Eine jüngst unternommene Untersuchung der Überlieferung von Kapitel 4–7 auf verbesserter Handschriftengrundlage konnte das Urteil Oelsners bestätigen.[89]

Außerhalb der Collectio capitularium Senonica sind die Kapitel 4–7 nicht separat überliefert. In der Sammlung aus Sens stehen sie am Ende des Concilium Vernense.[90] Von den Kapiteln 1–3 zirkulierte ferner eine Separatüberlieferung, die nicht nur in der Collectio capitularium Senonica, sondern auch in den

85 Vgl. Hartmann, Bericht 2018/19, S. IX f.

86 Vgl. Mordek, Bibliotheca capitularium, S. 564, 782 f.

87 Vgl. Oelsner, Jahrbücher, S. 463–467 mit älterer Literatur.

88 Vgl. Mordek, Bibliotheca capitularium; capitularia.uni-koeln.de/mms.

89 Vgl. Breternitz, Münzwesen.

90 In V sind alle Beschlüsse von I–XXVI durchnummeriert. Die Kapitel 4–5 des Pippini regis capitulare gehören der Gliederung nach noch zu Kapitel 25, das sich gegen die Bestechlichkeit von Richtern wendet. Die Kapitel 6–7 folgen als Nummer XXVI. Der Schreiber der Handschrift hat keine Abgrenzung des Zusatzes vom eigentlichen Kapitular vorgenommen. Ähnlich verhält es sich in der Handschrift P, deren Schreiber die Kapitel 6–7 allerdings erneut als Nummer XXV zählte. Erklärungsbedürftig ist eine hakenartige Markierung zwischen dem eigentlichen Ende von Ver c. 25 und dem Beginn von Kapitel 4 des Königskapitulars, die also genau den Beginn des Zusatzes markiert. Ob sie vom Schreiber des Textes selbst stammt, kann nicht mit Sicherheit ausgeschlossen werden. Eine Autopsie der Handschrift war im Rahmen dieser Arbeit leider nicht möglich.
Hinzu kommt, dass die Synode von Ver, sollte der Zusatz zum originalen Bestand zählen, ihre Beschlüsse sehr ungleichmäßig ausgearbeitet hätte. Während die Kapitel 1–24 jeweils nur ein Thema behandeln, würden die Kapitel 25 und 26 jeweils mehrere Themen behandeln und auch innerhalb der jeweiligen Kapitel Rubriken aufweisen.

Handschriften der Collectio capitularium Augustana (He, M) und in den Handschriften P_{40} und Vs erhalten ist.[91] In der Collectio capitularium Augustana sind sie als Kapitel XVIIII Teil einer 46 Kapitel umfassenden kleinen Kapitulariensammlung mit dem Incipit *INCIPIUNT CAPITULA*. Sie folgen unmittelbar auf das Decretum Compendiense von 757 und gehen einigen Kapiteln Ghärbalds von Lüttich voraus. Aufgrund der Rubriken innerhalb der Sammlung wird deutlich, dass sie zum Konzil von Compiègne gezählt werden. Auch in der Collectio capitularium Senonica werden sie am Ende der Beschlüsse aus Compiègne überliefert. Diese Überlieferungsstufe, die die ersten drei Kapitel des Kapitulars am Ende von Compiègne überliefert, wird auf dem folgenden Stemma mit der Sigle (d) bezeichnet.[92]

In der Handschrift P_{40}[93] wiederum schließt sich ein Kapitularienexzerpt an die Collectio canonum Bigotiana an. Zunächst kommen die Kapitel 1–3 als vier Kapitel gezählt (Kapitel 3 zweigeteilt) unter der Rubrik *DE INCESTIS*. Darauf folgen die ersten vier Kapitel von Compiègne. Der Kompilator von P_{40} wird die drei Kapitel also nicht in der Form der Collectio capitularium Augustana rezipiert haben.[94] Diese Kombination von Pippini regis capitulare c. 1–3 mit Decretum Compendiense c. 1–4 findet sich auch im Anschluss an eine Institutio canonum in Vs. Das Exzerpt aus dem Königskapitular wird als Kapitel XCI noch zur Sammlung selbst gezählt. Im Anschluss mit neuer Zählung I–IIII folgen die ersten vier Kapitel des Decretum Compendiense, woran sich die ersten beiden Kapitel aus Ver als Kapitel V–VII anschließen. Die Überlieferungen in P_{40} und Vs sind nahe verwandt und gehen auf eine gemeinsame, verlorene Vorlage zurück, in der die Kapitel 1–3 höchstwahrscheinlich nicht als Schluss von Compiègne überliefert waren. Die gemeinsame Vorlage wird im Stemma mit der Sigle (e) bezeichnet.[95]

In der Handschrift V_2 und vermutlich auch in G_1 eröffnet das ganze Kapitular (Kapitel 1–7) die Zusätze zur Collectio canonum Laureshamensis, und seine Herkunft wird weder durch eine Rubrik noch durch ein Incipit oder Explicit näher spezifiziert.[96] Die verlorene Vorlage der beiden Schwesterhandschriften geht wie das Exzerpt von Kapitel 1–3 in der Textstufe (d) und (e) auf die Text-

---

91 Vgl. Mordek, Bibliotheca capitularium, S. 166, 297 f., 431, 897.

92 Zu dieser Gruppe gehören die Handschriften: He, M, P (Separatüberlieferung 1–3), V (Separatüberlieferung 1–3). Charakteristisch für diese Gruppe sind beispielsweise in Kapitel 1 die Lesart *de matre* statt *de istis causis, de Deo sacrata aut a commatre* und *componat* statt *de ipsa causa in sacello regis veniant* in Kapitel 3.

93 Ich danke an dieser Stelle Dr. Britta Mischke (Köln), die mir ihre Transkription der Kapitularien Pippins aus der Handschrift P_{40} zur Verfügung gestellt hat.

94 Es wäre unwahrscheinlich, dass er ausgerechnet diese drei Kapitel aus dem Zusammenhang des Decretum Compendiense exzerpiert, mit der ursprünglichen Rubrik versehen und größtenteils die ursprüngliche Gliederung wiederhergestellt hätte.

95 Sie zeichnet sich durch die spezifische Reihenfolge aus, dass die drei Kapitel ohne Kennzeichnung der Quelle vor Beschlüssen aus Compiègne überliefert sind.

96 Vgl. Mordek, Bibliotheca capitularium, S. 150 f., 772. In der Gothaer Handschrift liegt nach dem Anfang von Kapitel 4 Blattverlust vor.

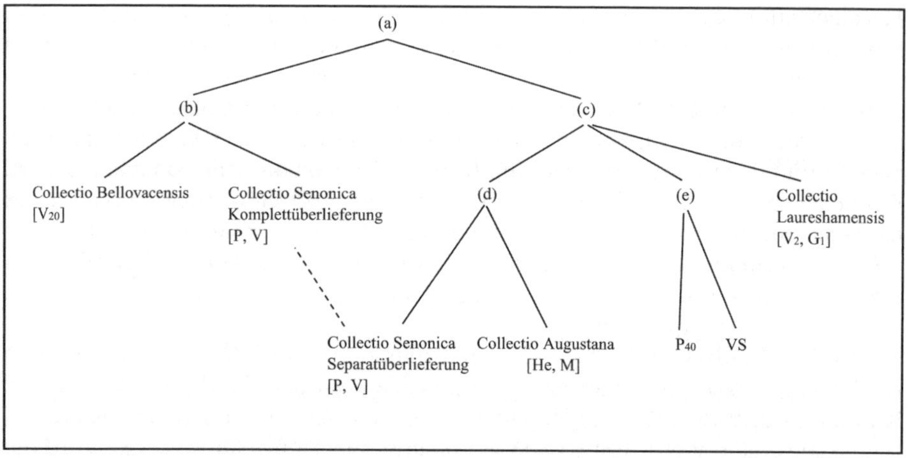

Abb. 1. Überlieferung von Königskapitular c. 1–3 (in Auswahl). In dieser Übersicht nicht berücksichtigt wurde das Exzerpt in der Handschriften Le. Ebenfalls nicht aufgenommen wurde V_{35}, eine direkte Abschrift von V_{20}. Vgl. dazu Mordek, Bibliotheca capitularium, S. 754f., 860f. Weitere neuzeitliche, direkt oder mittelbar von V_{20} abhängige Handschriften verzeichnet Mordek, S. 858f.

stufe (c) zurück.[97] Die vollständige Überlieferung in der Collectio capitularium Senonica geht nicht auf (c), sondern unabhängig davon auf den Archetyp des Kapitulars (a) zurück. Da die Collectio Laureshamensis ebenfalls einen vollständigen Text bietet, muss auch die Textstufe (c) noch einen vollständigen Text geboten haben. Die in der Handschrift V_{20} vorliegende Collectio canonum Bellovacensis überliefert das vollständige Kapitular und teilt das Incipit mit der Komplettüberlieferung der Collectio capitularium Senonica. Die gemeinsame Vorlage der Collectio capitularium Senonica und der Collectio canonum Bellovacensis wird im Stemma mit (b) bezeichnet.[98]

Aufgrund der insgesamt geringen Zahl signifikanter Varianten ist die Rekonstruktion der Überlieferungssituation, wie bereits erwähnt wurde, nur unter

97 Die Textstufe (c) weist gegenüber der sonstigen Überlieferung einige distinkte Lesarten aus. Dazu zählen beispielsweise in Kapitel 1 das Auslassen von *eum;* in Kapitel 2 *mittantur* statt *recludantur;* in Kapitel 4 *ut quando* statt *qui,* das Hinzufügen von *sic ordinamus* und etwas später von *nos;* in Kapitel 7 *est* statt *fuerit, hoc* statt *contra ipsum.*
Die genauen Abhängigkeiten zwischen (d), (e) und Collectio Laureshamensis lassen sich aufgrund der geringen Textmasse und widersprüchlicher Binde- und Trennfehler nicht mehr rekonstruieren. Auf der einen Seite bieten (d) und (e) das aus Kapitel 1–3 bestehende Exzerpt im jeweils unterschiedlichen Kontext, was auf eine enge Verbindung der beiden Textstufen schließen lässt. Andererseits haben (e) und Collectio Laureshamensis Bindefehler, die (d) nicht hat.

98 Die Beurteilung des genauen Verhältnissses zwischen der Collectio capitularium Senonica und Collectio canonum Bellovacensis lässt sich schwer vornehmen, da innerhalb der beiden Überlieferungen der Senonica (Komplettüberlieferung und Separatüberlieferung) Textangleichungen nicht auszuschließen sind. Diese Möglichkeit ist im Stemma mit einer gestrichelten Linie gekennzeichnet.

Vorbehalt und nicht im Detail möglich. Dennoch lässt sich aus den zusammengetragenen Beobachtungen als sehr gesichert festhalten, dass am Anfang der Entwicklung ein vollständiger Text mit sieben Kapiteln gestanden haben muss. Zweifel an der Originalität des Dokuments sind also nicht gerechtfertigt. Wie es daneben zu der Separatüberlieferung eines eher geistlichen[99] (Kapitel 1–3) und eines eher weltlichen Blockes (Kapitel 4–7) kam, kann nicht mehr mit abschließender Sicherheit geklärt werden. Dass der eher geistliche Block deutlich stärker überliefert ist, könnte im Zusammenhang mit der Bedeutung des Themas Inzest stehen. Zeitlich sind die einzelnen Textstufen nicht mehr zu verorten.

Es lässt sich nur spekulieren, auf welche Weise die Separatüberlieferungen Teil jüngerer Kapitularien wurden. Dass sie jeweils am Ende der Texte stehen, nahm Oelsner als Anlass zu vermuten, dass sich Versammlungsteilnehmer auf ihrem Exemplar der Beschlüsse, die sie aus Ver beziehungsweise Compiègne mit nach Hause genommen hätten, für sie passende Kapitel ergänzten und diese so in die Überlieferung eingedrungen seien.[100] Erst eine bessere Kenntnis der Gesamtüberlieferung der Kapitularien Pippins und der Abhängigkeiten der einzelnen Kapitulariensammlungen untereinander könnte hier Licht ins Dunkel bringen.

1.3 Datierungsfragen

Die Datierungsdebatte bezüglich des Königskapitulars ist komplex und tangiert die Datierung, Echtheit und Einheit verschiedener Quellen der 750er Jahre. Die Nennung Pippins als König im Incipit führt zu dessen Königserhebung 751 als Terminus post quem.[101] Alles, was über diesen Minimalkonsens hinausgeht, wird von der Forschung debattiert. Von der 1677 erschienenen Edition von Étienne Baluze[102] und der ihm folgenden Forschung abgesehen galt bis vor einigen Jahren das Konzil von Ver 755 als Terminus ante quem für das Königskapitular, da ein Kapitel von Ver auf das Königskapitular verweise.[103] Damit ergab sich ein

99 Eine strikte Trennung der sieben Kapitel des Kapitulars in geistlich und weltlich ist, wie oben bereits angesprochen wurde, nicht möglich.

100 Vgl. Oelsner, Jahrbücher, S. 466.

101 Vgl. Ganshof, Kapitularien, S. 163.

102 Zur Rezeption der von Baluze 1677 publizierten Edition des Königskapitulars vgl. Breternitz, Münzwesen.

103 Concilium Vernense c. 22, in: MGH Capit. 1, Nr. 14, S. 37 Z. 3–5: *De peregrinis, qui propter Deum vadunt, ut eis tolloneos non tollant; et de illos alios tolloneos quod vos antea perdonastis, ut sic fiat, ut ubi legitime non debent esse, donati non sint.* Die Worte *quod vos antea perdonastis* werden interpretiert als Bezug auf Pippini regis capitulare c. 4, in: MGH Capit. 1, Nr. 13, S. 32 Z. 5–11: *De theloneis vero sic ordinamus, ut nullus de victualia et carralia, quod absque negotio est, theloneum praehendat; de saumis similiter, ubicumque vadunt. Et de peregrinos similiter constituimus qui propter Deum ad Romam vel alicubi vadunt, ut ipsos per nullam occasionem ad pontes vel ad exclusas aut navigio non deteneatis, nec propter scrippa sua ullo peregrino calumpniam faciatis, nec ullum theloneum eis tollatis. Et si aliquis hoc*

Datierungsrahmen zwischen 751 und 755. Der Prolog von Ver beinhaltet eine Datierung auf den 11. Juli 755,[104] womit die chronologische Einordnung dieses Konzils als gesichert gilt.

Innerhalb dieses Zeitfensters (751–755) sprach sich Michael Glatthaar für eine Frühdatierung zwischen Herbst 751 und Winter 751/752 aus und sah die sieben Beschlüsse stark von Bonifatius geprägt.[105] Bereits Boretius war jedoch der Ansicht, dass das Königskapitular kurze Zeit vor dem Konzil von Ver entstanden sei, das auf das Kapitular verweise.[106] Karl Ubl wiederum hat mit einem Bezug des Königskapitulars zu den sogenannten Responsa Stephani II. von 754 einen neuen Terminus post quem in die Debatte eingebracht, der die Datierung Glatthaars ausschließen würde.[107] Unlängst schlug Glatthaar jedoch die These vor, dass das Ende des als Konzil von Ver 755 edierten Texts nicht mehr zum Konzil von Ver gehöre.[108] Dies betreffe auch das Kapitel mit dem Rückverweis auf das Königskapitular, so dass der Terminus ante quem entfalle. Glatthaar fasst daher die letzten Kapitel des Konzils von Ver als eigenständiges, nach Ver entstandenes Kapitular und setzt das Königskapitular zeitlich zwischen Ver und diesem von Ver abgetrennten Kapitular an. Auf diesem Weg gelangt er zu einer Datierung für das Königskapitular in das Jahr 756, die auch schon von Baluze im 17. Jahrhundert vorgeschlagen worden war.

Die drei verschiedenen engeren Datierungsvorschläge beruhen alle auf der relativen Chronologie des Königskapitulars zu anderen Quellen. Um die jeweilige Argumentation einschätzen zu können, ist zunächst eine nähere Betrachtung dieser Quellen notwendig, von denen die relative Datierung des Königskapitulars ausgeht. In der postulierten chronologischen Reihenfolge sind dies die sogenannten Capitula Vernensia von 751/752, die sogenannten Capitula de censibus ecclesiarum, die Responsa Stephani II. von 754, das Concilium Vernense von 755 sowie dessen Kapitel 20–25, die nach Glatthaar ein eigenes Kapitular bilden.

1.3.1 Die sogenannten Capitula Vernensia von 751/752

Kapitel 1 der sogenannten Capitula de censibus ecclesiarum (= Benedictus Levita, 1,13) enthält einen Rückverweis auf eine Synode in Ver (*sicut eis ad Vernum ordinavimus).*[109] Dieser Hinweis kann sich nicht auf das bekannte und überlieferte Konzil von Ver 755 beziehen, unter dessen Beschlüssen sich keine Entsprechung

---

fecerit, qualiscumque homo hoc comprobaverit, de LX solidis triginta illi concedimus, et illi alii in sacello regis veniant.

104 Concilium Vernense praef., in: MGH Capit. 1, Nr. 14, S. 33 Z. 35 f.: *Dat. V. Idus Iulii, anno quarto regnante domno nostro Pippino gloriosissimo rege.*

105 Vgl. Glatthaar, Bonifatius, S. 335–357.

106 Vgl. Boretius, Capitularia, S. 31.

107 Vgl. Ubl, Schatten. 415–417.

108 Vgl. Glatthaar, Konzilsdekret, S. 81–87.

109 Der Text ist zitiert unten Kap. 1.3.2.

findet.[110] Daraus haben Mordek und Glatthaar geschlossen, dass in Ver bereits früher eine Synode stattgefunden haben muss.[111] Unter der Prämisse, dass Pippin zum Zeitpunkt dieser Synode schon König war, datiert Glatthaar die Capitula Vernensia in die Zeit zwischen dem Dynastiewechsel und den Capitula de censibus ecclesiarum.[112] Die Kenntnis und die Datierung dieser ansonsten nicht bezeugten Versammlung in Ver beruhen also allein auf dem ersten Kapitel der Capitula de censibus ecclesiarum, deren Echtheit umstritten ist. Deshalb wird nach der Beurteilung von deren Authentizität noch einmal auf die Capitula Vernensia zurückzukommen sein. Auf diese Versammlung in Ver bezieht Glatthaar noch zwei weitere Rückverweise unter den Konzilsbeschlüssen von Ver 755. Kapitel 20 und 21 von Ver verweisen auf eine *ille alius synodus*, bei der Glatthaar mit Perels davon ausgeht, dass sie ebenfalls in Ver stattgefunden habe, weil kein Ort genannt sei.[113]

1.3.2 Die sogenannten Capitula de censibus ecclesiarum

Den Capitula de censibus ecclesiarum kommt eine zentrale Bedeutung für Glatthaars Datierungsvorschläge des Königskapitulars zu. Das erste Kapitel regelt, dass diejenigen, die auf Befehl des Königs Kirchengut erhalten haben, den entsprechenden Eigentümern den *census* oder den Zehnten und Neunten vollständig entrichten, wie es in Ver angeordnet worden sei. Wer dieser Verpflichtung nicht nachkomme, solle die Güter verlieren. Das zweite Kapitel ordnet an, dass diejenigen, die Dörfer oder Kirchen innehaben, den *census* oder das Wachs an das Bistum abführen. Ansonsten drohe die Zahlung des Königsbanns.

Die beiden Kapitel sind allein bei Benedictus Levita, einer Sammlung echter und gefälschter Kapitularien aus der Mitte des 9. Jahrhunderts als Kapitel 13 und 14 des ersten Buches überliefert[114]:

> [*De his, qui res ecclesiasticas verbo domni reges tenent.*]
> *(1) Ut illi homines, qui res ecclesiasticas per verbum domni regis tenent, sic ordinatum est, ut illas ecclesias, unde sunt, vel illas domus episcopii vel monasterii, cuius esse noscuntur, iuxta quod de ipsis rebus tenent, emendare debeant, et illos census vel illas decimas ac nonas ibidem dare pleniter debeant, sicut eis ad Vernum ordinavimus. Et qui hoc non fecerit, ipsas res perdat.*
> [*Ut presbiteri, qui vicos vel ecclesias tenent, ceram vel alios census ad matrem civitatis ecclesiam persolvant, sicut consuetudo fuit.*]

110 Vgl. Glatthaar, Bonifatius, S. 338.
111 Vgl. Mordek, Kapitularien, S. 12; Glatthaar, Bonifatius, S. 338.
112 Vgl. Glatthaar, Bonifatius, S. 355.
113 Vgl. Glatthaar, Bonifatius, S. 340.
114 Der Text inklusive der Rubriken, die wohl auf jeden Fall auf Benedictus zurückgehen, folgt Glatthaar, Bonifatius, S. 337. Vgl. auch die digitale Vorabedition von Gerhard Schmitz http://www.benedictus.mgh.de/edition/aktuell/libI.pdf.

(2) Ut hi, qui illos vicos vel illas ecclesias tenent, illos census vel illam ceram, quae longo tempore ad illud episcopium reddiderunt, modo sic ordinavimus, ut sic faciant. Et qui hoc non fecerit, sexaginta solidos componat.

Benedictus Levita überliefert das Königskapitular ebenfalls, nur, dass bei ihm an der Stelle von Kapitel 4 und 5 zu den Zöllen und zum Münzwesen die besagten Capitula de censibus ecclesiarum stehen. Sie werden also eingerahmt von Kapitel 1–3 (Ben. Lev. 1,9–12) und 6–7 (Ben. Lev. 1,15–17).[115] Nach dem Apparat der noch in Arbeit befindlichen, aber schon teilweise online zugänglichen Edition von Gerhard Schmitz griff Benedictus auf einen Text zurück, der zum Überlieferungszweig der Textstufe (c) zählt. Trotz mancher Parallelen lässt sich keine direkte Abhängigkeit von (d), (e) oder der Collectio Laureshamensis nachweisen. Es bleibt zu hoffen, dass die Neuedition der Kapitularien hier mehr Licht ins Dunkel bringen kann.

Die Quelle der zwei Kapitel zwischen den authentischen Kapiteln aus dem Königskapitular ist ansonsten unbekannt, was zu völlig unterschiedlichen Deutungen geführt hat. Generell kann es sich bei den Texten unbekannter Provenienz in der Kapitulariensammlung des Benedictus einerseits um reine Fälschungen handeln. Andererseits ist es auch möglich, dass sie echte Kapitel ansonsten verlorener Kapitularien sind, die freilich bearbeitet oder verfälscht sein können. Mordek und Schmitz mahnen daher generell zur Differenzierung und Vorsicht im Umgang mit den unbekannten Kapiteln, deren Authentizität nicht bewiesen werden könne.[116]

Die Capitula de censibus ecclesiarum, also Benedictus Levita 1,13–14, sind in der Forschung stark diskutiert worden, weil es sich, sollten sie authentisch sein, um die älteste normative Regelung des Zehnten und Neunten und eventuell sogar um den ältesten Beleg überhaupt handeln würde.[117] Der Zehnt und Neunt ist ansonsten vor der Zeit Karls des Großen nur im Breve für Mâcon bezeugt. Bei dem Breve handelt es sich um ein Güterverzeichnis der Mâconer Bischofskirche aus der Zeit Pippins, dessen Echtheit seine Editorin Ingrid Heidrich für sehr wahrscheinlich hält.[118]

Der Rahmen aus Kapiteln des Königskapitulars hat einige Forscher verleitet, die beiden Kapitel zum ursprünglichen Bestand des Kapitulars zu zählen.[119] Dagegen spricht jedoch die Beobachtung, dass Benedictus nicht auf den Archetyp, sondern auf die Textstufe (c) zugegriffen hat. Im Archetyp (a) können die beiden Kapitel jedoch nicht gestanden haben, da sie der Textstufe (d) und mit

---

115 Benedictus Levita, Capitularia c. 1,9–12, 15–17, S. 7–10.

116 Vgl. Mordek, Bibliotheca capitularium, S. 1023; Schmitz, Echtes, S. 154.

117 Diese Entschädigungszahlung an den kirchlichen Eigentümer des Landes ist von dem Kirchenzehnt für die Pfarrkirche zu unterscheiden. Vgl. dazu ausführlich Patt, Salzehnten, Bd. 1, S. 326–331 mit älterer Literatur.

118 Vgl. Heidrich, Breve, S. 22 f., 26.

119 Vgl. beispielweise Baluze, Capitularia, Sp. 178 f. (1677, ND 1780); Hahn, Jahrbücher, S. 196–198. Ohne Capitula de censibus ecclesiarum sind beispielsweise die älteren Drucke des Königskapitulars von Pithou, Capitula, S. 4–2 vor fol. 1 (1588); Goldast, Recessus, S. 118 f. (1610); Sirmond, Concilia, S. 5–7 (1629).

Ausnahme von Benedictus allen Vertretern der Textstufe (c) unbekannt sind.[120] Viel wahrscheinlicher ist, dass Benedictus die zwei eigentlich an dieser Stelle stehenden Kapitel 4 und 5 des Königskapitulars durch die beiden Capitula de censibus ecclesiarum ersetzte, da die Themen Zoll- und Münzwesen für seine Intention nicht von Belang waren.

Es bleibt also die Frage, woher er die beiden Kapitel nahm, ob sie auf ein echtes, verlorenes Kapitular Pippins zurückgehen oder auf ein jüngeres Kapitular eines anderen Herrschers oder ob sie völlig frei von Benedictus gefälscht wurden. Wenn man Benedictus Levita 1,13–14 als Ersatz für die Kapitel 4–5 des Königskapitulars begreift, verliert das Argument des Kontextes für eine Zuordnung der Kapitel an Pippin an Gewicht. Denn es gibt keinen Grund, warum Benedictus zwingend den Ersatz aus ihm vorliegenden, aber verlorenen Kapitularien Pippins gewählt haben sollte.

Zuletzt hat sich Glatthaar deutlich für die Echtheit ausgesprochen, für die Kapitel den Titel Capitula de censibus ecclesiarum eingeführt und sie auf Frühjahr/ Sommer 752 datiert.[121] Dabei stützt er sich auf die Urteile Hahns, Seckels, Perels' und Lesnes, die für die (überwiegende) Echtheit des Stückes plädiert hatten.[122] Hahn sieht in den Worten *homines, qui res ecclesiasticas per verbum domni regis tenent* einen Beleg, dass die Kapitel aus der Zeit Pippins stammen.[123] Doch bieten sie in Wirklichkeit nicht mehr als einen Terminus post quem mit dem Dynastiewechsel von 751.

Seckel machte in den beiden Capitula de censibus ecclesiarum vier „echt Pippinische Wendungen" aus, worin Glatthaar den endgültigen Beweis der Echtheit sieht.[124] Schmitz stellt die berechtigte methodische Frage, welches Vokabular ein Fälscher, der sich nicht verdächtig machen wolle, denn nutzen solle, wenn nicht das für seine Rezipienten gewohnte und vertraute, und rät daher zur Vorsicht, sich bei der Echtheitsdiskussion zu sehr auf Benedictus' Wortwahl zu stützen.[125]

Die vier angeblich echt Pippinischen Wendungen halten einer Überprüfung jedoch nicht stand, im Gegenteil sind sie teilweise mehr Hinweis auf eine Fälschung als Beweis der Echtheit. Die erste Wendung, die Seckel aufzählt, lautet *res ecclesiasticas tenere.*[126] Diese Junktur bietet jedoch bereits der 13. (12.) Kanon des dritten Konzils von Orléans (538), der beispielsweise von der im Frankenreich

---

120 Bereits Oelsner, Jahrbücher, S. 467 f., zeigte, dass aufgrund der beiden rahmenden Exzerpte aus dem Königskapitular nicht geschlossen werden könne, dass die zwei Kapitel authentisch seien. Skepsis auch bei Pertz, Capitularia, S. 31 Anm. f.

121 Vgl. Glatthaar, Bonifatius, S. 336–355.

122 Vgl. Glatthaar, Bonifatius, S. 336 mit älterer Literatur.

123 Vgl. Hahn, Jahrbücher, S. 196–198, der auch die These vertritt, dass die zwei Kapitel ursprünglicher Bestandteil des Königskapitulars waren. Dem steht die Überlieferungssituation, wie gezeigt wurde, entgegen.

124 Seckel, Studien. S. 67; Glatthaar, Bonifatius, S. 338.

125 Vgl. Schmitz, Echtes, S. 155.

126 Vgl. Seckel, Studien, S. 67: „‚qui res ecclesiasticas . . . tenent' (1, 13) bezw. ‚qui . . . illas ecclesias tenent' (1, 14) – vgl. Pipp. Cap. 768 c. 11 (p. 43) ‚qui res ecclesiae tenent'."

um 800 weit verbreiteten Collectio Vetus Gallica zitiert wird.[127] Die Verbindung des Verbs *tenere* mit Kirchen oder Kirchengut kann also nicht als ausschließlich typisch für die Zeit Pippins betrachtet werden. Dass Benedictus genau diesen Kanon aus Orléans III kannte und ihn im ersten Buch seiner Sammlung zitiert, macht die angeblich Pippinische Wendung an dieser Stelle nicht unverdächtiger.[128]

Die zweite von Seckel angeführte Wendung ist *sic ordinatum est ut.*[129] Innerhalb der von Boretius edierten Kapitularien kommt die Wendung *sic ordinamus ut* in der Tat nur im Königskapitular vor, unter anderem in Kapitel 3, das bei Benedictus den beiden fraglichen Kapiteln unmittelbar vorangeht.[130] Der zweite Beleg stammt aus Kapitel 4, also aus einem der beiden Kapitel, die Benedictus ersetzte. Wenn wir davon ausgehen, dass Benedictus beabsichtigte, dass die beiden Kapitel nicht sofort als Fremdkörper auffallen, liegt es nahe, anzunehmen, dass er sie sprachlich an ihre direkte Umgebung angepasst haben dürfte.

Als drittes listet Seckel die Wendung *per verbum domni regis* auf.[131] Diese allgemeine Formulierung ist auch nach 768 sehr gut bezeugt und damit kein Indiz für eine Datierung in die Zeit Pippins.[132]

Die vierte nach Seckel für Pippin typische Wendung in den Capitula de censibus ecclesiarum ist *et qui hoc non fecerit, sexaginta solidos componat.*[133] Die beiden Formulierungen gleichen sich auch hier sehr stark. Ein ähnlich naher Beleg aus späteren Kapitularien ist nicht überliefert, auch wenn sich natürlich viele Beispiele für die Androhung des Königsbanns finden lassen. Auffällig ist, dass wie beim zweiten Beispiel auch hier die Parallele aus dem Königskapitular selbst, also aus dem Text stammt, der die beiden fraglichen Kapitel umrahmt. Auch hier liegt also der Verdacht nahe, dass Benedictus die Einfügung an die Umgebung anpasste.

Zusammenfassend lässt sich festhalten, dass die von Seckel vorgebrachten Formulierungen nicht nur als Argument für die Zuweisung an Pippin ausscheiden, sondern sogar vielmehr Verdacht erregen, da sie größtenteils aus

127 Concilium Aurelianense (a. 538) c. 13 (12), in: Concilia Galliae, S. 120 Z. 149 f.: *Quod si his, qui rem ecclesiasticam tenit,* […]; Collectio Vetus Gallica c. 34,4, S. 470 Z. 18 f.: *Quod si his, qui rem ecclesiasticam tenet,* […].

128 Vgl. dazu Seckel, Studien, S. 134; Benedictus Levita, Capitularia c. 1,190, S. 57.

129 Vgl. Seckel, Studien, S. 67: „‚sic ordinatum est ut' (1, 13) bezw. ‚modo sic ordinavimus ut' (1, 14) – vgl. Pipp. Cap. 754–755 c. 3 (p. 31), ebenso c. 4 (p. 32) ‚sic ordinamus ut'."

130 Vgl. Krause, Index, S. 671 f.

131 Vgl. Seckel, Studien, S. 67: „Zu ‚per verbum domni regis' vgl. etwa Pipp. ad Lullum epist. 765 (p. 42) ‚de verbo nostro'."

132 Vgl. beispielsweise Duplex legationis edictum c. 37, in: MGH Capit. 1, Nr. 23, S. 64 Z. 30: *per verbum nostrum*; Capitulare de villis c. 33, in: MGH Capit. 1, Nr. 32, S. 86 Z. 7: *ad verbum nostrum.* Benedictus zitiert im ersten Buch auch das Konzil von Ver. Vgl. dazu Seckel, S. 135; Benedictus Levita, Capitularia c. 1,59–60, 62, S. 21 f. Im fünften Kapitel, das Benedictus allerdings nicht zitiert, stehen die Worte *per verbum et voluntatem domno rege* [P, V: *domni regis*]. Vgl. Concilium Vernense, in: MGH Capit. 1, Nr. 14, S. 34 Z. 13 f. Könnte auch das Kapitel aus Ver eine Formulierungsvorlage gewesen sein?

133 Vgl. Seckel, Studien, S. 67: „zu ‚et qui hoc non fecerit, sexaginta solidos componat' (1, 14 i. f.) vgl. Pipp. Cap. 754–755 c. 1 (p. 31) ‚et si fecerit, sexaginta solidos domno regi componat'."

genau dem Kapitular stammen, in das die beiden fraglichen Kapitel eingesetzt wurden. Wenn ein Fälscher wie Benedictus zwei Kapitel aus einem von ihm zitierten Text entfernt, sie durch zwei andere, sonst unbekannte Kapitel ersetzt und sich genötigt sieht, diese sprachlich an ihre Umgebung anzupassen, fällt es schwer, die beiden Kapitel als Reste eines sonst verlorenen, echten Kapitulars Pippins anzusehen.

Zwischen mutmaßlichen Interpolationen nach einem wahren Kern zu suchen, erscheint daher rein spekulativ.[134] Karl Ubl betont, dass entfremdetes Kirchengut eines der Themen sei, die für Benedictus aus den Übeln seiner Zeit hervorstächen.[135] Auch dies spricht eher gegen die Authentizität der Capitula de censibus ecclesiarum. Der Rückverweis auf Ver im ersten der beiden Kapitel lässt sich ebenfalls als Verschleierungstaktik verstehen. Benedictus kannte das Konzil von Ver 755, aus dem er mehrfach zitiert.[136] Er dürfte also gewusst haben, dass die Pfalz Ver-sur-Launette einer der Tagungsorte für Versammlungen Pippins gewesen war. Auch in seiner eigenen Zeit fand dort im Jahr 844 eine Synode statt.[137] Unter den Kapiteln von Ver 755 finden sich ebenfalls Rückverweise auf frühere Beschlüsse.[138] Auch dieses in den Kapitularien Pippins auftretende Phänomen dürfte ihm also aus der Bearbeitung seiner Vorlagen bekannt gewesen sein. Neues als Altes und Etabliertes zu verkaufen und dies zwischen Echtem zu verstecken ist wohl das Vorgehen, dass allen pseudoisidorischen Fälschungsteilen gemein ist.[139] Vor diesem Hintergrund muss wohl auch der Rückverweis auf Ver gedeutet werden.

Den beiden sogenannten Capitula de censibus ecclesiarum ist Benedictus' Bemühen, sie authentisch wirken zu lassen, geradezu anzusehen. Sie sind dennoch nicht als authentisch einzustufen. Für die hier zu diskutierende Datierung des Königskapitulars bedeutet dies, dass die sogenannten Capitula de censibus ecclesiarum als Stütze einer relativen Chronologie ausscheiden. Dasselbe gilt natürlich auch für die bereits behandelten Capitula Vernensia, die ihre Kenntnis allein den Capitula de censibus ecclesiarum verdanken. Für die Rückverweise im Konzil von Ver 755, bei denen sich kein Bezugspunkt unter den überlieferten Kapitularien Pippins finden lässt, heißt dies, dass sie auf eine andere oder auch mehrere andere unbekannte Versammlungen zurückzuführen sind.[140]

---

134 Selbst SECKEL, Studien, S. 67 f., der die beiden Kapitel für im Kern authentisch hält, räumt Interpolationen ein.
135 Vgl. UBL, Entwurf, S. 197.
136 Vgl. SECKEL, Studien, S. 135.
137 Synode von Ver (Dezember 844), in: MGH Conc. 3, Nr. 7, S. 36–44.
138 Vgl. unten Kap. 1.3.4.
139 Vgl. ZECHIEL-ECKES, Fälschung.
140 Vgl. dazu unten Kap. 1.3.4.

1.3.3 Responsa Stephani II. von 754

Bei den sogenannten Responsa Stephani II. handelt es sich um Rechtsantworten, die Papst Stephan II. bei seinem Aufenthalt im Frankenreich 754 auf einen Katalog von insgesamt 19 Fragen erteilte. Die kurioseste Frage darunter war, inwieweit eine Nottaufe mit Wein erlaubt sei, wenn kein Wasser zur Verfügung stehe.[141] Die im Widerspruch zum Johannesevangelium stehende, positive Antwort führte zu hitzigen Debatten im 17.–19. Jahrhundert. Für manche zeigte sich hier, dass der Papst eben doch fehlbar sei, andere hingegen nahmen diese Rechtsantwort zum Anlass, das ganze Dokument zur Fälschung zu erklären.[142]

Weit verbreitet waren die Responsa allem Anschein nach nicht. Lediglich eine Handschrift, die in Laon aufbewahrt wurde, ist auf uns gekommen.[143] Eine zweite Handschrift ist indirekt über den Druck Jacques Sirmonds aus dem Jahr 1629 überliefert. Daneben fanden bereits in der zweiten Hälfte des 8. Jahrhunderts 14 der 19 Kapitel in bearbeiteter Form Aufnahme in die Collectio Herovalliana, darunter auch die Antwort zur Weintaufe.[144] Die Echtheit der Responsa Stephani II. gilt seit dem Ende des 19. Jahrhunderts nicht nur aufgrund der frühen Rezeption als gesichert, sondern wurde auch von Karl Ubl im Rahmen seiner Neuedition abermals nachgewiesen.[145]

Die Zuweisung der Antworten an Stephan II. und die zeitliche Einordnung sind abhängig von dem lediglich durch Sirmonds Druck überlieferten Explicit.[146] Dass Stephan II. ausgerechnet dem unbedeutenden Kloster Brétigny, dass in fränkischer Zeit lediglich einmal, und zwar erst im 9. Jahrhundert erwähnt wird, Rechtsantworten gab und dann noch auf Fragen, die größtenteils nicht Klöster betreffen, hat die Forschung lange Zeit verwundert. Ubl geht daher davon aus, dass die Antworten nicht für das Kloster Brétigny bestimmt waren, sondern Stephan II. sich in diesem lediglich zwei Kilometer von der Pfalz Quierzy entfernten Kloster aufgehalten habe.[147] Dort in Quierzy fand am 14. April 754 eine Reichsversammlung statt, an der sowohl Pippin als auch der Papst teilnahmen und auf der es zur sogenannten Pippinischen Schenkung kam.[148] Dadurch lassen sich Stephans II. Aufenthalt in Quierzy beziehungsweise Brétigny und die Responsa Stephani II. zeitlich sehr gut fassen.

---

141 Responsa Stephani II. c. 11, in: Ubl, Schatten, S. 442 f.: *De presbytero, qui, cum deesset aqua, periclitantem infantem vino baptizavit. Si in vino quis, praeterea quod aquam non inveniebat, omnino periclitantem infantem baptizavit, nulla ei exinde adscribitur culpa. Infans sic permaneat in ipso baptismo. Nam si aqua adfuit praesens, ille presbiter excommunicetur et penitentiae submittatur, quia contra canonum sententiam agere praesumpserat.*

142 Zur Forschungsgeschichte vgl. Ubl, Schatten, S. 403–405.

143 Zur Überlieferungsgeschichte vgl. Ubl, Schatten, S. 428–434.

144 Zur Collectio Herovalliana zuletzt Breternitz, Genese.

145 Vgl. Ubl, Schatten, S. 425.

146 Vgl. Ubl, Schatten, S. 406: *Expliciunt quae domnus papa Stephanus in Carisiaco villa Brittaniaco monasterio ad interrogata dedit responsa.*

147 Vgl. Ubl, Schatten, S. 406–408, der *Britanniaco monasterio* nicht als Dativobjekt, sondern als Ortsangabe im Ablativ auffasst.

148 Zur Pippinischen Schenkung vgl. Hartmann, Schenkung; Scholz, Schenkung.

1.3.4 Concilium Vernense von 755

In der Edition von Alfred Boretius umfassen die Beschlüsse des Konzils von Ver 755 insgesamt 25 Kapitel.[149] Die Kapitel 20–22 enthalten explizite Rückverweise in der zweiten Person Plural. Pertz teilte die 25 Kapitel, die er unter dem Titel Pippini regis capitulare Vernense duplex a. 755 edierte, in zwei Teile, und zwar in das eigentliche Capitulare Vernense (Kapitel 1–12) und eine Petitio episcoporum (Kapitel 13–25).[150] Grundlage seiner Entscheidung war, dass in einer der drei von ihm benutzen Handschriften (V_3) nur die ersten 12 Kapitel überliefert sind. Die von Pertz postulierte Einteilung in zwei Dokumente mit einer Zäsur zwischen Kapitel 12 und 13 wurde durch die Edition von Boretius korrigiert.[151] Jedoch bereitete die Heterogenität der 25 Kapitel weiterhin Probleme. Wilfried Hartmann beispielsweise betont, dass sich die letzten sieben Kapitel (19–25) in ihrer Kürze und Thematik von den ersten 18 Kapiteln unterscheiden.[152]

Glatthaar hingegen zählt das Kapitel 19, das fast wörtlich mit Kapitel 6 des Königskapitulars übereinstimmt, noch zum eigentlichen Konzilsdekret und hat unlängst die These aufgestellt, dass die Kapitel 20–25 nicht mehr zu den Beschlüssen von Ver zählen. Sie bilden für ihn ein eigenständiges Kapitular, das auf jener in Kapitel 20 erwähnten anderen Synode verabschiedet worden sei.[153] Sein Urteil macht er zum einen daran fest, wer jeweils in den 25 Kapiteln spreche. In den ersten 19 Kapiteln spreche, soweit dies beurteilt werde könne, Pippin unter Einschluss der Bischöfe.[154] Kapitel 20–22 seien von den Bischöfen an Pippin gerichtet und Kapitel 23–25 seien unpersönlich formuliert. Zum anderen stützt sich Glatthaar auf seine Beobachtung, dass die ersten 19 Kapitel anders als die letzten

---

149 Concilium Vernense, in: MGH Capit. 1, Nr. 14, S. 32–37.

150 Vgl. Pippini regis capitulare Vernense duplex a. 755, in: MGH LL 1, S. 24–27. Baluze, Capitularia, Bd. 1, Sp. 177–180, druckte gar 30 Kapitel, in dem er die Kapitel 4–7 des Königskapitulars als Kapitel 26–30 an die 25 eigentlichen Beschlüsse aus Ver anschloss. Vgl. dazu ausführlich Breternitz, Münzwesen.

151 Oelsner, Jahrbücher, S. 469 schloss sich noch dem Urteil von Pertz an, da Kapitel 13 nach Pertz, Capitularia, S. 578 mit der Inscriptio „Petitio episcoporum" ansetze. Allerdings scheint Pertz bei seinen Emendenda keine mittelalterliche Inscriptio, sondern eine eigene Inscriptio als Zwischenüberschrift gemeint zu haben. Eine Inscriptio mit den Worten *Petitio episcoporum* findet sich weder in den von Pertz benutzten noch in den übrigen Handschriften. Dies stellte Boretius, Capitularia, S. 33 heraus: „Absunt a codice nostro 2 capita 13–25, qua re ductus Pertzius Vernensia capita pro capitulare duplici recensuit et capit 13–25 pro *Petitione episcoporum* (Leges I.578 inter emendanda) habuit. Sed codices quinque alii omnes, praesertim Monacensis et antiquitate et textus sinceritate ante ceteros excellens, capita 1–25 una serie continuo numerata praebent, neque in ullo codice inscriptione *Petitio episcoporum* aliave nota caput 13 ab antecedentibus distinguitur […]."
Keine weitere Handschrift bietet lediglich die Kapitel 1–12 oder lediglich die Kapitel 13–25. Vgl. Mordek, Bibliotheca capitularium, S. 1081.

152 Vgl. Hartmann, Synoden, S. 71.

153 Vgl. Glatthaar, Konzilsdekret, S. 81–87.

154 Vgl. Glatthaar, Konzilsdekret, S. 74–80.

sechs Kapitel ausschließlich von Pippin und den Bischöfen ohne Mitwirkung weltlicher Großer beschlossen worden seien.[155]

Die Kapitel 20–22 werden schon seit Längerem von der Forschung als Fremdkörper wahrgenommen.[156] Dass die drei Kapitel sich sprachlich unterscheiden, kann nicht abgestritten werden. Am auffälligsten ist die Anrede an eine nicht namentlich angesprochene 2. Person Plural, aber daneben springt auch eine geringere Beherrschung der lateinischen Sprache ins Auge.[157] Doch es bleibt zu klären, inwieweit diese sprachlichen Beobachtungen ausreichen, um die Kapitel 20–25 als eigenständiges Kapitular abzugrenzen. Dagegen spricht zunächst, dass die zweite Hälfte dieses von Glatthaar abgetrennten Kapitulars (Kapitel 23–25) wiederum unpersönlich formuliert ist und auch wieder in einem besseren Latein verfasst wurde. Das abgetrennte Kapitular selbst ist unter sprachlichen Gesichtspunkten betrachtet ebenfalls sehr heterogen, zumal die Kapitel 23–25 sprachlich viel besser zu Kapitel 1–19 als zu Kapitel 20–22 passen.

Aber auch bereits die ersten 19 Kapitel bieten sehr heterogene Beschlüsse. Manche Kapitel sind recht ausführlich,[158] andere ziemlich knapp formuliert,[159] einige bestehen lediglich aus einer kurzen Inscriptio und wörtlichen Zitaten antiker Konzilien.[160] Die auch von Glatthaar unbestritten dem Konzil von Ver zugeordneten Beschlüsse sind also selbst recht heterogen.

Mehrere Kapitel bis Kapitel 19 berühren auch das Verhalten weltlicher Großer, wenn sie beispielsweise auf öffentliche Hochzeiten verpflichtet oder an die Beachtung der Immunitätsbezirke erinnert werden.[161] Natürlich könnte man zweifeln, inwieweit aus solchen Beschlüssen auf die Anwesenheit und die Zustimmung weltlicher Großer zu schließen ist. Solche Zweifel müssten dann jedoch auch analog bei Kapitel 23 und 25, in denen nach Glatthaar die Grafen angesprochen werden, vorgebracht werden, weshalb sie als Argument für eine

---

155 Vgl. Glatthaar, Konzilsdekret, S. 89: „Im Verer Konzilsdekret hingegen findet sich keine Spur, die es erlauben würde, auf die Mitwirkung von Grafen und Optimaten zu schließen. Wo Laien erwähnt werden, bleiben sie Objekt des Dekrets."

156 Vgl. beispielsweise Pertz, Capitularia, S. 24.

157 Besonders deutlich wird die schlechte Syntax in Kapitel 20. Vgl. Concilium Vernense c. 20, in: MGH Capit. 1, Nr. 14, S. 36 Z. 34–37: *In illo alio sinodo nobis perdonastis, ut illa monasteria, ubi regulariter monachi vel monachas vixerunt, ut hoc quod eis de illas res demittebatis unde vivere potuissent, ut exinde, si regales erant, ad domnum regem fecissent rationes abba vel abbatissa; et si episcopales, ad illum episcopum. Similiter et de illos vicos.* Vom Prädikat *perdonastis* sind drei gleichberechtigte Nebensätze abhängig: erstens *ut illa monasteria,* zweitens *ut hoc* und drittens *ut exinde, si regales erant, ad domnum regem fecissent rationes abba vel abbatissa; et si episcopales, ad illum episcopum* [Untergeordnete Nebensätze wurden hier teilweise ausgelassen.].

158 Zum Beispiel Concilium Vernense c. 6, in: MGH Capit. 1, Nr. 14, S. 34 Z. 16–36; c. 9, S. 35 Z. 5–18.

159 Zum Beispiel Concilium Vernense c. 1, in: MGH Capit. 1, Nr. 14, S. 33 Z. 37: *Ut episcopi debeant esse per singulos civitates.* Vgl. unten Anm. 161.

160 Zum Beispiel Concilium Vernense c. 12, in: MGH Capit. 1, Nr. 14, S. 35 Z. 31–39: *In canone Calcidonense capitulo XX:* […].

161 Concilium Vernense c. 15, in: MGH Capit. 1, Nr. 14, S. 36 Z. 16: *Ut omnes homines laici publicas nuptias faciant, tam nobiles quam innobiles.* Concilium Vernense c. 19, S. 36 Z. 33: *De emunitates. Ut omnes emunitates per universas ecclesias conservata sint.*

Aufteilung der 25 Kapitel auf zwei Kapitularien ausscheiden.[162] Hier ist also kein Bruch zu erkennen. Eine weitere Gemeinsamkeit zeigt sich in expliziten Bezugnahmen auf ältere Dokumente beziehungsweise Versammlungen, die sich wie bereits erwähnt auch in den ersten 19 Kapiteln finden.

Es bleibt Glatthaars Beobachtung, dass in den Kapiteln 20–22 Pippin angesprochen wird, während er in Kapitel 1–19 und 23–25 selbst (gemeinsam mit den Bischöfen) verkündet oder unpersönliche Formulierungen Verwendung fanden.[163] Aber es stellt sich abermals die Frage, ob eine solche sprachliche Bandbreite innerhalb eines Dokumentes, an dessen schriftlicher Ausarbeitung auch mehrere Personen mit unterschiedlichen Sprachstilen und –fertigkeiten mitgearbeitet haben können, wirklich sicher ausgeschlossen werden kann. Schließlich sind trotz dieser Auffälligkeit Gemeinsamkeiten beiderseits der von Glatthaar postulierten Kapitulargrenze nicht zu leugnen. Nicht vergessen werden darf, und dies ist das wichtigste Argument, dass sich in der handschriftlichen Überlieferung kein Hinweis darauf findet, dass Kapitel 1–19 und 20–25 jemals separat überliefert wurden. Daher soll hier mit der Überlieferung an der Einheit der 25 Kapitel als am 11. Juli 755 verkündetes Konzil von Ver festgehalten werden.

1.3.5 Datierung des Königskapitulars

Die Datierung des Königskapitulars kann nur relativ sein. Nach der quellenkritischen Diskussion der entscheidenden Ankerpunkte dieser relativen Chronologie können nun die drei sich ausschließenden Datierungsvorschläge untersucht werden.

Bis auf die zuletzt von Michael Glatthaar vorgeschlagene Datierung bewegen sich alle Datierungen innerhalb des durch den Dynastiewechsel 751 und das Konzil von Ver 755 vorgegebenen Zeitrahmens. Ausgehend von Kapitel 4 des Konzils von Ver, das zwei jährliche Synoden fordert,[164] geht Glatthaar davon aus, dass die Kapitel 20–25 von Ver von der nächsten auf Ver 755 folgenden Synode stammen, was freilich auch nach seiner Argumentation nicht zwingend ist.[165] In

162 Vgl. Glatthaar, Konzilsdekret, S. 81.

163 Glatthaar, Konzilsdekret, S. 81 f., beobachtet zudem, dass das Wort *ille* in den Kapiteln 20–22 gehäuft auftauche (ca. 10 %). Die gehäufte Verwendung des Wortes trifft aber eigentlich nur auf Kapitel 20 (10 %) und 21 (20 %) zu. In Kapitel 22 hingegen ist die Verwendung des nur einmal auftauchenden Wortes völlig unauffällig (3,8 %). In den Kapiteln 23–25 findet das Wort keine Verwendung. Die erhöhte Verwendung von *ille* in den Kapiteln 20 und 21 bleibt zwar auffällig, korrespondiert jedoch nicht mit der von Glatthaar postulierten Zäsur. Vor allem ist das für die Chronologie wichtige Kapitel 22 nicht davon betroffen.

164 Concilium Vernense c. 4, in: MGH Capit. 1, Nr. 14, S. 34 Z. 1–6: *Ut bis in anno sinodus fiat. Prima sinodus mense primo, quod est Martias Kalendas, ubi domnus rex iusserit, eius praesentia. Secunda sinodus Kalendas Octubris, aut ad Suessionis vel aliubi ubi ad Martias Kalendas inter ipsos episcopos convenit; et illi episcopi ibidem conveniant, quos modo vicem metropolitanorum constituimus, et alii episcopi vel abbates seu presbiteri, quos ipsi metropolitani aput se venire iusserint, ibidem in ipsa secunda sinodo convenire faciant.*

165 Vgl. Glatthaar, Konzilsdekret, S. 84.

Folge dessen datiert er die Kapitel 20–25, das Königskapitular und die Capitula de censibus ecclesiarum in das Jahr 756.[166]

(Rück-)Bezüge auf das Königskapitular lassen sich aus den Kapiteln 18, 19 und 22 des Konzils von Ver ableiten.[167] Kapitel 22 ist eindeutig ein Rückbezug auf das Königskapitular. Bei Kapitel 18 und 19 fehlt ein eindeutiger Hinweis im Text. Doch ist es, wie weiter unten ausführlich gezeigt wird, weitaus wahrscheinlicher, dass die Kapitel 18 und 19 von Ver auf die Kapitel 6 und 7 des Königskapitulars Bezug nehmen als andersherum.[168] Kapitel 6 des Königskapitulars regelt unter anderem, dass *ecclesiastici* ohne Zustimmung ihres *senior* nicht das Gericht des Königs anrufen dürfen. Kapitel 18 von Ver regelt, dass Kleriker ohne Zustimmung ihres Bischofs oder Abtes überhaupt kein weltliches Gericht anrufen dürfen, was mit einem Kanon aus Karthago untermauert wird. Ein Aspekt, der im Königskapitular am Rande und nur für einen sehr speziellen Fall angesprochen wurde, wird in Ver allgemein geregelt. Kapitel 6 des Königskapitulars mahnt die Beachtung der Immunitätsbezirke an. Kapitel 19 von Ver unterstreicht, dass diese Aufforderung für alle Immunitätsbezirke aller Kirchen gilt. Selbst wenn man mit Glatthaar Kapitel 22 vom Konzil von Ver und der damit verbundenen Datierung abtrennen wollte, ließe sich also aus der Rezeption des Königskapitulars in Kapitel 18 und 19 von Ver mit dem 11. Juli 755 derselbe Terminus ante quem sehr wahrscheinlich machen, der seit Längerem als opinio communis gilt.

Innerhalb des äußeren Datierungsrahmens 751–755 stehen nun eine Früh- und eine Spätdatierung des Königskapitulars zur Debatte. Karl Ubl kommt das Verdienst zu, auf den engen Bezug zwischen Kapitel 4 der Responsa Stephani II. und der Liste verbotener, inzestuöser Verbindungen in Kapitel 1 des Königskapitulars hingewiesen zu haben.[169] In beiden Fällen geht es darum, dass durch Patenschaft ein Ehehindernis entsteht, und zwar sowohl durch die Tauf- als auch durch die Firmpatenschaft. Das Besondere an beiden Stellen ist die Ausdehnung des Inzestverbots auf die Firmpatenschaft, wofür sich vorher kein Beleg in den Quellen finden lässt.[170] Bereits die Taufpatenschaft als Ehehindernis war heftig

---

166 Vgl. Glatthaar, Konzilsdekret, S. 85: „Nach, nicht vor Ver wären also nicht nur das Ver erwähnende Kapitelpaar [= Capitula de censibus ecclesiarum] und die Ver anhängenden Kapitel der ‚anderen Synode' einzureihen, sondern auch das dort zitierte Kapitular Nr. 13."

167 Es ist festzuhalten, dass die Nähe zum Königskapitular sowohl in Kapiteln vor als auch nach der von Glatthaar postulierten Grenze zu finden ist. Auch dies ist eher ein Hinweis auf die Einheit der 25 als Konzil von Ver überlieferten Kapitel.

168 Vgl. unten Kap. 5.4.

169 Vgl. Ubl, Schatten, S. 414–417. Responsa Stephani II. c. 4, in: Ubl, Schatten, S. 437: *Si quis commatrem de baptismo vel confirmatione duxerit. Ut nullus habeat commatrem suam spiritalem, tam de fonte sacro quam de confirmatione, neque sibi clam in neutra parte coniugio sociatam. Quod si coniuncti fuerint, separentur.* Pippini regis capitulare c. 1, in: MGH Capit. 1, Nr. 13, S. 31 Z. 18–20: *Si homo incestum commiserit de istis causis, de Deo sacrata, aut commatre sua, aut cum matrina sua spiritali de fonte et confirmatione episcopi* […].

170 Vgl. Ubl, Schatten, S. 415 f.

diskutiert worden, und insbesondere Bonifatius stand diesem Ehehindernis ablehnend gegenüber.[171]

Die Ausdehnung des Inzestverbots auf die Firmpatenschaft bildet einen engen inhaltlichen und zeitlichen Bezug zwischen den Responsa Stephani II. und dem Königskapitular. Weitere Bezüge zwischen diesen beiden Dokumenten lassen sich nicht finden. Ein expliziter Verweis des Königskapitulars auf die Responsa Stephani II. fehlt, doch verweist das Königskapitular in Kapitel 7 bei der eindeutigen Rezeption der Lex Salica ebenfalls nicht auf die rezipierte Quelle. Auf den Konzilien von Verberie 756 und Compiègne 757 wurden weitere Rechtsantworten Stephans II. rezipiert. Aber auch hier wurde ein Bezug auf die päpstliche Autorität nicht deutlich gemacht, was Ubl als Zeichen für das Selbstbewusstsein und die Eigenständigkeit des fränkischen Episkopats in seinen Reformbemühungen wertet.[172]

Was die Rezeption zwischen Königskapitular und Responsa betrifft, erlaubt das wenige Vergleichsmaterial nicht, mit letzter Sicherheit zu beweisen, wer auf wen reagierte. Einerseits ist es möglich, dass das umstrittene Inzestverbot durch Patenschaft in die Verbotsliste des Königskapitulars aufgenommen wurde, die Gegenstimmen aus dem Lager des Bonifatius nicht verstummten und der Aufenthalt des Papstes in Quierzy genutzt wurde, um dessen Standpunkt zu dieser immer noch strittigen Frage einzuholen. Wahrscheinlicher ist, wie Ubl überzeugend gezeigt hat, dass, eben weil das Inzestverbot durch Patenschaft im Frankenreich gerade im Bonifatiuslager so umstritten war, zunächst der Standpunkt des Papstes erfragt wurde, bevor die Ausweitung des Inzestverbots auf die Firmpatenschaft ins Königskapitulars aufgenommen wurde.[173] Es kann festgehalten werden, dass die Responsa Stephani II. aus dem Frühjahr 754 einen sehr engen zeitlichen Bezugspunkt für das Königskapitular bilden.

Glatthaar hat wie bereits erwähnt die in seiner Dissertation 2004 vorgeschlagene Frühdatierung in den Herbst/Winter 751/752 aufgegeben, indem er die Responsa Stephani II. als Terminus post quem anerkannte. Da die Einstufung der Rezeptionsrichtung zwischen Königskapitular und den Responsa Stephani II. zwar sehr wahrscheinlich ist, sich aber nicht mit letzter Sicherheit beweisen lässt, gilt es, die Frühdatierungsthese Glatthaars unter Ausschluss der Responsa Stephani II. zu diskutieren. Glatthaar argumentierte mit Hilfe einer mehrstufigen relativen Chronologie, die er über einen eigenen Datierungsvorschlag für das Breve für Mâcon zeitlich zu verankern versuchte.

Aufgrund des Wortes *antea* nahm er an, dass Kapitel 22 von Ver mit dem Verweis auf das Königskapitular auf eine Versammlung verweise, die vor (*antea*)

---

171 Vgl. Ubl, Schatten, S. 414–417; dens, Inzestverbot, S. 219–251; unten Kap. 2.3.2.

172 Vgl. Ubl, Schatten, S. 418–420.

173 Vgl. Ubl, Schatten, S. 416f.: „Neu ist dagegen die Erwähnung der Firmpatenschaft. Man wird Pippin nicht ohne weiteres zutrauen, dass er alleine eine derart weitreichende Entscheidung traf. Ich halte es vielmehr für wahrscheinlich, dass er diese Frage zuerst in Quierzy dem Papst zur Entscheidung vorlegte. […] Gleichzeitig mit diesen weitreichenden Entscheidungen [sog. Pippinische Schenkung in Quierzy] erließ Pippin möglicherweise auch das Kapitular."

der Versammlung stattgefunden habe, auf die Kapitel 20 und 21 verwiesen.[174] Kapitel 20 und 21 verweisen auf eine *ille alius synodus*, bei der Glatthaar mit Perels davon ausgeht, dass sie ebenfalls in Ver stattgefunden habe, weil kein Ort genannt sei.[175] Unter der Prämisse, dass die Rückverweise in Kapitel 20 und 21 von Ver 755 und von Kapitel 1 der Capitula de censibus ecclesiarum sich alle auf ein und dasselbe Konzil, das sogenannte erste Konzil von Ver (Capitula Vernensia) bezögen,[176] zog er den Schluss, dass die Capitula de censibus ecclesiarum einen Terminus ante quem für die Capitula Vernensia lieferten, die wiederum einen Terminus ante quem für das Königskapitular darstellten.

Die Capitula de censibus ecclesiarum enthalten jedoch keine Datierung, und ihre erstmalige Überlieferung bei Benedictus Levita liefert lediglich einen so späten Terminus ante quem, dass er hier nicht weiterhelfen kann. Für die Datierung der Capitula de censibus ecclesiarum zog Glatthaar das Breve für Mâcon heran, das von Ingrid Heidrich, seiner Editorin, in die Jahre 751–768 datiert wird.[177] Pippins Breve für Mâcon setzte Glatthaar in Bezug zu einer Reimser Notiz zu den Reichsannalen und zu einem knappen Hinweis in den Murbacher Annalen, die auf Entschädigung und Restitutionen von entfremdetem Kirchengut in der Zeit unmittelbar nach dem Dynastiewechsel hinweisen, was ihn zu einer Datierung des Breve in das Jahr 752 führte.[178] Durch diesen Bezugspunkt seiner relativen Chronologie kam Glatthaar zu der folgenden absoluten Chronologie[179]:

Ereignis/ Dokument	**Datum**
Königskapitular	Herbst/ Winter 751/752
Capitula Vernensia (= 1. Konzil von Ver)	Herbst/ Frühjahr 751/752
Capitula de censibus ecclesiarum	Frühjahr/ Sommer 752
Breve für Mâcon	Frühjahr/ Herbst 752

Glatthaars Datierung des Breve in das Jahr 752 braucht hier nicht weiter diskutiert zu werden, weil sich eine Relevanz dieser Quelle für die Datierung des Königskapitulars nur mittels der Capitula Vernensia und der Capitula de censibus ecclesiarum ergibt. Denn wenn, wie oben gezeigt wurde, die Capitula de censibus ecclesiarum von Benedictus Levita erst fast ein Jahrhundert später gefälscht wurden und damit auch der Hinweis auf die Capitula Vernensia wegfällt, brechen die entscheidenden Bindeglieder zwischen dem Königskapi-

174 Vgl. Glatthaar, Bonifatius, S. 339–341; Concilium Vernense c. 22, in: MGH Capit. 1, Nr. 14, S. 37 Z. 3–5: *De peregrinis qui propter Deum vadunt, ut eis tolloneos non tollant; et de illos alios tolloneos quod vos antea perdonastis, ut sic fiat, ut, ubi legitime non debent esse, donati non sint.*

175 Vgl. Glatthaar, Bonifatius, S. 340.

176 Vgl. Glatthaar, Bonifatius, S. 339 f.

177 Vgl. Heidrich, Breve, S. 22.

178 Vgl. Glatthaar, Bonifatius, S. 347–355.

179 Vgl. Glatthaar, Bonifatius, S. 335.

tular und dem Breve für Mâcon weg. Unabhängig von der Einstufung der Responsa Stephani II. gibt es demnach keinen Hinweis, der eine Frühdatierung des Königskapitulars rechtfertigen könnte.

Der enge Bezug zwischen Königskapitular und Responsa Stephani II. bleibt der einzige Ansatzpunkt für eine genauere Datierung des Königskapitulars innerhalb des zeitlichen Rahmens 751–755. Das Königskapitular ist im Umfeld der Responsa Stephani II. von 754, höchstwahrscheinlich kurz danach, entstanden. Demnach ist das Königskapitular das älteste erhaltene Kapitular Pippins als König. Ob es sich auch um das erste Kapitular nach dem Dynastiewechsel 751 überhaupt handelt, muss offenbleiben. Vor dem Konzil von Ver im Juli 755 muss noch jene andere Synode Pippins stattgefunden haben, auf der die Beschlüsse gefasst wurden, auf die Kapitel 20 und 21 von Ver Bezug nehmen. Ob jene andere Synode noch der Hausmeierzeit oder schon der Königszeit zuzuweisen ist, muss ebenso offenbleiben wie die Frage, ob sie vor oder nach der Versammlung stattfand, aus der das Königskapitular hervorging.

2. Inzest und Ehe

Die ersten drei Kapitel des Königskapitulars beschäftigen sich mit der Inzestbekämpfung. Dieses Thema, das auf den späteren Synoden von Verberie (756)[1] und Compiègne (757)[2] völlig dominieren sollte, nimmt durch seine Positionierung am Anfang der Kapitelliste auch im Königskapitular eine prominente Stellung ein.[3]

Das Thema Inzestbekämpfung beinhaltet zwei Aspekte, die getrennt voneinander zu behandeln sind. Die Definition von Inzest und der Diskurs darüber, welche Verbindungen als inzestuös gelten sollten, bilden den einen Aspekt. Der andere Aspekt ist die Frage, auf welche Weise die als inzestuös definierten Verbindungen unterbunden und bekämpft werden sollten. Das Königskapitular beschäftigt sich mit beiden Aspekten der Inzestbekämpfung. Das erste Kapitel enthält einerseits eine Liste mit verbotenen Verbindungen und andererseits Bestimmungen zur Sanktionierung ebendieser verbotenen Verbindungen. Bei der Sanktionierung wird nach dem Status der betroffenen Personen differenziert. Kapitel 2 und 3 setzen die Ausführungen zur Sanktionierung für weitere Statusgruppen fort. Die Inzestbestimmungen sind alle aus der Perspektive des Mannes heraus formuliert. Im Folgenden sollen das im Königskapitular zu Tage tretende Verständnis von Inzest und die Sanktionierung inzestuösen Verhaltens getrennt in den Blick genommen werden. Auf dieser Grundlage wird dann eine historische Einordnung von Pippins Inzestbekämpfung vorgenommen.

2.1 Verbotene Verbindungen im Königskapitular

Inzest zählte zu den kirchenrechtlichen Themen, die im 8. Jahrhundert, vor allem in dessen ersten Hälfte kontrovers diskutiert wurden.[4] Auffällig ist, dass ein klarer Bruch zwischen der merowingischen und der karolingischen Inzestbekämpfung festzustellen ist, wie Karl Ubl in seiner 2008 veröffentlichten Habilitationsschrift betont.[5] In der ersten Hälfte des 8. Jahrhunderts kochte die Inzestdebatte wieder auf. Trotz der generell eher schlechten Quellenlage liegen erstaunlich viele Quellen aus dieser Zeit vor, die für den Inzestdiskurs von Belang sind. In den Briefen des Bonifatius wird das Thema öfters behandelt, ebenso

---

1 Decretum Vermeriense, in: MGH Capit. 1, Nr. 16, S. 39–41. Die Datierung und Zuschreibung dieser Kapitel zu einem Konzil von Verberie 756 beruht allein auf einem Incipit in der Handschrift V, das in P, der ebenfalls die Collectio capitularium Senonica überliefernden Schwesterhandschrift fehlt.

2 Decretum Compendiense, in: MGH Capit. 1, Nr. 15, S. 37–39.

3 Auf dem Konzil von Ver 755 kam das Thema hingegen nicht zur Sprache.

4 Vgl. Ubl, Inzestverbot, S. 217–290.

5 Vgl. Ubl, Inzestverbot, S. 218. Zur merowingischen Inzestbekämpfung vgl. Mikat, Inzestgesetzgebung; Ubl, Inzestverbot, S. 115–216.

auch in verschiedenen Schreiben der Päpste. Hinzu kommen auf päpstlicher Seite zwei Konzilien in Rom 721 und 743, die sich der Inzestbekämpfung annahmen. Ebenfalls zu nennen sind die sogenannten Responsa Stephani II.[6] Weiterhin spielen Dokumente eine Rolle, die zwar noch dem 7. Jahrhundert entstammen, aber erst durch ihre Rezeption im 8. Jahrhundert größeren Einfluss auf die Inzestdiskussionen nehmen konnten. Dies gilt beispielsweise für den Libellus responsionum Gregors des Großen, dessen Bestimmungen zum Inzest bereits im 8. Jahrhundert umstritten waren, und insbesondere für die byzantinische Synode in Trullo (691/92).

In den Kapitularien Pippins taucht das Thema Inzest zum ersten Mal im Kapitular von Soissons 744 auf, als die Ehe mit Gott geweihten Frauen und mit Verwandten (*parentes*) verboten wird.[7] Die Pauschalität des sehr weiten Begriffes *parentes*[8] und die damit verbundene mangelnde Differenzierung, welche Konstellationen verboten sein sollen und welche nicht, zeigt ebenso wie das Nichtansprechen von Konsequenzen und Sanktionen, mit denen bereits geschlossene inzestuöse Verbindungen geahndet werden sollten, dass das Thema in Soissons noch nicht den Stellenwert hatte, den es nach dem Dynastiewechsel erreichen sollte. In diesem Sinne können die ersten drei Kapitel des Königskapitulars in der Tat als eigentlicher Auftakt von Pippins Inzestbekämpfung verstanden werden, die ihren Höhepunkt einige Jahre danach auf den Konzilien von Verberie 756 und Compiègne 757 erreichen sollte.

Eine allgemeine Bestimmung, bis zu welchem Verwandtschaftsgrad eheliche Verbindungen verboten sein sollen, findet sich im Königskapitular nicht.[9] Vielmehr werden allein konkrete Konstellationen verboten. Nach der Edition von Boretius sind Verbindungen mit folgenden zwölf Arten von Frauen verboten[10]:

---

6 Die Responsa Stephani II. spielen auch für die Datierung des Königskapitulars eine wichtige Rolle. Vgl. oben Kap. 1.3.3.

7 Pippini principis capitulare Suessionense c. 9, in: MGH Capit. 1, Nr. 12, S. 30 Z. 8–11: *Similiter constituemus, ut nullus laicus homo Deo sacrata femina ad mulierem non habeat, nec suam parentem; nec marito viventem sua mulier alius non accipiat, nec mulier vivente suo viro alium accipiat; quia maritus muliere sua non debet dimittere, excepto causa fornicationis deprehensa.* Auf dem Concilium Germanicum wurde das Thema nicht behandelt, auf der Teilreichssynode in Les Estinnes in Karlmanns Reichshälfte wurde Inzest nur am Rande erwähnt. Karlmanni principis capitulare Liptinense c. 3, in: MGH Capit. 1, Nr. 11, S. 28 Z. 18–20: *Similiter praecipimus, ut iuxta decreta canonum adulteria et incesta matrimonia, quae non sint legitima, prohibeantur et emendentur episcoporum iudicio; et ut mancipia christiana paganis non traduntur.*

8 Vgl. Niermeyer – van de Kieft – Burger, Lexicon, Bd. 2, S. 994. Das Wort *parens* im engeren Sinne kann natürlich auch einen leiblichen Elternteil, hier die Mutter meinen. Doch wäre es dann verwunderlich, warum nicht das eindeutige *mater* verwendet worden sein sollte, wenn hier tatsächlich nur das Verbot der Ehe mit der eigenen Mutter ausgesprochen werden sollte.

9 Zu den unterschiedlichen Zählungen der Verwandtschaft ausführlich Ubl, Inzestverbot, S. 14–27.

10 Pippini regis capitulare c. 1, in: MGH Capit. 1, Nr. 13, S. 31 Z. 18–22: *De incestis. Si homo incestum commiserit de istis causis, de Deo sacrata, aut commatre sua, aut cum matrina sua spiritali de fonte et confirmatione episcopi, aut cum matre et filia, aut cum duabus sororibus, aut cum fratris filia aut sororis filia, aut nepta, aut cum consobrina atque subrina, aut cum amita vel matertera:* […].

Nr.	Lateinisch	Deutsch
1	*de Deo sacrata*	einer Gott geweihten Frau
2	*commatre sua*	der Patin der Kinder bzw. der Mutter eines Patenkindes
3	*cum matrina sua spiritali de fonte et confirmatione episcopi*	der eigenen Tauf- und Firmpatin
4	*cum matre et filia*	einer Mutter und ihrer Tochter
5	*cum duabus sororibus*	zwei Schwestern
6	*cum fratris filia*	der Tochter des Bruders
7	*sororis filia*	der Tochter der Schwester
8	*nepta*	der Enkelin
9	*cum consobrina*	der Cousine 1. Grades
10	*subrina*	der Cousine 2. Grades
11	*cum amita*	der Schwester des Vaters
12	*matertera*	der Schwester der Mutter

Die meisten der aufgeführten Verwandtschaftsgrade lassen sich eindeutig identifizieren und zuordnen. Jedoch enthält die Liste auch Punkte, deren Verständnis umstritten ist. Bevor jedoch auf die verbotenen Verbindungen im Einzelnen eingegangen wird, ist zunächst die Überlieferung der Liste zu prüfen. Denn ein Blick in den Apparat von Boretius zeigt, dass die Handschriften an einer Stelle so weit voneinander abweichen, dass sich die Art der verbotenen Verbindung gegenüber dem Obertext von Boretius ändert.

Problematisch aus Sicht der Überlieferung ist die an zweiter Stelle genannte *commater* (Abl. *commatre sua*). Laut dem Apparat von Boretius bieten drei Handschriften dieses *commatre*, eine *cum matre*, und drei *de matre*. Das Wort *commater* kann aus Sicht eines Mannes zwei verschiedene Arten von Frauen bezeichnen, und zwar einerseits die Patin seines eigenen Kindes und andererseits die Mutter eines seiner Patenkinder.[11]

Plausibel sind sowohl ein Verbot einer Verbindung mit der eigenen Mutter als auch mit der Patin der Kinder beziehungsweise der Mutter des Patenkindes. Gegen die Mutter spricht, dass *commatre* eindeutig die Lectio difficilior ist. Andererseits steht nur in einer Handschrift sicher *commatre*.[12] In zwei Handschrif-

---

11 Vgl. Niermeyer – van de Kieft – Burger, Lexicon, Bd. 1, S. 276; Weber, Gesetz, Bd. 1, S. 23.

12 Der Schreiber der von Boretius nicht berücksichtigen Handschrift Vs, fol. 52ᵛ schreibt hier eindeutig *cōmatre* und an den Stellen der Liste, an denen eindeutig die Präposition *cum* gemeint ist, gut lesbar *cū*. Der Schreiber scheint also bewusst *commatre* geschrieben zu haben.

ten, in denen Boretius *commatre* liest, ist das *com-* entweder abgekürzt oder ist eher ein *cum* zu erkennen.[13]

Boretius hat seinen Apparat an der Stelle nicht sehr übersichtlich gestaltet. Nach Anmerkung b sollen drei Handschriften als Alternative *de matre* statt *commatre* beziehungsweise *cum matre* bieten.[14] Hierbei handelt es sich jedoch nicht um eine alternative Variante, sondern vielmehr um einen Textausfall der Worte *istis causis de Deo sacrata aut com-/cum.* Um die Varianten angemessen beurteilen zu können, müssen die Anmerkungen a und b im Apparat von Boretius gemeinsam betrachtet werden. Das *de* vor *matre* in diesen Handschriften ist das *de,* das eigentlich vor *istis* hätte stehen müssen. Die ausgefallene Textmenge deutet auf einen Zeilensprung hin. Das heißt, dass in der Vorlage dieser Überlieferungsgruppe ein Zeilenwechsel zwischen *com-/cum* und *matre* vorgelegen haben muss. Zwar ist in diesen vier Handschriften sicher von der Mutter die Rede, doch spiegeln sie auf jeden Fall eine sekundäre Entwicklung wider.

Alle anderen Handschriften bieten *commatre, cum matre* oder *c̄matre.* Eine Aussage darüber, ob die Vorlage der Handschriftengruppe mit *de matre* die Silbe *com-/cum* als Präfix oder als Präposition verstand, beziehungsweise ob die Silbe ausgeschrieben oder abgekürzt war, lässt sich nicht treffen. Die Handschriften mit *commatre, cum matre* oder *c̄matre* lassen sich weiter unterteilen. Die beiden Handschriften G_1 und V_2 bieten den Text *cum matre sua de fonte et confirmatione.* Hier steht zwar eindeutig *matre,* doch ist nicht die Mutter, sondern die Patin gemeint. Diese Lesart ist ebenfalls sekundär.

In den übrigen Handschriften wird eindeutig zwischen der fraglichen Person und der Patin differenziert. Da die Silben *cum* und *com* einerseits häufig von mittelalterlichen Schreibern verwechselt und andererseits oft und vor allem auf gleiche Weise abgekürzt wurden, lässt sich aufgrund des paläographischen Befundes allein keine Aussage darüber treffen, was der originale Wortlaut des Kapitulars gewesen sein mag.

Die Struktur der Liste bietet keine Entscheidungshilfe. In dem einen Fall würden auf die Gott geweihte Frau erstens die Mutter, sei es leiblich, sei es durch die Taufe oder Firmung, zweitens Schwiegerverwandte und drittens leibliche Verwandte folgen. In dem anderen Fall würden auf die Gott geweihte Frau erstens durch Taufe oder Firmung zustande gekommene Verwandte, zweitens Schwiegerverwandte und drittens leibliche Verwandte folgen. Ein Argument für *cum matre* könnte sein, dass vor *commatre* keine Präposition stünde, doch ist dieses Argument nicht zwingend. Zum einen steht zwar bei den meisten, aber eben nicht bei allen übrigen ausgeschlossenen Frauen eine Präposition, zum andere ließe sich das bloße *commatre* als Haplographie aus *cum commatre* erklären. Gegen die Mutter spricht, dass das Verbot einer Ehe mit der eigenen Mutter eigentlich so selbstverständlich ist, dass es nicht mehr explizit geregelt werden muss. Außerdem fehlen andere enge leibliche Verwandtschaftsgrade wie die

13 Es handelt sich um die Handschriften P, V_2 und V_{20}.

14 Es handelt sich um die Handschriften M, P und V. Hinzu kommt die Handschrift He, die von Boretius nicht verwendet wurde.

Tochter oder die Schwester in der Auflistung.[15] Doch strebt die Liste erstens nicht nach Vollständigkeit und zweitens ließen sich auch Parallelen finden, in denen der Inzest mit der eigenen Mutter thematisiert wird.[16] Auch wenn der Faden der Überlieferung sehr dünn ist, spricht doch mehr für die *commater* als für die *mater*, so dass die folgende Untersuchung der einzelnen verbotenen Verbindungen auf dem Obertext von Boretius beruhen kann.

Der erste Punkt der Liste (*de deo sacrata*) bietet keinerlei sprachliche Verständnisschwierigkeiten. Bereits im Prolog der römischen Konzils von 721 wurden die *deo sacratas feminas* den *propinquas* vorangestellt.[17] Eindeutig zu bestimmen sind auch die *commater* und die eigene Patin, die als Punkt 2 und 3 in der Liste genannt sind. Es spricht nichts dagegen, die Spezifizierung *de fonte et confirmatione episcopi* sowohl auf die *commater* als auch die *matrina spiritalis* zu beziehen. Das gesonderte Verbot für den Fall der Tauf- wie der Firmpatenschaft zeigt, dass den besonderen fränkischen Verhältnissen in Bezug auf die Firmung Rechnung getragen wurde.[18] Aufgrund der Größe der Diözesen wurde die Firmung im Frankenreich anders als in Rom in der Regel nicht zeitgleich mit der Taufe, sondern mit einigem Abstand gespendet,[19] so dass Tauf- und Firmpaten anders als südlich der Alpen nicht identisch sein mussten.[20]

Die Punkte 4 und 5 der Liste zielen auf die Schwiegerverwandtschaft. Durch eine Ehe mit einer Frau entsteht eine verwandtschaftliche Beziehung zu ihrer Mutter, Tochter oder Schwester. Gegenüber diesen Frauen (Schwiegermutter, Stieftochter und Schwägerin) besteht auch nach dem Tod der Frau ein Ehehindernis. Anders fasst Ines Weber Punkt 4 (*cum matre et filia*) auf. Für sie geht es hier

---

15 Zur Interpretation Ines Webers, dass die Liste an spätere Stelle Verbindungen mit der eigenen Mutter und mit der eigenen Tochter verbietet vgl. unten Anm. 21.

16 Die sogenannten Capitula Karoli Magni aus den Jahren 803–813 thematisieren beispielsweise eindeutig den Geschlechtsverkehr mit der Mutter. Vgl. Capitula Karoli Magni c. 3, in: MGH Capit. 1, Nr. 56, S. 143 Z. 17–19: *Si quis homo liber peccato imminente, quod absit, patrem aut matrem, avunculum vel nepotem interfecerit, hereditatem propriam amittat. Et si quis mechatus fuerit matrem, sororem, amitam aut neptam, similiter hereditatem perdat.*

17 Concilium Romanum a. 721 prol., in: Sacrorum conciliorum collectio, Sp. 262: *Hinc namque est, quod ingemiscens dico, quia populi Christiani aliquos per provinciam Italiam commorantes, audio temere contra catholicam fidem et patrum statuta patrare* [peccare], *ita ut Deo sacratas feminas ducere praesumant mulieres, et propinquas in coniugio socient.* Die erste drei Kanones sind daher auch dem Ehevebot mit der *presbytera*, der *diacona* und der *monacha* gewidmet.

18 Die römischen Synoden von 721 und 743 sowie das im Codex Carolinus überlieferte Antwortschreiben des Papstes Zacharias sprachen noch pauschal von der *spiritalis commater.* Vgl. Concilium Romanum a. 721 c. 4, in: Sacrorum conciliorum collectio, Sp. 263: *Si quis commatrem spiritalem duxerit in coniugium, anathema sit. Et responderunt omnes tertio: Anathema sit.* Concilium Romanum a. 743 c. 5, in: MGH Conc. 2,1, S. 13 Z. 16 f.: *V. capitulo, ut presbyteram, diaconam, nonnam aut monacham vel etiam spiritalem commatrem nullus praesumat nefario coniugio copulari.* Codex Carolinus Nr. 3, c. 22, S. 485 Z. 31–36: [...] *Sed nec spiritalem cummatrem aut filiam, quod absit, quis ducat temerario ausu uxorem; est namque nefas et perneciosum peccatum coram Deo et angelis euis. In tantum enim grave est, ut nullus sanctorum patrum atque sacrarum sinodorum adsertiones vel etiam in imperialibus legibus quippiam iudicatum sit; sed, terribile Dei iudicium metuentes, siluerunt sententiam dare.*

19 Vgl. Angenendt, Rex et sacerdos, S. 106 f.

20 Vgl. Ubl, Schatten, S. 415.

um das Verbot der Verbindung mit der eigenen Mutter und der eigenen Tochter.[21] Im Kapitular selbst ist nicht gekennzeichnet, um wessen Tochter es geht. Dies gilt auch für alle folgenden verbotenen Verwandtschaftsbeziehungen in der Liste. In der Regel sind die Verwandtschaftsbeziehungen vom *homo* aus gedacht. Eine Ausnahme bildet auf jeden Fall Punkt 5 mit den zwei Schwestern (*cum duabus sororibus*), so dass nicht automatisch davon ausgegangen werden darf, dass alle Punkte der Liste vom *homo* aus gedacht sind. Dass Mutter und Tochter durch die Konjunktion *et* verbunden sind, die ansonsten in der Liste keine Verwendung findet,[22] und vor *filia* keine Präposition steht, spricht dafür, dass hier *cum matre et filia* ähnlich wie das folgende *cum duabus sororibus* als eine einzelne verbotene Konstellation und nicht als zwei Punkte auf der Liste verstanden werden soll. Auch die Struktur der Liste spricht eher dafür, dass Punkt 4 wie der unmittelbar folgende Punkt 5 auf die Schwiegerverwandtschaft abzielt. Die Reihenfolge Tochter der Frau als Punkt 4 und Schwester der Frau als Punkt 5 würde dann auch genau der Reihenfolge aus dem Inzestkatalog von Levitikus 18 entsprechen.[23]

Die restlichen Punkte beziehen sich auf die leibliche Verwandtschaft. Zunächst folgen Nichten von der Seite eines Bruders oder einer Schwester (Punkt 6–7). Als nächstes wird die *nepta* (Punkt 8) erwähnt. Darauf folgen Cousinen 1. und 2. Grades (Punkt 9–10) und Tanten väterlicher- und mütterlicherseits (Punkt 11–12). Von den aufgezählten leiblichen Verwandtschaftsgraden ist lediglich der Begriff *nepta* mehrdeutig, der eine Tante, eine Nichte oder eine Enkelin bezeichnen kann.[24] Da Tanten und Nichten explizit in der Liste genannt sind, bleibt unter der Prämisse, dass die Liste keine Dubletten enthält, lediglich die Enkelin als Bedeutung über.[25]

Insgesamt zeigt sich in der Liste eine deutliche Strukturierung von der geistlichen Verwandtschaft über die Schwiegerverwandtschaft zur leiblichen Verwandtschaft. Diese Reihenfolge ist sicherlich nicht zufällig gewählt. Denn sie stellt die kontroversen Punkte an den Anfang.[26] Die Verbotsliste verdeutlicht das weitere Verständnis von Verwandtschaft im 8. Jahrhundert, das deutlich über das moderne westliche Verständnis von Verwandtschaft hinausgeht.[27]

---

21 Vgl. Weber, Gesetz, Bd. 1, S. 210 mit Anm. 63 und 65. Dort auch weitere Belegstellen für Verbote von Beziehungen mit der eigenen Mutter oder Tochter. Dementsprechend übersetzt Weber, Bd. 2, S. 175, auch „mit der Mutter und der Tochter".

22 Dies Argument ist jedoch nicht ganz zwingend, weil gegen Ende der Liste *cum consobrina atque subrina* steht.

23 Lev. 18,17–18: *Turpitudinem uxoris tuae et filiae eius non revelabis. Filiam filii eius, et filiam filiae illius non sumes, ut reveles ignominiam eius: quia caro illius sunt, et talis coitus incestus est. Sororem uxoris tuae in pelicatum illius non accipies, nec revelabis turpitudinem eius adhuc illa vivente.* Levitus 18,18 beschränkt das Verbot der Ehe mit der Schwester der Frau auf die Lebenszeit der Frau, doch setzte sich bereits in der Spätantike das Verständnis durch, dass dieses Verbot auch nach dem Tod der Frau gültig bleibt. Vgl. dazu Ubl, Inzestverbot, S. 51–56.

24 Vgl. Habel – Gröbel, Glossar, Sp. 253; Niermeyer – van de Kieft – Burger, Lexicon, Bd. 2, S. 934.

25 So auch die Deutung von Weber, Gesetz, Bd. 1, S. 210 Anm. 68.

26 Vgl. unten Kap. 2.3.2.

27 Vgl. Hummer, Visions, S. 1–7.

2.2 Maßnahmen gegen Inzest im Königskapitular

Quellen, anhand derer sich der Erfolg der Inzestverbote ablesen lassen könnte, sind wie bei vielen anderen Verboten nicht erhalten.[28] Die konkreten und differenzierten Sanktionierungsandrohungen im Königskapitular, die nun genauer vorzustellen sind, zeigen jedoch eine große Ernsthaftigkeit im Umgang mit dem Thema. Dass es sich bei den Inzestverboten nicht nur um von der Praxis losgelöste kirchenrechtliche und theologische Diskurse handelt, wird aus der Korrespondenz des Bonifatius, die auf konkrete Inzestfälle Bezug nimmt, und anderen Quellen ersichtlich.[29]

Das Bestreben des Königskapitulars, Inzest wirksam zu bekämpfen, zeigt sich vor allem darin, dass nicht nur derjenige, der eine solche verbotene Verbindung eingeht, sanktioniert werden soll, sondern auch bestimmtes Verhalten den Tätern gegenüber unter Strafe steht. Bei den Tätern wird nach dem Stand und bei Freien darüberhinaus nach den Vermögensverhältnissen differenziert. Für freie Männer mit Vermögen gilt, dass sie ihr Vermögen verlieren sollen und dass, falls sie sich nicht bessern, niemand sie aufnehmen oder mit ihnen speisen solle.[30] Falls aber jemand eine solche Person, die ihre inzestuöse Verbindung nicht aufgeben will, aufnimmt und ihr Speise anbietet, soll er mit dem Königsbann belegt werden, bis der Übeltäter sein Verhalten bessert.[31] Für unvermögende Übeltäter sind andere Strafen vorgesehen. Diese sollen, falls sie frei sind, in den Kerker bis zu ihrer Besserung, sprich bis zur Beendigung des inzestuösen Verhältnisses, geworfen werden.[32] Unfreien oder Freigelassenen hingegen droht eine Körperstrafe.[33] Sollte ihr Herr es zulassen, dass die inzestuöse Beziehung weiterbesteht, so muss er den Königsbann zahlen.[34]

Auffällig ist, dass dem Problem Inzest in Kapitel 1 allein mit weltlichen Strafen begegnet werden soll. Dies überrascht umso mehr im Angesicht des

---

28 Erst unter Karl dem Großen lässt sich indirekt eine konkrete Sanktionierung eines Inzestvergehens fassen. Im Jahr 807 schenkte Karl der Großen dem Kloster Prüm den wegen inzestuöser und anderer Verbrechen eingezogenen Besitz eines gewissen Godeberts. Vgl. dazu Ubl, Inzestverbot, S. 373; D KdGr 205, in: MGH DD Karol. 1, S. 274 Z. 30–32: […] *quantumcumque in suprascripta* [*loca*] *Godebertus quondam tenuit et pro incestuosa vel alia inlicita opera legibus perdidit et ad fiscum nostrum legibus devenerunt* […]. Dass der Inzest im Gegensatz zu den anderen Vergehen explizit benannt wird, spricht dafür, dass dieses Vergehen auch für die Sanktionierung ausschlaggebend war.

29 Vgl. unten Kap. 2.3.2.

30 Pippini regis capitulare c. 1, in: MGH Capit. 1, Nr. 13, S. 31 Z. 22 f.: […] *de istis capitulis pecuniam suam perdat, si habet; et si emendare se noluerit, nullus eum recipiat nec cibum ei donet.*

31 Pippini regis capitulare c. 1, in: MGH Capit. 1, Nr. 13, S. 31 Z. 23 f.: *Et si fecerit, LX solidos domno regi componat, usque dum se ipse homo correxerit.*

32 Pippini regis capitulare c. 1, in: MGH Capit. 1, Nr. 13, S. 31 Z. 24 f.: *Et si pecuniam non habet, si liber est, mittatur in carcere usque ad satisfactionem.*

33 Pippini regis capitulare c. 1, in: MGH Capit. 1, Nr. 13, S. 31 Z. 25 f.: *Si servus aut libertus est, vapuletur plagis multis;* […].

34 Pippini regis capitulare c. 1, in: MGH Capit. 1, Nr. 13, S. 31 Z. 26 f.: […] *et si dominus suus permiserit eum amplius in tale scelus cadere, ipsos LX solidos domno rege componat.*

großen Raumes, den das Thema in Bußbüchern einnimmt.[35] Die weltlichen Strafen für Inzest sind Vermögensverlust, Kerker oder Prügelstrafe. Der Königsbann von 60 Solidi wird, wie Karl Ubl richtigstellte, eindeutig dem Unterstützer und nicht dem Übeltäter selbst angedroht.[36] Hier zeigt sich, dass es nicht nur um die Bestrafung der inzestuösen Verbindung ging, sondern dass die Beendigung der inzestuösen Verbindung sogar noch wichtiger war als ihre Sanktionierung.

Das zweite Kapitel nimmt mit den *ecclesiastici* eine zweite Tätergruppe ins Visier. Die Bedeutung des Wortes ist umstritten. De Clercq und Hartmann übersetzen den Begriff mit Kleriker, Ubl mit Kirchenhörige.[37] Gegen die Bedeutung Kleriker sprechen zwei Gründe. Zum einen werden solche als *clerici* ausdrücklich in Kapitel 3 behandelt. Zum anderen würde ein Kapitel 2 als Beschluss über Kirchenhörige nahtlos an den letzten Satz von Kapitel 1 über *servi aut liberti* anschließen. Das Kapitel über inzestuöse Kirchenhörige ist ohne Vorbild in der kanonistischen Tradition,[38] zeigt aber einmal mehr das Bestreben des Kapitulars möglichst alle Fälle abzudecken, um inzestuöse Verbindungen wirksam bekämpfen zu können. Auch bei den *ecclesiastici* wird wieder differenziert, und zwar zwischen *bonae personae,* denen der Verlust ihres *honor* angedroht wird, und *minores,* die entweder Schläge erhalten oder im Kerker weggesperrt werden sollen.[39]

Das dritte Kapitel wendet sich schließlich Presbytern und Klerikern zu, die der kirchlichen Gerichtsbarkeit unterstehen. Zwar wird das Prozedere der Sanktionierung detailliert geschildert, das Vergehen der Presbyter und Kleriker selbst wird jedoch nicht explizit benannt. Im letzten Satz des Kapitels werden drei Arten von Personen genannt: Presbyter oder Kleriker oder Inzestuöser.[40] Bedeutet dies, dass man entweder Presbyter beziehungsweise Kleriker oder Inzestuöser sein kann, Presbyter und Kleriker sich dann also eines anderen Vergehens schuldig gemacht haben, oder sind mit *incestuosum* Inzestuöse gemeint, die weder Presbyter noch Kleriker sind? Drei mögliche Vergehen der zu sanktionierenden Presbyter und Kleriker sind denkbar. Erstens könnten sie selbst inzestuöse Verbindungen eingegangen sein. Zweitens könnten sie Menschen in inzestuösen Verbindungen gedeckt oder unterstützt haben, was ja bereits in Kapitel 1 für Laien angesprochen wurde. Sie würden dann natürlich unter die kirchliche Gerichtsbarkeit fallen. Oder sie könnten drittens in ihren Gemeinden inzestuöse Eheschließungen vorgenommen haben.

---

35 Zahlreiche Beispiele finden sich in der Quellenübersicht von Weber, Gesetz, Bd. 2, S. 210–329.

36 Vgl. Ubl, Inzestverbot, S. 263. Anders De Clercq, Législation, S. 132; Hartmann, Synoden, S. 68.

37 Vgl. De Clercq, Législation, S. 132; Hartmann, Synoden, S. 68; Ubl, Inzestverbot, S. 263. In diesem Sinne führen auch Niermeyer – van de Kieft – Burgers, Lexicon, Bd. 1, S. 479 diese Stelle als Beleg an.

38 Vgl. Ubl, Inzestverbot, S. 263.

39 Pippini regis capitulare c. 2, in: MGH Capit. 1, Nr. 13, S. 31 Z. 28 f.: *De ecclesiasticis vero, si bona persona fuerit, perdat honorem suum; minores vero vapulentur aut in carcerem recludantur.*

40 Pippini regis capitulare c. 3, in: MGH Capit. 1, Nr. 13, S. 32 Z. 1 f.: *Et si aliquis per violentiam presbyterum aut clericum aut incestuosum contradixerit,* […].

Ein Baustein der Bekämpfung von inzestuösen Verbindungen war die Aufforderung zur öffentlichen Eheschließung, wie es beispielsweise auf dem Konzil von Ver 755 der Fall war.[41] Das Gedächtnis der lokalen Gemeinschaft sollte herangezogen werden, um festzustellen, wer zu eng miteinander verwandt war und wer nicht. Gleichzeitig sollten Ehen nur noch von Priestern geschlossen werden, so dass auch diesen eine Kontrollfunktion zukam. Soll also in Kapitel 3 der Presbyter oder Kleriker dafür bestraft werden, wenn er in seiner Gemeinde Inzest nicht wirkungsvoll verhindert, beziehungsweise sogar bewusst geschehen lässt, ähnlich dem Herrn eines Unfreien, der bestraft werden soll, wenn er seinem Unfreien das inzestuöse Treiben gestattet? Diese Interpretation von Kapitel 3 ist zwar möglich, aber eher unwahrscheinlich, weil sich im Königskapitular kein Hinweis auf eine Fürsorgepflicht von Presbytern und Klerikern in Inzestfragen finden lässt.

Das Concilium Germanicum hatte ein generelles Verbot für Presbyter und Diakone ausgesprochen mit Frauen unter einem Dach zu leben.[42] Auf Pippins Teilreichssynode in Soissons wurde dies wieder gelockert und zu der bereits in Nikäa formulierten Ausnahme für die Mutter, Schwester oder Nichte zurückgefunden.[43] Von diesen engen Verwandten schien für Pippin in den 740ern keine Gefahr für die angestrebte sexuelle Enthaltsamkeit des Klerus ausgegangen zu sein. Auch die Admonitio generalis Karls des Großen gestattet 789 das Zusammenleben mit einer Frau im Falle der Mutter, Schwester oder Frauen, die aus nicht genannten Gründen unverdächtig sind.[44] Bei Presbytern und Klerikern ist ein Verstoß gegen das Inzestverbot gleichzeitig auch stets ein Verstoß gegen das Gebot der sexuellen Enthaltsamkeit. Doch ist dies kein Argument dagegen, dass das Königskapitular auf die Sanktionierung inzestuöser Presbyter und Kleriker abzielt. Denn einige Bußbücher wecken den Verdacht, dass im 8. Jahrhundert ein inzestuöser Verstoß gegen den Zölibat als schwerer wiegend eingestuft wurde als ein nicht inzestuöser Verstoß.[45] Vor diesem Hintergrund ist es gut vorstellbar, dass es im Königskapitular um Inzestverstöße von Presbytern und Klerikern geht. Immerhin sind sie eine Statusgruppe, die in Kapitel 1 und 2 nicht als Täter behandelt wurde. Erklärungsbedürftig bleibt, warum sie dann im letzten Satz

---

41 Concilium Vernense c. 15, in: MGH Capit. 1, Nr. 14, S. 36 Z. 16: *Ut omnes homines laici publicas nuptias faciant, tam nobiles quam innobiles.*

42 Karlmanni principis capitulare c. 7, in: MGH Capit. 1, Nr. 10, S. 26 Z. 6–8: *Decrevimus quoque, ut presbiteri vel diaconi non sagis, laicorum more, sed casulis utantur, ritu servorum Dei. Et nullus in sua domu mulierem habitare permittat.*

43 Pippini principis capitulare Suessionense c. 8, in: MGH Capit. 1, Nr. 12, S. 30 Z. 6f.: *Similiter diximus, ut neque clericus mulierem habeat in domo sua, qui cum illo habitet, nisi matrem aut sororem vel nepta sua.*

44 Admonitio generalis c. 4, S. 186 Z. 54–57: *Omnibus. Item in eodem sinodo interdictum est presbiteris et diaconibus vel omnibus, qui in clero sunt, mulierem habere in domo sua propter suspicionem, nisi matrem aut sororem vel eas tantum personas, quae suspiciones effugiunt.*

45 Beispielsweise das Paenitentiale Sangallense tripartitum sieht für Inzestverstößen von Priestern 12 Jahre Buße vor, während beispielweise für Ehebruch oder Geschlechtsverkehr mit Vierfüßlern jeweils nur 10 Jahre Buße vorgesehen sind. Vgl. Paenitentiale Sangallense tripartitum c. 4, 6, 8, S. 330.

von Kapitel 3 dem *incestuosus* gegenübergestellt werden. Für diese Deutung spricht hingegen auch, dass bei den Presbytern und Klerikern dann dasselbe Vergehen bestraft wird wie auch bei den inzestuösen *ecclesiastici* in Kapitel 2, deren Vergehen auch nicht explizit genannt wird.

Der Schwerpunkt der ersten drei Kapitel des Königskapitulars liegt eindeutig nicht auf der Definition von Inzest, sondern auf dessen Bekämpfung. Die Bekämpfung wird dabei nicht als ein rein kirchenrechtliches Problem betrachtet. Vielmehr kommen Instrumente des weltlichen Rechts zum Einsatz und es wird versucht, Druck auf die soziale Umgebung der Inzestuösen aufzubauen, um ein Ende der inzestuösen Verbindung zu erreichen.

2.3 Pippin und die Inzestbekämpfung

2.3.1 Inzestbekämpfung als Bekämpfung innerfamiliärer Konkurrenten?

Für Pippins Engagement gegen Inzest sind im Laufe der Forschung verschiedene Motive genannt worden. Ein politisches Motiv für die Inzestbekämpfung im Königskapitular könnte sich aus der These Gunther Wolfs ergeben, dass Pippins Bruder Karlmann vor seinem Rückzug ins Kloster in einer inzestuösen Verbindung gelebt habe.[46] Wolf sieht sowohl Karlmanns Eintritt ins Kloster 747 als auch das Kapitel zu Inzest auf dem Konzil von Soissons[47] durch diesen Inzestfall motiviert, geht aber in seinen Überlegungen nicht über die 740er Jahre hinaus. Verfolgt man die Auswirkungen von Wolfs Gedanken jedoch bis in die 750er Jahre weiter, so drängen sich interessante Schlussfolgerungen auf. Sollte Karlmann tatsächlich in einer inzestuösen Verbindung gelebt haben und sollten aus dieser Verbindung auch Drogo und seine Geschwister hervorgegangen sein, so hätte sich hier eine Steilvorlage für Pippin geboten, um den Machtanspruch seiner Neffen endgültig zu untergraben. Auch die Inzestgesetzgebung des Königskapitulars, immerhin in deutlich zeitlicher Nähe zu Karlmanns Reise ins Frankenreich 754, auch wenn der genaue Zeitablauf undeutlich ist,[48] könnte dann als Maßnahme in den innerfamiliären Auseinandersetzungen verstanden werden, ähnlich wie Wolf schon die Inzestbestimmung von Soissons gedeutet hat.

Wolfs Miszelle von 1992 wurde bisher nicht viel Aufmerksamkeit der Forschung zuteil.[49] Sollte seine Theorie bezüglich Karlmanns Gemahlin zutreffen, wäre dies natürlich für die Interpretation des Königskapitulars von großer Relevanz, weshalb hier eine kritische Überprüfung sinnvoll erscheint.

Quellentexte, die eine inzestuöse Verbindung Karlmanns direkt nennen, kann Wolf nicht beibringen. Vielmehr baut er seine These auf verschiedenen

---

46 Vgl. Wolf, Gründe.
47 Zitiert oben Anm. 7.
48 Vgl. Tangl, Sendung, S. 18f.
49 Beispielsweise Ubl, Inzestverbot, bedenkt Wolf mit wohlwollendem Schweigen.

Indizien und Beobachtungen auf. Kern seiner Argumentation ist, dass Karlmann der freilich nicht namentlich genannte, in einer inzestuösen Verbindung lebende *laicus quidam magne personae* ist, über den Bonifatius 742/743 mit Papst Zacharias korrespondierte.[50] Voraussetzung für diese Gleichsetzung ist Wolfs Beobachtung, dass der Name von Karlmanns Frau in den Quellen nicht genannt sei, was er als bewusstes Verschweigen der Verbindung deutet.[51] Zwar trifft es zu, dass der Name nicht bekannt ist, doch ist Wolfs Schlussfolgerung alles andere als zwingend. Erstens sind mit den Kindern Karlmanns außer Drogo auch andere seiner Familienmitglieder unbekannt, zweitens sind auch andere Gründe denkbar, warum der Name weder in den erzählenden Quellen noch in den zwei erhaltenen Hausmeierurkunden Karlmanns begegnet. Generell ist die Zahl der Nachrichten über Karlmann gering, wie die biographische Skizze Dieter Riesenbergers zeigt.[52] Aus der Zeit vor dem Tod seines Vaters Karl Martell ist ähnlich wie bei seinem Bruder Pippin fast nichts bekannt.[53] Ob Karlmanns Gemahlin zum Ende seiner gut sechsjährigen Hausmeierzeit überhaupt noch lebte, ist völlig ungewiss. Schließlich findet sich nach 743 auch keine nicht namentliche Bezugnahme in den Quellen.[54]

Ein Blick in die Regesta Imperii zeigt, dass der Charakter der Quellenbelege mit Bezug auf Karlmann, meist ein Feldzug, in der Regel auch nicht gerade dafür prädestiniert ist, um die Gemahlin des Feldherrn zu nennen. Zieht man zum Vergleich die zeitgleichen Belege für Bertrada, die Schwägerin der namenlosen Karlmannsgattin heran, so erscheint es noch weniger ungewöhnlich, dass die Gattin Karlmanns und Mutter Drogos und seiner Geschwister unbekannt geblieben ist. Janet Nelson hat in einem Anhang zu ihrem Aufsatz über die Gattin Pippins alle Belege für Bertrada bis 754 zusammengestellt.[55] Fast alle dieser Belege entstanden in einer Zeit, in der Bertrada als Königin und Mutter der (künftigen) Könige Karl und Karlmann des Jüngeren eine Bedeutung hatte, die mit der von Karlmanns Gemahlin nicht mehr vergleichbar ist. Als Mutter Karls des Großen war sie daher auch noch für Autoren relevant, die ihre Werke nach ihrem Tod schrieben oder kompilierten. Dass Karls Tante, der Mutter Drogos und Frau Karlmanns, ein solches Interesse nicht entgegengebracht wurde, ist

50 Vgl. Wolf, Gründe, S. 527 u. ö.; Bonifatius, epp. 50 f., S. 80–92.

51 Vgl. Wolf, Gründe, S. 521, 531.

52 Vgl. Riesenberger, Geschichte.

53 Zum Wissen über Pippin bis 741 ausführlich Stoclet, Fils.

54 Vgl. Wolf, Gründe, S. 521. Als Beleg für die Nichtnamensnennung von Karlmanns Gemahlin führt Wolf an: Vita Hugberti episcopi Traiectensis c. 20, in: MGH SS rer. Merov. 6, S. 495 Z. 24–28: *Haec audiens vir Dei nobilissimus princeps Carlomannus, statim surrexit de solio suo una cum uxore sua atque obtimatibus suis, qui primati erant eius palacio, et venerunt simul ad sanctum Dei Hugbertum et viderunt, quae acta erant de ipso: mirati sunt valde et laudaverunt Deum in omnibus, quae acciderant in temporibus suis.*

55 Vgl. Nelson, Bertrada, S. 106–108. Der erste der zehn Belege, die Gründungsurkunde für Prüm, ist von der Liste zu streichen. Die hier genannte Bertrada ist Bertrada die Ältere. Vgl. Isphording, Prüm, S. 31–40.

daher wenig überraschend.[56] Es ist also nicht legitim, aus ihrer Anonymität irgendwelche Schlüsse ziehen zu wollen. Damit ist der Theorie Wolfs die Grundlage entzogen.[57]

Nur am Rande sei erwähnt, dass wahrscheinlich auch Pippin selbst und seine Gattin Bertrada entfernt verwandt waren. Bertrada die Ältere, die Großmutter von Bertrada, war wahrscheinlich eine Schwester von Plektrud, der Stiefmutter Karl Martells.[58]

2.3.2 Das Königskapitular im Inzestdiskurs des 8. Jahrhunderts

Ausgangspunkt des christlichen Inzestdiskurses waren die Inzestverbote im 18. Kapitel des 3. Buches Mose. Nach einem allgemeinen Verbot von Geschlechtsverkehr mit Blutsverwandten in Vers 6[59] folgt eine Liste von konkreten Verboten (Vers 7–18). Danach sind in diesem Kapitel noch weitere Formen von Sexualität genannt, die zur Unreinheit führen.[60] Das Kapitel behandelt keine Ehehindernisse im eigentlichen Sinne, sondern erklärt Geschlechtsverkehr mit bestimmten Personen für unrein. Aus dem Bereich der Verwandten sind dies: Vater, leibliche Mutter, die Frau des Vaters, (Halb-)Schwester, Enkelin, Stiefschwester, Schwester des Vaters oder der Mutter, Frau des Onkels väterlicherseits, Schwiegertochter, Frau des Bruders, eine Frau und ihre Tochter beziehungsweise Enkelin und schließlich die Schwester der Frau, solange die Frau noch lebt.[61]

Auch wenn die alttestamentliche Botschaft recht unmissverständlich festlegte, welche Konstellationen unrein sein sollten, ist es bereits in der Spätantike vor allem, aber nicht nur in Wechselwirkung mit Bestimmungen des römischen Rechts zu einer Debatte über und eine Ausweitung der Inzestverbote gekommen.[62] Auch in den nachfolgenden Jahrhunderten wurde das Thema Inzest stark

---

56 Auch Wolfs Argument, dass Karlmann der einzige von den Kindern Karl Martells sei, dessen Gattin unbekannt sei, hinkt. Ob die fehlende Kenntnis einer Gemahlin Grifos wirklich auf seine Ehelosigkeit bei seinem frühen Tod zurückzuführen ist, wie Wolf vermutet, ist spekulativ. Dass Hiltruds Ehe mit Odilo, dem Herzog von Bayern und einem wichtigen Opponenten Pippins und Karlmanns, bekannt ist, überrascht aufgrund dessen politischer Bedeutung nicht. Vgl. Wolf, Gründe, S. 520 f.

57 Auch seine weiteren Schlussfolgerungen sind alles andere als zwingend. Dies gilt beispielsweise für Wolfs Überlegung, dass der in der Korrespondenz zwischen Bonifatius und Zacharias behandelte inzestuöse Laie nur eine sehr hochstehende Persönlichkeit und nicht irgendein Graf gewesen sein könne, weil man Anlass gesehen habe, seinen Namen nicht zu nennen, und der Papst angekündigt habe, dem Laien sogar selbst zu schreiben. Vgl. Wolf, Gründe, S. 524–527.

58 Vgl. Hlawitschka, Vorfahren, S. 73–82 mit genealogischer Tafel.

59 Lev. 18,6: *Omnis homo ad proximam sanguinis sui non accedet, ut revelet turpitudinem eius ego Dominus.*

60 Verboten werden ausdrücklich Geschlechtsverkehr mit einer Frau, die ihre Monatsblutung hat (Vers 19), mit der Frau des Nächsten (Vers 20), gleichgeschlechtlicher Geschlechtsverkehr unter Männern (Vers 22) und schließlich Geschlechtsverkehr mit Tieren (Vers 23).

61 Lev. 18,7–18.

62 Vgl. Ubl, Inzestverbot, S. 35–74.

diskutiert.[63] In Anlehnung an Jean Gaudemet bezeichnet Karl Ubl das Thema Inzest sogar als eine Obsession im merowingischen Kirchenrecht.[64] Diese Entwicklungen können hier nicht in Gänze nachgezeichnet werden. Vielmehr sollen nur einzelne Aspekte herausgegriffen werden, die für die Beurteilung des Inzestdiskurses in der ersten Hälfte des 8. Jahrhunderts und somit auch für die Einstufung der Inzestregeln des Königskapitulars grundlegend sind.

Karl Ubl sieht die Anstrengungen Karlmanns, Pippins und Karls des Großen auf dem Gebiet der Inzestbekämpfung zumindest teilweise durch das Vorbild der Merowinger begründet.[65] Bereits Chlodwig I. hatte das Thema auf dem Konzil von Orléans 511 behandeln lassen.[66] Unter Chilperich I. hielten Inzestverbote Einzug in die Lex Salica.[67] Die Decretio Childeberts II. enthält einen Katalog von Inzestverboten und sieht für den Fall einer Verbindung mit der Stiefmutter sogar die Todesstrafe vor.[68] Auch das Eheverbot mit gottgeweihten Frauen findet sich bereits in den Kapitularien merowingischer Könige.[69]

In Bezug auf Pippin und seine Inzestgesetzgebung ist insbesondere interessant, dass sich bei den Angelsachsen und auf dem Kontinent unterschiedliche Vorstellungen herausgebildet hatten, welche Verbindungen als inzestuös verboten waren und welche nicht. Durch die Reisen angelsächsischer Missionare ins Frankenreich und die Rezeption angelsächsischer Quellen auf dem Kontinent prallten diese unterschiedlichen Vorstellungen von Inzest aufeinander. Besonders gut lässt sich dieses Aufeinanderprallen in der Korrespondenz des Angelsachsen Bonifatius beobachten, in der unterschiedliche Inzestvorstellungen mehrfach zum Thema wurden.[70]

In der ersten Hälfte des 8. Jahrhundert war der Inzestbegriff auf dem Kontinent immer weiter ausgedehnt worden. Bonifatius hingegen, so das Urteil Ubls, ging weiterhin vom Inzestkatalog des 3. Buches Mose aus und hatte Schwierigkeiten, dort nicht verbotene Verbindungen als inzestuös einzustufen.[71] Im Alten Testament spielte jedoch eine Art von Verwandtschaft noch keine Rolle, und zwar die geistliche Verwandtschaft, die durch die Übernahme einer Paten-

63 Vgl. Ubl, Inzestverbot, S. 75–216.

64 Vgl. Ubl, Inzestverbot, S. 137.

65 Vgl. Ubl, Inzestverbot, S. 218.

66 Vgl. Mikat, Inzestgesetzgebung.

67 Vgl. Ubl, Inzestverbot, S. 176–182.

68 Vgl. Ubl, Inzestverbot, S. 182–185; Childeberti II. decretio c. 2, in: MGH Capit. 1, Nr. 7, S. 15 Z. 22–29: *In sequenti hoc convenit una cum leodos nostros: decrevimus ut nullus incestuosum sibi societ coniugio, hoc est nec fratris sui uxorem, nec uxoris suae surorem, nex uxorem patruo aut parentis consanguinei. Uxorem patris si quis acceperit, mortis periculum incurrat. De praeteritis vero coniunctionibus, quae incestae esse videntur, per praedicationem episcoporum iussimus emendare. Qui vero episcopo suo noluerit audire et excommunicatus fuerit, perenni condemnatione apud Deum sustineat et de palatio nostro sit omnino extraneus, et omnes res suas parentibus legtimis amittat qui noluit sacerdotis sui medicamenta sustinere.*

69 Vgl. Chlotharii II. praeceptio c. 8, in: MGH Capit. 1, Nr. 8, S. 19 Z. 11: *Sanctimunialis nullus sibi in coniugium audeat sociare.*

70 Vgl. Ubl, Inzestverbot, S. 219–251.

71 Vgl. Ubl, Inzestverbot, S. 233.

schaft entsteht. In der Antike war die Patenschaft in der Regel von den leiblichen Eltern übernommen worden.[72] Die Frage, ob die Patenschaft ein Ehehindernis bildet, stellte sich also für die patristische Zeit nicht, da die Eltern ohnehin bereits in ihrer Eigenschaft als Eltern unter das Inzestverbot fielen. Ab dem 6. Jahrhundert wurde die Patenschaft zunehmend nicht mehr von den eigenen Eltern, sondern von Dritten übernommen, eine Praxis, die sich schließlich durchsetzen sollte.[73] Die durch die Patenschaft entstandene geistige Verwandtschaft wurde während des 6. und 7. Jahrhunderts im westlichen Kirchenrecht noch nicht als Ehehindernis aufgefasst.[74] Jedoch fand ein Eheverbot zwischen Pate und Patentochter bereits in den 530er Jahren Aufnahme ins römische Recht. Der Codex Iustinianus verbietet zwar diese Konstellation geistiger Verwandtschaft, geht aber nicht auf die umgekehrte Situation (Patin und Patensohn) oder entferntere geistliche Verwandte ein.[75] Die byzantinische Synode in Trullo 691/692 beschäftigte sich erstmals von kirchlicher Seite mit dem Problem und weitete die Bestimmung Justinians vom 1. Grad auf den 2. Grad geistlicher Verwandtschaft aus.[76] Dadurch wurde erstmals ein Eheverbot zwischen einem Paten und der verwitweten Mutter des Taufkindes ausgesprochen.[77]

Papst Sergius I. (687–701), dessen Verhältnis zu Kaiser Justinian II. ohnehin nicht das Beste war, lehnte die Unterzeichnung des Quinisextum zunächst ab.[78] Erst Papst Konstantin (708–715) reiste 710/711 nach Konstantinopel, wo eine Kompromisslösung zwischen byzantinischen und päpstlichen Standpunkten gefunden werden konnte und die päpstliche Seite auch die Inzestbestimmungen des Quinisextum anerkannte.[79] Damit galt das Ehehindernis der geistlichen

---

72 Vgl. Jussen, Patenschaft und Adoption, S. 144 f.

73 Vgl. Jussen, Patenschaft.

74 Vgl. Jussen, Patenschaft und Adoption, S. 28.

75 Codex Iustinianus 5,4,26,2, S. 413 Z. 23–26: *Ea videlicet persona omnimodo ad nuptias venire prohibenda, quam aliquis, sive alumna sit sive non, a sacrosancto suscepit baptismate, cum nihil aliud sic inducere potest paternam adfectionem et iustam nuptiarum prohibitionem, quam huiusmodi nexus, per quem deo mediante animae eorum copulatae sunt.*

76 Vgl. Ohme, Concilium, S. 87 f.

77 Concilium in Trullo c. 53, S. 45 Z. 12–18: Ἐπειδὴ μείζων ἡ κατὰ τὸ πνεῦμα οἰκειότης τῆς τῶν σωμάτων συναφείας ἔγνωμεν δὲ ἔν τισι τόποις τινὰς ἐκ τοῦ ἁγίου καὶ σωτηριώδους βαπτίσματος παῖδας ἀναδεχομένους, μετὰ τοῦτο ταῖς ἐκείνων μητράσι χηρευούσαις γαμικὸν συναλλάσσοντας συνοικέσιον, ὁρίζομεν, ἀπὸ τοῦ παρόντος μηδὲν τοιοῦτον πραχθῆναι. Εἰ δέ τινες μετὰ τὸν παρόντα κανόνα φωραθεῖεν τοῦτο ποιοῦντες πρωτοτύπως μὲν οἱ τοιοῦτοι ἀφιστάσθωσαν τοῦ παρανόμου τούτου συνοικεσίου, ἔπειτα δὲ καὶ τοῖς τῶν πορνευόντων ἐπιτιμίοις ὑποβληθήτωσαν. Eine deutsche Übersetzung bietet Ohme, Concilium, S. 247: „Weil die geistliche Verwandtschaft größere Bedeutung hat als die körperliche Verbindung, und wir erfahren haben, daß an einigen Orten einige, die für Kinder in der heiligen und heilspendenden Taufe die Patenschaft übernommen haben, danach mit den verwitweten Müttern jener (Kinder) eine eheliche Verbindung eingegangen sind, bestimmen wir, daß ab sofort solches nicht mehr getan werden soll. Wenn aber einige nach dem gegenwärtigen Kanon dabei ertappt werden, daß sie dies tun, so sollen diese zuerst von diesem illegitimen Zusammenleben Abstand nehmen, danach aber auch den Bußstrafen fur Hurer unterworfen werden."

78 Vita Sergii c. 6–7, in: Liber pontificalis, Bd. 1, S. 372 f.

79 Zu den strittigen Punkten, zu denen nicht die Inzestbestimmungen zählten, vgl. Ohme, Antirömische Kanones.

Verwandtschaft ebenfalls im Westen, auch wenn sich hier zunächst keine Rezeption in den Quellen feststellen lässt.

Joseph Lynch betont, dass an dieser Gesandtschaft nach Konstantinopel bereits ein gewisser Diakon namens Gregor teilgenommen habe,[80] der ein gutes Jahrzehnt später als Papst Gregor II. die Inzestbestimmungen auf der römischen Synode 721 erneut verkünden sollte, womit die Rezeption im Westen eingeleitet wurde.[81]

Die römische Synode von 721 enthält eine Reihe von Beschlüssen zum Eherecht, darunter das Verbot einer Verbindung mit der *commater*.[82] Nur zwei Jahre später erließ der langobardische König Liutprand ein entsprechendes Verbot.[83] Bernhard Jussen deutet an, dass Liutprand hier von Gregor II. beeinflusst worden sein könnte.[84] Dafür spricht ein anderer enger Bezug zwischen beiden Quellen, bei dem es ebenfalls um Inzest geht. In diesem Fall nimmt Liutprand sogar explizit auf eine *epistola* Gregors II. Bezug.[85] Insgesamt zeigen die beiden Kapitel, so Ubl, dass Liutprand die langobardischen Inzestvorschriften an den Standpunkt Gregors II. angepasst habe.[86]

Weitaus schwerer als der Langobardenkönig tat sich, wie Ubl deutlich herausstellte, Bonifatius mit der Umsetzung der über Levitikus 18 hinausgehenden Inzestbestimmungen der römischen Synode von 721.[87] Bonifatius sei, so sein Fazit, in angelsächsischer Tradition vom Inzestbegriff der Bibel geprägt gewesen.

---

80 Vgl. Lynch, Godparents, S. 236.

81 Die Echtheit der römische Synode 721 (J[3] 3696) sowie des Schreibens J[3] 3681 (= JE 2153) von 716 ist im Jahr 2000 von Vogel, Bayern, bestritten worden. Eine Reihe von Arbeiten hat seitdem Vogels Argumentation entkräften können. Vgl. u. a. Reindel, Kirche; Glatthaar, Gregor II.; Haas, *Si quis*; dens., *Cum simus*.
Unter Gregor II. setzte jedoch bereits die schrittweise erfolgte Entfremdung zwischen Papst und byzantinischem Kaiser ein. Hauptstreitpunkte war die Besteuerung kirchlicher Besitzungen bishin zur Konfiskation durch den Kaiser und die Frage der Bilderverehrung. Vgl. zu den Hintergünden Scholz, Papsttum.

82 Concilium Romanum a. 721 c. 4, in: Sacrorum conciliorum collectio, Sp. 263: *Si quis commatrem spiritalem duxerit in coniugium, anathema sit. Et responderunt omnes tertio: Anathema sit.*

83 Leges Liutprandi regis c. 34, in: Leges Langobardorum, S. 124 Z. 8–15: *Item hoc censemus adque precipimus, ut nullus presumat cummatrem suam uxorem ducere, sed nec filiam, quam de sacro fonte levavit; neque filius eius presumat filiam illius uxorem ducere, qui eum de fonte suscepit, quia spiritualis germani esse noscuntur. Et qui hoc malum facere temptaverit, perdat omnem substantiam suam, et filii qui de inlicito matrimonio nascuntur heredes esse non debeant, nisi parentes propinqui; et si parentes propinqui non fuerint, curtis regia succedat. Ubi autem inventi fuerint qui suprascripta inlicita coniugia contraxerint, de presenti separentur, et poenae suprascriptae subiaceant.*

84 Vgl. Jussen, Patenschaft und Adoption, S. 30.

85 Leges Liutprandi regis c. 33, in: Leges Langobardorum, S. 123 f. Z. 24–7: *Hoc autem Deo iubante statuere previdemus, ut amodo nullus homo presumat relicta de consubrino aut insubrino suo uxorem ducere. Si quis autem hoc, quod inlicitum est, amodo facere presumpserit, amittat substantiam suam. Et qui de tale coniugio procreati fuerint, legitimi heredes non existant, nisi parentes propinqui. Et si parentes propinqui non fuerint, curtis regia succedat. Hoc autem ideo adfiximus, quia Deo teste papa urbis Romae, qui in omni mundo caput ecclesiarum Dei et sacerdotum est, per suam epistolam nos adortavit, ut tale coniugium fieri nullatinus premitteremus.*

86 Vgl. Ubl, Inzestverbot, S. 238 Anm. 110.

87 Vgl. Ubl, Inzestverbot, S. 240–251.

Dies zeige sich auch in einer anonymen Predigt, die von Michael Glatthaar mit sehr überzeugenden Argumenten Bonifatius zugeschrieben wurde, und die nicht über das biblische Inzestverbot hinausgehe.[88]

Besonders dem aus der geistlichen Verwandtschaft abgeleiteten Inzestverbot begegnete der angelsächsische Missionar mit Skepsis und Unverständnis, die er in einem Brief an Bischof Pehthelm von Whithorn vermutlich im Jahr 735 oder kurz davor explizit äußerte.[89] Ein Antwortschreiben Pehthelms, der noch 735 verstarb, ist nicht überliefert.[90] Auch in weiteren Briefen des Bonifatius ist seine Ablehnung der geistlichen Verwandtschaft als Ehehindernis erkennbar.[91]

---

88 Vgl. Ubl, Inzestverbot, S. 244 f. Zur Autorschaft des Bonifatius vgl. Glatthaar, Bonifatius, S. 484–487. In der Predigt wird Inzest in enger Anlegung an Levitus 18 definiert. Vgl. die Edition von Machielsen, Fragments, S. 534 Z. 20–32: *Clamat ecce Deus noster et humanae libidinis inlicitam rabiem praevidens contestatur: ne quis polluatur cum matre, non cum noverca, non cum sorore ex patre nata, non cum sorore ex matre nata, sive intus sive foris nata sit; non cum filia filiae, non cum nepte ex filia nata, non cum filia novercae, non cum sorore patris, non cum sorore matris; non cum uxore patrui, non cum nuru; non cum uxore fratris, non cum filia uxoris, non cum filia filii uxoris tuae; non cum filia filiae eius; non cum sorore uxoris tuae; non cum menstruata muliere, non cum uxore proximi; non cum duabus simul mulieribus, sive ancillae sint, sive liberae, seu libera et ancilla; non cum masculo coitu femineo, non cum pecore aliquo, non com socru tua. Non mulier succumbat iumento. Non vir cum filia et matre, non cum uxore avunculi tui.*

89 Bonifatius, ep. 32, S. 56 Z. 6–15: *De una quoque re vestrum consilium et responsum audire desideramus. Adfirmant sacerdotes per totam Franciam et per Gallias nec non et* [†] *pro his* [†] *maximi criminis reum esse hominem, qui in matrimonium acciperit illam viduam, cuius antea filium in baptismo adoptivum suscipiebat. Quod peccati genus, si verum est, actenus ignorabam et nec in antiquis canonibus nec in decretis pontificum patres nec in calculo peccatorum apostolos usquam enumerasse cognovi. Qua de re si aliquid uspiam in ęcclesiasticis scriptis disputatum invenissetis, nobis indicare curate, et, quid vobis videatur, nosse velimus.*
Tangl datiert den Brief mit zwei weiteren Schreiben bezüglich des Inzestverbots durch geistige Verwandtschaft als Briefgruppe in das Jahr 735. Elliot, Boniface, S. 63 Anm. 1, wirft ein, dass ein enger zeitlicher Zusammenhang zwar gegeben sei, dies aber nicht bedeuten müsse, dass alle drei Briefe aus ein und demselben Jahr stammten.
Bonifatius' Brief ist an einer Stelle verderbt, die für die Interpretation des Briefes entscheidend ist. Der Angelsachse schrieb an Pehthelm, weil Bischöfe ein Eheverbot mit der *commater* behaupteten, und zwar soll es sich um Bischöfe *per totam Franciam et per Gallias nec non et* [†] *pro his* [†] handeln. Tangl macht nicht transparent, dass sein Text an der Stelle konjiziert ist. Bereits Rau, Briefe, S. 108 Anm. 3 machte auf den verderbten Text aufmerksam und vermutete, dass es sich um eine Ortsangabe handeln dürfte. Ubl, Inzestverbot, S. 246 Anm. 141 konjizierte überzeugend *per Romam*, was auf Bonifatius' Kenntnis der Römischen Synode von 721 schließen lasse.

90 Tangl, Studien II, S. 46–71, setzt kein entsprechendes Deperditum an. Zu Pehthelm vgl. PASE s.v. Pehthelm 1, First bishop of Withorn.
Auffallend ist, dass Bonifatius' Schreiben an Pehthelm überhaupt Aufnahme in die Briefsammlung fand. Der einzige Inhalt des Briefes sind Bonifatius' Zweifel, dass Patenschaft ein Ehehindernis begründet, sowie seine Bitte an Pehthelm um Stellungnahme. Die Sammlung der Bonifatiusbriefe entstand nach dessen Tod 754 und wurde vermutlich noch unter Lul, seinem Nachfolger als Bischof von Mainz, zusammengestellt (Vgl. Tangl, Briefe, S. V–XXXI.). Die Aufnahme des Briefes in die Sammlung erfolgte also sicher nach der eindeutigen Stellungnahme von Papst Stephan II. im Frühjahr 754, der ein Eheverbot mit der *commater* bestätigte, und höchstwahrscheinlich auch nach dem Königskapitular. Die Aufnahme des Schreibens an Pehthelm in die Briefsammlung deutet also daraufhin, dass sich das Bonifatiuslager auch nach dessen Tod nicht mit dieser eherechtlichen Neuerung anfreunden zu können schien.

Die Korrespondenz des Bonifatius macht deutlich, dass es unter den Bischöfen des Frankenreichs bereits in den 730er Jahren unterschiedliche Meinungen über die Konsequenzen der geistlichen Verwandtschaft für die Ehe gab. Nirgends ist erkennbar, dass Bonifatius seine Meinung in der Sache bis zu seinem Tod noch einmal geändert haben könnte. Die anonyme Predigt, die ihm von Glatthaar überzeugend zugewiesen und ins Jahr 743 datiert wird, spricht sogar eher dagegen. Dasselbe gilt für die noch von Bonifatius geprägten Synoden der 740er Jahre, die nur pauschal von Inzest sprechen und keinen Hinweis auf die geistliche Verwandtschaft enthalten. Bonifatius' Beharren auf der Inzestdefinition des Alten Testaments erstaunt umso mehr vor dem Hintergrund, dass Papst Zacharias auf der römischen Synode von 743 explizit die Erweiterung des Inzestbegriffs über den Katalog in Levitikus hinaus damit begründete, dass die Anstrengungen der Christen auf dem Gebiet über diejenigen der Juden hinausgehen müssen.[92]

Der Inzestkatalog des Königskapitulars ist der Kronzeuge dafür, dass sich Bonifatius und seine Anhänger mit ihren Ansichten zum Eherecht nicht durchsetzen konnten.[93] Doch macht diese Beobachtung das Königskapitular nicht gleich zu einem antibonifatianischen Dokument. Auch bei anderen Themen sind unterschiedliche Auffassungen zwischen Bonifatius und fränkischen Klerikern zu konstatieren. Am bekanntesten ist sicherlich der Streit um die Frage, ob eine Taufe „im Namen Vaterland und Tochter und heiliger Geist" gültig sei oder nicht, in dem Bonifatius von Papst Zacharias nach einer Beschwerde von Virgilius von Salzburg und Sidonius von Passau zurechtgewiesen wurde.[94]

Mit der Taufe und Fragen ihrer Gültigkeit beschäftigen sich auch fünf der Responsa Stephani II. vom Frühjahr 754. Ubl konnte im Rahmen seiner Neuedition der Responsa plausibel machen, dass die fränkischen Bischöfe Stephan II. die Fragen vorlegten, um Bonifatius' Ansichten zur Gültigkeit der Taufe zu diskreditieren. Vor allem aufgrund der Anfragen zum Eheverbot durch geistliche Verwandtschaft und zur Gültigkeit der Taufe interpretiert Ubl die Responsa Stephani II. als antibonifatianisches Dokument, das von Bonifatius abweichenden Vorstellungen eine Stimme gebe. Ubl wertet dieses Ergebnis als Bestätigung der von Reuter vorgebrachten Kritik an dem Konzept einer bonifatianischen Kirchenreform.[95] Bemühungen zur Verbesserung des religiösen Lebens gingen nicht nur von Bonifatius, sondern auch von fränkischen Geistlichen aus, doch stelle die einseitige Überlieferungssituation ihr Wirken in dessen Schatten.

---

91 Vgl. Noble, Boniface, S. 339; Ubl, Inzestverbot, S. 241–251; Elliot, Boniface.

92 Vgl. Ubl, Inzestverbot, S. 254; Concilium Romanum a. 743 c. 6, in: MGH Conc. 2,1, S. 14 Z. 13–16: *Et si Deus Hebraicho populo ante incarnatione unigeniti filii sui haec servanda mandavit, quantum amplius nos, qui Christianae religionis documenta tenemus, ab inlicitis conubiis observare debemus, ne demersi in voragine ignis aeterni concrememur incendio.*

93 Vgl. Ubl, Schatten, S. 423 f., der Ähnliches auch bezüglich Bonifatius' Vorstellungen zur Gültigkeit von Taufen beobachtet.

94 Vgl. das Schreiben des Zacharias an Bonifatius (Bonifatius, ep. 68, S. 140–142) vom 1. Juli 746. Zur Beziehung zwischen Pippin und Virgilius vgl. Hartmann, Kirche, S. 59.

95 Vgl. Ubl, Schatten, S. 423 f.; Reuter, Kirchenreform.

Bonifatius zeichnet in seinen Briefen ein Bild der Kirche, nach dem er mit den Seinen versucht, gegen den Widerstand des Establishments Reformen durchzusetzen.[96] Das Königskapitular beschäftigt sich nicht mit der Gültigkeit von Taufen. Will man das Kapitular aber vor allem als Generalabrechnung mit dem greisen Bonifatius lesen, so stellt sich die Frage, warum die Bonifatiusgegner diese Steilvorlage durch die Responsa Stephani II. nicht genutzt haben sollten. Von Bonifatius abweichende Positionen machen also noch kein antibonifatianisches Dokument. Auch ist Vorsicht geboten, der Inszenierung des Bonifatius zu viel Glauben zu schenken, und den fränkischen Klerus allein in Bonifatiusanhänger und Bonifatiusgegner einzuteilen. Diese Opposition mag sicherlich in manchen Punkten bestanden haben, doch wird sie durch die einseitige Überlieferungssituation stark in den Vordergrund geschoben, und muss nicht konstitutiv für die fränkische Kirche dieser Zeit gewesen sein. Dass das Thema Inzest auch außerhalb des Bonifatiuszirkels diskutiert wurde, konnte unlängst Ludger Körntgen an der im Kloster Corbie unter Abt Grimo redigierten Collectio Vetus Gallica herausarbeiten.[97] Er betont völlig zu Recht, dass der große Teil der Teilnehmer an den kirchenrechtlichen Diskussionen in der Zeit und ihre Positionen in den überlieferten Quellen noch nicht einmal in Ansätzen zu beobachten seien.[98] Auch die Handschrift Laon, Bibliothèque municipale, 265, die unter anderem die Responsa Stephani II. enthält, zeugt vom Interesse am Eherecht, enthält der Kodex doch eine kleine Sammlung zu eherechtlichen Themen.[99]

2.4 Zwischenfazit

Wie schon König Liutprand in den 720er Jahren hat sich Pippin den päpstlichen Standpunkt zum Inzest zu Eigen gemacht und sich der Inzestbekämpfung verschrieben. Dass gleich drei Kapitel des Königskapitulars der Inzestbekämpfung gewidmet sind und diese auch programmatisch am Anfang der Kapitelliste stehen, zeigt, dass Pippin es nicht beim reinen Lippenbekenntnis belassen wollte, sondern eine tatsächliche Beseitigung von Missständen anstrebte. Auf dem Konzil von Ver kam die Definition von Inzest zwar nicht zur Sprache, aber es wurden dennoch zwei Beschlüsse gefasst, die der Inzestbekämpfung zuzuordnen sind. Hierzu zählt das Gebot der öffentlichen Eheschließung und die ausführliche Regelung der Folgen einer Exkommunikation, falls ein inzestuöse Verbindung nicht aufgelöst wird.[100] Auch die Konzilien von Verberie und Compiègne zeigen, dass es sich bei der Inzestbekämpfung des Königskapitulars nicht um bloßen Aktionismus handelt. Beide Konzilien legen einen weiteren, also strengeren Inzestbegriff zugrunde, wobei für Verberie 756 eine strengere

96 Vgl. Reuter, Kirchenreform, S. 51.
97 Vgl. Körntgen, Bonifatius, S. 49–53.
98 Vgl. Körntgen, Bonifatius, S. 53.
99 Vgl. Ubl, Schatten, S. 428–430; Trump, Beobachtungen.
100 Vgl. Ubl, Inzestverbot, S. 264f.; Concilium Vernense c. 9, 15, in: MGH Capit. 1, Nr. 14, S. 35f.

Inzestdefinition zu konstatieren ist als für Compiègne 757. Karl Ubl erklärt diesen Befund damit, dass die Bischöfe in Verberie, die ohne den König beraten hätten, die Bestimmungen des Königskapitulars als nicht ausreichend betrachtet und daher verschärft hätten.[101] Auf der Versammlung in Compiègne, für die sowohl die Anwesenheit Pippins als auch päpstlicher Legaten belegt ist, sei die Grenze des Inzest leicht verschoben und damit die päpstliche Position eingenommen worden. Dass die Inzestdebatte nicht bei den Regelungen des Königskapitulars stehen blieb, schmälert nicht ihre Bedeutung für Pippins Inzestbekämpfung.

Hinzu kommt eine symbolische Komponente der Inzestbeschlüsse des Königskapitulars. Schließlich konnte Pippin hier den engen Schulterschluss mit seinem neuen Verbündeten Papst Stephan II. zeigen.[102] Gleichzeitig konnte Pippin sich als Herrscher inszenieren, der bereit und fähig war, sich aus eigener Kraft ohne die Nachhilfe angelsächsischer Missionare den kirchlichen Verwerfungen seiner Zeit entgegenzustellen. Nicht zuletzt nahm sich Pippin hier eines Themas an, dem schon die merowingischen Könige der Franken ihre Aufmerksamkeit geschenkt hatten.

Nie zuvor und nie danach sollte es, wie Ubl betont, im Frankenreich eine so intensive Inzestgesetzgebung wie in den Jahren 754–757 geben.[103] Dennoch hält er Pippins Versuch, den Inzest gesetzlich zu regeln, für gescheitert, da im 9. Jahrhundert dieselben Fragen erneut diskutiert worden seien, ohne dass Pippins Beschlüsse Berücksichtigung fanden. Was den Diskurs und die Nachwirkung von Pippins Inzestgesetzgebung im späteren Kirchenrecht betrifft, trifft Ubls Urteil zweifellos zu. Welche Erfolge seine Inzestbekämpfung in der sozialen Wirklichkeit der 750er und 760er Jahre hatte, steht jedoch auf einem ganz anderen Blatt.

101 Vgl. Ubl, Inzestverbot, S. 265–268.
102 Vgl. Ubl, Schatten, S. 422 f.
103 Vgl. Ubl, Inzestverbot, S. 269.

3. Zölle

Das vierte Kapitel des Königskapitulars behandelt das Thema Zölle. Hauptquellen für die Erforschung der Zölle in fränkischer Zeit sind neben den Kapitularien diplomatische Quellen. Urkunden und Kapitularien ermöglichen dabei unterschiedliche Perspektiven und Zugriffe auf ein und dasselbe Themenfeld. Insgesamt erlauben es die Schriftquellen, die Zölle und ihre Erhebung in fränkischer Zeit aber nur ausschnittsweise zu betrachten. Viele Aspekte bleiben im Dunkeln. Versuchen der älteren Forschung, ein fränkisches Zollwesen in seiner Gänze und als Systematik zu rekonstruieren, ist eher mit Skepsis zu begegnen.[1]

In den Quellen begegnen vor allem Missstände, Ausnahmeregelungen und -genehmigungen, während die für die Zeitgenossen offenbar selbstverständlichen allgemeinen Prinzipien der Zollerhebung keine Erwähnung finden.[2] Zudem ist die Quellenlage sehr dünn. Vieles ist nur in einer oder in sehr wenigen Quellen belegt, so dass schwer zu entscheiden ist, was der Normalfall, was die Ausnahme ist und wo sich zeitliche oder regionale Besonderheiten zeigen. Hinzu kommt, dass viele Fachbegriffe für spezifische Zölle schwer zu deuten sind.[3]

In diesem Kapitel sollen zunächst die einschlägigen Zollurkunden untersucht werden, um die Zuständigkeit für Zollangelegenheiten vor und nach dem Dynastiewechsel bewerten zu können. Im Anschluss wird die Zollbestimmung im Königskapitular und deren Weiterentwicklung im Konzil von Ver in den Blick genommen werden. Auf dieser Grundlage soll der Umgang Pippins mit dem Thema Zölle bewertet und seine Bedeutung für Pippins Königtum herausgearbeitet werden. Denn das Thema Zölle zeigt gleich in zweifacher Hinsicht enge Bezüge zu Pippins Handeln als König. Zum einen zeigt sich Pippin als Beschützer der Kirche und der Schwachen, zum anderen ist das Thema Zölle an sich ein königliches Thema.

3.1 Zölle in der urkundlichen Überlieferung

3.1.1 Hausmeierzeit

Urkunden sind mit Abstand die wichtigsten und zahlreichsten Quellen, die über die rechtliche Situation der Zölle im 8. Jahrhundert Auskunft geben können. Unter den überlieferten Arnulfingerurkunden befindet sich allerdings keine einzige Urkunde mit Bezug auf Zölle.[4] Jedoch enthält die Edition von Ingrid

1 Vgl. Brunner – Schwerin, Rechtsgeschichte, Bd. 2, S. 313–328; Ganshof, Tolwezen onder de Karolingen.

2 Vgl. Siems, Handel, S. 456.

3 Vgl. Adam, Zollwesen, S. 37–68; Stoclet, Immunes, S. 129–171.

4 Vgl. Heidrich, Urkunden, S. XXV. Die von Pertz, Diplomata, S. 105, Nr. 19, edierte Urkunde konnte als Fälschung entlarvt werden.

Heidrich zwei Hausmeierdeperdita in Zollangelegenheiten. Das älteste derartige Deperditum wird für den Hausmeier Grimoald den Jüngeren postuliert.[5] Bekannt ist es durch Pippins Bestätigung des gerichtlich erstrittenen Marktzolls im Pariser Gau für St-Denis aus dem Jahr 753.[6] Dort nimmt Pippin unter anderem auf ein *iudicium* König Childeberts III. und seines Onkels Grimoald des Jüngeren Bezug. Ein entsprechendes Placitum Childeberts III., das in das Jahr 709 datiert werden kann, ist erhalten.[7] Graf Gaerinus von Paris hatte für den Fiskus einen Teil des Marktzolls einbehalten.[8] Dagegen ging St-Denis vor und konnte ältere Königsurkunden vorlegen, durch die dem Kloster der gesamte Marktzoll übertragen worden war.[9] Hier ging es also in einem konkreten Streitfall über von merowingischen Königen verliehene Zollprivilegien. Grimoalds Rolle bei dem Gerichtsverfahren lässt sich aus dieser Urkunde nicht mehr sicher rekonstruieren.[10] Umstritten ist auch, ob es sich bei dem Verfahren vor dem Königsgericht Childeberts III. um einen sogenannten Scheinprozess handelte.[11]

Heidrich vermutet, dass es bei der Ausstellung der Urkunde Pippins, bei der die Urkunde Childeberts III. vorlag, zu einer Verwechslung gekommen sein könnte.[12] Alternativ schlägt sie daher die Hypothese vor, dass dem Placitum Childeberts III. eine verlorene, aber zur Zeit Pippins noch bekannte Vorent-

---

5 Vgl. MGH DD Arnulf. Dep. 60, S. 95.

6 D Pip 6, in: MGH DD Karol. 1, S. 9 Z. 39–42: *Relectas et percursas ipsas precepciones seu et confirmaciones vel illo iudicio evindicato domno Hiltberto rege et avunculo nostro Grimoaldo maiorum domo, quem agentes sancti Dionisii super agentes inlustri viro Grimoaldo maiorum domo evindicaverunt, ipsum nobis obtullerunt ad relegendum.* S. 10 f. Z. 47–1: *Et ut haec confirmacio nostra inspecto ipso iudicio domno Hildeberto rege vel aliorum regum seu et avunculo nostro Grimoaldo maiorum domo firmior habeatur et circa ipsa sancta casa dei perenniter conservetur.*

7 Vgl. MGH D Merov. 156, Bd. 1, S. 388–391.

8 Zur Person vgl. Ebling, Prosopographie, S. 153–155 Nr. 179.

9 Genannt werden Urkunden Chlodwigs II., Childerichs II., Theuderichs III. und Chlodwigs III. Vgl. MGH D Merov. 156, Bd. 1, S. 389 Z. 34–36. Es handelt sich hierbei durchweg um Deperdita (MGH DD Merov. Dep. 233, Bd. 2, S. 598; Dep. 281, Bd. 2, S. 618; Dep. 302, Bd. 2, S. 626; Dep. 336, Bd. 2, S. 638).

10 MGH D Merov. 156, Bd. 1, S. 389 Z. 31–34: *Cum in nostra vel procerum nostrorum presencia Mamacas in palacio nostro venientes agentes venerabeli viro Dalfino abbate de basel(eca) peculiaris patronis no(str)i s(an)c(t)i Dionisii, ubi preciosus domnus in corpore requiescit, adserebant adversus agentes inl(ustri) viro Grimoaldo maiorem domus nostri* […]. S. 390 Z. 7–12: *Postia dicebant quasi agentes ipsius viro Grimoaldo maiorem domus no(str)i eciam et comis de ipso pago Parisiaco medietate de ipso teleneu eisdem tollerent vel de parte ipsius basel(ece) abstraerent. Aserebant econtra agentes ipsius viro Grimoaldo maiorem domus no(str)i, quase de longo tempore talis consuetudo fuissit, ut medietat(em) exinde casa s(an)c(t)i Dionisii receperit, illa alia medietate illi comis ad partem fisce nostri.* S. 390, 18–21: *Syc asenciente ipso viro Grimoaldo maiorem domus no(str)i eciam et alii pluris nostri fidelis visi fuer(unt) decrevissi vel iudecass(i), ut agentes ipsius viro Grimoaldo pro partem fisce no(str)i eusdem exind(e) p(er) vvadio de ipso teleneu in integretate revestire debirent, qod ita et ficerunt.*

11 Für einen Scheinprozess sprechen sich unter anderem aus Heidrich, Titulatur, S. 108 f. Anm. 171; Bergmann, Untersuchungen, S. 173–175 Nr. 19; Kölzer, Urkunden der Merowinger, Bd. 1, S. 388 f. Anders Weitzel, Dinggenossenschaft, Bd. 1, S. 241 Anm. 73; Fouracre, Placita, S. 26 Anm. 13; Kano, Procès fictif, S. 335; Murray, Fictitious Trial, S. 315.

12 Vgl. Heidrich, Urkunden, S. 95.

scheidung des Hausmeiergerichts zugrunde gelegen haben könnte.[13] Heidrich relativiert ihre Hypothese jedoch zugleich, wenn sie betont, dass die Urkunde Childeberts III. keine Bestätigungsurkunde sei. Murray betont, dass die Urkunde lediglich den Konsens Grimoalds zum Ausdruck bringe und kein Urteil.[14] Anders verhält es sich bei einer Urkunde, die Childebert III. für St-Denis nur einen Tag nach dem Placitum über die Zölle ausstellte.[15] Sie bestätigt ausdrücklich ein verlorenes Placitum Grimoalds, dass die Mühle in Chaalis dem Kloster St-Denis gehöre.[16] Für Kölzer bezeugt die Urkunde in dem Streit um die Mühle eine erhöhte rechtssichernde Wirkung der Königsurkunde auch in einer Zeit, in der die Merowinger bereits sogenannte Schattenkönige gewesen seien.[17]

Die von Heidrich als Deperditum eingestufte Begebenheit zeigt also lediglich, dass der Hausmeier Grimoald an einem vor dem Gericht Childeberts III. ausgetragenen Streitfall mit Zollbezug beteiligt war. Ein vorhergehendes Urteil Grimoalds in der Sache lässt sich nicht nachweisen. Für noch weitergehende Kompetenzen Grimoalds wie die (beschränkte) Befreiung von Zöllen oder die Vergabe von Zolleinkünften findet sich in den Quellen kein Hinweis. Auch wenn die Zahl der überlieferten und echten merowingischen Königsurkunden in der ersten Hälfte des 8. Jahrhunderts nicht sehr hoch ist, deuten sie doch einen interessanten Befund an. Neben dem bereits erwähnten Placitum Childeberts III. für St-Denis von 709[18] ist nur noch eine Urkunde Chilperichs II. für Corbie von 716 überliefert, in der er dem Kloster ältere Urkunden bestätigt, die dem Kloster Zolleinkünfte in Fos-sur-Mer zusichern.[19] Doch lassen sich darüber hinaus auch einige Deperdita zusammentragen, die die formal königliche Zuständigkeit in der ersten Hälfte des 8. Jahrhunderts weiter untermauern. Zwischen den Jahren 694 und 711 verlieh Childebert III. die Zollfreiheit für fünf Schiffe und fünf Wagenladungen an das Kloster St-Calais.[20] Chilperich II. übertrug in den Jahren 715–721 dem Bistum Worms die Zolleinkünfte der nach Worms kommenden Kaufleute, Handwerker und Friesen.[21] 716 gewährte derselbe König dem Kloster Corbie eine Zollbefreiung.[22] Theuderich IV. schließlich bestätigte dem Bischof von Reims nicht nur die Immunität, sondern ebenso die Zollbefreiung.[23] Eine genauere Datierung dieser letzten bekannten Merowingerurkunde zu Zollan-

---

13 Vgl. Heidrich, Urkunden, S. 95.

14 Murray, Fictitious Trial, S. 315: „In fact only mayoral agreement to the consensus of the court is mentioned – no mayoral hearing, no mayoral judgment. The dispute took place before the royal tribunal and the language of dispute, claim, and counterclaim is unmistakable. The lengthy account of the issues and the different claims of the sides read easily enough as genuine litigation. Again, there are no signs of fictional elements in what is a direct judgment of the tribunal."

15 Vgl. MGH D Merov. 157, Bd. 1, S. 391–393.

16 Vgl. MGH DD Arnulf. Dep. 61, S. 95 f.

17 Vgl. Kölzer, Urkunden der Merowinger, Bd. 1, S. 392.

18 Vgl. MGH D Merov. 156, Bd. 1, S. 388–391.

19 Vgl. MGH D Merov. 171, Bd. 1, S. 424–426. Vgl. auch unten Kap. 3.1.2.2.

20 Vgl. MGH DD Merov. Dep. 350, Bd. 2, S. 643.

21 Vgl. MGH DD Merov. Dep. 382, Bd. 2, S. 654.

22 Vgl. MGH DD Merov. Dep. 383, Bd. 2, S. 654.

23 Vgl. MGH DD Merov. Dep. 387, Bd. 2, S. 656 f.

gelegenheiten als in die Zeit von Theuderichs Königsherrschaft (721–737) ist leider nicht möglich.

Unter den bei Heidrich verzeichneten Arnulfingerdeperdita findet sich lediglich ein weiteres, das mit Zöllen zu tun hat. Es betrifft ebenfalls St-Denis. Nach Heidrich ergibt sich das Deperditum aus der bereits erwähnten Bestätigungsurkunde Pippins von 753, die im Original überliefert ist. In der vierten Zeile ist über dem Wort *ipsique* in tironischen Noten *vel genitor noster* nachgetragen.[24] Durch die Nachtragung wird Karl Martell ans Ende der Liste derer gesetzt, die die entsprechenden Zölle für St-Denis gewährten oder bestätigten.[25] Heidrich sieht in den drei tironischen Noten den Beleg für ein Deperditum Karl Martells, das sie zeitlich nicht näher als in die Jahre 717/18–741 eingrenzt.[26] Die Urkunde enthält auch weitere tironische Noten, die teilweise der Forschung längere Zeit Rätsel aufgaben.[27] Der Umfang und die Auswahl der weiteren tironischen Noten erlauben jedoch keinen Schriftvergleich mit der Nachtragung Karl Martells, so dass aufgrund der Paläographie unklar bleiben muss, wer diese Nachtragung wann vornahm. Die Urkunde Pippins diente Karlmann dem Jüngeren 769 als Vorlage, als er dem Kloster die Marktzölle erneut bestätigte.[28] Die Urkunde nimmt zwar auf Pippin und andere Vorgänger Bezug, doch fällt der Name Karl Martells nicht.[29] Bei diesen nicht namentlich genannten Vorgängern handelt es sich ausdrücklich um Könige.[30] Warum Maginarius, als er die Urkunde Karlmanns nach der Vorlage Pippins schrieb, den Nachtrag in tironischen Noten nicht rezipierte, kann unterschiedliche Gründe haben. Tironische Noten finden sich auch in Urkunden Karlmanns, so dass auf jeden Fall davon ausgegangen werden muss, dass seine Kanzlei die in tironischen Noten geschriebenen Worte *vel genitor noster* hätte auflösen können, falls sie denn schon nachgetragen waren.[31] Eine entscheidende Frage ist, ob Karlmann lediglich die Bestätigungsurkunde seines Vaters oder tatsächlich, wie es im Text heißt, auch die älteren Diplome vorgelegt wurden. Wie dem auch sei, ist es auffällig, dass Karl Martell in der Urkunde Karlmanns nicht erwähnt wird. Dieser Befund wirft zumindest die

24 Vgl. D Pip 6, in: MGH DD Karol. 1, S. 9 Anm. d.

25 D Pip 6, in: MGH DD Karol. 1, S. 9 Z. 28–38: *eo quod a longo temp[ore ante]riores reges domnus Dagobertus et Chlodouius seu et postea Hildericus et Theudericus et Chlotharius quondam reges, etiam et Hiltbertus et avunculus noster Grimoaldus maiorum domus ipsique* <u>*vel genitor noster*</u> *quondam omnes telloneos* […] *ut ipso telloneus in integritate de ipsa vice ad casa sancti Dionisii concessissent vel confirmassent;* […] (Hervorhebung der tironischen Note durch den Verfasser). Ich danke Dominik Trump für seine Hilfe bezüglich der tironischen Noten.

26 Vgl. MGH DD Arnulf. Dep. 69, S. 99.

27 Vgl. Tangl, Noten, S. 90–92.

28 Vgl. D Klm 43, in: MGH DD Karol. 1, S. 62 f.

29 D Klm 43, in: MGH DD Karol. 1, S. 62 Z. 18–20: […] *quod bone memoriae domnus et genitor Pippinus quondam rex vel ceteri antecessores, qui ante ipsum vel nos gubernacula regni Francorum tenuerunt, per eorum oraculis eorumque manus roboratas tale beneficium ad casa sancti Dionisiy concesserunt* […].

30 D Klm 43, in: MGH DD Karol. 1, S. 63 Z. 18–20: *Et ut hec confirmatio nostra inspectas ipsas preceptionis vel iudicius evindicatus ad domno Pippino rege vel aliorum regum firmior habeatur et circa ipsa casa dei perenniter conservetur,* […].

31 Vgl. Tangl, Noten, S. 93.

Frage auf, ob die Nachtragung der tironischen Noten zur Zeit Karlmanns schon erfolgt war. Auch in der Bestätigungsurkunde Ludwigs des Frommen von 814 fehlt Karl Martell in der Liste der Aussteller von Vorurkunden.[32] Die Vorurkunde Karls des Großen ist verloren.[33] Jedoch ist eine Urkunde Karls erhalten, in der dieser befiehlt, die Zollerhebung des Klosters St-Denis während des Dionysiusmarktes nicht zu behindern. Auch hier ist Karl Martell nicht genannt.[34]

Ob die tironische Note ein Deperditum Karl Martells bezeugt, wird sich wohl nicht mehr mit letzter Sicherheit klären lassen. Die zusammengetragenen Indizien sprechen jedoch eher gegen ein solches Deperditum. Eine solche Bestätigung Karl Martells wäre auch eher verwunderlich. Denn die Urkunde Pippins beschreibt ausführlich, dass es Karl Martell selbst war, der, allerdings unter bösem Einfluss Swanahilds[35], Teile des Marktzolls von St-Denis entfremdet habe.[36] Der Vorwurf an Swanahild lässt sich zwar, wie Peters betont,[37] nicht belegen, doch dürfte der Grundvorgang, die Entfremdung durch Karl Martell, sehr wahrscheinlich sein, da Pippin seinen Vater in einer Urkunde wohl nicht ohne Not in schlechtem Licht hätte dastehen lassen. Letzteres könnte auch erklären, warum eine Bestätigungsurkunde Karl Martells im eigentlichen Urkundentext sicher nicht erwähnt worden wäre, würde doch sonst zu deutlich werden, wie groß der Rechtsbruch Karl Martells war, wenn er den Zoll nicht nur allein entfremdet, sondern dazu auch noch seine eigene Bestätigung verletzt hätte.

Die genauen Hintergründe werden sich nicht mehr aufklären lassen, doch macht der Vorgang deutlich, dass Karl Martell höchstens ein Placitum zu einer Zollangelegenheit bestätigt haben kann.[38] Eine solche Bestätigung wäre auch noch kein Indiz dafür, dass sich an der Zuständigkeit des Königs und dessen Gerichts für Zollangelegenheiten seit Childebert III. etwas geändert hätte.

---

32 Vgl. MGH D LdF 40, Bd. 1, S. 104 Z. 9–11: [...] *praeceptum auctoritatis domni et genitoris nostri Caroli bonae memoriae piissimi augusti, in quo erat insertum, eo quod ipse et avus noster Pippinus quondam rex seu etiam praedecessores eorum, reges videlicet Francorum,* [...].

33 Vgl. Lechner, Verlorene Urkunden, S. 846 Nr. 124.

34 Vgl. D KdGr 88, in: MGH DD Karol. 1, S. 128 Z. 13–16: [...] *sed sicut coram Grimoldo maiorem domus ipsum mercatum cum omnibus teloneis legaliter evindivarerunt et postea coram domno et genitore nostro Pippino rege actores sancti Dionisii et Folleradi abbatis ipsum teloneum ad integrum elidicaverunt,* [...].

35 Vgl. Fouracre, Charles Martel, S. 163–165.

36 Vgl. D Pip 6, in: MGH DD Karol. 1, S. 10 Z. 3–7: *Et hoc dicebant, quod ante hos annos, quando Carlus fuit e[iect]us per Soanachylde cupiditate et Gairefredo Parisius comite insidiante, per eorum consensu ad illos necuciantes vel marcadantes per deprecacionem unumquemque hom[inem ing]enuum dinarius quattuor dare fecissent, et hoc eis malo ordine tullerunt.* Zu den Vorgängen vgl. Heidrich, Titulatur, S. 202 f. Anm. 611; Peters, Entwicklung, S. 140 f.

37 Vgl. Peters, Entwicklung, S. 141.

38 Es darf natürlich nicht vergessen werden, dass Karl Martell das Placitum auch in seinen letzten Regierungsjahren, in denen er ohne König herrschte, bestätigt haben könnte und so mangels König die einzige Person war, die für eine Bestätigung in Frage kam. Doch spricht die Entfremdung des Zolls durch ihn selbst eher dagegen, es sei denn, man möchte in der Bestätigung eine späte Reue auf dem Sterbebett sehen. Vgl. Karl Martells letzte Urkunde MGH D Arnulf. 14, S. 32–34, in der er kurz vor seinem Tod St-Denis die *villa* Clichy schenkte.

Weitere Hinweise auf Zollurkunden finden sich unter den Deperdita der Arnulfinger nicht.[39] Die zusammengetragenen Beobachtungen machen deutlich, dass nichts darauf hinweist, dass die Karolinger und insbesondere Pippin schon vor dem Dynastiewechsel im eigenen Namen Zollbefreiungen oder -vergaben vornahmen.

3.1.2 Königszeit

Aus der Königszeit Pippins sind drei echte Urkunden in Zollsachen überliefert. Hinzu kommt eine Reihe von Deperdita, die sich aus Bestätigungen seiner Nachfolger ergeben. Die Vorgänge weisen eine gewisse Heterogenität auf. Es handelt sich teilweise um Gerichtsentscheidungen, größtenteils aber um Zollbefreiungen und -privilegien. Unter ihnen befinden sich sowohl Bestätigungen früherer Urkunden als auch Neuverleihungen.

3.1.2.1 Zollbefreiungen

Die im Original überlieferte Bestätigung der Zollfreiheit für das Kloster Hornbach durch Ludwig den Frommen von 814 nennt Vorurkunden von Pippin, Karl dem Großen und deren Vorgängerkönigen.[40] Die genannten Urkunden Pippins und Karls des Großen sind beide nicht erhalten.[41] Kölzer stuft die Nennung von Merowingerurkunden als Irrtum und „unbedachte stereotype Wendung" ein, da Hornbach erst durch Pirmin als widonisches Eigenkloster gegründet worden sei.[42] Das genaue Gründungsdatum lässt sich aus den Quellen nicht mehr rekonstruieren, doch fand die Gründung vermutlich kurz vor 742 statt.[43] Bei dem Deperditum Pippins handelt es sich also nicht um eine Bestätigung, sondern um die Verleihung der Zollbefreiung.[44] Zeitlich lässt sich die Verleihung nicht weiter als auf die Königszeit Pippins eingrenzen. Bei der Ausstattung Hornbachs wurde nicht nur auf widonisches Eigengut, sondern höchstwahrscheinlich ebenfalls auf

---

39 Heidrich, Urkunden, S. X, sieht ein generelles Problem, dass kaum sicher entschieden werden könne, ob spätere Erwähnungen von Urkunden Pippins sich auf die Hausmeierzeit oder die Königszeit beziehen. Doch wird er zumindest bei den Zollurkunden stets als *rex* bezeichnet.

40 Vgl. MGH D LdF 22, Bd. 1, S. 57 Z. 18–23: [...] *praeceptiones avi videli[cet] nostri Pippini regis seu et genitoris [nostri] Karoli serenissimi imperatoris necnon et antecessorum eorum regum, in quibus invenimus insertum, qualiter ad ipsum monasterium propter conpendium monachorum ibidem consistentium concessissent, ut quandocumque fratres ibidem degentes in quascumque partes regni eorum missos suos negotiandi causa dirige[re vo]luissent, licentiam haberent pergere absque ullis exactationibus vel teloneis.* Ähnlich auch die Liste der Vorgängerurkunden in der Bestätigungsurkunde Lothars I. von 833. Vgl. MGH D Lo I. 17, S. 85 Z. 34f.: [...] *preceptiones avi et proavi seu et genitoris nostri Hludowici serenissimi imperatoris nec non et antecessorum eorum regum,* [...].

41 Vgl. Lechner, Verlorene Urkunden, S. 853 Nr. 217, 219.

42 Vgl. Kölzer, Urkunden Ludwigs, Bd. 1, S. 56f.

43 Vgl. Metz, Miszellen, S. 3; Herrmann, Hornbach, Sp. 126f.; Fell, Hornbach, S. 177f.

44 So auch die Einschätzung von Lechner, Verlorene Urkunden, S. 853 Nr. 217; Doll, Pirminskloster, S. 125; Fell, Hornbach, S. 178f.

Königsgut zurückgegriffen.[45] Die Zollbefreiung fügt sich in dieses Bild der Förderung Hornbachs durch Pippin ein und unterstreicht die Bedeutung der Widonen in der Mitte des 8. Jahrhunderts.

Das Kloster Jumièges zeigte im 8. Jahrhundert eine große Nähe zur karolingischen Familie. Bischof Hugo von Paris, der Neffe Karl Martells und Inhaber mehrerer Bischofssitze und Abtwürden, erhielt 725 nicht nur die Abtwürde von Jumièges, sondern ließ sich nach seinem Tod auch dort bestatten.[46] Ende des 8. Jahrhunderts wurden Tassilo und seine Söhne hier inhaftiert.[47] Schon in merowingischer Zeit empfing Jumièges eine Zollbefreiung. Entsprechende Urkunden haben sich jedoch nicht erhalten.[48] Dies gilt auch für die Bestätigungen Pippins und Karls des Großen.[49] Erschließen lassen sich diese Deperdita allein über eine in die Formulae Imperiales aufgenommene Urkunde (Nr. 24).[50] Aufgrund des dort genannten Abtes Adam wird die Urkunde in die ersten Jahre der Regierungszeit Ludwigs des Frommen datiert.[51] Bei Pippins Urkunde für Jumièges, bei der es sich eindeutig um eine Bestätigung und keine Verleihung handelt, ist wie in Hornbach eine nähere Datierung als in die Königszeit nicht möglich.

In der ersten Hälfte des 9. Jahrhunderts, als das Kloster Luxeuil wieder in den Quellen begegnet, zeigt sich die Columbangründung als reiches und einflussreiches Kloster.[52] In den Quellen des 8. Jahrhunderts begegnet das Kloster hingegen kaum. Dieser Quellenbefund darf jedoch nicht als Hinweis auf Herrscherferne gedeutet werden. Denn es sind Deperdita Pippins und Karls des Großen bekannt. Wie darüber hinausgehend das Verhältnis Karl Martells, Pippins und Karls des Großen zu Luxeuil war, lässt sich nicht mehr rekonstruieren. Im Jahr 1123 bestätigte Heinrich V. unter anderem die Zollfreiheit für das Kloster Luxeuil. Das Kloster habe Urkunden Ludwigs des Frommen und Lothars I. vorgelegt, in denen bereits Urkunden Pippins und Karls des Großen genannt gewesen seien.[53] Alle Urkunden sind verloren.[54] Natürlich ist der genaue Inhalt

---

45 Vgl. Fell, Hornbach, S. 178 f.

46 Vgl. Donnat, Jumièges, Sp. 806.

47 Vgl. Wolfram, Tassilo III., S. 46.

48 Vgl. Kölzer, Urkunden der Merowinger, Bd. 2, S. 876.

49 Vgl. Lechner, Verlorene Urkunden, S. 854 Nr. 243 f.

50 Vgl. Formulae Imperiales Nr. 24, S. 303 Z. 18–25: […] *praeceptum domni et genitoris nostri bone memorie Karoli serenissimi augusti, in quo erat insertum, eo quod ipse et avus noster Pipinus quondam rex seu et praedecessores eorum, reges videlicet Francorum, per eorum auctoritates concessissent eidem monasterio vel monachis ibidem Deo deservientibus omne teloneum, tam de navibus quam et de carris seu et de ceteris vehiculis necnon et de quolibet alio negotio, undecunque fiscus teloneum exigere poterat, et per easdem auctoritates actenus praefatum teloneum rectores ipsius monasterii et monachi ibidem Deo servientes in integrum habuissent concessum.*

51 Vgl. MGH DD LdF F 24, Bd. 2, S. 1191 f. Zur Chronologie vgl. Depreux, Prosopographie, S. 238.

52 Vgl. Moyse, Luxeuil, Sp. 34.

53 Vgl. Stumpf, Reichskanzler, S. 271 Nr. 3192. MGH D H V. 259 (Vorabedition, http://www.mgh.de/ddhv/dhv_259.htm): […] *privilegia imperatorum, Lotharii scilicet ac Ludouici, nostre maiestati presentavit, in quibus continebatur, qualiter Pippinus quondam rex et imperator Carolus per eorum auctoritatem concessissent eidem monasterio et ibidem deo servientibus privilegium de quolibet negotio, undecumque illud fiscus exigere poterat.*

der Urkunde Pippins nur noch schwer aus dieser späten Bestätigung des 12. Jahrhunderts zu rekonstruieren, bei der die hier interessierende Urkunde noch nicht einmal selbst vorlag. Ob Pippin die Zollbefreiung verlieh, lässt sich nicht mehr klären, da nicht ausgeschlossen werden kann, dass ältere Verleihungen und Bestätigungen schlicht nicht erwähnt wurden oder zur Zeit Ludwigs des Frommen nicht mehr vorhanden waren. Merowingerurkunden für Luxeuil sind jedoch generell nicht erhalten und auch keine entsprechenden Deperdita bekannt.[55] Andererseits kann die große Bedeutung Luxeuils im 7. Jahrhundert und die Nähe zu den Merowingern nicht geleugnet werden.[56] Eine Zollbefreiung in dieser Zeit wäre also nicht völlig unwahrscheinlich. Eine nähere Datierung als in die Königszeit Pippins kann nicht erfolgen.

Zeitgenössisch hingegen ist die Quelle für die Verleihung der Zollfreiheit an das Kloster Prüm.[57] 721 war dieses Kloster von Bertrada der Älteren und ihrem Sohn Heribert von Laon, dem Vater von Pippins Gemahlin Bertrada der Jüngeren, gestiftet worden.[58] In der Folgezeit scheint sich das Kloster eher schlecht entwickelt zu haben.[59] Zumindest spricht Pippins erste Urkunde für Prüm von 752, eine Übertragung von Fischereirechten, von einer Errichtung *a novo opere*.[60] Das Engagement Pippins und Bertradas für das Eifelkloster fand noch in vier weiteren Urkunden Niederschlag. Die Schenkung des Klosters Kesseling, die Dotationsurkunde und die Immunitätsverleihung sind in die Jahre 762 und 763 datiert.[61] Die letzte Urkunde, die Zollbefreiung, ist im Goldenen Buch von Prüm ohne Datierung überliefert, so dass die Verleihung zunächst nicht näher als in die Königszeit Pippins datiert werden kann. Versuche der älteren Forschung, die Zollbefreiung und die Immunitätsverleihung als Einheit zu betrachten und zeitlich zusammenzustellen, wurden von Bernd Isphording relativiert, da in parallelen Fällen, bei denen Klöstern unter Karl dem Großen Immunität und

54 Vgl. Lechner, Verlorene Urkunden, S. 856 Nr. 287 f.; MGH DD LdF Dep. 112, Bd. 2, S. 1108; MGH DD Lo I. Dep. 192, S. 351.

55 Vgl. Kölzer, Urkunden der Merowinger, Bd. 2, S. 679, 877.

56 Vgl. Moyse, Luxeuil, Sp. 34.

57 D Pip 19, in: MGH DD Karol. 1, S. 27 f. Z. 41–6: *Igitur cognoscat magnitudo seu utilitas vestra, qualiter nos ad monasterium qui dicitur Prumia, quem nos in honorem sancti Salvatoris a novo construximus opere, talem beneficium ibidem visi fuimus concedere, ut ubicumque infra regna nostra homines ipsius monasterii pro utilitate vel stipendia monachorum in quacumque civitate vel porto negotiandi perrexerint, nullo telloneo vel barganatico neque ex navali remigio neque saumariis vel de carrali evectione solvere nec reddere debeant.* Mühlbacher klassifiziert die Urkunde in seiner Edition ohne Begründung als Mandat (Regest: „Pippin befiehlt die dem Kloster Prüm verliehene Zollfreiheit zu wahren."). Isphording, Prüm, S. 98, macht durch den Vergleich mit anderen Urkunden deutlich, dass die Urkunde für Prüm vielmehr als Zollbefreiung anzusprechen ist.

58 Vgl. Isphording, Prüm, S. 29–52.

59 Vgl. Isphording, Prüm, S. 60–63.

60 D Pip 3, in: MGH DD Karol. 1, S. 5 Z. 21–25: *Et quoniam siquidem monasterium quod dicitur Prumia superna nobis inspirante gratia a novo construximus opere in honore videlicet sancti Salvatoris vel sanctę Marię, providendum est sollerti cura, qualiter pertractemus, unde scilicet sancta congregatio et monachi quos ibidem instituimus vivere debeant atque consolationem refectionis ex nostra traditione perpetuo recipiant.* Zur Erneuerung insgesamt vgl. Isphording, Prüm, S. 65–150.

61 Vgl. DD Pip 3, 15 f., 18, in: MGH DD Karol. 1, S. 5 f., 20–27.

Zollfreiheit gewährt worden sei, zwischen beiden Urkunden bis zu acht Jahre gelegen hätten.[62] Es sei daher weder auszuschließen noch die Wahrscheinlichkeit abzuschätzen, dass die Zollbefreiung für Prüm wie die Immunitätsverleihung in das Jahr 763 falle. Der in der Zollbefreiung genannte Abt Asver ist erstmals in der Dotationsurkunde vom 13. August 762 belegt und starb 804.[63] Da der genaue Beginn seiner Amtszeit unbekannt ist, erlaubt auch die Nennung des Abtes keine nähere Datierung der Zollbefreiung als in die Königszeit Pippins. Dass die Zollbefreiung im Zusammenhang mit der Neugründung zu betrachten ist und durch sie motiviert gewesen war, erscheint dennoch sehr wahrscheinlich.

Ein weiteres einschlägiges Deperditum Pippins betrifft das Kloster St-Oyend-de-Joux in St-Claude.[64] Erwähnung findet die Urkunde in der Bestätigungsurkunde Ludwigs des Frommen von 820, die zusätzlich eine verlorene Vorurkunde Karls des Großen erwähnt.[65] Die Urkunde Ludwigs wird in ihrer Echtheit nicht angezweifelt, so dass das Deperditum Pippins als authentisch anzusehen ist. Anders verhält es sich mit weiteren Privilegien, die Pippin dem Kloster gemäß der im 12. Jahrhundert verfassten Chronik von St-Claude gewährt haben soll. Darunter befinden sich unter anderem die Gewährung der freien Abtwahl[66] und die Verleihung des Münzrechts.[67] Kasten und Haubrichs betonen, dass die Verleihungen nicht zu verifizieren seien.[68] Zumindest die Verleihung des Münzrechts bereits unter Pippin dürfte eine Fälschung sein, da solche Urkunden erst seit Ludwig dem Frommen belegt sind.[69] Vermutlich geht die angebliche Verleihung des Münzrechts wie weitere angebliche Urkunden der Karolinger für das Jurakloster auf Fälschungen des 11. Jahrhunderts zurück.[70] Das

---

62 Vgl. Isphording, Prüm, S. 91 mit älterer Literatur. Anders Resmini, Prüm, S. 614.

63 Vgl. Isphording, Prüm, S. 165.

64 Vgl. Lechner, Verlorene Urkunden, S. 844 Nr. 85.

65 Vgl. MGH D LdF 184, Bd. 1, S. 457 Z. 29–35: [...] *auctoritates avi videlicet nostri Pipini quondam regis seu domni et genitoris nostri Karoli bone memorie serenissimi augusti, in quibus continebatur insertum, qualiter ob amorem dei tranquilitatemque monachorum in eodem monasterio degencium concessissent eidem monasterio, ut quandocumque libuisset congregacione ibidem degenti carros vel saumaria seu naves ob utilitatem et neccessitatem eiusdem congregacionis negociandi gracia in quamlibet partem regni eorum apetere, licenciam haberent et nullus teloneum aut alias quaslibet exactiones ab eis requirere aut exactare presumeret.*

66 Vgl. Lechner, Verlorene Urkunden, S. 844 Nr. 86.

67 Vgl. Lechner, Verlorene Urkunden, S. 844 Nr. 87; Catalogus rhytmicus abbatum S. Eugendi Iurensis, S. 747 Z. 1–4: *Sub isto sancto abbate, Bellicensi episcopo, / Pipinus rex devote isti dedit coenobio / Cassonam cum facultate fabricandi perpertuo / Monetam, atque libere plura dedit ipse ultro.*

68 Vgl. Kasten – Haubrichs, Privaturkunden, S. 33.

69 Vgl. Volz, Münzhoheit, S. 171–174. Volz' Versuch, aufgrund eines Kapitulars Karls des Großen auch Münzprivilegien in der Zeit vor Ludwig dem Frommen zu postulieren, überzeugt nicht. Zwar wurden auch unter Karl dem Großen an vielen Orten Münzen geprägt, doch ist aus den Quellen nicht ersichtlich, wie die dezentrale Münzprägung organisiert wurde und ob Einkünfte aus der Prägung an Dritte übertragen wurden. Vgl. Volz, S. 169–171; Capitulare missorum in Theodonis villa datum secundum, generale c. 18 in: MGH Capit. 1, Nr. 44, S. 125 Z. 19–21: *De falsis monetis, quia in multis locis contra iustitiam et contra edictum fiunt, volumus ut nullo alio loco moneta sit nisi in palatio nostro, nisi forte iterum a nobis aliter fuerit ordinatum;* [...]. Vgl. zur Stelle Glatthaar, Fassungen, S. 453 f. mit Anm. 35 mit weiterer Literatur.

70 Zu den weiteren Fälschungen vgl. Kasten – Haubrichs, Privaturkunden, S. 33–35.

verlorene Abtwahlprivileg, das Lechner als echt anerkennt, ist hingegen schwieriger auf seine Authentizität hin zu überprüfen. Bekannt ist es lediglich über die Chronik von St-Claude.[71] Bestätigungen der freien Abtwahl durch Pippins Nachfolger sind nicht bekannt.[72] Zur Zeit Pippins war Hippolyt Abt des Klosters.[73] Er war zugleich Bischof von Belley, gut 80 Kilometer südsüdwestlich vom Kloster gelegen.[74] Einer seiner Nachfolger im Abbatiat namens Bertald war Bischof einer unbekannten Diözese. Auch wenn die genaue Chronologie unklar ist, kann er noch dem 8. Jahrhundert zugeordnet werden. Im 9. Jahrhundert unterstand das Kloster verschiedenen bischöflichen Kommendataräbten.[75] Falls Pippin also wirklich die freie Abtwahl gewährt haben sollte, ist nicht erkennbar, dass das Kloster von dem Recht Gebrauch machte oder zumindest länger darüber verfügte. Es muss also offenbleiben, inwieweit Pippin über die verlorene Zollbefreiung hinaus für St-Oyend-de-Joux urkundete. Die Bestätigungsurkunde Ludwigs bezeichnet Pippin als *rex*, was auf die Königszeit verweist. Weitere Datierungsmöglichkeiten sind nicht gegeben. Auch bei diesem Kloster muss wieder offenbleiben, ob Pippin die Zollfreiheit selbst gewährte oder lediglich eine entsprechende Urkunde eines Merowingerkönigs bestätigte.

Als letztes ist noch ein Deperditum für das Kloster St-Germain-des-Prés bei Paris zu nennen.[76] Bekannt ist die Urkunde Pippins durch die Bestätigung seines Sohnes Karl aus dem Jahr 779.[77] Zwar soll diese Befreiung ausdrücklich für das gesamte Reich gelten, aber dennoch wird der Geltungsbereich zuvor konkret beschrieben. Genannt werden die Bereiche diesseits und jenseits der Loire, was als Aquitanien und Neustrien gedeutet werden kann. In der Aufzählung folgen Burgund, Provence, Francien und Austrasien. Ebenfalls ausdrücklich genannt wird eine Reihe von Orten.[78] Eine Zollbefreiung Karls des Kahlen für dasselbe

---

71 Vgl. Chronique de Saint-Claude, S. 566.

72 Vgl. Lechner, Verlorene Urkunden, S. 844.

73 Vgl. Poupardin, Étude, S. 370.

74 Vgl. Kasten – Haubrichs, Privaturkunden, S. 32.

75 Vgl. Kasten – Haubrichs, Privaturkunden, S. 33.

76 Vgl. Lechner, Verlorene Urkunden, S. 850 Nr. 184.

77 Vgl. D KdGr 122, in: MGH DD Karol. 1, S. 170 f. Z. 38–7 : [...] *preceptionem domni et genitoris nostri bone memoriae Pippini quondam regis nobis ostendedit relegendam, ubi reperimus insertum, qualiter propter nomen domini et eius meritis conpellentibus beneficium prestetisse cognuscite, ut annis singolis ubicumque in regno nostro negociantes ipsius sancti loci pergere vellent, sicut ipse Hrotbertus abba mercare videtur, tam ad luminaria conparanda vel pro reliqua necessitate discurrentes tam ultra Ligere quam et cetera Ligere vel in Burgundia etiam et in Proventia vel in Frantia quam et in Austria ubicumque in regna Christo propitio nostra pergere vellent, nullo toloneo nec de saumas nec de carrigine neque de navigio neque de qualibet redebutione exinde ad parte fisci nostri missi sui discurrentes dissolvere non debeant.*

78 Zum Inhalt der Urkunde vgl. allgemein Lehoux, Privilèges, S. 124–130, Devroey, Monastère, S. 579 f. Poelman, Geschiedenis, S. 100–102, ordnete diese Orte als die Zollorte der fünf größten Flüsse ein, die zwischen der Seine und dem Rhein-Maas-Delta in die Nordsee münden. So auch Dhondt, L'essor, S. 62 f. Anm. 22. Umstritten ist, ob mit *Traiectum* Utrecht oder Maastricht gemeint ist. Vgl. Verkerk, Tonlieux, S. 166 Anm. 11 mit weiterer Literatur.

Kloster aus dem Jahr 846 folgt dieser Beschreibung nicht.[79] Pippins Urkunde lässt sich zeitlich nicht enger als in die Königsjahre einordnen. Bereits Chilperich I. verlieh zwischen 567 und 584 der Basilika des heiligen Vinzenz, aus der das Kloster St-Germain-des-Prés hervorgehen sollte, die Zollfreiheit.[80] Bekannt ist dieser Vorgang nur durch die Historia Francorum Aimoins von Fleury, die viele Details offen lässt.[81] Die Bestätigungsurkunde Karls des Großen nennt kein merowingisches Vorläuferdiplom. Die geographischen Beschreibungen dieser Urkunde dürften auf jeden Fall nicht auf eine Vorurkunde Chilperichs I. zurückgehen, da ein Teil des Gebiets außerhalb seines Teilreichs lag und zum Beispiel das Emporium Dorestad um die Zeit höchstwahrscheinlich noch gar nicht existierte.[82] Dies spricht dafür, dass Pippin eine Neuverleihung der Zollfreiheit vornahm. Doch kann aufgrund der dünnen Quellenlage letzte Sicherheit in der Frage, ob es sich bei Pippins Deperditum um eine Verleihung oder Bestätigung handelt, nicht erzielt werden.

Aus der Zeit Pippins sind jedoch nicht nur unbeschränkte Zollbefreiungen, sondern auch sogenannte beschränkte Zollbefreiungen bekannt. Diese beschränkten Zollbefreiungen beziehen sich in der Regel auf eine festgesetzte Anzahl von Schiffen. Pippins beschränkte Zollbefreiungen sind nur als Deperdita überliefert.

Einmal handelt es sich um eine Bestätigung der Zollfreiheit für vier Schiffe auf der Loire und weiteren Flüssen für das Kloster St-Germain d'Auxerre, die am 10. März 816 in Aachen ausgestellt wurde.[83] Die Urkunde spricht Pippin als König an und nennt ebenso eine Vorurkunde Karls des Großen.[84] Kölzer stuft beide Hinweise als unsichere Deperdita ein, weil Ludwigs Urkunde weitgehend Formulae Imperiales Nr. 20 folge.[85] Insgesamt finden sich unter den Urkunden Ludwigs des Frommen nach den Studien von Sarah Patt vier Vollentsprechungen für Formulae Imperiales Nr. 20.[86] Am 27. Juli 818 bestätigte Ludwig der Fromme dem Kloster Fleury (St-Benoît-sur-Loire) Zollfreiheit für vier Schiffe

---

79 Vgl. dazu auch Devroey, Monastère, S. 580 f. Die Urkunde folgt im Formular generell nicht der Urkunde Karls des Großen. Vgl. dazu Böhmer – Fees, Regesten, S. 261 f. Nr. 533. Dies wird beispielsweise an der Beschreibung des Geltungsgebiets der Befreiung deutlich. Vgl. D KdK 88, in: Recueil Charles II le Chauve, Bd. 2, S. 240 Z. 29 f.: *per fluvium Sequanam, sive per alia flumina in ipsum confluentia, id est per Matronam, per Ionam, Isam et Axonam, vel per cetera flumina regni nostri,* [...].

80 Vgl. MGH DD Merov. Dep. 58, Bd. 2, S. 524.

81 Aimoin, Historia Francorum III c. 56, S. 119: [...] *in basilica sancti Vincentii sepelivit* [scil. Chilpericum] *quam ipse immunem ab omni civili negotio tam in eundo vel redeundo vel negotio exercendo per totas regni sui provincias regali praecepto tempore abbatis Scubilionis effecerat.*

82 Vgl. van Es – Verwers, Aufstieg, S. 290.

83 Vgl. MGH D LdF 90, Bd. 1, S. 218–220.

84 Vgl. MGH D LdF 90, Bd. 1, S. 219 Z. 20 f.: [...] *auctoritates avi nostri Pipini regis et Karoli bone memorie genitoris nostri piissimi augusti* [...].

85 Vgl. Kölzer, Urkunden Ludwigs, Bd. 1, S. 219. Form. Imp. 20, S. 301 Z. 2–4: [...] *detulit nobis auctoritatem praeceptionis domni et genitoris nostri bone memorie Karoli piissimi augusti, in qua continebatur, quod avus noster Pipinus quondam rex seu idem genitor noster concessissent* [...].

86 Vgl. Patt, Studien, S. 172 Tab. 7. Es handelt sich um die Urkunden MGH DD LdF 34, 49, 90, 143.

sowie Wagen und Saumtiere.[87] Die Urkunde lehnt sich beim Verweis auf die Urkunden Pippins und Karls deutlich enger an Formulae Imperiales Nr. 20 an als die Urkunde für St-Germain d'Auxerre.[88] Trotz der größeren, ja wörtlichen Übereinstimmung zieht Kölzer die Deperdita für Fleury erstaunlicherweise nicht in Zweifel. Bei den anderen beiden Urkunden, die Patt als Vollentsprechungen von Formulae Imperiales Nr. 20 einstuft, handelt es sich nicht um Bestätigungen von beschränkten Zollbefreiungen, sondern um deren Verleihungen. Ein Bezug auf Vorgängerurkunden fehlt also konsequenterweise sowohl in der Zollbefreiung für zwei Schiffe für das Doppelkloster Stablo und Malmedy von 814 als auch in derjenigen für drei Schiffe für das Kloster St-Mesmin de Micy von 815.[89] Die vier Urkunden zeigen, wie flexibel die Kanzlei Ludwigs des Frommen die Formel an die Gegebenheiten anpasste. Es spricht also nichts dagegen, auch für St-Germain d'Auxerre sowohl von Pippin dem Jüngeren als auch Karl dem Großen ein Deperditum sicher vorauszusetzen.[90]

Die beschränkte Zollbefreiung für St-Germain d'Auxerre im Umfang von vier Schiffen soll für die Loire und nicht genannte weitere Flüsse gelten.[91] Die Auswahl der Flüsse ist bemerkenswert, weil das Kloster St-Germain d'Auxerre an der Yonne lag, die zum Gewässersystem der Seine gehört, das bis in die Neuzeit nicht mit dem der Loire verbunden war. Durchaus möglich wäre auch, dass es sich hier um einen Fehler bei der Ausstellung der Urkunde handelt und der Schreiber lediglich den Flussnamen nicht auf den Empfänger anpasste.[92]

---

87 Vgl. MGH D LdF 143, Bd. 1, S. 360–362.

88 Vgl. MGH D LdF 143, Bd. 1, S. 361 f. Z. 35–1: […] *auctoritatem praeceptionis domini genitoris nostri bonae memorie Karoli piissimi augusti, in qua continebatur, quod avus noster Pippinus quondam rex seu idem genitor noster concessissent* […].

89 Vgl. MGH DD LdF 34, 49, Bd. 1, S. 89–91, 127–129.

90 So auch Lechner, Verlorene Urkunden, S. 850 Nr. 180 f.

91 Vgl. MGH D LdF 90, Bd. 1, S. 219 Z. 23 f.: […] *per Ligeris flumen seu cetera flumina* […].

92 In Formulae Imperiales Nr. 20, S. 301 Z. 4 f., heißt es ebenfalls *per Ligeris flumen seu cetera flumina*. Bei den anderen dem Formular entsprechenden Urkunden gibt es keine Unstimmigkeiten. Die Urkunde für Fleury nennt dieselben Flüsse wie die Formel. Doch liegt das Kloster Fleury im Dorf St-Benoît-sur-Loire im Loiretal. In der Urkunde Ludwigs für Stablo-Malmedy sind die Flüsse Rhein und Maas genannt. Kölzer wendet sich in der Edition gegen Stoclet, Immunes, S. 261 f., der unter anderem von einer Interpolation ausgeht, da die Befreiung sich auf zwei unterschiedliche Flusssysteme beziehe. Abgesehen davon, dass die Maas in der Gegenwart wieder in die Waal mündet und somit Teil des Flusssystems Rhein ist, entfällt der Verdacht Stoclets unabhängig von diplomatischen Gesichtspunkten, wenn man bedenkt, dass moderne wissenschaftliche Definitionen, die den Übergang von Flüssen in Ästuare und von diesen ins offene Meer festlegen, nicht einfach auf die Vormoderne übertragen werden dürfen. Es ist also sehr gut möglich, dass in fränkischer Zeit Rhein und Maas als ein Flusssystem aufgefasst wurden, auch wenn ein Übergang zwischen den beiden größten Flüssen dieses Systems erst im Rhein-Maas-Delta möglich war. Zum Rhein-Maas-Delta im Frühmittelalter vgl. Dijkstra, Mondingen, S. 12 Abb. 1,1, S. 53 Abb. 2,10. Unabhängig davon liegt Stablo-Malmedy an einem Nebenfluss der Maas, so dass die genannten Flüsse zum Kloster passen. Die Urkunde für das unweit der Loire gelegene Kloster St-Mesmin de Micy nennt neben der Loire eine ganze Liste von Flüssen. Vgl. MGH D LdF 49, Bd. 1, S. 128 Z. 32 f.: […] *per Ligerim* [= Loire], *Carum* [= Cher (=> Loire)], *Vincenam* [Vienne (=> Loire)], *Sartam* [= Sarthe (=> Marne => Loire)], *Medianam* [= Mayenne (=> Marne => Loire)], *Taunucum seu Lidum* [= Loir (=> Sarthe => Marne => Loire)], *Hylarium* [= Allier (=> Loire)] *sive per cetera flumina*

Pippin jedenfalls wird in der Urkunde als König bezeichnet. Eine nähere Datierung des Deperditums als in die Königszeit ist abermals nicht möglich. Unsicher ist auch, ob es sich hier um eine Verleihung oder Bestätigung durch den ersten Karolingerkönig handelt. Zumindest sind keine merowingischen Vorurkunden im Diplom Ludwigs des Frommen erwähnt und auch keine solchen bekannt.[93]

Bereits erwähnt wurde das Deperditum für das Kloster Fleury im Loiretal.[94] Bekannt ist es durch eine Bestätigungsurkunde Ludwigs des Frommen von 818.[95] Für Fleury sind zwei weitere Deperdita Pippins bekannt.[96] Zum einen schenkte er dem Kloster eine *villa.*[97] Zum anderen bestätigte er die Immunität mit Königsschutz und freier Abtwahl.[98] Die Urkunde über die beschränkte Zollfreiheit bezieht sich auf vier Schiffe und ist der Königszeit zuzuweisen. Ob es sich bei ihr um eine Verleihung oder eine Bestätigung handelt, muss offenbleiben. Zumindest nennt die Bestätigungsurkunde Ludwigs keine früheren Vorurkunden und es ist auch keine entsprechende Urkunde eines Merowingerkönigs bekannt.[99]

Ein weiteres Deperditum lässt sich für das Kloster St-Aignan d'Orléans erschließen, das eine Zollbefreiung für sechs Schiffe auf der Loire und weiteren Flüssen erhielt.[100] Erstaunlich an dieser Auflistung ist wie schon bei der Urkunde für Fleury, dass nicht nur Transportmittel befreit werden sollen, sondern auch ausdrücklich die *villae* des Klosters genannt sind.[101] Britta Mischke rückt diese Urkunden in die Nähe von Immunitätsprivilegien.[102] Nur in drei vom Formular

---

[…]. Hier handelt es sich also in allen Fällen um Flüsse des Gewässersystems Loire. Ein eventueller Fehler in der Urkunde durch eine mögliche Übernahme eines falschen Flussnamens sagt jedoch nichts über die Glaubwürdigkeit bei der Nennung von Vorurkunden aus.

93 Vgl. Kölzer, Urkunden der Merowinger, Bd. 2, S. 875.

94 Vgl. Lechner, Verlorene Urkunden, S. 849 Nr. 154.

95 Vgl. MGH D LdF 143, Bd. 1, S. 361 f. Z. 35–4: […] *auctoritatem praeceptionis domini genitoris nostri bonae memorie Karoli piissimi augusti, in qua continebatur, quod avus noster Pippinus quondam rex seu idem genitor noster concessissent eidem monasterio teloneum de quatuor navibus, quae per Ligeris flumen seu caetera flumina propter sal et caetera commercia discurrebant, necnon et de carris et sagmariis necessaria ipsius monasterii vel congregationis ibidem deo famulantis deferentibus et de villis vel de omnibus, undecumque fiscus teloneum exigere poterat.*

96 Vgl. Laporte, Vues, S. 119.

97 Vgl. Lechner, Verlorene Urkunden, S. 849 Nr. 153; MGH D LdF 357, Bd. 2, S. 888–890.

98 Vgl. Lechner, Verlorene Urkunden, S. 849 Nr. 155; MGH D LdF 142, Bd. 1, S. 358–360.

99 Vgl. Kölzer, Urkunden der Merowinger, Bd. 2, S. 876.

100 Vgl. MGH D LdF 32, Bd. 1, S. 84 Z. 1–6: […] *auctoritatem praeceptionis domni et genitoris nostri bone memorie Karoli piissimi augusti, in qua continebatur, quod avus noster Pipinus quondam rex seu idem genitor noster concessissent eidem monasterio teloneum de sex navibus, quae per Ligeris flumen seu cetera flumina propter sal et cetera commercia discurrebant, necnon et de carris et sagmariis necessaria ipsius monasterii vel congregationis ibidem Deo famulantis deferentibus et de villis vel de omnibus, undecunque fiscus teloneum exigere poterat.*

101 Das Wort *villa* weist in frühmittelalterlichen Quellen eine ausgeprägte Polysemie aus. Vgl. dazu Niermeyer – van de Kieft – Burger, Lexicon, Bd. 2, S. 1434–1436 und zuletzt Renard, Domaine mit weiterer Literatur. Mögliche Bedeutungen sind unter anderem Grundbesitz/ Gut, Dorf, Pfarrgemeinde oder eine administrative Einheit.

102 Vgl. Mischke, Kapitularienrecht, S. 124 f. Es ist nicht leicht zu entscheiden, was *villis* in der Urkunde für St-Aignan bezeichnet. Unabhängig von dieser Frage, wird an dieser Stelle deutlich,

sehr ähnlichen und regional begrenzt ausgestellten Urkunden Ludwigs des Frommen sei dieser Zusatz überliefert, den Mischke als aus Vorurkunden verkürzt übernommenen Bestandteil deutet.[103] Sie vermutet, dass es sich um eine Befreiung von Handels- bzw. Marktzöllen auf den eigenen Besitzungen handelt.[104] Die Bestätigungsurkunde Ludwigs des Frommen ist nur über die Formulae Imperiales und eine verfälschte Chartularfassung erhalten und kann in die Jahre 814 bis 818 datiert werden.[105] Da Pippin als *rex* bezeichnet wird, lässt sich auch dieses Deperditum der Königszeit zuweisen. Auch wenn keine merowingischen Vorurkunden genannt oder bekannt sind,[106] muss offenbleiben, ob Pippin die beschränkte Zollfreiheit verlieh oder bestätigte.

Ebenfalls erwähnt wird eine Vorgängerurkunde Pippins in Ludwigs Bestätigung der Zollfreiheit für zwölf Schiffe für St-Martin in Tours von 816.[107] Die Urkunde bezeichnet Pippin als König und seine Urkunde als Königsurkunde.[108] Mit zwölf Schiffen handelt es sich um die umfangreichste beschränkte Zollbefreiung, die für die Zeit Pippins belegt ist. Aufgelistet wird eine Reihe von Flüssen, die alle zum Flusssystem der Loire gehören.[109] Auch hier muss wieder offenbleiben, ob es sich um eine Bestätigung oder Verleihung Pippins handelt.

Die Anzahl der befreiten Schiffe schwankt zwischen den einzelnen Urkunden und Klöstern. Der Vorschlag Hildegard Adams, diese Zahlen symbolisch zu deuten und ihnen jegliche Relevanz für die Praxis abzusprechen, führt nicht weiter.[110] Auf den ersten Blick vielversprechender ist die Überlegung, von einer Korrelation zwischen der Anzahl der Schiffe und der Wirtschaftsleistung eines

wie weit der Oberbegriff *teloneum* ist und dass er weit mehr als Zölle im engeren Sinn des modernen Wortgebrauchs umfasst.

103 Vgl. Mischke, Kapitularienrecht, S. 126. Es handelt sich um MGH DD LdF 32, Bd. 1, S. 82–85 (St-Aignan d'Orléans); LdF 49, Bd. 1, S. 127–129 (St-Mesmin de Micy); LdF 143, Bd. 1, S. 360–362 (Fleury).

104 Vgl. Mischke, Kapitularienrecht, S. 125 f. Zu dieser Erklärung passt auch, dass in zwei Fällen das Kloster schon zur Zeit Pippins über die Immunität verfügte. Vgl. MGH DD Merov. Dep. 401, Bd. 2, S. 663 (St-Aignan d'Orléans); MGH D LdF 142, Bd. 1, S. 358–360 (Fleury). Für St-Mesmin de Micy ist keine Immunitätsverleihung für die Zeit bekannt.

105 Vgl. Kölzer, Urkunden Ludwigs, Bd. 1, S. 83.

106 Vgl. Kölzer, Urkunden der Merowinger, Bd. 2, S. 878.

107 Vgl. Lechner, Verlorene Urkunden, S. 858 Nr. 310; MGH D LdF 111, Bd. 1, S. 270–272.

108 Vgl. MGH D LdF 111, Bd. 1, S. 271 f. Z. 33–3: [...] *praecepta regalia decessorum nostrorum regum Francorum necnon avi nostri Pippini quondam regis seu etiam domni et genitoris nostri bonae memoriae Karoli piissimi augusti, in quibus continebatur, quod ob amorem dei et venerationem sancti Martini duodecim naves immunes ab omni teloneo, quae per alveum Ligeris, Helarium, Carum, Uincennam, Medanam, Sartam et Ledum vel per caetera diversa flumina ob necessitates ipsius monasterii fulciendas discurrebant, eidem concessissent monasterio, ut scilicet teloneum, quod annuis recursibus fiscus ex ipsis navibus iure exigere poterat, in luminaria basilicae beati Martini fovenda augmenti esset.*

109 Vgl. MGH D LdF 111, Bd. 1, S. 271 Z. 36 f.: [...] *per alveum Ligeris* [= Loire], *Helarium* [= Allier (=> Loire)], *Carum* [= Cher (=> Loire)], *Uincennam* [Vienne (=> Loire)], *Medanam* [= Mayenne (=> Marne => Loire)], *Sartam* [= Sarthe (=> Marne => Loire)] *et Ledum* [= Loir (=> Sarthe => Marne => Loire)] *vel per caetera diversa flumina* [...]. Zu ingesamt in Zollurkunden genannten Flüssen vgl. Stoclet, Immunes, S. 299–301.

110 Vgl. Adam, Zollwesen, S. 105–107. Zur Kritik an dieser symbolischen Deutung vgl. Mischke, Kapitularienrecht, S. 121 mit Anm. 580.

Klosters auszugehen. Werden die unbeschränkten Zollbefreiungen jedoch in die Betrachtung miteinbezogen, so zeigt sich, dass die Wirtschaftsleistung eines Klosters nicht der einzige Faktor für den Umfang der Befreiung (wenige Schiffe, viele Schiffe oder vollständig) gewesen zu sein scheint. Unabhängig davon stellt sich die Frage, wie die Umsetzung einer solchen beschränkten Befreiung in der Praxis ausgesehen und worin der Zweck der Beschränkung gelegen haben mag. Auffallend ist, dass in den beschränkten Zollbefreiungen keine Frequenz genannt wird, wie oft die entsprechende Anzahl Schiffe beispielsweise pro Jahr befreit wird. Dies kann einerseits bedeuten, dass es zu selbstverständlich war, um es aufzuschreiben, weil dies beispielsweise nur einmal pro Jahr etwa beim Einholen der Ernte von weiter entfernten Gütern oder dem Transport von Salz aus weit entfernten Salinen vorgesehen war. Andererseits könnte die Frequenz auch schlichtweg keine Rolle gespielt haben. Beide Alternativen machen es wahrscheinlich, dass durch die Anzahl der Schiffe die Maximalgröße von befreiten Schiffskonvois festgelegt werden sollte und es sich eher nicht um eine Maximalzahl pro Jahr handelt. Letzteres wäre auch nur schwer zu kontrollieren gewesen, es sei denn, jede Zollstelle hätte Buch geführt, wofür es keine Belege gibt.

Beschränkte Zollbefreiungen sind seit der Merowingerzeit im Frankenreich und ab den 740er Jahren auch bei den Angelsachsen belegt.[111] Es stellt sich die Frage, warum die jeweiligen Urkundenaussteller die Zollfreiheit für bestimmte Klöster beschränkten und nicht eine unbeschränkte Zollfreiheit wie bei anderen Klöstern gewährten. Eine pauschale Antwort auf diese Frage erlaubt die Quellenlage nicht. Ein gemeinsames Merkmal der nur mit einer beschränkten Zollbefreiung ausgestatteten Institutionen, das diese Gruppe von den anderen vollständig befreiten Klöstern abgrenzt, ist nicht erkennbar, zumal die Quellen ja nur einen Blick auf einen Teil der einst ausgestellten beschränkten und unbeschränkten Zollbefreiungen erlauben. So sind sie beispielsweise allein für kirchliche Institutionen überliefert, doch ist davon auszugehen, dass sie ebenso für weltliche Empfänger ausgestellt wurden.[112]

Eine Beschränkung der Zollbefreiung deutet allgemein auf die Bedeutung der Einnahmen aus den Zöllen hin, auf die der König offenbar nicht so leicht verzichten konnte oder wollte. Da sich bei den Deperdita in der Regel nicht mehr sicher entscheiden lässt, ob es sich um eine Bestätigung oder Verleihung handelt, ist meist nicht mehr zu unterscheiden, wo Pippin gewachsene Strukturen bewahrte und wo er sich bewusst für oder gegen eine Beschränkung der Zollbefreiung entschied. Die drei Fälle, bei denen recht sicher von einer Neuverleihung durch den ersten Karolingerkönig ausgegangen werden darf, zeigen eine klare Tendenz. Den Klöstern Hornbach, Prüm und St-Germain-des-Prés verlieh Pippin jeweils eine Zollbefreiung ohne Beschränkung auf eine bestimmte Anzahl an

111 Vgl. Kelly, Trading privileges.

112 Zur Archivierung durch Laien im Frühmittelalter vgl. Brown, Documents. Zur Chancenungleichheit in der Überlieferung vgl. Esch, Überlieferungs-Chance, S. 540: „Die Chancen-Ungleichheit der Überlieferung prämiert also, […], den Grundbesitz und diskriminiert Handel und Gewerbe; sie begünstigt die Kirche und benachteiligt die Laien.“

Schiffen. Es stellt sich außerdem die Frage, ob das Bild der Überlieferung nicht auch dadurch verzerrt ist, dass eine Beschränkung bei wirtschaftlich eher kleinen Institutionen vielleicht auch nicht erfolgt sein könnte, weil sie in der Praxis ohnehin keine Auswirkung gehabt hätte.[113]

Auffällig ist, dass sich alle bekannten beschränkten Zollbefreiungen für Schiffe aus der Zeit Pippins auf das Flusssystem Loire beziehen. Entsprechende Diplome für andere Flusssysteme sind erst aus der Zeit Karls des Großen und vor allem Ludwigs des Frommen bekannt.[114] Die sehr dünne Quellenlage und die große Rolle von Formulae Imperiales Nr. 20 für die Gestaltung fast aller Urkunden, über die entsprechende Deperdita Pippins erschlossen werden können, erlauben es jedoch nicht, diesen Befund im Hinblick auf die Verbreitung solcher beschränkten Zollbefreiungen in den einzelnen Regionen zu deuten. Denn die Bedeutung des Überlieferungszufalls kann hier nicht abgeschätzt werden. Andererseits bildete die Loire bis zur Eroberung Aquitaniens in den 760er Jahren über weite Strecken die Grenze des von den Karolingern kontrollierten Bereiches Galliens. Auch danach blieb eine gewisse Eigenständigkeit Aquitaniens durch die Unterkönigtümer Ludwigs des Frommen und danach seines Sohnes Pippins I. gewahrt. Auch hier diente die Loire wieder abschnittsweise als Grenze.[115] Ob allerdings diese Eigenständigkeit zu einer stärkeren Bezollung auf der Loire und vor allem auf ihren linken Nebenflüssen, die teilweise weit nach Aquitanien hineinführen, geführt hat, muss Spekulation bleiben.

3.1.2.2 Zollprivilegien

Gegenüber den Zollbefreiungen ist die Zahl der bekannten Zollprivilegien, die unter Pippin verliehen oder bestätigt wurden, deutlich geringer.

Innerhalb der Königszeit zeitlich nicht näher zu fassen ist die Bestätigung der Zollprivilegierung des Bistums Worms.[116] Insgesamt ist seit der Zeit Pippins eine herausgehobene Stellung der Pfalz und des Bistums für die Karolinger erkennbar.[117] Das Bistum wurde von Pippin auch mit der Immunität ausgestattet.[118] Immer wieder tagten hier wichtige Versammlungen.[119] Die Zollprivilegierung bezieht sich auf Händler, auf Handwerker und auf Friesen.[120] Bekannt ist Pippins Bestätigung durch eine Urkunde Ludwigs des Frommen von 829.[121] Die Ur-

---

113 Schließlich ist nicht mehr festzustellen, über wie viele Schiffe ein Kloster verfügte und wie viele davon tatsächlich für solche Transporte eingesetzt wurden.

114 Vgl. Adam, Zollwesen, S. 104–107.

115 Vgl. Kaschke, Teilungsprojekte.

116 Vgl. Lechner, Verlorene Urkunden, S. 873 Nr. 600.

117 Vgl. Uhrig, Pfalz.

118 Vgl. D Pip 20, in: MGH DD Karol. 1, S. 28 f. Vgl. auch unten Kap. 5.5.1.2.

119 Vgl. Kohl – Felten, Worms, S. 107–109, 113–115.

120 Zur friesischen Kolonie in Worms vgl. Lebecq, Marchands, Bd. 1, S. 27 f., 238–240; Verhulst, Handel, S. 390.

121 Vgl. MGH D LdF 282, Bd. 2, S. 704 Z. 1–7: […] *preceptum domni et genitoris nostri bone memorie Karoli serenissimi augusti simul et avi nostri Pipini regis, in quibus continebatur, eo quod ipsi et predecessores eorum reges videlicet Francorum Dagobertus, Sigebertus et Hilpericus concessissent, ut*

kunde nennt ebenfalls eine Urkunde Karls des Großen und Urkunden Dagoberts I., Sigiberts III. und Chilperichs II., die alle verloren sind.[122] Ludwigs Urkunde weist zwar Interpolationen auf, doch ist die Nennung der Vorgängerurkunden nicht dem Verdacht einer Interpolation ausgesetzt. Vielmehr wurde die Urkunde so interpoliert, dass Worms angeblich der komplette Zoll von Ladenburg zustehe.[123]

Schwer einzuschätzen ist die Bedeutung eines entsprechenden Deperditums Pippins für St-Victor in Marseille.[124] Eine verunechtete Urkunde Ludwigs des Frommen aus dem Jahr 822 bestätigt dem Kloster Fiskalzölle in der *villa* Leonio und von aus Italien kommenden Schiffen.[125] Sie nennt allein eine Vorurkunde Karls des Großen.[126] In der Bestätigungsurkunde Lothars I. von 834 sind ebenfalls nur Vorurkunden Karls des Großen und Ludwigs des Frommen, jedoch nicht von Pippin genannt.[127] Beide Bestätigungsurkunden sind allein im Chartular von St-Victor aus dem 12. Jahrhundert überliefert.[128] Dieses Chartular enthält auch eine Gerichtsurkunde aus dem Jahr 845, die neben Urkunden Karls, Ludwigs und Lothars auch eine Urkunde Pippins erwähnt.[129] Auf die Frage, warum allein die Gerichtsurkunde auf eine Urkunde Pippins verweist, ist bisher keine befriedigende Antwort gefunden worden. Doch dürfte die Antwort wohl am ehesten in der Tatsache zu suchen sein, dass die Urkunde Ludwigs, der diejenige Lothars größtenteils folgt, verunechtet ist. Es spricht also nichts dafür, aufgrund des Fehlens Pippins in der verunechteten Bestätigungsurkunde Ludwigs seine Nennung in der Gerichtsurkunde von 845 anzuzweifeln.[130]

---

quanticumque negotiatores vel artifices seu et Frisiones apud Uuangionem civitatem devenissent, omne teloneum undecumque fiscus teloneum <et in predicta civitate et in castellis Lobedunburg et Uuippina> exigere poterat, ad integrum per eorum auctoritates eidem ecclesie concessissent.

122 Vgl. Lechner, Verlorene Urkunden, S. 873 Nr. 601; MGH DD Merov. Dep. 153, 212, 382, Bd. 2, S. 562 f., 589, 654.

123 Vgl. Kölzer, Urkunden Ludwigs, Bd. 2, S. 703.

124 Vgl. Lechner, Verlorene Urkunden, S. 857 Nr. 307.

125 Vgl. MGH D LdF 214, Bd. 1, S. 528 Z. 23–30: […] *auctoritatem domni genitoris nostri Caroli prestantissimi imperatoris, in qua continebatur insertum, qualiter ęcclesię sancti Uictoris martyris, ubi sacratissimum corpus eius umatum est, concessisset tholoneum de villa, quę dicitur Leonio, quicquid fiscus regius exinde exigebat tam de sale quam de aliis condicionibus, necnon et theloneum de navibus ab Ytalia venientibus, quę ad eandem ęcclesiam arripare videntur, ut quicquid ad publicum opus vel ad fiscum regium exinde consuetudo fuit exactare, ad predictam ęcclesiam sancti Uictoris martyris Massiliensis vel ad rectores eius concederetur.*

126 Vgl. Lechner, Verlorene Urkunden, S. 857 Nr. 308.

127 MGH D Lo I. 18, S. 87 Z. 9 f.: […] *auctoritatem domni et genitoris nostri Ludouici prestantissimi imperatoris seu et avii nostri bone memorię Caroli* […].

128 Zum Chartular vgl. Zerner, Cartulaire.

129 Vgl. Cartulaire de l'abbaye de Saint-Victor de Marseille Nr. 26, S. 33: […], *sicut prestantissimus Pipinus rex, vel Carolus rennenis* [sic!], *pius, augustus, vel etiam Ludovicus, ac Lotharius, uterque imperatores, per suis preceptis, singuli ad ipsam predictam casam Dei sancti Victoris, ad luminaria, condonaverunt ipsum theloneum de villa Leguino* [= Leonio], *vel quicquid ibidem ad eorum fiscum pertinere debebat concesserant, tam terrenis quam etiam navigantibus* […].

130 Anders Ganshof, Bureaux, S. 133, der sich bei der Beurteilung des möglichen Deperditums Pippins nicht festlegen will.

Seit dem 7. Jahrhundert kann belegt werden, dass an zwei Orten im Golfe du Lion Zölle auf Waren erhoben wurden, und zwar in Marseille und in Fos-sur-Mer. Die Gesta Dagoberti belegen Zollstellen an beiden Orten bereits zur Zeit Dagoberts I.[131] Eine im Original überlieferte Urkunde Chlodwigs III. aus dem Jahr 693 bestätigte St-Denis eine Rente von 100 Solidi aus den fiskalischen Einkünften in Marseille.[132] Bereits 694 schenkte Childebert III. auf Betreiben Pippins des Mittleren St-Denis eine *villa* als Ablösung für die Rentenzahlung, die wieder an den Fiskus gehen sollte.[133] Während der auf den Tod Pippins des Mittleren 714 folgenden sogenannten Sukzessionskrise erneuerte der antikarolingische König Chilperich II. 716 die Rentenzahlung aus den Zolleinkünften in Marseille.[134] Ebenfalls 716 bestätigte Chilperich II. auch dem Kloster Corbie nach Vorurkunden von Chlothar III. und Childerich II. die Zolleinkünfte in Fos-sur-Mer.[135] Danach verliert sich die Spur beider Zahlungen in den Quellen.[136] Was mit den Zolleinkünften nach 716 geschah, ob Karl Martell sie wieder an sich zog, nachdem er sich auch in Neustrien durchsetzen konnte und wie lange die Zollstationen überhaupt noch in Betrieb waren, ist völlig ungewiss.

Im Fall von Marseille geht Ganshof von einer Verlegung der Zollstelle von Marseille selbst auf das Gebiet der *villa* Leonio des Klosters St-Victor aus.[137] Doch ob es sich wirklich um eine Verlegung handelt oder vielleicht nicht eher von einer Neueinrichtung gesprochen werden müsste, lässt sich aufgrund der dünnen Quellenlage nicht mehr erhellen. Zu St-Denis, dem Kloster, in dem Pippin zeitweise erzogen und später begraben wurde, hatte er zeitlebens ein sehr enges Verhältnis.[138] Dennoch kam es unter ihm zu keiner Wiederaufnahme der Zuwendungen aus dem Marseiller Zoll an das Kloster an der Seine. Vielmehr scheint es zu einer Umstrukturierung der Zolleintreibung in dieser wichtigen Hafenstadt gekommen zu sein. Die Motive, die zu dieser Umstrukturierung führten, bleiben im Dunkeln.[139] Ebenso unklar ist, wann innerhalb seiner Kö-

131 Vgl. Gesta Dagoberti I. regis Francorum c. 18, S. 406 f. Z. 28–2. Pirenne, Cellarium fisci, und Ganshof, Bureaux, verwenden die Schilderung der Gesta Dagoberti als Quelle für die Organisation und die Funktion merowingischer Zollstellen. Doch sollte die späte Abfassungszeit der Gesta Dagoberti, die erst in den 830er Jahren im Umfeld von St-Denis entstanden, zur Vorsicht mahnen, den detaillierten Schilderungen nicht zu viel Aussagekraft für den Berichtszeitraum zuzubilligen.

132 Vgl. MGH D Merov. 138, Bd. 1, S. 348–350.

133 Vgl. MGH D Merov. 142, Bd. 1, S. 357–360. Vgl. dazu Semmler, Sukzessionskrise, S. 13; dens. Saint-Denis, S. 90.

134 Vgl. MGH D Merov. 170, Bd. 1, S. 422 f.

135 Vgl. MGH D Merov. 171, Bd. 1, S. 424–426. Vgl. Semmler, Sukzessionskrise, S. 17.

136 Vgl. Pirenne, Cellarium fisci, S. 211; Ganshof, Bureaux, S. 133.

137 Vgl. Ganshof, Bureaux, S. 133. Ob die Zollstelle in Fos-sur-Mer auch verlegt wurde, lässt sich aus den Quellen nicht mehr erkennen, wird aber von Ganshof nicht ausgeschlossen.

138 Vgl. Fleckenstein, Pippin III., Sp. 2168; Stoclet, Fils, S. 69 f.; D Pip 8, in: MGH DD Karol. 1, S. 13 Z. 7: [...] *ad monisterium beati domni Dioninsiae, ubi enotriti fuimus* [...].

139 Neben klassischen machtpolitischen Motiven dürfen auch mögliche technische oder naturräumliche Veränderungen als Ursachen nicht ausgeschlossen werden. Leider lässt sich die *villa* Leonio nicht mehr genau lokalisieren. Schieffer, Urkunden Lothars, S. 87 vermutet aufgrund der

nigsjahre Pippin das Zollprivileg verlieh. Auch wenn der Vorgang in seinen Details nicht mehr greifbar ist, zeigt sich hier doch, dass Pippin Zollprivilegien als bewusstes Mittel seiner Politik einsetzte, und dass neben Kontinuitäten zwischen der merowingischen und der karolingischen Zollerhebung auch Brüche erkennbar sind.

3.1.2.3 Gerichtsurkunde für St-Denis

Einzigartig unter den erhaltenen Zollurkunden Pippins ist sein Placitum zugunsten von St-Denis aus dem Jahr 759.[140] Zwar handelt es sich nicht um eine Zollurkunde im engen Sinne, sondern um eine Gerichtsurkunde, aber dennoch kann das Stück aufgrund der strittigen Thematik hier nicht ausgelassen werden. Hintergrund der Gerichtsurkunde ist ein Streit um die Zolleinnahmen des Marktes von St-Denis, der zwischen dem Kloster und dem Grafen Gerhard von Paris ausgetragen wurde. Nachdem die *agentes* von St-Denis ihr Anliegen vorgebracht und eine Urkunde Dagoberts I.[141] vorgelegt hatten, bestätigte Pippin sogar selbst, dass er *semper a sua infantia* gesehen habe, dass die strittigen Zölle zu St-Denis gehören.[142] Dass sich Gerhard mit der Aussage des Königs nicht zufrieden gab und zu einem weiteren Termin Zeugen geladen wurden, wertet Weitzel als Zeichen für die Begrenztheit königlicher Macht.[143] Auch wenn es natürlich für die heutige Forschung selbstverständlich ist, dass Pippin kein absolutistischer Herrscher im frühneuzeitlichen Sinne war, stellt sich die Frage, ob Weitzels Beurteilung der Fortführung des Prozesses trotz Aussage des Königs zutrifft. Denn aus dem Wortlaut der Urkunde wird nicht ganz deutlich, ob Pippin seine Beobachtung allein in seiner Kindheit gemacht hat oder auch über die Zeit seiner Kindheit hinaus. Wenn Pippins Beobachtung sich allein auf die Zeit seiner Unmündigkeit bezog, könnte damit auch erklärt werden, warum sein Zeugnis allein nicht ausreichte.[144] Wie dem auch sei, bestätigten die Zeugen, dass die Zolleinkünfte St-Denis zustehen, und Graf Gerhard akzeptierte dies. Für den

---

Namensähnlichkeit, dass es sich um Etang de Ligagnau handeln könnte. Doch lässt sich diese Vermutung nicht beweisen.

140 D Pip 12, in: MGH DD Karol. 1, S. 17 f.

141 Die im Rahmen des Gerichtsverfahrens und auch für D Pip 6 vorgelegte Urkunde wird von der Mehrheit der Forschung als echt, aber verloren angesehen. Demnach steht der Marktzoll dem Kloster St-Denis tatsächlich durch königliche Verleihung zu. Vgl. Kölzer, Urkunden der Merowinger, Bd. 1, S. 73 mit älterer Literatur. Lombard-Jourdan, Foires, S. 284, hingegen identifiziert die in den Urkunden Pippins genannte Urkunde mit der gefälschten Dagobertsurkunde D Merov. 27.

142 D Pip 12, in: MGH DD Karol. 1, S. 18 Z. 2 f.: *Et ipse domnus rex Pippinus adfirmabat, quod semper a sua infantia ipsos teloneos partebus sancti Dionisii habere et colligere vidisset.* Dies ist, wie Stoclet, Fils, S. 69 betont, eine von nur zwei Quellenstellen, die darauf hinweisen, dass Pippin Teile seiner Kindheit in St-Denis verbracht hat.

143 Vgl. Weitzel, Dinggenossenschaft, Bd. 1, S. 264 Anm. 142: „Auch dies ist eine klare Absage an ein absolutistisches fränkisches Königtum."

144 Zur Zeugnisunfähigkeit Unmündiger vgl. Brunner – Schwerin, Rechtsgeschichte, Bd. 2, S. 533 f.

Umgang Pippins mit Zöllen lassen sich aus diesem Placitum keine weitergehenden Rückschlüsse gewinnen.

3.1.2.4 Zwischenfazit Zollurkunden der Königszeit

Verleihungen von (beschränkten) Zollbefreiungen oder Zolleinkünften gehören zu den Urkunden, bei denen ein besonders großes Interesse an Bestätigungen durch Nachfolger zu konstatieren ist. Es verwundert daher wenig, dass mehr Vorgänge über Deperdita als über überlieferte Urkunden bekannt sind. Die bekannten und bezeugten Zolldiplome zeigen ein eindeutiges Bild, in dessen Mitte der Dynastiewechsel eine Zäsur bildet. Es gibt, wie gezeigt werden konnte, keinen Hinweis darauf, dass Pippin bereits als Hausmeier entsprechende Urkunden ausstellte. Auch wenn aus dem zweiten Viertel des 8. Jahrhunderts keine entsprechenden Vorgänge mehr bekannt sind, spricht nichts dagegen, dass zumindest formell die merowingischen Könige weiterhin für Zollangelegenheiten zuständig blieben. Bei den Zöllen handelte es sich also im 8. Jahrhundert durchweg um ein königliches Thema.

Mit dem Dynastiewechsel ging diese königliche Zuständigkeit in Zollangelegenheiten folglich auf Pippin über. Die urkundliche Überlieferung inklusive der Deperdita zeigt dies eindeutig. In vielen Fällen erlaubt es die Quellenlage nicht mehr, zwischen Verleihungen und Bestätigungen Pippins zu unterscheiden. Es führt wohl nicht zu weit, davon auszugehen, dass sich unter diesen Deperdita sowohl Verleihungen als auch Bestätigungen befinden dürften. Auch wenn diese unsicheren Fälle nicht berücksichtigt werden, zeigt sich, dass Pippin nicht nur einschlägige Urkunden von Merowingerkönigen bestätigte, sondern auch eigene Verleihungen vornahm. Diese setzte er, wie der Fall Prüm zeigt, auch bewusst zur Förderung bestimmter Klöster ein. Die Zahl der Bestätigungen hingegen zeigt, dass viele Institutionen um eine Bestätigung und Anerkennung ihrer Rechte durch den neuen König bemüht waren. Leider sind aufgrund des hohen Anteils an Deperdita die allermeisten entsprechenden Vorgänge zeitlich nicht enger einzugrenzen, so dass keine Aussagen darüber möglich sind, ob es direkt in den Jahren nach dem Dynastiewechsel zu einer stärkeren Ausstellung von Zollurkunden, seien es Bestätigungen oder Verleihungen, kam.

3.2 Zölle im Königskapitular

Für den Themenkomplex Zölle spielt nicht nur die urkundliche Überlieferung eine wichtige Rolle, sondern er ist ebenso in den Kapitularien greifbar. Im vierten Kapitel des Königskapitulars kommen die Zölle zur Sprache:

> *De theloneis vero sic ordinamus, ut nullus de victualia et carralia, quod absque negotio est, theloneum praehendat; de saumis similiter, ubicumque vadunt.*

> *Et de peregrinos similiter constituimus qui propter Deum ad Romam vel alicubi vadunt, ut ipsos per nullam occasionem ad pontes vel ad exclusas aut navigio non deteneatis, nec propter scrippa sua ullo peregrino calumpniam faciatis, nec ullum theloneum eis tollatis.*
> *Et si aliquis hoc fecerit, qualiscumque homo hoc comprobaverit, de LX solidis triginta illi concedimus, et illi alii in sacello regis veniant.* [145]

Die drei Sätze behandeln nicht das Thema Zölle an sich. Vielmehr geht es um das Verbot der Zollerhebung unter bestimmten Voraussetzungen und die Sanktionierung von Zuwiderhandlungen. In den Kapitularien Pippins tauchen die Zölle noch an einer anderen Stelle auf. Neben dem Königskapitular finden sie auch in Pippins Bestätigung des Konzils von Ver 755 Erwähnung.[146] Auch in Kapitularien anderer Herrscher werden Zölle behandelt.[147]

Das fragmentarische und undeutliche Hintergrundwissen über die Zölle im 8. Jahrhundert erschwert das Verständnis der Zollregelungen im Königskapitular ungemein. So verwundert es kaum, dass ihre Auslegung in der Forschung umstritten ist. Nicht nur Details werden kontrovers interpretiert, auch der Gesamtaufbau des Kapitels wird diskutiert. Strittig ist vor allem die Frage, ob das Zollkapitel vor der Sanktionierung eine oder zwei Regelungen anordnet. Die Interpretation des Kapitels erfordert also zunächst einige Vorüberlegungen zum Textverständnis.

3.2.1 Keine Zölle auf Waren ohne Handelsabsicht

Das Verständnis des ersten Satzes wird vor allem dadurch bedingt, ob der zweite Satz als Spezifizierung des ersten Satzes verstanden wird oder ob beide Sätze als zwei selbstständige Regelungen aufgefasst werden. Harald Siems stellte die These auf, dass Pilger die typischen Reisenden im Mittelalter gewesen seien und sie im zweiten Satz direkt erwähnt worden seien, weil sie die geläufige Erscheinung des ohne Waren Reisenden gewesen seien.[148] Zwei Argumente sprechen jedoch gegen Siems' Überlegungen. Erstens waren Pilger mitnichten die einzigen Reisenden ohne Handelsabsicht im Mittelalter. Mit Missionaren, Amtsträgern und Kriegern ließe sich die Liste leicht fortsetzen. Zweitens sprechen das Wort *similiter* und mit *constituimus* ein erneutes Verb des Anordnens dafür, dass hier eine zweite Regelung neben die erste gestellt werden soll.[149] Es handelt sich also um zwei nebeneinander stehende Regelungen, das heißt die erste Regelung behandelt keine Pilger.

Textkritisch ist im ersten Satz allein das Wort *carralia* interessant, das in nur einer Handschrift überliefert ist, während die anderen Handschriften *carnalia*

---

145 Pippini regis capitulare c. 4, in: MGH Capit. 1, Nr. 13, S. 32 Z. 5–11.

146 Vgl. unten Kap. 3.3.

147 Vgl. die Übersicht bei Mischke, Kapitularienrecht, S. 100–116.

148 Vgl. Siems, Handel, S. 456 f.

149 Dass es sich bei dem *et* um ein sogenanntes et explicativum handelt, ist also auszuschließen.

oder *carris* überliefern.[150] Die Lesart *carris* bietet zwar als einzige den richtigen Kasus, doch zählen die beiden Handschriften zu der sekundären Überlieferung, bei der Teile des Königskapitulars in die Überlieferung des Konzils von Ver eingedrungen sind.[151] Bis auf einen Bogen gleichen sich *carralia* und *carnalia* paläographisch sehr stark, so dass eine Verschreibung gut vorstellbar ist. Die Frage ist nur, in welche Richtung sie erfolgte. *Carnalia* im Sinne von Fleischtransporten sind nicht belegt.[152] Auch wenn nur eine Handschrift *carralia* überliefert, ist dieser Lesart der Vorzug zu geben. Erstens sind Fleischwaren durch *victualia* bereits abgedeckt, zweitens folgt mit *saumis* ein weiteres Transportmittel und drittens spielen Waren auf Karren auch in Urkunden und Formelsammlungen beim Thema Zölle eine Rolle.[153] Deutlich wird, dass es sich in allen drei Fällen nicht um Personen, sondern um Waren handelt, seien es Lebensmittel oder die Ladungen von Karren und Lasttieren.

Grundvoraussetzung der Zollbefreiung ist, dass die Transporte nicht dem Handel dienen dürfen. Daraus dürfte folgen, dass Handelstransporte in der Regel dem Zoll unterlagen.[154] Wie Transporte mit und ohne Handelsabsicht an Zollstellen unterschieden werden sollten, zumal dann, wenn keine exotischen Produkte geladen waren, verrät das Kapitular nicht.[155] Problematisch war dies vor allem, wenn die Transporte über längere Distanzen gingen, so dass nicht mehr davon ausgegangen werden kann, dass der Zolleintreiber und derjenige, der den Transport durchführte, einander persönlich kannten. Bei dem nicht selten weiträumig verteilten Besitz mancher Klöster dürfte dies eher die Regel als die Ausnahme gewesen sein.[156] Auffällig ist, dass nur Karren und Lasttiere aufgezählt werden. Das Binnenschiff, das wichtigste frühmittelalterliche Transportmittel und zugleich das mit der größten Ladekapazität fehlt hingegen.[157] Dies könnte darauf hindeuten, dass das Deklarieren von Handelsgut als zollbefreiter Transport ohne Handelsabsicht im großen Stil vermieden werden sollte.

Auch wenn über Zölle in der Merowingerzeit noch weniger bekannt ist als in der Karolingerzeit, weist doch viel darauf hin, dass die erste Zollregelung im Königskapitular keine Neuerung darstellt.[158] Darauf deuten vor allem die bereits vorgestellten Zollbefreiungen hin. In ihnen wird nämlich immer wieder betont,

---

150 Lesart *carnalia:* P fol. 8v.

151 Lesart *carris:* P fol. 6v; V fol. 9v. Vgl. Mordek, Bibliotheca capitularium, S. 783; Breternitz, Münzwesen.

152 Vgl. Niermeyer – van de Kieft – Burger, Lexicon, Bd. 1, S. 191 f.

153 Vgl. Niermeyer – van de Kieft – Burger, Lexicon, Bd. 1, S. 193 (*navale et carrale* usw.).

154 Vgl. Ganshof, Tolwezen onder de Karolingen, S. 8–10; Siems, Handel, S. 458; McCormick, Origins, S. 640; Mischke, Kapitularienrecht, S. 102.

155 Zu der Problematik vgl. Mischke, Kapitularienrecht, S. 102; Capitula de functionibus publicis c. 2, in: MGH Capit. 1, Nr. 143, S. 294 Z. 33–36: *Quod si aliquis repertus fuerit, qui ea quae praemissa sunt non ad suam dispensam nec ad proprios usus sed potius venundandi causa ea duxerit, noverit se, sicut superius conpraehensum est, esse damnandum.*

156 Vgl. beispielsweise für Prüm Isphording, Prüm, S. 361–363.

157 Zur Bedeutung der Binnenschifffahrt im Frühmittelalter vgl. Elmshäuser, Facit Navigium; Ellmers, Wassertraßen; Haase – Werther – Wunschel, Güterdistribution.

158 Vgl. Ganshof, Tolwezen onder de Merowingen, S. 20.

dass die (beschränkte) Befreiung ausdrücklich für Handelstransporte gilt. Es spricht also viel dafür, dass schon in merowingischer Zeit Transporte ohne Handelsabsicht generell befreit waren und Handelstransporte nur durch königliche Ausnahmegenehmigung befreit werden konnten. Das erneute Einschärfen der generellen Zollbefreiung für Lebensmittel und Transporte ohne Handelsabsicht mit Karren und Saumtieren kann als Reaktion auf Missstände in diesem Bereich gedeutet werden.

3.2.2 Keine Zölle für Pilger

Zweifelsohne stellt der zweite Satz des Kapitels eine generelle Zollbefreiung für Pilger dar. Die Details der Regelung sind jedoch strittig. Dies gilt besonders für die Formulierung *ad pontes vel ad exclusas aut navigio*, die Orte, an denen die Pilger nicht aufgehalten werden sollen. Alle drei Punkte der Liste sind nicht eindeutig. Bei Brücken ist offen, ob hier das Passieren auf dem Land- oder dem Wasserweg oder vielleicht auch beides gemeint ist. Hinter *navigio* konnte sich einerseits eine Überfahrt mit einer Fähre, aber auch andererseits allgemein eine Schiffsreise (z. B. als Passagier auf einem Handelsschiff) verbergen.[159] Am widersprüchlichsten sind die Deutungen von *exclusas.* Manche Forscher deuten diese als Zollstellen im Hochgebirge, andere hingegen als Schleusen oder Wehre.[160] Auch die einschlägigen Wörterbücher verstehen die Quellenstelle unterschiedlich. Das Mittellateinische Wörterbuch trennt die Wörter *clusa* und *exclusa* scharf voneinander ab und versteht das erste Wort als Terminus für bestimmte Einrichtungen im Gebirge oder an Grenzen und *exclusa* als Fachbegriff für Wasserbauwerke.[161] Das Mediae latinitatis lexicon minus hingegen führt unter beiden Lemmata Bedeutungen aus beiden Begriffsfeldern an und deutet die *exclusae* in der Zollbestimmung als Gebirgspass.[162] Diese Interpretation scheidet jedoch auf jeden Fall aus, da die Gebirgspässe selbst nie Grenze waren, wie Katharina Winckler in ihrer Dissertation über die Alpen im Frühmittelalter betont hat. Vielmehr fanden die Grenzkontrollen an engen Stellen in Tälern mit Zugang zu wichtigen Pässen statt.[163] Fränkische Grenzposten vor den Übergängen ins Langobardenreich sind für die 750er Jahre belegt. 753 kam Pippins Halbbruder Grifo bei seinem Fluchtversuch zu den Langobarden bei St-Jean-de-Maurienne

---

159 Vgl. Niermeyer – van de Kieft – Burger, Lexicon, Bd. 2, S. 932. Zu Fähren vgl. Beck – Ellmers, Fähre.

160 Als Zollstationen im Gebirge wird die Stelle beispielsweise gedeutet von Ganshof, Tolwezen onder de Karolingen, S. 11 mit Anm. 24; McCormick, Origins, S. 640. Für Schleusen oder Wehre sprechen sich unter anderem Boretius, Capitularia, S. 32 Anm. 1 und Winckler, Symbol, S. 118 aus. Zur Debatte vgl. auch Stoclet, Immunes, S. 140–144 mit älterer Literatur.

161 Vgl. Mittellateinisches Wörterbuch, Bd. 2, Sp. 733 f., Bd. 3, Sp. 1519. Diese Dichotomie setzt sich im Französischen mit écluse und cluse fort.

162 Vgl. Niermeyer – van de Kieft – Burger, Lexicon, Bd. 1, S. 252 f., S. 510.

163 Vgl. Winckler, Alpen, S. 83–87. Es stellt sich die Frage, ob die Bedeutung Gebirgspass nicht generell aus den Wörterbüchern zu streichen ist. Zumindest bei den in den beiden Wörterbüchern aufgeführten Belegstellen ist eine Übersetzung mit Pass nie zwingend, auch wenn teilweise ein eindeutiger Bezug zum Gebirge vorhanden ist.

im Tal des Arc unweit des Col du Mont Cenis ums Leben.[164] Im selben Jahr flüchtete Stephan II. über die Alpen zu Pippin. Erleichtert vermeldet der Liber pontificalis, dass der Papst die *clusae Francorum* erreichte, die in diesem Fall nördlich des Großen St. Bernhard im Tal der Dranse oder schon im Tal der Rhône gelegen haben müssen.[165]

Schwierig ist die Frage zu bewerten, inwieweit solche Grenzkontrollpunkte auch als Zollstellen fungierten. Auf langobardischer Seite scheint es eher nicht der Fall gewesen zu sein. Zwar ordnet König Ratchis im Jahr 746 an, dass ein- und ausreisender Verkehr an den *clusae* kontrolliert werden soll, doch deutet alles darauf hin, dass sein Ziel die Unterbindung von Spionage und Verschwörungen war und nicht das Generieren von Zolleinnahmen.[166] Insbesondere die Tatsache, dass Aistulf 750 anordnete, die Klusen wieder in Stand zu setzen und dauerhaft zu besetzen, spricht eher gegen eine regelmäßige Zollerhebung an diesen Stellen.[167] Da die Leges Langobardorum keinen speziellen Begriff für Grenzstationen kennen, die nicht im Hochgebirge liegen,[168] scheint *clusa* auch nur allgemein Grenzstation zu bedeuten, die natürlich im Hochgebirge liegen

---

164 Vgl. Annales Mettenses priores a. 751, S. 43 Z. 1–10: *Hoc anno Gripo cernens, quod in Aquitaniam a facie fratris sui Pippini minime latitare potuisset, Langobardiae dum ad Heistulfum regem confugium facere voluisset, occurrit ei Theodewinus, vir illustris, cum aliis comitibus, qui Alpium transitus tuebantur, in valle qua Morienna urbs sita est. Dum ipse Gripo eos vi preterire nanctus est, pugnam inierunt. In qua ex utraque parte multi nobiles Franci corruerunt; inter quos etiam Gripo et Theodewinus vitam finierunt.* Dieser fränkische Posten nördlich des Mont Cenis spricht dafür, dass Susa, südlich des Mont Cenis, in der Mitte des 8. Jahrhunderts nicht mehr in fränkischer Hand war. Für das Ende des 6. Jahrhunderts bezeugt die sogenannte Fredegar-Chronik die fränkische Kontrolle über Susa und Aosta. Vgl. Winckler, Grenze, S. 154.

165 Vita Stephani II. c. 24, in: Liber pontificalis, S. 447 Z. 3–6: *Unde et cum nimia celeritate, Deo praevio, ad Francorum coniunxit clusas. Quas ingressus cum his qui cum eo erant, confestim laudes omnipotenti Deo reddidit; et coeptum gradiens iter, ad venerabile monasterium sancti Christi martyris Mauricii, in quo et constitutus erat pariter se cum Francorum rege conveniri, annuente Domino, sospes hisdem beastissimus pontifex cum omnibus qui cum eo erant advenit.*

166 Leges Ratchis regis c. 13, in: Leges Langobardorum, S. 192 Z. 13–22: *Hoc autem statuere previdimus ut marcas nostras Christo custodiente sic debeat fieri ordinatas et vigilatas, ut inimici nostri et gentes nostre non possint per eas sculcas mittere aut fugacis exientes suscipere, sed nullus homo per eas introire possit sine signo aut epistola regis. Propterea unusquisque iudex per marcas sibi commissas tale studium et vigilantiam ponere debeat, et per se et per loco positos et clusarios suos, ut nullus homo sine signo aut epistola regis exire possit. Et dum ad ingrediendum venerint peregrini ad clusas nostras, qui ad Romam ambulare disponunt, diligenter debeat eos interrogare unde sint; et si cognoscat, quod simpliciter veniant, faciat iudex aut clusarius syngraphus, et mittat in cera et ponat sibi sigillum suum, ut ipsi postea ostendant ipsum signum missis nostris, quos nos ordaenaverimus.*

167 Leges Ahistulfi regis c. 5, in: Leges Langobardorum, S. 197 Z. 4–9: *De clusas, qui disruptae sunt, restaurentur et ponant ibi custodiam, ut nec nostri homines possint transire sine voluntate regis, nec extranei possint introire in provincia nostra similiter sine voluntate regis vel iussione. Et in quale clusa inventus fuerit, tali pena subiaceat clusarius qui custodire neglexit a iudice suo, qualis ipse iudex a reges anteposito, nisi iudex pro utilitate regis miserit missum suum, aut reciperit tantummodo pro causa regis.*

168 Das Langobardenreich grenzte außerhalb des Hochgebirges an Rom, Benevent, Spoleto und bis 751 auch an den Exarchat von Ravenna. Die Nachbarn sind beispielsweise genannt in Leges Ratchis regis c. 9 (5), in: Leges Langobardorum, S. 190: Z. 3–5: *Si quis iudex aut quiscumque homo missum suum diregere presumpserit Roma, Ravenna, Spoleti, Benevento, Francia, Baioaria, Alamannia, Ritias aut in Avaria sine iussione regis, animae suae incurrat periculum, et res eius infiscentur.*

kann, aber eben nicht muss.[169] Das Wort *clusa* ist in einigen Handschriften des Edictus Rothari sogar als Wehr einer Mühle belegt.[170] Auch in Italien zeigt sich also die Überlappung der Begriffsfelder, die nördlich der Alpen zu beobachten ist.[171]

In den Handschriften des Königskapitulars steht jedoch nicht *clusas*, sondern *exclusas* beziehungsweise in einer Handschrift *sclusis*.[172] Das Mittellateinische Wörterbuch listet nur frühmittelalterliche Belege für Wehre unter *exclusa* auf.[173] Niermeyer nennt lediglich einen einzigen Beleg für „Befestigungsanlage, die ein Gebirge absperrt".[174] Das Wort *exclusa* scheint also vor allem als Begriff für Wasserbauwerke aller Art verwendet worden zu sein. Dies ist ein erstes Indiz dafür, dass auch im Königskapitular Wehre gemeint sein dürften. Ein zweites, allerdings schwaches Indiz in diese Richtung ist die Auflistung der drei Gelegenheiten, in der Gebirgsklusen zwischen Brücken und dem Schiff eher wie ein Fremdkörper wirken. Doch folgen Listen in Kapitularien nicht immer einer Ordnung, die nach modernen Maßstäben logisch erscheint. Gegen die Gebirgsklusen könnte als drittes Indiz sprechen, dass die Franken nur über wenige von ihnen verfügten und sie, wie das Abfangen Gritos zeigt, auch relativ gut funktionierten. Es stellt sich daher die Frage, ob eine allgemeine Versammlung eher über diese nur an wenigen Stellen vorhandene, offenbar gut funktionierende Einrichtung oder über die im gesamten Frankenreich vorkommenden Wehre beriet. Hinzu kommt, dass das Reiseziel Rom zwar sofort an eine Alpenüberquerung denken lässt, diese aber nicht zwingend über fränkisch kontrollierte Täler erfolgen musste. Eine nicht unbedeutende Rolle spielten beispielweise die Bündnerpässe, deren Zugänge von Churrätien beherrscht wurden.[175] Ferner war Italien über die Rhône und das Mittelmeer auch per Schiff

---

169 Der Begriff *clusa* kann, muss aber nicht eine Grenzstation bezeichnen. Ebenso wird er auch für Einrichtungen verwendet, die nicht im Grenzgebiet liegen, wie Pohl, Frontiers, S. 139, betont.

170 Vgl. Edictus Rothari c. 150, in: Leges Langobardorum, S. 34 Z. 19 (Hs. 8 und 11).

171 Von der Forschung werden mehrere lateinische Wörter (*clausa, claustra, clausura, clusa, clusura*) als Äquivalente von Gebirgsklusen angesehen und mehr oder weniger synonym verstanden. Winckler, Symbol, S. 115 Anm. 53 hat 2012 eine dringend gebotene Überprüfung dieser Prämisse angekündigt, die leider noch nicht erschienen ist. Eine solche Untersuchung muss auf jeden Fall die handschriftliche Varianz berücksichtigen, da gerade die älteren Editionen wie beipielsweise die der Leges Langobardorum von Bluhme ordnend in das Durcheinander der Handschriften eingegriffen haben, was zu Verzerrungen bei der Untersuchung der Begriffe führen kann. Wincklers Hypothese (S. 115 f.), dass *cla(u)sura* von κλεισούρα komme und dass hier eine Übernahme von byzantinischen Befestigungstechniken vorliegen könnte, ist insofern zurückzuweisen, als es sich bei κλεισούρα um ein lateinisches Lehnwort im Griechischen handelt. Vgl. Hofmann, Lateinische Wörter, S. 180. Auch der griechische Begriff weist eine gewisse Bedeutungsbreite auf, der hier nicht nachgegangen werden kann.

172 Biblioteca Apostolica Vaticana, Palatinus lat. 574.

173 Mittellateinisches Wörterbuch, Bd. 3, Sp. 1519.

174 Vgl. Niermeyer – van de Kieft – Burger, Lexicon, Bd. 1, S. 510 (allerdings *sclusas Langobardorum* und nicht *exclusas*).

175 Vgl. Kaiser, Churrätien, S. 173–184.

erreichbar.[176] Nicht vergessen werden darf, dass das Kapitular zwar Rom als Ziel der Pilger nennt, aber ebenso mit *et alicubi* ausdrücklich auch auf andere Ziele von Wallfahrten eingeht. Es ist also alles andere als zwingend, dass ein frühmittelalterlicher Pilger einen der fränkischen Grenzposten in den Alpen passieren musste, zumal wenn nicht Rom das Ziel war.

Viel geläufiger für die meisten Reisenden im Frühmittelalter waren Wehre. Sie stellen zumindest auf dem Wasserweg nicht leicht zu umgehende Hindernisse dar und bieten sich somit als Zollstellen an. Inwieweit sie aufgrund ihrer Bauweise auch auf dem Landweg passierbar und an Straßen angebunden waren, lässt sich anhand der archäologischen Quellen schwer abschätzen. Wehre erfüllten im Frühmittelalter verschiedene Funktionen. Sie kamen bei Wassermühlen zum Einsatz, um die Kraft des Wassers zu bündeln und zu steuern.[177] Auch in der Fischerei wurden sie eingesetzt.[178] Darüber hinaus spielten sie für die Nutzung von Gewässern als Wasserstraßen eine große Rolle. Dies gilt nicht nur für die Überwindung von Wasserscheiden, sondern ebenso für die Schiffbarmachung von Oberläufen und Nebenflüssen. Durch Wehre wurde einerseits das Unterwasser reguliert und andererseits erhöhte sich die Wassertiefe des Oberwassers, wodurch dieses besser oder überhaupt erst für Boote befahrbar wurde. Wie genau Boote diese Wehre überquerten, ob sie zuerst entladen wurden, ob Wasserrutschen genutzt wurden und so weiter, lässt sich aus den archäologischen Quellen schwer rekonstruieren.[179] Fest steht jedoch, dass solche Wehre instandgehalten werden mussten. Die stete Kraft des Wassers, Beschädigungen durch Hochwasser und Treibgut sowie Verschleiß und Beschädigung durch passierende Boote machten dies notwendig.

Die Lex Salica sieht für das Zerstören des Wehrs einer Wassermühle eine empfindliche Strafe von 15 Solidi vor. In der A-, C- und K-Fassung ist das Vergehen unter *De furtis in molino conmissis* eingeordnet.[180] In der D- und E-Fassung bildet das Zerstören des Mühlwehrs ein eigenes Kapitel, wird also nicht zu den Diebstählen gerechnet.[181] Nach der Fassung D und E muss die Zerstörung nicht bei einem Diebstahl(sversuch) erfolgt sein. Es ist also durchaus möglich, dass hier auch Beschädigungen, die nichts mit Diebstahl zu tun haben, durch die Umordnung bewusst eingeschlossen werden sollten. Durch die Umstrukturie-

---

176 Vgl. McCormick, Origins, S. 77–82. Zur Abnahme der Bedeutung des Handelsplatzes Marseille von der merowingischen zur karolingischen Zeit vgl. Loseby, Marseille.

177 Vgl. Elmshäuser, Kanalbau; Elmshäuser – Hedwig, Polyptychon, S. 436–465.

178 Vgl. Heinrich – Tischler – Ebel, Fischerei, S. 134 f.

179 Vgl. Ellmers – Nyman, Schleppstrecken; Weski, Bootsrutsche. Hier muss sicherlich auch mit regionalen Unterschieden und lokalen Besonderheiten gerechnet werden. Eine weitere Möglichkeit ist, dass ein Wehr gar nicht mit einem Boot überwunden werden musste, sondern dass verschiedene Boote auf Unter- und Oberwasser fuhren und die Waren am Wehr umgeladen wurden.

180 Lex Salica (A, C) c. 22,3, S. 186 Z. 11–13; Lex Salica (K) c. 24,3, S. 489 Z. 9 f. Als alternative Lesarten zu *sclusam* sind *clusam* (K 19); *exclusam* (K30) und *exclausam* (K38) überliefert.

181 Lex Salica (D) c. 30, S. 144 Z.19–21: *Si quis sclusa de farinario ruperit, mallobergo urbis via lacina, <(sunt dinarii DC qui faciunt)> solidus XV culpabilis iudicetur.* Vgl. Lex Salica (E) c. 29, S. 145 Z. 34.

rung der Rechtssätze sind in der D- und E-Fassung auch Beschädigungen durch Boote abgedeckt.

Unter den Begriffen für spezifische Zölle sind in fränkischer Zeit sowohl ein *clusiaticum* als auch ein *exclusiaticum* überliefert.[182] Wie bei *clusa* und *exclusa* ist es auch bei den von ihnen abgeleiteten substantivierten Adjektiven nicht möglich, durch den Kontext die Art des gemeinten Zolls zu erschließen. Von wem dieser Zoll und in welcher Höhe er erhoben wurde, ist wie viele Details der fränkischen Zölle unklar. Die Überlegung, dass es sich beim *exclusiaticum* um eine Gebühr für die Finanzierung der Instandsetzung von *exclusae* handelt, ist zwar naheliegend, doch findet sich in den Quellen kein einziger Hinweis darauf.[183]

Dass mit den *exclusae* im Königskapitular sowohl Gebirgsklusen als auch Wehre abgedeckt werden sollten, wäre mehr als ungewöhnlich. Für keine der beiden Möglichkeiten lässt sich ein eindeutiger Beweis führen.[184] Doch sprechen die zusammengetragenen Indizien eher für die Wehre, wie schon Alfred Boretius, der letzte Editor des Kapitulars, die Stelle interpretierte.[185]

3.2.3 Sanktionierung

Der letzte Satz des Kapitels beschäftigt sich damit, was passieren soll, wenn jemand gegen die beiden Regelungen verstößt. Der Text ist nicht ganz leicht zu verstehen. Auffällig ist, dass die Strafe in Höhe von 60 Solidi zwar aus dem Kontext deutlich wird, sie aber nicht, wie in den Kapitularien und den Kompositionsformeln der Lex Salica üblich, dem Übeltäter direkt angedroht wird. Auch wenn in keiner Handschrift Worte ausgelassen wurden, spricht doch viel dafür, dass der Text hinter *Et si aliquis hoc fecerit* eine Lücke aufweist. Da sie in allen Handschriften steht, muss es recht früh in der Überlieferung zum Textausfall gekommen sein. Das eher ungewöhnliche unmittelbare Folgen des Relativsatzes auf den Konditionalsatz, wobei sich auch noch das Subjekt ändert, spricht ebenfalls für eine Lacuna. In der Lücke dürfte die eigentliche Strafandrohung von 60 Solidi gestanden haben und mit *qualiscumque* dürfte ein neuer Satz und Gedanke begonnen haben. Dieser allerletzte Satz sieht eine Aufteilung der 60 Solidi vor: die eine Hälfte soll an denjenigen gehen, *qualiscumque homo hoc comprobaverit*, die andere Hälfte in die Kasse des Königs.[186]

---

182 Vgl. Adam, Zollwesen, S. 46 f.; Stoclet, Immunes, S. 140–144.

183 Dies gilt auch für einen Zusammenhang von Brückenzöllen und Brückenbau bzw. -instandsetzung. Vgl. dazu Mischke, Kapitularienrecht, S. 113. Anders Niermeyer – van de Kieft – Burger, Lexicon, Bd. 1, S. 510: „Gebühr für Schiffe, die durch ein Wehr fahren wollen".

184 Eine weitere Möglichkeit wäre, dass es sich hier um Wasserbauwerke im Gebirge handelt, die an den Stellen angelegt wurden, ab denen die Flüsse schiffbar waren.

185 Boretius sprach allerdings von Schleusen und es ist nicht ersichtlich, ob er das Wort im engeren Sinn als Kammerschleuse oder im weiteren Sinn als Schleuse/ Wehr verwendete. Schleusen im engeren Sinn sind erst seit dem Spätmittelalter in Europa belegt. Vgl. dazu Elmshäuser, Schleusen.

186 Die genannten 30 Solidi sind die Hälfte der 60 Solidi (*de LX solidis triginta*). Die Zahl stimmt nur rein zufällig mit den 30 Silberlingen überein, die Judas für seinen Verrat an Jesus erhielt. Vgl.

Es ist nicht leicht ersichtlich, wer *qualiscumque homo* ist und was *comprobare* in diesem Kontext bedeutet. Das Verb weist eine starke Polysemie im mittelalterlichen Latein auf.[187] Dies gilt auch für die Verwendung von *comprobare* und *comprobatio* in den Kapitularien. In Kapitel 39 der Synodalbeschlüsse aus Frankfurt von 794 geht es um Prozesse gegen Presbyter vor dem Bischof, bei dem der Fall vor dem Bischof nicht abgeschlossen werden kann und einer allgemeinen Synode berichtet werden soll. Hier ist es der Ankläger (*accusator*), dem die *comprobatio*, also die Überführung des nicht geständigen Angeklagten, nicht gelingt.[188] In den Frankfurter Beschlüssen wird *comprobare* jedoch auch noch in einer anderen Bedeutung verwendet. Das 12. Kapitel verbietet das Aufnehmen eines Reklusenlebens ohne die Zustimmung des Bischofs und des Abtes.[189] Teilweise scheinen die Verben *comprobare* und *probare* in der Bedeutung „bestätigen, beweisen" auch nahezu synonym verwendet worden zu sein.[190] Kurzum die einschlägigen Wörterbücher und Vergleichsstellen in anderen Kapitularien zeigen verschiedene Möglichkeiten, wie das Wort *comprobaverit* in der Zollbestimmung interpretiert werden kann.

Erstaunlich ist, dass der Stand der Person ausdrücklich keine Rolle spielen soll. Daher ist es unwahrscheinlich, dass es sich um den Richter handelt, da bei ihm der Stand nicht gleichgültig ist. Es bleiben also zwei Möglichkeiten. Erstens könnte es sich um den Geschädigten handeln, der sein erlittenes Unrecht erfolgreich vor Gericht beweist. Zweitens könnte die Bestimmung auf Personen abzielen, die das Unrecht zur Anzeige bringen beziehungsweise bezeugen.

Wenn Pilger Opfer illegaler Zollerhebung wurden, so erlitten sie dieses Unrecht in der Regel fern der Heimat. Ihr Recht in der Fremde durchzusetzen, war kein leichtes Unterfangen. Durch das Warten auf den Prozess verlängerte sich die Pilgerreise und erhöhten sich somit die Kosten. Für sie war es schwer, Zeugen oder Eidhelfer zu finden. Zudem kannten sie nicht die an der Rechtsprechung beteiligten Personen und ihre Verflechtungen. Bei Geschädigten, die nur die Volkssprache sprachen, kann es überdies zu Verständigungsschwierigkeiten gekommen sein, die das Durchsetzen des Rechts ebenfalls erschwert

---

Matth. 27,3: *Tunc videns Iudas qui eum tradidit quod damnatus esses paenitentia ductus rettulit triginta argenteos principibus sacerdotum et senioribus.*

187 Vgl. Mittellateinisches Wörterbuch, Bd. 2, Sp. 1116–1118. Gerade in Rechtsquellen ist es häufig im Passiv ohne Nennung des Urhebers gebraucht, so dass es nicht möglich ist, zu erkennen, wer die handelnde Person oder Gruppe ist.

188 Vgl. Synodus Franconofurtensis c. 39, in: MGH Capit. 1, Nr. 28, S. 77 Z. 21–23: *Et si forte negare voluerit, et accusator comprobationem dare non potuerit, et coram episcopo definitum esse nequiverit, tunc ad universali concilio illorum ratio deferatur.*

189 Vgl. Synodus Franconofurtensis c. 12, in: MGH Capit. 1, Nr. 28, S. 75 Z. 34 f.: *Ut reclusi non fiant, nisi quos ante episcopus provintiae atque abbas comprobaverint, et secundum eorum dispositionem in reclusionis loco ingrediantur.*

190 Vgl. Responsa misso cuidam data c. 7, in: MGH Capit. 1, Nr. 58 S. 145 Z. 34–37: *In septimo autem capitulo, ubi referebatur qualiter post querelas dominorum servi eorum cartas ostendant, et ipsi servi a scabineis sententia accepta eas veras esse comprobare debeant. Nequaquam hoc volumus, quod servus suam cartam propriam probare debeat;* […].

haben können.[191] Es kann auch nicht ausgeschlossen werden, dass manchen Pilgern vielleicht überhaupt nicht bewusst war, dass der von ihnen erhobene Zoll illegal war. Und es dürfte wohl nicht zu weit führen, davon auszugehen, dass Pilger nach der illegalen Zollerhebung häufig einfach weiterzogen, ohne sich der Verzögerung und dem Risiko eines ungewissen Gerichtsverfahrens auszusetzen. Aufgrund dieser Hindernisse bei der Rechtsdurchsetzung waren Pilger wie Fremde insgesamt ideale Opfer illegaler Bereicherung. In Konzilsbeschlüssen und Kapitularien wird die Schwäche und besondere Schutzbedürftigkeit von Pilgern deutlich. Priester, Kanoniker, aber auch Bischöfe sollen Pilger gastfreundlich aufnehmen oder mit ihnen gemeinsam speisen.[192] Karl der Große ordnete sogar allgemein, also auch für Laien, an, dass Pilgern die Herberge nicht verweigert werden dürfe.[193] Es verwundert daher kaum, dass der besondere Schutz von Pilgern und Fremden in den Kapitularien immer wieder zur Sprache kam und eingeschärft wurde. Häufig werden sie in einem Atemzug mit anderen Schwachen und besonders Hilfsbedürftigen wie Armen, Waisen und Witwen genannt.[194]

Falls das Kapitular ihnen die 30 Solidi zusprechen sollte, würden die Pilger ein Vielfaches dessen erhalten, was sie an illegalem Zoll bezahlten hätten. Die Kaufkraft der Summe in der Zeit ist zwar schwer abzuschätzen, aber nach den 794 im Frankfurter Kapitular genannten Preisen entsprächen diese 30 Solidi oder 360 Denare dem Wert von 9000 Haferbroten und immerhin noch von 4320 Weizenbroten.[195]

Auf der anderen Seite stellt sich die Frage, was Pilger von einer so hohen Entschädigung hätten, wenn sie ihr Unrecht vor Gericht nicht beweisen können. Dies könnte dafür sprechen, dass die Versammlung bewusst den Stand der Fremden vor Gericht verbessern wollte, indem die Personen, die die Tat zur Anzeige bringen oder bezeugen, belohnt werden. Der Schadensersatz würde dann zwar nicht erwähnt werden, doch könnte er auch so selbstverständlich gewesen sein, dass er keiner Erwähnung bedurfte.

Belohnungen für Zeugen oder Ankläger sind im fränkischen Recht eher ungewöhnlich. Es stellt sich die Frage, ob ein Zusammenhang zwischen der Regelung und der Delatura in der Lex Salica hergestellt werden kann, ja ob im Königskapitular sogar die Anwendung der Delatura manifest wird. Das Wesen der Delatura oder Dilatura – die Schreibung geht in den Handschriften wild

191 Dies gilt vor allem für Pilger aus dem keltischen Sprachraum. Wie schwer die Verständigung selbst unter Gebildeten bisweilen sein konnte, zeigt das berühmte Beispiel der Verständnisschwierigkeiten zwischen Bonifatius und Papst Gregor II. Vgl. dazu Wright, Foreigner's Latin.

192 Vgl. beispielsweise Concilium Baiuwaricum c. 15 in: MGH Conc. 2,1, Nr. 7, S. 53 Z. 14; Karoli regis mandatum ad Arnonem archiepiscopum Salisburgensem directum c. 8, in: MGH Conc. 2,1, Nr. 24B1, S. 214 Z. 3; Concilium Turonense a. 813 c. 6, in: MGH Conc. 2,1, Nr. 38, S. 287 Z. 20 f.; Konzil von Pavia 850 c. 3, in: MGH Conc. 3, Nr. 23, S. 221 Z. 1–10.

193 Vgl. Capitulare missorum generale c. 27, in: MGH Capit. 1, Nr. 33, S. 96 Z. 21–27.

194 Vgl. Nelson, Opposition, S. 73.

195 Vgl. Synodus Franconofurtensis c. 5, in: MGH Capit. 1, Nr. 28, S. 74 Z. 31–38. Der illegale Zoll dürfte außerdem nur einen Bruchteil der mitgeführten Waren ausgemacht haben.

durcheinander – wurde von der Forschung kontrovers diskutiert.[196] Auch wenn ihre Deutung als Anzeigerlohn zu denjenigen Interpretationen zählt, denen die Forschung höhere Plausibilität zuspricht,[197] lässt sie sich nicht beweisen. Unabhängig von der Frage, was die Delatura der Lex Salica ist, muss festgehalten werden, dass sie wie der Schadensersatz (*capitale*) zusätzlich zur eigentlichen Buße zu zahlen ist,[198] während im Kapitular die 30 Solidi von der Strafzahlung abgezogen werden. Es spricht daher alles dafür, dass kein Zusammenhang zwischen der Delatura und der Strafregelung im Zollkapitel besteht.

Der Rechtsstatus von Zeugen war für die Bemessung ihrer Glaubwürdigkeit alles andere als unbedeutend.[199] Wenn mit *qualiscumque homo* also ausdrücklich festgelegt worden wäre, dass der Rechtsstatus desjenigen, der *comprobaverit*, keine Rolle spielen soll, wäre es für das Opfer leichter, Zeugen zu stellen. Denn diese könnten, wenn Pilger in Gruppen reisen, wohl ebenfalls aus Fremden bestehen. Das *qualiscumque homo* könnte also das Problem antizipieren, dass der Rechtsstatus von Ortsfremden nur schwer zu ermitteln war. Dass dies auch sonst nicht immer einfach war, wird im Eherecht deutlich, das ausdrücklich die Scheidung erlaubt, wenn die eine Person über den unfreien Rechtsstatus der anderen im Unklaren war.[200]

Auch bei einem Bruch der ersten Regel wäre der Rechtsstatus der beteiligten Personen interessant. Denn die einfachen Lebensmitteltransporte und die Transporte mit Karren und Saumtieren ohne Handelsabsicht dürften häufig von Unfreien durchgeführt worden sein. Opfer wie auch Zeugen dürften hier also ebenfalls häufig von einem niedrigeren Rechtsstatus gewesen sein. Auch für die Ahndung von Verstößen gegen die erste Regelung des Kapitels ist also das *qualiscumque homo* von Belang. Doch wenn die Transporte für andere, seien es Laien oder Kirchen und Klöster, durchgeführt wurden, war das eigentliche Opfer der illegalen Zollerhebung anders als die Zeugen von freiem Stand.

Die knappe Formulierung des Kapitulars und das Fehlen anderer Quellen, die Licht auf die Regelungen des Königskapitulars werfen könnten, macht eine Entscheidung, wem die 30 Solidi zugesprochen werden sollten, nicht einfach. Unabhängig von dieser Frage muss jedoch festgehalten werden, wie außergewöhnlich es ist, dass die Hälfte des Königsbanns abgetreten werden sollte.

3.3 Zölle auf dem Konzil von Ver

Den halben Königsbann abzutreten, ist nicht nur im Vergleich mit der Sanktionierung anderer Vergehen in den Kapitularien und der Lex Salica außergewöhnlich, sondern sticht insbesondere auch unter den weiteren Anordnungen

196 Vgl. zuletzt Ubl, Sinnstiftungen, S. 80 mit Anm. 73.
197 Vgl. beispielsweise Schmidt-Wiegand, Delatura.
198 Vgl. Ubl, Sinnstiftungen, S. 77.
199 Vgl. Brunner – Schwerin, Rechtsgeschichte, Bd. 2, S. 533 f.
200 Vgl. beispielsweise Decretum Compendiense c. 7, in: MGH Capit. 1, Nr. 15, S. 38 Z. 12–14.

Pippins und seiner Nachfolger zu den Zöllen hervor.[201] Unter den Kapitularien Pippins findet sich ein weiteres Kapitel, das sich mit Zöllen beschäftigt, nämlich das 22. Kapitel des Konzils von Ver vom 11. Juli 755:

> *De peregrinis qui propter Deum vadunt, ut eis tolloneos non tollant; et de illos alios tolloneos quod vos antea perdonastis, ut sic fiat, ut, ubi legitime non debent esse, donati non sint.*[202]

Die Worte *quod vos antea perdonastis* werden von der Forschung als Rückverweis auf das vierte Kapitel des Königskapitulars gedeutet.[203] Da in beiden Beschlüssen ausdrücklich von Pilgern die Rede ist und keine weiteren Kapitel Pippins zum Thema Zölle überliefert sind, liegt dieser Schluss nahe. Auffällig ist, dass zwar vom Königskapitular das Verbot, von Pilgern Zoll zu erheben, und höchstwahrscheinlich auch die Zollfreiheit von Lebensmitteltransporten, Karrenfuhren und Saumtieren ohne Handelsabsicht wiederholt wird,[204] aber keine Spur von einer Sanktionsandrohung zu finden ist.

Mit der Strafandrohung fehlt ein gutes Jahr später in Ver also das wirklich Neue des Zollkapitels des Königskapitulars. Dies wirft die Frage auf, ob es sich bei diesem Fehlen um ein unbewusstes Vergessen oder ein bewusstes Weglassen handelt. Das Kapitel aus Ver ist generell von der Tendenz zur Kürze gezeichnet, ja aus sich heraus nicht einmal mehr verständlich und wird gegen Ende hin sprachlich heikel.[205] Dies könnte natürlich für ein unbewusstes Weglassen der Strafandrohung sprechen. Auf der anderen Seite zeigt der Rückbezug auf das Königskapitular, dass die Versammlungsteilnehmer in Ver dieses Schriftstück sehr präsent vor Augen hatten, als sie über die Zölle berieten. Dies deutet stark daraufhin, dass die Strafandrohung in Ver bewusst ausgelassen wurde.[206] Diese Interpretation wird dadurch gestärkt, dass in späteren Kapitularien zwar vereinzelt Missstände auf dem Gebiet der Zölle angesprochen werden und das

201 Vgl. Mischke, Kapitularienrecht, S. 100–116.

202 Concilium Vernense c. 22, in: MGH Capit. 1, Nr. 14, S. 37 Z. 3–5. Zur Synode vgl. Hartmann, Synoden, S. 68–72.

203 Zu den mit diesen Worten eng verbundenen Datierungsfragen vgl. oben Kap. 1.3.4.

204 Auf letzteres beziehen sich die Worte *de illos alios tolloneos, quod vos antea perdonastis.*

205 Die Worte *de illos alios tolloneos, quod vos antea perdonastis* sind ohne Kenntnis des Königskapitulars nicht verständlich. Die Zeitenfolge des Satzendes ist sinnlos, da der Nebensatz *ut non donati non sint* strenggenommen vorzeitig zu *ut sic fiat* ist. Wörtlich heißt es also: „dass sie [die Zölle], wo sie gemäß des Rechts nicht sein dürfen, nicht gegeben wurden." Eher unwahrscheinlich ist, dass dieser kryptische Satz eine Rückerstattung meinen soll.

206 Man könnte einwänden, dass weltliche Strafen in einem Konzilsbeschluss fehl am Platze wären. Die einzelnen Kanones von Ver drohen zwar vor allem kirchliche Strafen an. Doch wird in einem Fall auch die Bestrafung durch das Urteil des Königs angedroht, wenn die kirchliche Strafe der Exkommunikation nicht fruchtet. Concilium Vernense c. 9, in: MGH Capit. 1, Nr. 14, S. 35 Z. 17 f.: *Quod si aliquis ista omnia contempserit, et episcopus hoc minime emendare potuerit, regis iudicio exilio condamnetur.* Andererseits hätte die verbotene Ausbeutung von Pilgern grundsätzlich auch mit kirchlichen Strafen sanktioniert werden können, zumal Verstöße gegen Kapitel 4 des Königskapitulars oder Kapitel 22 von Ver nicht nur von weltlichen Personen, sondern ebenso von kirchlichen Personen oder Institutionen begangen werden können.

Verbot illegaler Zolleintreibung wiederholt wird, aber nirgends mehr von konkreten Sanktionen die Rede ist.[207]

3.4 Zwischenfazit

Der Zollbeschluss aus Ver, der auf den ersten Blick wie eine Bestätigung des Königskapitulars wirkt, bestätigt dieses zwar teilweise, stellt aber auch gleichzeitig eine Abmilderung der älteren Regelung dar. Es ist schwieriger abzuschätzen, was zu der Abmilderung der ursprünglichen Regelung innerhalb eines guten Jahres führte. Dass die Regelungen zu den Zöllen zwar in Ver genannt werden sollten, aber die Versammlungsteilnehmer generell keine Sanktionierung bei Zuwiderhandlungen anstrebten, erscheint unwahrscheinlich. Das bewusste Weglassen der Strafandrohung scheint eher durch die außergewöhnliche Aufteilung des Königsbanns bedingt zu sein. Über die Frage, ob diese Regelung in der Praxis nicht funktionierte, zu viele Falschbeschuldigungen bewirkte oder schlichtweg nicht durchsetzbar war, lässt sich nur spekulieren.

Wie dem auch sei, es wird deutlich, dass das Zurückdrängen illegaler Zollerhebung für die Versammlung, auf die das Königskapitular zurückgeht, ein wichtiges Anliegen war. Es entsteht schon fast der Eindruck, dass das Vorpreschen mit den 30 Solidi ein Zeichen von Aktionismus gewesen sein könnte. Diese Beobachtung und die Wiederholung in Ver können traditionell als Hinweis auf besonders große Missstände in diesem Bereich gedeutet werden. Diese Deutung ist nicht von der Hand zu weisen. Doch darf ein anderer Aspekt nicht übersehen werden, der sich vor allem auf die Zollbefreiung für Pilger bezieht. Denn der Schutz der Pilger ist wie der Schutz der Schwachen insgesamt eine der Aufgaben, die einen guten König ausmachen.[208] Indem sich Pippin für Pilger und ihren Schutz einsetzte, ja bei der Strafandrohung wohl auch ein gutes Stück über das Ziel hinausschoss, inszenierte er sich selbst als guter König.

Dass Pippin den Schutz der Schwachen und Hilflosen sehr ernst nahm, spiegelt sich nicht nur in den Schriftquellen, sondern auch in den numismatischen Quellen wider. Ein Denar Pippins, der auf der Vorderseite seinen Namen und auf der Rückseite das Wort ELI-MOSI-NA trägt und vom überwiegenden Teil der Forschung als Almosenpfennig interpretiert wurde,[209] deutet auf eine

---

207 Vgl. Mischke, Kapitularienrecht, S. 103–109; Caroli Magni capitulare generale c. 22, in: Mordek, Bibliotheca capitularium, Nr. 13, S. 993.

208 Vgl. Ewig, Königsgedanken, S. 39 u. ö.; Anton, Fürstenspiegel, S. 404–419; Dort – Reuther, Armenfürsorge.

209 Berlin, Münzkabinett, Obj. 18245572. Depeyrot, Numéraire carolingien, S. 204 Nr. 47, löst ELI-MOSI-NA als Angoulême auf und interpretiert die Rückseite als Prägestätte. Auch Kluge, Am Beginn, S. 90 Nr. 18 tendiert zur Auflösung als Ortsnamen, versieht die Auflösung Depeyrots jedoch mit einem Fragezeichen. Kluge geht jedoch fälschlicherweise davon aus, dass bereits Ernest Gariel ELE-MOSI-NA als Ortnamen verstanden habe, dabei hat Gariel, Monnaies royales, Bd. 1, S. 54 Nr. 8, lediglich das lateinische Wort *elemosina* in französischer Übersetzung (aumône) verzeichnet. Die Interpretation der Legende als Angoulême erscheint sehr unwahrscheinlich.

umfangreichere Almosengebung hin, wenn für diesen Zweck sogar eigene Münzen hergestellt wurden.[210] Bereits de Longpérier, der den Fund der beiden Münzen, von denen eine seitdem verloren gegangen ist, publizierte, wies auf eine enge Verbindung zwischen dem numismatischen Fund und dem Konzil von Ver 755 hin.[211] Die Kaufkraft eines solchen Almosendenars war beachtlich und mit den Obolen hätten auch halb so wertvolle Münzen für die Almosengebung eingesetzt werden können. Leider ist das einzig erhaltene Exemplar nicht näher als in die Königszeit Pippins datierbar.

Pippins Engagement für die Armen und Schwachen erstreckt sich also über die gesamte Königszeit und wird auch von seinem Sohn Karl fortgeführt.[212] Für den Schutz der Pilger setzte er sich bereits relativ früh mit dem Königskapitular ein. 754 war ein bewegtes Jahr im Frankenreich. Ein besonders herausragendes Ereignis war der Besuch von Papst Stephan II. Die von Karl Ubl entdeckten, engen Verbindungen zwischen den Rechtsantworten, die der Papst während seines Aufenthaltes im Frankenreich gab, und dem Königskapitular kamen bereits zur Sprache.[213] Auch wenn die Responsa Stephani II. sich zu dem Thema Pilgerwesen nicht äußern, geht die Annahme, dass die Pilger und ihre sichere Reise nach Rom dem Papst am Herzen gelegen haben, wohl nicht zu weit. Zugleich war Rom als Ziel vieler Pilger ein Ort, an dem Informationen über negative Erfahrungen und Unrecht, das auf der Reise durch das Frankenreich erlitten worden war, zusammenliefen. Pippins Beschluss zur Eindämmung der Bezollung von Pilgern schoss ein gutes Stück über das Ziel hinaus. Es dürfte nicht völlig abwegig sein, zwischen diesem heftigen Eingriff des fränkischen Königs und dem Besuch des Papstes einen Zusammenhang zu sehen. Hier könnte abermals deutlich werden, wie wichtig das Bündnis mit dem Papsttum für Pippin war. Doch ob die beiden wirklich über Pilger und Zölle sprachen, bleibt Spekulation.

Fest steht jedoch, dass Pippin sich über den Schutz der Pilger als guter König präsentieren konnte. Und beim Schutz der Pilger vor unrechtmäßiger Zollerhebung konnte er sich gleich in doppelter Hinsicht als guter König präsentieren.

Auf den anderen karolingerzeitlichen Münzen, die Depeyrot dieser aquitanischen Stadt zuschreibt, wird die Prägestätte ECOLISSIMA, EGOLISIME oder EGOLISSIME geschrieben (vgl. Depeyrot, S. 136 Nr. 48–50). Auch Graesse – Benedict – Plechl, Orbis latinus, Bd. 2, S. 22 verzeichnen unter dem Lemma *Engolismum* keine Schreibweise, die im Entferntesten an ELI-MOSINA erinnert könnte. Plausible Interpretationen für eine andere Prägestätte liegen nicht vor.

210 Suhle, Deutsche Münzen, S. 20, vermutet, dass solche Denare von Pippin bei der Fußwaschung am Gründonnerstag den Armen gegeben worden seien, da eine vergleichbare Münze Alfreds des Großen erhalten sei und in England bis in die Gegenwart die Tradition der maundy pennies bestehe. Diese Tradition des Almosenverteilens durch den englischen König am Gründonnerstag ist jedoch erst ab dem 13. Jahrhundert belegt. Vgl. dazu Robinson, Royal Maundy, S. 25.

211 Vgl. de Longpérier, Cent deniers, S. 208. Concilium Vernense c. 6, in: MGH Capit. 1, Nr. 14, S. 34 Z. 29–31: […] *Et si aliqua monasteria sunt qui eorum ordinem propter paupertatem adimplere non potuerint, hoc ille episcopus de veritate praevideat, et hoc domno rege innotescat, ut in sua elimosina hoc emendare faciat.* […]

212 Vgl. Schmitt, Untersuchungen, S. 194–211; Hartmann, Synoden, S. 440 f.

213 Vgl. oben Kap. 1.3.3.

Einerseits ist der Schutz der Schwachen eine Königstugend schlechthin, andererseits nahm er sich mit den Bestimmungen zu den Zöllen im Königskapitular eines königlichen Themas an. Die erhaltenen Zollurkunden und die bekannten Zolldeperdita Pippins machen deutlich, wie intensiv er nach dem Dynastiewechsel als König das königliche Recht der Zollprivilegierung und -befreiung zu nutzen verstand.

4. Münzen

Das fünfte Kapitel des Königskapitulars beschäftigt sich mit dem Münzwesen, einem facettenreicheren Thema, als es auf den ersten Blick scheint. Für die Erforschung des fränkischen Münzwesens kommt diesem Kapitel enorme Bedeutung zu. Dies liegt nicht zuletzt daran, dass nur wenige Schriftquellen auf diesem Gebiet zur Verfügung stehen und diese oft auch noch Informationen als selbstverständlich voraussetzen, die für die moderne Forschung alles andere als selbstverständlich sind.[1] Aus der Zeit Pippins äußert sich neben dem Münzkapitel des Königskapitulars lediglich ein Kapitel des Konzils von Les Estinnes, das von seinem Bruder Karlmann unter der Leitung des Bonifatius veranstaltet worden war, zu einem Aspekt des Münzwesen, und zwar zur Relation von Solidus und Denar.[2] Hinzu tritt die unter Pippin redigierte Fassung D der Lex Salica.[3] Das Rechtsbuch der Franken sieht Buß- und Wergeldzahlungen von teilweise gewaltiger Höhe vor. Doch bewahrt die D-Fassung die Relation von einem Solidus zu 40 Denaren, wie sie in den älteren Fassungen A und C genannt ist. Allerdings ist indirekt bezeugt, dass Pippin festgesetzt habe, dass der Solidus in der Lex Salica nicht zu 40 Denaren gerechnet werden soll.[4] Zwar wird die Relation, die an die Stelle von 1 zu 40 treten soll, nicht genannt, doch dürfte hier die Relation von 1 zu 12 gemeint sein.[5] Es verwundert daher nicht, dass das Konzil von Reims 813, über das dieser Beschluss Pippins bekannt ist, diese deutliche Reduzierung Pippins als *misericordia* einstuft. Für die Untersuchung von Pippins Münzpolitik spielt diese Ermäßigung jedoch keine Rolle.

Je nach Modell beginnt mit dem ersten Karolingerkönig die vierte oder fünfte Phase des fränkischen Münzwesens.[6] Charakteristisch für die ersten zwei beziehungsweise drei Phasen ist die Verwendung von Goldmünzen. Um 670 fand eine Umstellung auf Silbergeld statt, womit die Phase des merowingischen

---

1 Die meisten Quellen sind zusammengestellt bei Jesse, Quellenbuch, S. 1–15; van Rey, Münzgeschichte, S. 183–190; Garipzanov, Karolingskoe monetnoe, S. 115–135.

2 Karlmanni Principis Capitulare Liptinense c. 2, in: MGH Capit. 1, Nr. 11, S. 28 Z. 12: […] *solidus, id est duodecim denarii* […].

3 Eine Übersicht über die einschlägigen Stellen der A-Fassung der Lex Salica bietet Depeyrot, Lois barbares, S. 317–319.

4 Konzil von Reims (a. 813) c. 41, in: MGH Conc. 2,1, S. 257 Z. 19–22: *Ut domnus imperator secundum statutum bonae memoriae domni Pippini misericordiam faciat, ne solidi, qui in lege habentur, per quadragenos denarios discurrant, quoniam propter eos multa periuria multaque falsa testimonia repperiuntur.*

5 Dieselbe Regelung, allerdings mit einer Ausnahme für Friesen und Sachsen, bestätigte auch Ludwig der Fromme. Vgl. Capitula legi addita c. 3, in: MGH Capit. 1, Nr. 134, S. 268 Z. 28–31; Item capitula legi addita c. 2, in: MGH Capit. 1, Nr. 135, S. 269 f. Z. 36–4. Hier tritt explizit eine Relation von 1 zu 12 an die Stelle der Relation 1 zu 40.

6 Vgl. Grierson – Blackburn, Early Middle Ages, S. 90–97; Kluge, Numismatik, S. 83–88; McCormick, Coins. Die Phasen sind mit leicht variierender Terminologie: 1. spätrömische Prägungen; 2. (1.) pseudo-imperiale Goldprägungen; 3. (2.) nationale Goldprägungen; 4. (3.) merowingische Silberdenare; 5. (4.) karolingische Silberdenare.

Silberdenars eingeleitet wurde.[7] Dieser Wechsel war nicht nur wirtschaftlich bedeutend, sondern veränderte auch die medialen Funktionen der Münzen. Durch ihren deutlich geringeren Wert waren sie fortan einer größeren sozialen Bandbreite der Bevölkerung zugänglich.[8] Über diese rund 80 Jahre währende Phase, die von der Karolingerzeit abgelöst wurde, gibt keine einzige Schriftquelle Auskunft. Das Münzwesen dieser „numismatisch dunklen" Zeit[9] kann nur aus den Fundmünzen rekonstruiert werden. Trotz besserer Quellenlage unter Pippin bildet das numismatische Material auch für seine Zeit die wichtigste Quellengruppe. An den Münzen müssen sich alle Hypothesen messen lassen. Nur sie können Auskunft über Aussehen, Zirkulation und Verbreitung des Geldes geben. Pippin ist der erste Karolinger, von dem Münzen erhalten sind. Sowohl sein Großvater Pippin der Mittlere als auch sein Vater Karl Martell prägten keine Münzen auf den eigenen Namen. Dies gilt auch für Pippins Bruder. Zwar ist eine Reihe Münzen auf den Namen Karlmann aus dem 8. Jahrhundert erhalten, doch stammen sie alle von dessen gleichnamigen Neffen Karlmann dem Jüngeren, dem Bruder Karls des Großen.[10]

Ausgehend von Pippins Münzkapitel soll in diesem Kapitel das fränkische Münzwesen unter Pippin aus drei Blickwinkeln beleuchtet werden. In einem geldhistorischen Abschnitt soll zunächst die Wertentwicklung unter Pippin in den Blick genommen werden. Danach sollen die Münzen Pippins als Medien der Herrschaftsrepräsentation untersucht werden. Abschließend soll die Entwicklung des fränkischen Münzwesens mit denen in anderen Reichen der Zeit verglichen und in allgemeine Entwicklungslinien eingeordnet werden. Vor diesen Untersuchungsschritten soll jedoch zunächst der Inhalt des Münzkapitels selbst erläutert werden. Auch wenn das Latein des Kapitels recht einfach ist, wird das volle Verständnis dadurch erschwert, dass für die Zeitgenossen einige Informationen so selbstverständlich waren, dass sie nicht genannt zu werden brauchten.

Das Münzkapitel enthält gleich zwei Regelungen zum Münzwesen.[11] Erstens wird die Relation zwischen Pfund und Solidus und somit der Wert der herzustellenden Münzen festgelegt. Diese Relation beträgt 1 zu 22.[12] Solidi selbst

---

7 Die merowingischen Silberdenare sind zusammengestellt von Depeyrot, Numéraire mérovingien.

8 Vgl. Garipzanov, Staatlichkeit, S. 413.

9 Vgl. Kluge, Numismatik, S. 85.

10 Zu den Münzen Karlmanns vgl. Völckers, Münzfunde; Crinon, Monnayage de Carloman; Kluge, Am Beginn. Die Zuweisung einzelner Münzen mit abgekürztem Namen zu Karl dem Großen oder Karlmann dem Jüngeren ist strittig.

11 Vgl. Pippini regis capitulare c. 5, in: MGH Capit. 1, Nr. 13, S. 32 Z. 12–14: *De moneta constituimus, ut amplius non habeat in libra pensante nisi XXII solidos, et de ipsis XXII solidis monetarius accipiat solidum I, et illos alios domino cuius sunt reddat.*

12 Die Formulierung „nicht mehr als 22 Solidi" (*amplius non nisi XXII solidos*) wird in der Praxis auf genau 22 Solidi hinausgelaufen sein. Weniger Solidi pro Pfund würden bedeuten, dass der einzelne Solidus (in zwölf geprägten Denaren) schwerer und somit wertvoller würde. Die Abgabe an den Monetar würde sich also erhöhen. Es ist daher davon auszugehen, dass der Besitzer des Metalls oder umzuprägender Münzen darauf bedacht gewesen sein dürfte, auch 21 Solidi

wurden in der Zeit Pippins nicht ausgeprägt. Der Solidus ist eine reine Rechnungseinheit. Geprägt wurden nur der Denar, von dem zwölf Stück einen Solidus ausmachen, und der Obol vom Gewicht eines halben Denars. Dieses Verhältnis von 1 zu 12 wird von Karlmann im Kapitular von Les Estinnes genannt.[13] Auch in verschiedenen Leges ist dieses Verhältnis belegt.[14] Das Münzkapitel spezifiziert zwar nicht die Metallart, doch wird aus den gefundenen Münzen mehr als deutlich, dass hier Silber und nicht Gold gemeint ist. Ein Gewichtspfund Silber ergibt also 264 Denare. Die Höhe des Gewichtspfund wird als bekannt vorausgesetzt. Dass es hier ausdrücklich als Gewichtspfund und nicht bloß als Pfund bezeichnet wird, hat einzelne Forscher veranlasst, dem Gewichtspfund ein Zähl- oder Rechnungspfund gegenüberzustellen und auf dieser Grundlage komplizierte Berechnungen durchzuführen. Wie gezeigt werden wird, stehen diesen Kalkulationen sowohl methodische Probleme als auch der Text des Münzkapitels eindeutig entgegen.

Aus dem Münzkapitel selbst kann außerdem erschlossen werden, auf welche Weise das Gewicht der Münzen justiert werden soll. Das Gewicht der einzelnen ausgeprägten Denare wird nicht genannt. Vielmehr ist es das Gewichtspfund, das gewogen wird, auch wenn dessen Höhe nicht definiert wird. Die Denare werden also al pondo justiert, was für Silbergeld anders als beim wertvolleren Gold nicht ungewöhnlich ist.[15]

Die zweite Regelung des Münzkapitels betrifft die Zahlung an den Monetar. Dieser soll einen der 22 aus dem Gewichtspfund geschlagenen Solidi erhalten, was ungefähr 4,5 Prozent entspricht. Bekannt sind Monetare bereits aus der Merowingerzeit. Die Münzen jener Zeit nennen viele Namen mit dem Zusatz *monetarius* und einem Ortsnamen auf der anderen Seite. Trotz dieser Vielzahl von namentlich bekannten Monetaren ist ihre genaue Funktion aufgrund der fast völlig fehlenden Schriftquellen nicht mehr greifbar.[16] Ein Wandel des Amtes, falls es eines war, zur Karolingerzeit hin lässt sich daher nur schwer beobachten. Dass unter den Karolingern keine Monetare mehr auf den Münzen auftauchen, spricht jedoch stark dafür, dass unter dem Monetar im Münzkapitel trotz der Begriffs-

---

zurückzuerhalten. Zudem bringt es ihm keinen Vorteil zu wertvolle Münzen zu besitzen und auszugeben.

13 Vgl. oben Anm. 2.

14 Vgl. Lex Ribuaria c. 40,12, S. 95 Z. 4 f.: *Quod si cum argento solvere contigerit, pro solido duodecim denarios, sicut antiquitus est constitutum.* Lex Alamannorum c. 6,2, S. 72 f. Z. 23–4: *Saiga autem est quarta pars tremissi, hoc est denarius unus. Duo saigi duo denarii dicuntur. Tremissus est tertia pars solidi et sunt denarii quatuor.*

15 Auch Sceattas wurden al pondo geprägt. Vgl. Metcalf – Op den Velde, Series E, Bd. 1, S. 87.

16 Vgl. Felder, Personennamen, S. 23: „Der Monetar war offensichtlich derjenige, der für die Münzprägung verantwortlich war. Seine Funktion genauer zu erfassen, ist bisher nicht gelungen und wird aus Mangel an schriftlichen Quellen wohl auch in Zukunft kaum umfassend möglich sein. Denkbar ist auch, daß diese Funktion keineswegs in ganz Gallien für die gesamte Prägezeit einheitlich war. Als gesichert aber kann gelten, daß der Monetar in der Regel nicht mit dem Stempelschneider identisch war." Einige Erklärungsansätze diskutieren Kluge, Monetarmünzen, S. 90 f.; Dahmen, Münzwesen, S. 108–116. Die zentralen, an einer Hand abzählbaren Quellenstellen zu Monetaren in merowingischer Zeit bietet Strothmann, Monetarmünzen, S. 58 f.

kontinuität etwas anderes zu verstehen ist als unter den merowingischen Monetaren. Was genau ein Monetar zur Zeit Pippins war, welche Funktion er ausübte und aus welcher sozialen Gruppe er rekrutiert wurde, muss allerdings unklar bleiben.

4.1 Die Metrologie des fränkischen Silberdenars

Nicht nur im Frankenreich wurde in den 670er Jahren von einer Gold- zu einer Silberwährung umgestellt.[17] Zur selben Zeit fand dieser Wandel auch bei Friesen und Angelsachsen statt.[18] Auch wenn die friesischen und angelsächsischen Silbermünzen, die bis in die Mitte des 8. Jahrhunderts hergestellt wurden, traditionell in der Forschung als Sceattas bezeichnet werden, darf dies nicht darüber hinwegtäuschen, dass es sich bei diesen außerhalb des Frankenreichs produzierten Münzen ebenfalls um Silberdenare handelte.[19] Der im 17. Jahrhundert aufgekommene Begriff Sceattas für diese Münzen ist zwar, wie Philip Grierson herausgestellt hat, völlig anachronistisch,[20] andererseits aber so etabliert, dass er im Folgenden beibehalten werden soll.

Sceattas sind im gesamten Frankenreich in großer Zahl gefunden worden und belegen so einen regen Handel vor allem mit den Friesen.[21] Nach mehreren Zügen gegen die Friesen gelang es Karl Martell 734 die südlichen Gebiete Frieslands bis zur Lauwers unter fränkische Oberhoheit zu bringen.[22] Die Friesen nördlich der Lauwers konnten ihre Unabhängigkeit auch unter Pippin bewahren. 747/748 tauchen die Friesen sogar als Verbündete Pippins bei einem Feldzug gegen die Sachsen auf.[23] Dass ihre Anführer selbst von einer so hofnahen Quelle wie dem Fredegarfortsetzer als *reges* bezeichnet werden, unterstreicht ihre Un-

---

17 Vgl. Strothmann, Monetarmünzen, S. 53–56.

18 Vgl. Grierson – Blackburn, Early Middle Ages, S. 150, 156–159.

19 Vgl. Metcalf, Thrymsas and Sceattas, Bd. 2, S. 169: „Whether from a numismatic or a monetary point of view, there is little difference between a Merovingian silver denarius and a sceat. The flans are much the same size and the weights and alloy contents are within the same range."

20 Vgl. Grierson, Fonction sociale, S. 345 f.

21 Vgl. Lafaurie – Pilet-Lemières, Monnaies, S. 381 Karte 19.

22 Vgl. Fischer, Karl Martell, S. 69–79; van der Tuuk, Franken, S. 128–140; Mostert, Marge, S. 150.

23 Vgl. Breternitz, Pippins Münzprägung; Continuationes chronicarum quae dicuntur Fredegarii Scholastici c. 31, S. 181 Z. 14–17: *Eodem anno Saxones a more consueto fidem, quam germano suo promiserant, mentire conati sunt. Qua de causa, adento exercito, eos praevenire conpulsus est; cui etiam reges Winidorum seu Frigionum ad auxiliandum uno animo convenerunt.*
Vgl. Fischer, Karl Martell, S. 79 mit Anm. 27; Hahn, Jahrbücher, S. 218 f., stellte in einem Exkurs die These auf, dass es sich bei den in der Fredegar-Fortsetzung genannten Frigiones nicht um die Friesen an der Nordsee, sondern um die Bewohner des thüringischen Friesenfeldes (Frisonovelt) handele. Dieser Identifizierung schlossen sich auch RI I, Nr. 57d an. Kritik an Hahns These bereits u. a. bei Platner, Spuren, S. 424 Anm. 1; Wagner, Bündnis, S. 93–95. Springer, Sachsen, S. 171 f., schließt zwar aus, dass es sich um die Bewohner des Friesenfeldes handele, weil der Name erst ab dem 9. Jahrhundert belegt sei, hegt aber generell Zweifel, ob es überhaupt eine friesische Beteiligung an dem Feldzug gegeben habe.

abhängigkeit zu dieser Zeit. Erst im Rahmen der Sachsenkriege Karls des Großen konnten die Gebiete der Friesen endgültig unterworfen werden.[24] Unter Pippin waren die Friesen also in unterschiedlichem Grade von den Franken abhängig. Daher sind die friesischen Sceattas und vor allem das Ende ihrer Produktion auch für die Frage nach dem Münzwesen Pippins relevant.

In diesem Abschnitt soll nach einigen methodisch-metrologischen Vorbemerkungen zunächst die Ausgangslage skizziert werden, die Pippin beim Dynastiewechsel in Bezug auf das Münzwesen vorfand. Dies gilt sowohl für den merowingischen Silberdenar als auch für die friesischen Sceattas. Anschließend sollen die unterschiedlichen Thesen diskutiert werden, welche Veränderung(en) Pippin vorgenommen haben mag.

4.1.1 Methodisch-metrologische Vorbemerkungen

Der Wert der frühmittelalterlichen Münzen war durch ihren Silberfeingehalt und durch ihr Gewicht bestimmt. Diese beiden Faktoren sind bei der Untersuchung der Wertentwicklung von den merowingischen Silberdenaren hin zu den Denaren Pippins von Belang. Auf diesem Wege könnte es theoretisch auch möglich sein, innerhalb der erhaltenen Münzen Pippins unterschiedliche Standards zu differenzieren und verschiedene Phasen seiner Prägungen zu postulieren.[25] Eine solche naturwissenschaftliche Untersuchung der numismatischen Quellen mag auf den ersten Blick exakt und objektiv erscheinen. Beim näheren Hinsehen zeigen sich jedoch Probleme, die die Erkenntnismöglichkeiten einer solchen Herangehensweise stark einschränken. Dies gilt nicht nur für den Silberfeingehalt, sondern selbst für die Gewichtsentwicklung.

Verglichen mit dem Wiegen ist die Ermittlung der Metallzusammensetzung einer Münze deutlich aufwendiger. Seit einiger Zeit können für diese Analysen zerstörungsfreie Messmethoden eingesetzt werden. Die gängigen Messverfahren sind Untersuchungen mit dem Rasterelektronenmikroskop, die Röntgenfluoreszenzanalyse und die Massenspektrometrie.[26] Bei der Untersuchung mit einem Rasterelektronenmikroskop wird das Untersuchungsobjekt in einem Vakuum analysiert. Das Objekt wird mit einem Elektronenstrahl beschossen, der nach einem festgelegten Raster über die Untersuchungsstelle geführt wird. Die Elektronen werden von dem Objekt zurückgestreut (Rückstreuelektronenkontrast), was gemessen werden kann. Unterschiedliche Elemente strahlen unterschiedlich zurück, so dass über Messung der Rückstrahlung Rückschlüsse auf die Zusammensetzung der Probe möglich sind. Bei der Röntgenfluoreszenzanalyse wird ein Untersuchungsobjekt mit Röntgenstrahlung bestrahlt. Ab einer bestimmten Energie entsteht an der getroffenen Stelle ebenfalls Strahlung (Röntgenfluoreszenz), die gemessen werden kann. Wie viel Energie für die Er-

---

24 Vgl. Blok, Franken, S. 61 f.; dens., Frankische periode, S. 296–299; van der Tuuk, Franken, S. 163–165.

25 Einen solchen Ansatz verfolgt beispielsweise Lafaurie, Numismatique, S. 42–44.

26 Die folgenden Ausführungen orientieren sich an Matteini – Moles, Untersuchungsmethoden.

zeugung von Röntgenfluoreszenz nötig ist, ist bei jedem Element unterschiedlich. Daher kann aus der aufgewendeten Energie auf das untersuchte Element zurückgeschlossen werden. Mithilfe der Methode sind sowohl qualitative als auch quantitative Aussagen möglich, die sich allerdings nur auf einen einzigen Punkt an der Oberfläche beziehen. Über die Metallzusammensetzung im Inneren einer Münze sind wie beim Rasterelektronenmikroskop keine Aussagen möglich.[27]

Die Massenspektrometrie unterscheidet sich grundsätzlich darin von den beiden zuvor genannten Untersuchungsmethoden, dass sie nicht zerstörungsfrei ist. Vielmehr muss eine Probe des Untersuchungsobjekts genommen und in einem Massenspektrometer analysiert werden. Dabei wird die Probe zunächst verdampft und mit Elektronen beschossen, um Moleküle in ionisierte Fragmente zu trennen. Diese enthalten ein elementspezifisches Verhältnis von Masse zu Ladung, die mithilfe eines Massenanalysators ermittelt werden kann. Aus dem so gewonnenen Massenspektrum sind Rückschlüsse auf die in der Probe enthaltenen Elemente und ihre relative Häufigkeit möglich.

Ein Problem ist, dass die Metallzusammensetzung nur in wenigen Ausnahmefällen ermittelt wurde und für die allermeisten Münzen keine Daten vorliegen.[28] Es ist auch nicht damit zu rechnen, dass diese Werte außer für Neufunde im größeren Maßstab ermittelt werden, so dass statistisch verlässliche Datenmengen vorlägen.

Für die Untersuchung der Wertentwicklung im fränkischen Münzwesen ist die Metallzusammensetzung einer Münze zu dem Zeitpunkt wichtig, als sie geprägt wurde. Gemessen werden kann freilich nur die aktuelle Metallzusammensetzung, die gerade an ihrer Oberfläche, auf der gemessen wird, von der ursprünglichen deutlich abweichen kann.[29] Aufgrund der in den meisten Fällen vorliegenden Bodenlagerung über viele Jahrhunderte hinweg waren die Münzen unter verschiedensten Bedingungen chemischen und mechanischen Veränderungen ausgesetzt. Da jeder Münzfund und jede Münze solchen Prozessen auf individuelle Weise ausgesetzt war, können solche Faktoren nicht herausgerechnet werden. Untersuchungen, bei denen Münzen aufgeschnitten und die Werte im Kern und auf der Oberfläche verglichen wurden, zeigten Abweichungen von bis zu zehn Prozent.[30] Hinzu kommt, dass die Messungen an der Oberfläche weniger genau sind, als die gemessenen Werte im Promillebereich glauben machen wollen. Denn bereits ein paar Millimeter daneben können völlig

---

27 Zu den Grenzen der Methode vgl. Striegel, X-Ray Diffraction, S. 410–412, 419.

28 Der Silberfeingehalt und die chemische Zusammensetzung karolingischer Münzen wurden zuletzt von Sarah, Caractérisation, Bd. 2, in größerem Umfang untersucht. Er analysierte Münzen des Pariser Münzkabinetts mithilfe der Massenspektometrie.

29 Der Silberfeingehalt kann im Laufe der Zeit sogar gestiegen sein. Denn während des Korrosionsprozesses verändert sich das Gleichgewicht der in der Silberlegierung enthaltenen Metalle. Die unedlen Metalle korrodieren zuerst und am schnellsten. Dies führt dazu, dass der Silbergehalt relativ betrachtet steigt.

30 Vgl. Lehrberger, Untersuchungen. Das Aufschneiden oder Aufbohren der Münzen ist natürlich keine zerstörungsfreie Untersuchungsmethode. Zur idealen Präparation eines Untersuchungsstückes vgl. La Niece, Metallography, S. 115–117.

andere Werte gemessen werden.[31] Zudem variiert die Metallzusammensetzung von Messpunkt zu Messpunkt. Dabei handelt es sich jedoch nicht um Messprobleme. Vielmehr ist der Metallgehalt tatsächlich unterschiedlich. Mehr als offensichtlich werden diese Messungenauigkeiten, wenn die Metallzusammensetzungen sowohl von der Vorder- als auch von der Rückseite angegeben werden, die völlig voneinander abweichen können.[32] Versuchen, aus den unterschiedlichen Messungen eine als repräsentativ auszuwählen oder eine solche zu berechnen, ist mit großer Skepsis zu begegnen.[33] Da die Ergebnisse von der genauen Stelle der Messung abhängig sind, sind die Messungen kaum reproduzierbar, weil diese Stelle bei einer späteren Kontrollmessung nur sehr schwer, wenn überhaupt wiedergefunden werden kann. Die Reproduzierbarkeit der Messergebnisse, das Gütekriterium naturwissenschaftlicher Untersuchungen schlechthin, ist also regelmäßig nicht gegeben. Die Hoffnung von McCormick, dass alle Münzen naturwissenschaftlich untersucht und ihre Zusammensetzung, die Silbermine sowie die Prägestätten systematisch erfasst werden, dürfte wohl nicht realisierbar sein.[34] Nicht nur aufgrund der geringen Datenmenge bleibt der Silberfeingehalt der merowingischen und karolingischen Silberdenare sowie der friesischen Sceattas daher im Folgenden unberücksichtigt. Natürlich bleibt so einer der beiden Faktoren der Wertentwicklung außen vor, doch ist das Gewicht der einzige Faktor, der auch in Schriftquellen wie dem Münzkapitel begegnet.

---

31 Wenn beispielsweise während der Bodenlagerung eine Münze teilweise durch andere Münzen oder Objekte verdeckt war, war sie Alterungs- beziehungsweise Veränderungsprozessen im unterschiedlichen Maße ausgesetzt. Auch die Art des Bodens ist für diese Prozesse alles andere als unbedeutend. Vgl. dazu beispielsweise Matthiesen, Soil type. Bei einem großen Teil der frühmittelalterlichen Münzen sind der Fundort und damit der dortige Boden unbekannt.

32 Dies wird beispielsweise beim Hortfund am Goting-Kliff auf Föhr deutlich. Vgl. Pernicka, Röntgenfluoreszenzanalyse, S. 96: „Jede Münze wurde an ihrer Vorder- und Rückseite […] gemessen, um die Variation der Zusammensetzung abschätzen zu können. Dabei ergab sich, daß nur etwa die Hälfte der Münzen auf beiden Seiten die gleiche Zusammensetzung aufwies. Gelegentlich sind die Unterschiede so groß, daß man sie fast als entmutigend bezeichnen muß.“ Die Unterschiede sind auch bei den Silbergehalten teilweise gewaltig, wie die Abweichungen beim Silbergehalt einiger Proben deutlich machen. Vgl. Pernicka, S. 99–101 Probe 2 (Vs. 62 %; Rs. 46 %), Probe 3 (Vs. 52 %, Rs. 73 %), Probe 18 (Vs. 39 %, Rs. 16 %), Probe 35 (Vs. 74 %, Rs. 92 %).

33 Vgl. Pernicka, Röntgenfluoreszenzanalyse, S. 97, 103 f., der nach analytischen und metallurgischen Gesichtspunkten Kriterien aufstellte, nach denen er den Wert von Vorderseite, Rückseite, Querschnitt oder Mittelwert als repräsentativ ansetzte. Metcalf, Alloy, S. 114 betont aufgrund von Abweichungen von bis zu 20 Prozent: „In interpreting the results, which are as reliable as care could make them, common sense is nevertheless an important ingredient.“

34 Vgl. McCormick, Coins, S. 359–365. Zumal ohnehin fraglich ist, wie die Silbermine ermittelt werden soll, aus der das Silber einer Münze stammt, wenn Münzen immer wieder mit Münzen anderer Silberprovenienz eingeschmolzen und neu geprägt wurden. Letztendlich enthält eine Münze dann Silber, das aus verschiedenen Minen gewonnen wurde. Völlig zu Recht hält Sarah, L'avènement, S. 183, fest, dass die meisten fränkischen Münzen aus wiederverwendetem Silber hergestellt worden sein müssen. Stos-Gale, Lead Isotope Analysis, S. 355 f., weist am Beispiel von Bleiisotopen darauf hin, dass nach dem Zusammenschmelzen von Blei unterschiedlicher Herkunft keine Aussagen mehr über die Isotope der einzelnen verwendeten Bleie möglich sei.

Auch die Gewichtsentwicklung der Denare lässt sich nur sehr schwer beobachten. Das Gewicht der Silbermünzen wurde al pondo justiert.[35] Dies hat zur Folge, dass das Gewicht der einzelnen ausgeprägten Denare von Natur aus schwankt und sie nur im Durchschnitt das rechnerische Normgewicht einhalten.[36] Hinzu treten Gewichtsverluste durch Abrieb und andere mechanische Beschädigungen sowie im geringeren Umfang durch chemische Veränderungen. Metcalf und Op den Velde haben dieses Problem an einem Sceattatyp illustriert.[37] In verschiedenen Horten weisen diese Münzen unterschiedliche Gewichtsverteilungen aus. Das Gewicht der Einzelfunde dieses Münztyps weicht noch einmal erheblich davon ab.

Bei der vom Gewicht der gefundenen Münzen ausgehenden Berechnung von Relationen zwischen Denar, Solidus und Pfund ist also allergrößte Vorsicht geboten, zumal auch das Gewicht des Pfundes nicht bekannt, sondern nur erschlossen ist.[38] Unter diesen Bedingungen erstaunt es daher nicht, dass aus den gefundenen Münzen verschiedene, nicht kompatible Relationen erschließbar sind. Besonders problematisch ist dies für den merowingischen Silberdenar, über dessen Gewicht keine Schriftquelle Auskunft gibt. Ohne Wissen über das

---

35 Vgl. Grierson – Blackburn, Early Middle Ages, S. 194; Klein, Münzreform, S. 226 f., Kluge, Numismatik, S. 49 f. Etwas zu euphemisch ist das Urteil von Garipzanov, Symbolic Language, S. 38: „The Carolingian deniers differed slightly in their weight and their silver content, which might have enticed users to reject the lighter and poorer coins." Garipzanovs Vermutung spielt auf spätere Beschlüsse an, mit denen versucht wurde, diesem Phänomen entgegenzuwirken. Vgl. Synodus Franconofurtensis c. 5, in: MGH Capit. 1, Nr. 28, S. 74 Z. 31–38. Vgl. dazu auch Siems, Handel, S. 478–481. Ob dies jedoch in die Zeit Pippins übertragen werden darf, muss offenbleiben. Letztendlich geht es bei diesen Überlegungen darum, ob das Greshamsche Gesetz gewirkt haben könnte, demzufolge bei gleichem Nominal vom Materialwert wertvollere Münzen gehortet und in diesem Sinne wertlosere Münzen abgegeben werden. Die Wirksamkeit des Greshamschen Gesetzes wird für verschiedene Epochen beschrieben, doch auch grundsätzlich in Frage gestellt. Für antike und mittelalterliche Fallstudien vgl. die Beiträge in Asolati – Gorini, Ritrovamenti monetali. Für ein spätmittelalterliches Beispiel vgl. Laurent, Loi de Gresham. Zur Fundamentalkritik an der Gesetzmäßigkeit dieses geldtheoretischen Gesetzes vgl. beispielsweise Rolnick – Weber, Gresham's Law. Für das Frankenreich sind die erhaltenen Münzmengen viel zu niedrig, um sie auf das Greshamsche Gesetz hin untersuchen zu können. Wie auch die moderne Wirtschaftswissenschaft erkennen musste, dass Menschen nicht stets ökonomisch-rationale Entscheidungen treffen, so darf dies erst recht nicht dem Homo oeconomicus aevi Carolini unterstellt werden. Die Beobachtung, dass Horte der Zeit Münzen unterschiedlichen Gewichts enthalten, zeigt, dass die Zurückweisung leichterer Münzen, falls es sie unter Pippin gegeben haben sollte, sicherlich kein Massenphänomen gewesen sein dürfte.

36 Sarah – Bompaire, Autre mesure, S. 202–204, kritisieren zu Recht Numismatiker, die die Gewichtsvarianz allein mit der Justierung al pondo erklären wollen. Doch sind die von ihnen angeführten venetianischen Quellen des 13. und 14. Jahrhunderts, denen zufolge in Venedig bei der al pondo-Prägung ein gewisser Toleranzrahmen vorgegeben war, nicht einfach auf das gesamte Mittelalter und insbesondere nicht auf das frühmittelalterliche Frankenreich übertragbar.

37 Vgl. Metcalf – Op den Velde, Series E, Bd. 1, S. 68 fig. 4.1.

38 Vgl. Kluge, Numismatik, S. 36 f. Dennoch ist es keine Lösung, aufgrund der Schwierigkeiten beim Wiegen verstärkt auf die Auswertung der Metallzusammensetzungen zu schauen, wofür Sarah – Bompaire, Autre mesure, plädieren.

Münzwesen, das Pippin zu Beginn seiner Herrschaft vorfand, lässt sich Pippins Münzreform jedoch nur schwer einordnen. Daher muss trotz der widrigen methodisch-metrologischen Umstände versucht werden, die Relationen und Werte dieses Münzsystems zu ermitteln.

4.1.2 Das Gewicht des merowingischen Silberdenars

Der Silberdenar ist die letzte Entwicklungsstufe des fränkischen Münzwesens. Die Zeit des merowingischen Silberdenars gilt als numismatisch dunkel, da sie aufgrund fehlender Schriftquellen allein aus den Münzfunden erklärt werden muss.[39] Dies hat aufgrund der aufgezeigten methodisch-metrologischen Probleme dazu geführt, dass verschiedene Relationen zwischen den erhaltenen Denaren und den nicht ausgemünzten Solidi zum Pfund postuliert wurden. Allen älteren Berechnungen liegt zudem die Prämisse zugrunde, dass es sich bei allen merowingischen Silbermünzen um Denare handelt. Michel Dhénin und Philippe Schiesser wiesen jedoch 2007 in einem bahnbrechenden Aufsatz bereits auf 42 merowingische Silberobolen hin, die, soweit publiziert, bis dahin für sehr leichte oder beschädigte Denare gehalten worden waren.[40]

Georges Depeyrot betont, dass das Gewicht der merowingischen Silberdenare noch nicht systematisch erforscht wurde und bisherige Thesen die Chronologie der Münzen zu wenig berücksichtigten.[41] Doch gerade die Chronologie der Prägungen lässt sich kaum noch ermitteln. Die auf den Münzen genannten Personen sind überwiegend nicht aus schriftlichen Quellen bekannt und können daher zeitlich nur schwer eingeordnet werden.[42] Die Datierung der Hortfunde, über die die meisten erhaltenen Münzen bekannt wurden, wird kontrovers diskutiert und sie schwankt teilweise um bis zu drei Jahrzehnte zwischen einzelnen Forschern.[43] In einigen Fällen ist versucht wurden, das Verbergen eines Hortes mit einem bekannten historischen Ereignis meist militärischer Art in Verbindung zu bringen.[44] Diese Versuche bleiben jedoch Spekulationen. An

39 Vgl. Kluge, Am Beginn, S. 23.

40 Vgl. Dhénin – Schiesser, Oboles, die aus dem bekannten Material sogar fünf verschiedene Sorten von Obolen herausarbeiten konnten. Ein Obolus hat den Wert eines halben Denars. Die Tatsache, dass die teilweise seit mehr als 100 Jahren bekannten und in Katalogen verzeichneten Obolen nicht als solche erkannt, sondern als Denare behandelt wurden, regt zur der Frage an, ob sich unter dem reichen Material angelsächsischer und friesischer Sceattas beziehungsweise Denare nicht ebenfalls Obolen befinden könnten. Zur Diskussion um friesische Obolen vgl. unten Kap. 4.1.3.

41 Vgl. Depeyrot, Numéraire mérovingien, S. 6. Eine solche Untersuchung, falls sie überhaupt sinnvoll wäre, kann hier selbstverständlich nicht geleistet werden.

42 Vgl. Kluge, Numismatik, S. 83.

43 Vgl. Metcalf – Op den Velde, Series E, Bd. 1, S. 133–139 mit weiterer Literatur.

44 Vgl. beispielsweise für den Hort von Saint-Pierre-les-Étieux Lafaurie, Monnaies, S. 148: „Le trésor de Saint-Pierre-les-Étieux peut avoir été enfoui vers 731 lors de la campagne de Charles Martel dans le Berry au cours de laquelle Bourges a été assiégée et prise par les troupes franques puis par celles d'Eudes, duc d'Aquitaine."

ihnen wird allerdings auch sichtbar, wie sehr die Datierung von merowingerzeitlichen Hortfunden generell von zwei eng miteinander verbundenen, nicht immer reflektierten Prämissen abhängt.

Die erste Prämisse betrifft den Grund des Verbergens von Münzen. Die ältere Forschung nahm vor allem an, dass das Geld vor Feinden und potentiellen Plünderern in Sicherheit gebracht werden sollte und somit ein Indikator für unruhige und kriegerische Zeiten sei.[45] Die Universalität dieser Erklärung ist jedoch mit guten Gründen bezweifelt worden. Als zweite Erklärung für Münzhorte wird der Handel diskutiert. So verfügten Kaufleute häufig über größere Münzmengen, die sie nicht stets mit sich führen konnten oder wollten. Es liegt also nahe, dass auch sie bisweilen Münzen deponierten.

Die Horte sind sicherlich aus verschiedenen Gründen angelegt worden. Nur kann einem Münzhort in der Regel nicht angesehen werden, welcher Grund zu seiner Verbergung führte, zumal gerade bei den aus dem 19. Jahrhundert bekannten Funden der genaue Fundort und die Fundumstände häufig nicht bekannt sind. Hinzu tritt die Schwierigkeit Hortfunde als solche zu erkennen, wenn die Münzen eines Hortes beispielsweise an Stränden oder auf oft gepflügten Feldern verstreut und sukzessive aufgefunden werden.[46] Dass auch im Frühmittalter Menschen aus unterschiedlichen Gründen versuchten, größere Münzmengen, die sie zu einem bestimmten Zeitpunkt nicht benötigten, zu schützen, dürfte nicht überraschen.

Dies führt zu der zweiten in der Regel vorausgesetzten Prämisse, dass die Verbergung zu einem einzigen Zeitpunkt erfolgte. Betrachtet man Münzhorte jedoch als eine Art frühmittelalterlichen Safe, ist diese Prämisse alles andere als zwingend. Denn es ist genauso gut denkbar, dass einem Hort immer wieder Münzen entnommen und/ oder hinzugefügt wurden. Cecilia Persson hat dieses Phänomen anhand der wikingerzeitlichen Hortfunde auf Gotland untersucht und unterscheidet aktive und passive Depots.[47] Nichts spricht dagegen, dass es auch im Frankenreich gerade bei Händlern vielleicht sogar über mehrere Generationen verwendete, aktive Depots gab, die ab einem bestimmten Zeitpunkt für immer verborgen blieben, weil niemand, der wusste, wo sie verborgen waren, noch Zugang zu ihnen hatte oder lebte. Bei der von Depeyrot geforderten systematischen Untersuchung der Chronologie des merowingischen Silberdenars ist also zu berücksichtigen, dass Horte aus unterschiedlichsten Gründen entstanden sein können. Manche sind zu einem einzigen Zeitpunkt endgültig verborgen worden (passiv), andere wurden über einen längeren Zeitrahmen genutzt (aktiv). Insgesamt lässt sich festhalten, dass eine halbwegs sichere

---

45 Zur Forschungsgeschichte der Erklärung von Horten vgl. mit Schwerpunkt auf Skandinavien Mäkeler, Querbezüge.

46 Vgl. Horsnæs, Many Coins.

47 Vgl. Persson, Aktiv och passiv, S. 132: „[...] active hoards are constituted of working capital with a fluctuating in- and outflow of silver. Passive hoards are results of mainly resting capital with more infrequent use of silver than in active hoards. This division is a construct showing how the composition of coin types differ between separate hoards."

Chronologie der merowingischen Silberdenare weiterhin ein Desiderat der Forschung ist.

Eine wichtige Frage ist, ob dem merowingischen Silberdenar im gesamten Frankenreich ein einheitliches System zugrunde lag. Wenn dies nicht der Fall sein sollte, ist zu klären, ob es sich um mehrere zeitgleiche, in unterschiedlichen Regionen geläufige Systeme handelt oder um verschiedene, zeitlich aufeinander folgende Phasen ein und desselben Systems. Das Gewicht der gefundenen merowingischen Silberdenare schwankt erheblich. Daher verwundert es kaum, dass die Forschung von einer opinio communis zur Metrologie dieser Münzen weit entfernt ist.

Nicht wenige Forscher sind der Ansicht, dass es zwei verschiedene Silberdenare gab: einen leichten und einen schweren.[48] Der leichtere merowingische Silberdenar von 1,13 g sei vor allem in Marseille, der Provence und dem Rhônetal geprägt worden, während ein schwererer Denar von 1,28 g im übrigen Frankenreich im Umlauf gewesen sei.[49] Die zur Stützung dieser These rekonstruierten Berechnungen und Relationen zwischen Solidus und Pfund brauchen hier nicht diskutiert werden.[50] Entscheidend ist allein das Gewicht der gefundenen Münzen. Lafaurie versucht aus vier Hortfunden eine Chronologie der Relationen zu rekonstruieren und beschreibt einen Wertverfall des Denars, da immer mehr Münzen aus dem Pfund geschlagen worden seien.[51] Seine Berechnungen können nicht überzeugen. So geht er beispielsweise davon aus, dass den in Nizza-Cimiez gefundenen Münzen, deren Herkunft in Austrasien und Neustrien verortet wird, eine 1:24-Relation zugrunde liege und denen, die aus der Provence stammen, eine 1:25-Relation. Beide Relationen werden auch von anderen Forschern diskutiert. Wenn das römische Pfund von 327,45 g angesetzt wird, ergibt sich in beiden Fällen für den Denar ein Durchschnittsgewicht von ca. 1,1 g, unabhängig davon, ob mit Kluge[52] das Pfund zu 25 oder mit Klein[53] zu 24 Solidi angesetzt wird. Solche Unterschiede im Hundertstel Grammbereich sind bei der an den Münzen zu beobachtenden Gewichtsstreuung schlichtweg nicht erfassbar. Dies wird dadurch bestätigt, dass sich die beiden von Lafaurie differenzierten Gruppen im Fund von Nizza-Cimiez im Gewicht nicht signifikant unterscheiden. Betrachtet man die von Lafaurie angegeben Daten fällt auf, dass bei beiden Gruppen am meisten Münzen jeweils aus demselben Gewichtsintervall (1,11–

48 Vgl. Lafaurie, Routes commerciales, S. 256–260; Völckers, Münzfunde, S. 31 f.; Grierson – Blackburn, Early Middle Ages, S. 108; Klein, Münzreform, S. 225.

49 Vgl. beispielsweise Völckers, Münzfunde, S. 32.

50 Da sich für jede Relation eine oder mehrere Rechnungen postulieren lassen, haften diesen Rekonstruktionen eine große Unsicherheit und eine gewisse Beliebigkeit an.

51 Vgl. Lafaurie, Monnaies, S. 146: 21 Solidi (Bais), 22 Solidi (St-Pierre-les-Étieux), 23 Solidi (Bais, Plassac), 24 Solidi (Plassac, Nizza-Cimiez), 25 Solidi (Nizza-Cimiez). Zu den Funden vgl. Lafaurie – Pilet-Lemière, Monnaies, S. 52 Nr. 6.88.1 (Nizza-Cimiez), S. 107 Nr. 18.231.1 (St-Pierre-les-Étieux) S. 148 Nr. 33.325.2 (Plassac), S. 154 Nr. 35.14.1 (Bais).

52 Vgl. Kluge, Am Beginn, S. 25: 1 röm. Pfund à 327,45 g = 25 Solidi = 300 Denare. Gewicht eines Denars: 1,0915 g ≈ 1,1 g.

53 Vgl. Klein, Münzreform, S. 226: 1 röm. Pfund à 327,45 g = 24 Solidi = 288 Denare. Gewicht eines Denars: 1,1369 g ≈ 1,1 g.

1,15 g) stammen.[54] Die Gewichtsstreuung bei den Münzen aus der Provence ist jedoch geringer als bei denen aus Austrasien und Neustrien. Dies ist jedoch kein Anzeichen für ein unterschiedliches Normgewicht der beiden Gruppen, sondern zeigt lediglich, dass die Münzproduktion in der Provence trotz der al pondo-Justierung weniger streute und in diesem Sinne hochwertigere Münzen hervorbrachte. Metrologisch ist es jedoch beim Fund von Nizza-Cimiez nicht berechtigt, zwischen Münzen aus der Provence und aus dem übrigen Frankenreich zu differenzieren. Als ein Beispiel für besonders schwere Denare führt Lafaurie den Hortfund von Bais an.[55] Die dort gefundenen Münzen sind in der Tat im Durchschnitt schwerer. Die meisten Münzen stammen aus dem Gewichtsintervall 1,26–1,30 g.[56] Die Tatsache, dass sie in einem Tongefäß gefunden wurden, könnte generell für einen überdurchschnittlich guten Erhaltungszustand sprechen.[57]

Doch was ist mit der Erkenntnis, dass die Münzen des einen Hortes schwerer sind als die eines anderen, für die Frage nach unterschiedlichen Münzsystemen gewonnen? Denn die Horte enthalten schließlich nicht nur Münzen, die in der Umgebung hergestellt wurden, sondern aus dem gesamten Frankenreich und darüber hinaus stammen. Allein im Bereich der sogenannten Porcupines (Sceattas, deren Aussehen an Stachelschweine erinnert) sind in Nizza-Cimiez acht und in Bais vier Varianten beziehungsweise Untervarianten belegt, wobei es drei Überschneidungen gibt.[58] Im neustrischen Bais wurden beispielsweise Denare aus dem fernen Marseille gefunden,[59] im südlichen Nizza-Cimiez hingegen Münzen aus nördlichen Städten wie Orléans, Paris, Poitiers oder Tours.[60]

Nicht vergessen werden dürfen auch die einzelnen Individuen, die Münzschätze anlegten. So könnte es sein, dass der einstige Besitzer des Hortes von Bais schlichtweg nur erfolgreicher darin war, schwerere Münzen zu horten und leichtere Denare wieder auszugeben, als andere Münzbesitzer.

Verschiedene Münzsysteme lassen sich also aus dem Gewicht der gefundenen Münzen nicht rekonstruieren.[61] Selbst wenn nachgewiesen werden könnte, dass in den verschiedenen Teilen des Merowingerreiches unterschiedlich schwere Münzen geprägt worden wären, bliebe aufgrund mangelnder Schriftquellen die entscheidende Frage unbeantwortet, ob aus einem solchen Ist-Befund auf einen entsprechenden Sollzustand geschlossen werden dürfte. Dieses

54 Vgl. Lafaurie, Monnaies, S. 145. Eine verbesserte Übersicht findet sich bei Lafaurie, Catalogue, S. XXXVII.

55 Dabei stützt Lafaurie sich auf Prou – Bougenot, Catalogue. Als er selbst den Katalog 1981 neu herausgab, musste er feststellen, dass deren Gewichtsmessungen, soweit er dies an in Paris aufbewahrten Münzen überprüfen konnte, häufig nicht zuverlässig waren. Vgl. Lafaurie, Catalogue, S. XXVII.

56 Vgl. Lafaurie, Catalogue, S. XXXIV.

57 Vgl. Prou – Bougenot, Catalogue, S. 5–8. Über die genaue Herkunft und den Fundkontext ist im Fall von Nizza-Cimiez nichts bekannt. Vgl. dazu Chabouillet, Catalogue, S. 1 f.

58 Vgl. Metcalf – Op den Velde, Series E, Bd. 1, S. 142.

59 Vgl. Prou – Bougenot, Catalogue, S. XI.

60 Vgl. Chabouillet, Catalogue, S. 43–50 Nr. 193–242.

61 Skeptisch auch Dahmen, Münzwesen, S. 105.

Problem besteht auch, wenn nur von einem einzigen, einheitlichen Währungssystem ausgegangen wird. Welche Relation in der Merowingerzeit zwischen Pfund und Solidus genau herrschte, lässt sich nicht mehr mit seriösen Methoden ermitteln.

4.1.3 Die friesischen Sceattas

Anders als die fränkischen Denare waren die bei den Friesen und Angelsachsen verwendeten Sceattas in der Regel schriftlos. Aufgrund der verwendeten Stempelmotive werden sie mittlerweile in 26 Serien und über 100 Varianten eingeteilt.[62] Heute wird meist die von David Michael Metcalf in seiner monumentalen dreibändigen Monographie zu Thrymsas und Sceattas erarbeitete Klassifizierung verwendet.[63] Die Diskussionen über die Datierung, die Lokalisierung und die Feinheiten der Klassifizierung sind bei weitem noch nicht abgeschlossen. Bei manchen Typen ist sogar strittig, ob sie in England oder auf dem Kontinent hergestellt wurden.[64] Ein großes Problem hierbei stellen jüngere Nachprägungen älterer Sceattatypen dar, die Kontinuitäten suggerieren können, wo keine bestehen.[65] Traditionell wurden die Sceattas in zwei Phasen eingeteilt, in Primary Sceattas und Secondary Sceattas.[66] Die erste Phase dauerte nach Metcalf in England etwa von 680 bis 710. Die Secondary Sceattas wurden dort etwa von 710 bis 760 geprägt. Wie ihr Anfang stimmt also auch das Ende der Sceattaprägung ziemlich genau mit dem des merowingischen Silberdenars überein. In verschiedenen angelsächsischen Reichen wurden die Sceattas in den 750er und 760er Jahren durch neue, schwerere Münztypen abgelöst, die sogenannten Pennys.[67] Für Friesland wurde hingegen in jüngerer Zeit mit den sogenannten Tertiary Sceattas eine dritte Phase (ca. 740–800?) postuliert, die in der Terminologie Metcalfs die Intermediate (Continental) Sceattas (ca. 695–740) ablösten.[68]

Um zu klären, ob Pippins Münzreform auch Auswirkungen auf die Friesen hatte, sind zwei Fragen zu klären, und zwar erstens das Ende der dortigen Sceattaproduktion und zweitens das Ende der Sceattaverwendung.

---

62 Vgl. Kluge, Numismatik, S. 90 f.

63 Vgl. Metcalf, Thrymsas and Sceattas. Metcalf konnte vor allem auf Vorarbeiten von Rigold, Principal Series, aufbauen. Diese Klassifizierung wird auch hier verwendet. Zur Problematik der Klassifizierung vgl. Wiechmann, Sceatta.

64 Vgl. Kluge, Numismatik, S. 91. Offen ist auch die Frage, ob in Skandinavien ebenfalls Sceattas geprägt wurden. Vgl. unten Anm. 86f. Gegen die Lokalisierung der Serie D und E in Friesland und für eine Prägung dieser Serien in England spricht sich Theuws, Reversed directions, aus.

65 Vgl. Metcalf, Thrymsas and Sceattas, Bd. 3, S. 317–320; Metcalf – Op den Velde, Series E, Bd. 1, S. 160–173; Op den Velde – Metcalf, Series D, S. 9–16.

66 Vgl. Metcalf, Thrymsas and Sceattas, Bd. 1, S. 64.

67 Vgl. Naismith, Kings.

68 Vgl. Metcalf – Op den Velde, Series E, Bd. 1, S. 140–143; Metcalf, Thrymsas and Sceattas, Bd. 1, S. 64.

David Michael Metcalf und Wybrand Op den Velde zählen die Varianten B, E und F der Serie E zu den Tertiary Sceattas.[69] Neben Einzelfunden sind sie nur in den Horten von Franeker (Prov. Friesland) und vom Goting-Kliff auf Föhr (Kr. Nordfriesland) belegt.[70] Metcalf und Op den Velde gehen davon aus, dass der Fund auf Föhr, der keine Exemplare der Serie F enthält, um 755 verborgen worden und älter sei als der Franekerhort.[71] Die Serie F sei somit erst nach 755 neu eingeführt worden. Die Überlegungen der beiden Numismatiker zu ihrer Datierung halten einer kritischen Überprüfung nicht stand. Zum einen ist die relative Chronologie der beiden Funde nicht zwingend und zum anderen ist die absolute Datierung von Föhr nicht zu halten.

Die Datierung von Föhr auf um 755 beruht allein auf der mutmaßlichen Schlussmünze des Hortes, einem Denar eines gewissen Milos, der lange Zeit mit Graf Milo von Narbonne (752?/759?–ca. 791) identifiziert wurde. Hatz verband mit seiner Fundpublikation eine neue These zu dieser Münze, indem er eine Zuweisung an Bischof Milo von Trier (ca. 722/23–761/62) zur Diskussion stellte, ohne sich in der Frage allerdings abschließend festzulegen.[72]

Abb. 2: Stiftung Schleswig-Holsteinische Landesmuseen Schloss Gottorf, Schleswig

69 Vgl. Metcalf – Op den Velde, Series E, Bd. 1, S. 52–60. Eine andere Datierung der beiden Horte nahm Metcalf, Betwixt, S. 14–17 vor (Zur Chronologie seiner beiden Datierungsthesen vgl. S. 14 Anm. 48, in der das gemeinsame Buch mit Op den Velde über die Serie E als in Vorbereitung bezeichnet wird.).

70 Zu Franeker vgl. Op den Velde, Muntvondst Franeker, mit älterer Literatur. Zu Föhr vgl. Hatz, Münzfund. Hill, Sceattas, S. 12 f., stellt die These auf, dass die Homogenität und Qualität der in Franeker gefundenen Münzen dafür spreche, dass sie vor der Verbergung nicht lange zirkuliert seien und dementsprechend in der Nähe von Franeker geprägt worden sein müssten. In diesem Sinne auch van Gelder, Muntslag, S. 34 f. Hills Überlegungen stammen jedoch noch aus der Zeit, bevor vor allem durch Einsatz von Metalldetektoren zahlreiche Einzelfunde möglich wurden. Diese verbesserte und deutlich breitere Quellenlage macht es schwieriger, aus einem Fund auf eine in der Nähe befindliche Prägestätte zu schließen. Durch die zahlreichen Neufunde wurde deutlich, wie sehr die numismatische Erforschung des 8. Jahrhunderts vom Überlieferungszufall abhängig war und immer noch ist.

71 Vgl. Metcalf – Op den Velde, Series E, Bd. 1, S. 142.

72 Vgl. Hatz, Münzfund, S. 42 f.

2016 zeigte eine Untersuchung des Verfassers, dass die Zuweisung dieser Münzen an Milo von Narbonne sehr unwahrscheinlich ist, und konnte hingegen eine Prägung durch Milo von Trier sehr wahrscheinlich machen.[73] Der Ausschluss Milos von Narbonne ist für die Datierung des Föhrer Hortes deswegen von entscheidender Bedeutung, da die Prägung sonst frühestens ab 752, der Übergabe der Grafschaften Nîmes, Maguelone, Agde und Béziers durch Ansemond an König Pippin, hätte erfolgt sein können.[74] Fällt dieser Terminus post quem weg, ergibt sich die Möglichkeit, die Münze auch deutlich früher anzusetzen.

Auf dieser Grundlage konnte der Verfasser 2018 eine Neubewertung der Chronologie der Horte von Föhr und Franeker und der Varianten B, E und F der Serie vornehmen, die eine Datierung in die erste Hälfte der 730er Jahre nahelegt.[75]

2019 fanden die Überlegungen des Verfassers zur Zuweisung der Milo-Münzen Bestätigung durch das Bekanntwerden eines Denars, dessen Vorderseite Milo und dessen Rückseite eindeutig Trier nennt.[76]

Abb. 3: Privatsammlung

Die Rückseite dieses Stückes wurde mit einem Stempel geprägt, der demjenigen eines Obolen Pippins aus Trier sehr ähnlich ist.[77] Dadurch ergibt sich nicht nur die Bestätigung der Zuweisung an Bischof Milo von Trier, sondern auch eine relative Chronologie, an deren Anfang der in Föhr gefundene Milo-Typ (Typ A) steht. Darauf folgen der neue Milo-Typ (Typ B) und schließlich die Trierer Münzen Pippins.[78] Auch wenn eine exakte absolute Datierung der beiden Milo-

73 Vgl. Breternitz, Milo. Die Münzprägung Milos in Trier spricht auch dagegen, dass er nur Verwalter des Bistumsgutes und nicht Bischof war, wie Schneider, Erzbischof Hinkmar, S. 66–108, postuliert.

74 Bis dahin befand sich Narbonne und das Umfeld definitiv unter arabischer Herrschaft. Vgl. dazu Sénac, Al-Andalus, S. 37–40; Clément, Province arabe, S. 48–54. Zur Herstellung, Verwendung und Verbreitung arabischer Münzen in Septimanien vgl. Vgl. Parvérie, Circulation, S. 223–246.

75 Vgl. Breternitz, Ende.

76 Vgl. Breternitz – Schiesser, Nouveaux deniers, S. 28.

77 Vgl. Breternitz – Schiesser, Nouveaux deniers, S. 28.

78 Vgl. Breternitz – Schiesser, Nouveaux deniers, S. 28 f.

Typen nicht möglich ist, fügt sich diese relative Chronologie dennoch gut in die Datierung von Föhr in die erste Hälfte der 730er Jahre.

Die Datierung der einzigen beiden Hortfunde mit sogenannten Tertiary Sceattas muss also revidiert werden. In beiden Fällen spricht nichts dagegen, dass die Horte schon in den Jahren 720–740 verborgen worden sind, in den Jahren also, die gemeinhin als die Hauptproduktionsphase der Secondary Sceattas in Friesland angenommen werden. Der Begriff Tertiary Sceattas kann konsequenterweise als eigene Kategorie aufgeben werden. Es gibt daher keinen Hinweis, dass die Friesen während der Regierungszeit Pippin noch Sceattas prägten, so dass von einem Ende der eigenständigen Münzprägung noch in den 730er Jahren auszugehen ist.[79]

Die aus der Karolingerzeit stammenden Münzhorte zeigen einen klaren Bruch zur Merowingerzeit an. Nur zwei, eher kleinere Hortfunde wurden vermutlich noch unter Pippin verborgen.[80] Zumindest enthalten sie keine Münzen späterer Karolinger. Nicht wenige Hortfunde aus dem merowingerzeitlichen Frankenreich enthalten hingegen sowohl fränkische Silberdenare als auch Sceattas.[81] Die beiden aus der Zeit Pippins bekannten Funde enthalten keine Sceattas. Dies muss besonders für den Fund aus Wijk bij Duurstede (Prov. Utrecht) betont werden. Denn dort lag mit Dorestad der wichtigste Handelsplatz für den fränkischen Friesenhandel. Dass der dort höchstwahrscheinlich zu der Zeit Pippins abgelegte Hort keine friesischen Münzen mehr enthält, ist ein starkes Indiz dafür, dass die Sceattas nach dem Ende ihrer Prägung recht schnell außer Gebrauch kamen und umgeprägt wurden. Dafür, dass fremde, friesische Münzen in Dorestad in fränkische, pippinische Münzen umgeprägt wurden, spricht die überdurchschnittlich hohe Anzahl an Exemplaren, die aus diesem Handelsplatz mit den Friesen bekannt ist.[82] Auch für Quentovic, dem zweiten wichtigen Stützpunkt für den Friesenhandel sind mit 15 Exemplaren für die Zeit Pippins relativ viele Münzen belegt.[83] Aus der Zeit Karls des Großen und Ludwigs des Frommen ist ebenfalls kein Hortfund erhalten, der neben karolingischen Münzen Sceattas enthält.[84]

Anders als im Frankenreich scheinen in Ribe hingegen noch in der zweiten Hälfte des 8. Jahrhunderts Sceattas verwendet worden zu sein.[85] Dafür spricht ein in Ribe ausgegrabener Sceatta der Variante F, der aus einem Stratum stammt, das dendrochronologisch in die Jahre 760–780 datiert wird.[86] Es kann jedoch

---

79 Vgl. Breternitz, Ende, S. 93–97.

80 Vgl. Coupland, Checklist, S. 210 f. Nr 1 (La Tour-de-Peilz), Nr. 2 (Wijk bij Duurstede).

81 Vgl. Lafaurie – Pilet-Lemières, Monnaies, S. 381 Karte 19.

82 Vgl. Garipzanov, Staatlichkeit, S. 417.

83 Vgl. Depeyrot, Numéraire carolingien, S. 489 Nr. 796.

84 Vgl. Coupland, Checklist, S. 210–213 Nr. 3–50; Coupland, Supplement, S. 216. Dasselbe gilt auch für das gesamte 9. Jahrhundert. Vgl. Haertle, Münzfunde.

85 Vgl. Feveile, Series X.

86 Metcalf – Op den Velde, Series E, Bd. 1, S. 139–141 mit Abb. 5,5, sehen dies als Beleg für eine Prägung der Variante F in der zweiten Jahrhunderthälfte. Dieses Argument entkräftet Breternitz, Ende, S. 92 f. Zur Münze vgl. Feveile, Mønterne, S. 279–281, 292 Nr. 26. Zu Ribe vgl. die einschlägigen Beiträge in Bischt Christensen, Ribe; Feveile, Ribe.

nicht ausgeschlossen werden, dass es sich um eine dänische Nachprägung handelt, zumal andere Sceattaserien dort nachgeprägt wurden und bis zu Beginn des 9. Jahrhunderts Verwendung fanden.[87] Denare Pippins wurden in dem dänischen Emporium bisher nicht gefunden.[88] Zumindest eine Münze Pippins, die interessanterweise in Dorestad geprägt wurde, wurde jedoch bei Aalborg in Nordjütland gefunden.[89] Aus den von den Franken unabhängigen friesischen Gebieten sind keine Hortfunde der Zeit bekannt. Und bei Einzelfunden ist, wenn sie nicht aus großen, gut erforschten Ausgrabungen wie in Ribe stammen, der Zeitpunkt, als die Münze verloren ging, nicht mehr zu rekonstruieren.

Es kann also festgehalten werden, dass die Verwendung friesischer Sceattas um die Mitte des 8. Jahrhunderts im Frankenreich und höchstwahrscheinlich auch in den unabhängigen friesischen Gebieten zu einem Ende gekommen ist. Diese These wird gestützt durch das Ende der friesischen Sceattaproduktion in den 730er Jahren. Dass die Sceattas durch die Denare Pippins ersetzt wurden, lässt sich nicht beweisen, ist aber naheliegend. Dafür könnte auch sprechen, dass aus kaum einer Prägestätte Pippins so viele Exemplare erhalten sind wie aus den Stützpunkten für den Friesenhandel. Auffällig ist auch die Gestaltung der in Dorestad hergestellten Münzen. Bis auf zwei haben alle Münzen auf der Rückseite die gängige R(e)X F(rancorum)-Legende. Auf der Vorderseite steht M PIPI oder N PIPI versehen mit zwei Symbolen, und zwar einem Kreuz und einer Streitaxt. Während das Kreuz ein häufiges Symbol auf Pippins Münzen ist, ist die Streitaxt äußerst selten.[90] Die Botschaft, die Pippin den Friesen mit diesen beiden Zeichen senden wollte, ist Christentum und militärische Stärke.

Wie bei den merowingischen Silberdenaren stehen auch bei den friesischen Sceattas keine Schriftquellen zur Metrologie zur Verfügung. Sie muss also allein aus den Gewichten der gefundenen Münzen rekonstruiert werden. Anders als im Frankenreich, in dem meist nicht mehr als eine Handvoll oder gar nur ein Exemplar eines Münztyps bekannt ist, sind bei den Sceattas relativ viele Exemplare einzelner Serien und Varianten überliefert. Auch wenn die Gefahr besteht, Nachprägungen, die sich nur in der Gestaltung, aber nicht im Gewicht an ihrem Vorbild orientierten, fälschlich zu berücksichtigen, ist die Ausgangslage für eine statistische Auswertung deutlich besser. Dazu tragen auch die feingliedrige Klassifizierung und die relativ hohe Anzahl einzelner Serien und Varianten bei. Zwischen verschiedenen Serien und Varianten der friesischen Sceattas konnten

87 Vgl. Feveile, Series X, S. 65 f. Zu den engen wirtschaftlichen Beziehungen zwischen Ribe und dem friesischen Raum vgl. Müller-Wille, Ribe, S. 330; Jöns, Trading Centres, S. 247 f. Zur Sceattaprägung (Serie X) vermutlich in Dänemark vgl. Metcalf, Thrymsas and Sceattas, Bd. 2, S. 275–293. Die Frage, ob die Serie X in Dänemark oder nicht doch in Friesland geprägt wurde, wurde lange diskutiert. Die zahlreichen Funde in Ribe in den letzten Jahrzehnten stärken die Dänemarkthese, auch wenn noch kein Forschungskonsens erreicht werden konnte. Vgl. auch Kluge, Numismatik, S. 91; Feveile, Series X.

88 Vgl. Feveile, Mønterne.

89 Vgl. Völckers, Münzfunde, S. 68 f., 153 Nr. XVI,1.

90 Grierson – Blackburn, Early Middle Ages, S. 204, schlagen als Auflösung *monogramma* für M beziehungsweise *nomen* für N vor. Zur Interpretation dieser Münzen vgl. Breternitz, Pippins Münzprägung.

Metcalf und Op den Velde statistisch halbwegs belastbare Unterschiede in der Gewichtsverteilung nachzeichnen, die darauf hindeuten könnten, dass die Exemplare der einzelnen Serien und Varianten jeweils nach einem bestimmten Gewichtsstandard hergestellt wurden, der jedoch zwischen den Serien und Varianten und somit zwischen den Prägestätten variierte.[91] Auch ohne Spekulationen, wie das bei der Prägung intendierte Gewicht und die dahinterstehende Relation zwischen Pfund und Sceatta ausgesehen haben mögen, kann also festgehalten werden, dass es bei den Friesen wohl keinen einheitlichen Gewichtsstandard gab. Neuere Forschungen haben auch wahrscheinlich gemacht, dass neben vollgewichtigen Sceattas auch halbe Sceattas geprägt wurden, die ein paralleles Phänomen zu den merowingischen Obolen darstellen.[92]

4.1.4 Pippins Münzreform

Der erste Satz des Münzkapitels widmet sich der Relation von Pfund und Solidus: „Über die Münze haben wir beschlossen, dass sie im Gewichtspfund nicht mehr als 22 Solidi haben soll."[93] Die meisten Forscher setzen das römische Pfund mit 327,45 g an. Doch herrscht Uneinigkeit darüber, an welcher Stelle der Rechnung die 327,45 g angesetzt werden müssen.

	327,45 g	**Solidi**	**Denare**
Mehrheit[94]	Gewichtspfund	22 Solidi	264 à 1,24 g
Witthöft 1984	Rechenpfund	21 Solidi	252 à 1,30 g
Nau 1972	Zählpfund	20 Solidi	240 à 1,37 g

Harald Witthöft glaubt, dass der Solidus für den Monetar schon abgezogen ist und 21 Solidi ein römisches Pfund ausmachen.[95] Folglich teilt er das römische Pfund durch die 21 Solidi, die der Besitzer zurückerhält, was zu einem höheren Gewicht eines Denars führt. Das Münzpfund, also der Klumpen Metall, der am Beginn der Münzherstellung steht, und 264 Denare ausmacht, wöge dann 343 g, was ein völlig neues Gewicht wäre. Dass das Kapitular das Gewicht des Pfundes als bekannt voraussetzt, macht es jedoch wenig wahrscheinlich, dass hier ein

91 Vgl. Op den Velde – Metcalf, Series D, S. 46–54; Metcalf – Op den Velde, Series E, Bd. 1, S. 66–89.

92 Vgl. Breternitz – Stangier – Tillmann, Halbsceattas. Kritisch dazu die Replik von Metcalf – Op den Velde, Comment.

93 Vgl. Pippini regis capitulare c. 5, in: MGH Capit. 1, Nr. 13, S. 32 Z. 12–14: *De moneta constituimus, ut amplius non habeat in libra pensante nisi XXII solidos, et de ipsis XXII solidis monetarius accipiat solidum I, et illos alios domino cuius sunt reddat.*

94 Vgl. beispielsweise Gaettens, Münzrecht, S. 4; Grierson – Blackburn, Early Middle Ages, S. 204; Klein, Münzreform, S. 226; Depeyrot, Numéraire carolingien, S. 76; Kluge, Am Beginn, S. 24.

95 Vgl. Witthöft, Münzfuß, S. 32–40.

völlig neu eingeführtes Gewicht gemeint ist.[96] Dasselbe kann gegen die Überlegungen von Nau angeführt werden, die zusätzlich zu dem Solidus für den Monetar noch einen weiteren Solidus als Schlagschatz abzieht.[97] Ein solcher wird freilich im Kapitular überhaupt nicht erwähnt. Vielmehr heißt es ja ausdrücklich, dass bis auf einen alle anderen Solidi an den Besitzer zurückgegeben werden sollen. Es spricht also alles dafür, die Regelung mit der Mehrheit der Forscher wörtlich zu verstehen und das römische Pfund mit 22 Solidi oder 264 Denaren gleichzusetzen. Dann ergibt sich auf zwei Nachkommastellen gerundet die Relation 1 Pfund à 327,45 g = 22 Solidi à 14,88 g = 264 Denare à 1,24 g. Obolen werden im Kapitular nicht erwähnt. Das für sie vorgesehene Durchschnittsgewicht kann jedoch leicht berechnet werden, haben sie doch den Wert eines halben Denars.

Diese von Pippin festgelegte Relation wurde von der Forschung auf unterschiedliche Weise interpretiert, was nicht zuletzt daran liegt, dass die Zeit zuvor geldhistorisch schwer zu fassen ist. In jüngerer Zeit versuchte Philippe Schiesser zu zeigen, dass der Wandel vom merowingischen zum karolingischen Münzsystem erst später, und zwar mit der Münzreform Karls des Großen 793/794 anzusetzen sei.[98] Auch andere Numismatiker betonten, dass die Münzreform Pippins keine einschneidende Veränderung bewirkt habe.[99] Gemein ist diesen Forschungspositionen, dass sie sich stark auf die Leistung Pippins für die Weiterentwicklung der Geldgeschichte konzentrieren und auf sehr dünner Quellenlage beruhen. Dies wird besonders bei den Obolen Pippins deutlich. Nur vier bis fünf Exemplare sind bekannt.[100] Zwar stehen sie in ihrer Gestaltung und

96 Vgl. Klein, Münzreform, S. 226 f.

97 Vgl. Nau, Epochen, S. 37 f. In diesem Sinne bereits Morrison, Numismatics, S. 417; ders. – Grunthal, Carolingian Coinage, S. 36 Anm. 35 und in der jüngeren Forschung Naismith, Money, S. 43.

98 Vgl. zuletzt Schiesser, Monnaies, S. 36. Zu der Münzreform Karls des Großen von 793/794 vgl. Grierson, Money and Coinage, S. 516–530; Grierson – Blackburn, Early Middle Ages, S. 208 f.; Emmerig, Capitularies, S. 1433; Kluge, Am Beginn, S. 38.

99 Vgl. beispielsweise Hävernick, Münzreformen, S. 147: „Im Ganzen läßt sich sagen, daß die durchgeführte Ordnung kaum neuartige, revolutionierende Züge trägt und von den Karolingern selbst sicher nicht als etwas Neues empfunden wurde, daß aber eben die straffe und praktische Ordnung durch eine weise Hand von nachhaltiger Wirkung auf das folgende Zeitalter war und darum allein später als der Anfang einer neuen Epoche betrachtet wurde." Ähnlich Latouche, Birth, S. 146 f.; Völckers, Münzfunde, S. 31; Emmerig, Schrift, S. 502.

100 Vgl. Schiesser, Oboles, der vier Exemplare kennt. Eines von ihnen befindet sich in Privatbesitz und wurde vom Auktionhaus Elsen, Auktion 121, Los 599 zum Verkauf angeboten. Aufgrund von Zweifeln an der Authentizität des Stückes wurde es, wie Schiesser angibt, vom Verkauf zurückgezogen. Schiesser, S. 33, selbst hält die Münze für authentisch oder von einem zumindest sehr talentierten Fälscher gefälscht. Eine sichere Quellengrundlage ist das Stück also nicht. Wie stark und wie schnell moderne Münzfälscher auf seltene Münzypen reagieren zeigt sich bei den merowingischen Obolen. Vgl. dazu Dhénin – Schiesser, Oboles mérovingiennes, S. 308 f.
Morrison – Grunthal, Carolingian Coinage, S. 74 Nr. 4 und 5 beziehen sich, wie seit längerem bekannt ist, auf ein und dieselbe Münze. Unbekannt war Schiesser ein weiterer Trierer Obolus. Vgl. Weiller, Trier, S. 267 Nr. 17 Exemplar 2. Schiesser, S. 35, vermutet, dass es noch weitere Obolen geben könnte, die nur noch nicht als solche erkannt worden sind. Dafür spricht, dass die Forschung lange davon ausging, dass Obolen erst von Ludwig dem Frommen eingeführt

Abgrenzung von Denaren in merowingischer Tradition,[101] doch verweisen alle Exemplare eindeutig auf Pippin.[102] Schiesser scheint also zu hart zu urteilen, wenn er bei den pippinischen Obolen überhaupt keine Zäsur zur Merowingerzeit erkennen mag.[103] Nur am Rande sei vermerkt, dass die Einführung von Obolen im Frankenreich somit natürlich nicht das Verdienst Pippins ist, wie die ältere Forschung vor der Entdeckung der merowingischen Obolen teilweise annahm.[104] Die pippinischen Obolen zeugen also nicht von dem Versuch, durch die Einführung einer kleineren Zahlungseinheit die Geldverwendung in der Bevölkerung zu steigern.

Eine weitere Deutung des Münzkapitels ist, dass das Ziel der Reform die Kompatibilität mit dem arabischen Münzraum gewesen sei. So geht beispielsweise Renée Doehard davon aus, dass die fränkischen Münzen den islamischen Münzen qualitativ unterlegen gewesen seien, was dazu geführt habe, dass Pippin und später Karl der Große das Münzwesen reformiert hätten.[105] In der Tat fällt auch bei aller gebotener Vorsicht auf, dass die gefundenen Münzen unter Pippin grob betrachtet wieder etwas schwerer und damit wertvoller sind. Doch solange das ursprünglich intendierte Gewicht des merowingischen Silberdenars unbekannt ist, kann diese Interpretation des pippinischen Münzkapitels weder verifiziert noch falsifiziert werden.

Aus einer anderen Perspektive ist das Münzkapitel als wahre Reform, als Wiederherstellung des ursprünglichen Zustands begriffen worden. Nach dieser Deutung sei zwar das Gewicht der Münzen gegenüber der ersten Jahrhunderthälfte erhöht worden, dies sei aber erfolgt, um die Kaufkraft des einzelnen Denars stabil zu halten.[106] In dieser Sicht sorgte Pippin für eine Art Inflationsausgleich. Feste Abgaben, wie beispielsweise der von Karlmann in Les Estinnes festgelegte Entschädigungssolidus für entfremdetes Kirchengut, würden so in ihrem Wert stabil bleiben.

Doch die Frage, ob in der Mitte des 8. Jahrhunderts Inflation oder Deflation herrschte, lässt sich anhand der Quellen nicht mehr klären und bleibt höchst spekulativ. Selbst wenn durch das Erschließen neuer Minen und mehr Silberzufuhr von außen größere Silbermengen im Frankenreich vorhanden gewesen sein sollten, könnten dem auf der anderen Seite auch größere produzierte Warenmengen gegenübergestanden haben, die für einen Ausgleich oder gar für Deflation gesorgt haben könnten. Wichtiger als dieses nicht zu lösende Problem

---

worden seien. Zudem sei es teilweise nicht möglich, Obolen Pippins und Karls des Großen auseinanderzuhalten.

101 Vgl. Schiesser, Oboles, S. 35.

102 Der in seiner Echtheit umstrittene Obolus wiese sogar mit RP auf der Vorderseite und RxF auf der Rückseite beide für Pippin typischen Legenden auf.

103 Vgl. Schiesser, Oboles, S. 35: „Une nouvelle fois, la réforme de Charlemagne de 793 marque la véritable rupture numismatique entre l'époque mérovingienne et carolingienne."

104 Vgl. beispielsweise Garipzanov, Symbolic Language, S. 33 f. Teilweise wurde die Einführung von Obolen auch erst unter Ludwig dem Frommen angesetzt. Vgl. beispielsweise Grierson – Blackburn, Early Middle Ages, S. 213; Kuchenbuch, Verhältnisse, S. 200.

105 Vgl. Doehaerd, Réformes monétaires, S. 17–20.

106 Vgl. Bolin, Mohammed.

ist jedoch die Frage, ob Pippin und seinen Großen der für diese Deutung vorausgesetzte Grad an geldtheoretischer Reflexion überhaupt zuzutrauen ist. Dass generell keine geldtheoretischen Äußerungen aus dem Frühmittelalter bekannt sind, spricht eher dagegen.

Andere Forscher sehen in Pippins Münzreform keine Wiederherstellung eines verloren gegangenen Standards, sondern eine bewusste Veränderung des bisherigen Münzsystems. Eine These lautet, dass der Denar aufgewertet werden sollte, und zwar nicht als Inflationsausgleich, sondern als gezielte Steigerung seines Wertes.[107] Auch diese These lässt sich aufgrund der unzureichenden Kenntnis des spätmerowingischen Münzwesens weder beweisen noch widerlegen. Wenig überzeugend ist jedoch die Interpretation Bernd Kluges, der hinter dieser Aufwertung eine bewusste Förderung der Kirchen durch Pippin vermutet. Kluge nimmt ebenfalls auf die von Karlmann festgelegten Entschädigungszahlungen von einem Solidus pro Hofstatt pro Jahr Bezug.[108] Wenn also die zwölf Denare pro Hofstatt wertvoller werden, so seine Überlegung, erhöhen sich die Entschädigungszahlungen insgesamt. Für ihn ist die Münzreform daher eine indirekte Erhöhung dieser Kompensationsleistungen an die Kirche, ohne dass die Zahl der zu zahlenden Denare offiziell erhöht worden wäre. Eine solche verdeckte Erhöhung mutet recht modern an, und Kluges Überlegungen wirken schnell anachronistisch. Noch unwahrscheinlicher werden sie, wenn der Teilnehmerkreis der Versammlung berücksichtigt wird, dessen Beschlüsse das Königskapitular verkündet. Aufgrund der weltlichen Themen ist, wie gezeigt wurde, davon auszugehen, dass die Versammlung nicht nur von geistlichen, sondern auch von weltlichen Großen besucht wurde. Diejenigen, die die Zahlungen an die Kirchen leisten mussten, saßen also mit am Tisch, als über die Münzreform beraten wurde. Die Vorstellung, dass sie sich dafür stark machten, ihre Zahlungen verdeckt zu erhöhen, ist nicht sehr überzeugend.[109]

---

107 Vgl. beispielsweise Gariel, Monnaies royales, Bd. 1, S. 21; Suhle, Deutsche Münzen, S. 19; Devroey, Activité, S. 181 f.

108 Vgl. Kluge, Am Beginn, S. 24 f. Vgl. Karlmanni Principis Capitulare Liptinense c. 2, MGH Capit. 1, Nr. 11, S. 28 Z. 8–15: *Statuimus quoque cum consilio servorum Dei et populi Christiani propter inminentia bella et persecutiones ceterarum gentium, que in circuitu nostro sunt, ut sub precario et censu aliquam partem aecclesialis pecuniae in adiutorium exercitus nostri cum indulgentia Dei aliquanto tempore retineamus, ea conditione, ut annis singulis de unaquaque casata solidus, id est duodecim denarii, ad aecclesiam vel ad monasterium reddatur; eo modo ut, si moriatur ille, cui pecunia commodata fuit, aecclesia cum propria pecunia revestita sit, et iterum, si necessitas cogat, ut princeps iubeat, precarium renovetur et rescribatur novum.* Zu den in Les Estinnes festgesetzten Entschädigungzahlen vgl. Glatthaar, Bonifatius, S. 258 f., der diesen Solidus für einen Fünftel des Bodenertrags (Neunt und Zehnt) hält. Dieser starren Gleichsetzung widersprechen erstens die natürlichen Schwankungen des Bodenertrags von Jahr zu Jahr, die es unmöglich machen, dass der eine Solidus jedes Jahr denselben Anteil der Erträge ausmachen kann. Zweitens bezieht sich der Solidus nicht auf die Summe von Zehnt und Entschädigungszahlung, wie Glatthaar annimmt, sondern allein auf die Entschädigungszahlung.

109 Dem könnte entgegengehalten werden, dass sich dann natürlich auch die Abgaben an die weltlichen Großen ebenfalls erhöhen würden. Dies träfe jedoch nur auf die in Geld geleisteten Abgaben zu und nicht auf die in Naturalien geleisteten Abgaben, so dass die weltlichen Großen

René Klein stellte 1998 die These auf, dass es sich bei der Münzreform Pippins mit der Relation zwischen Pfund und Solidus von 1 zu 22 um einen Kompromiss zwischen zwei nebeneinander existierenden Münzsystemen mit den Relationen 1 zu 20 im Norden und 1 zu 24 im Süden des Frankenreichs handele. Klein bietet somit auch eine Erklärung für die ungewöhnliche Relation 1 zu 22,[110] die er als arithmetisches Mittel deutet. Doch seine Prämissen über das merowingische Münzwesen können, wie gezeigt wurde, nicht bewiesen werden.[111] Auch wenn Kleins Theorie im Detail nicht nachweisbar ist, liegt der Grundgedanke nicht fern, dass es Pippin bei der Münzreform auch metrologisch betrachtet vor allem um Vereinheitlichung ging. Auch wenn bezüglich des merowingischen Silberdenars große Unsicherheit über sein intendiertes Gewicht besteht, sind doch bei den friesischen Sceattas Gewichtsunterschiede zwischen den Serien erkennbar. Durch das Ende einer eigenständigen Münzprägung bei den Friesen und durch die Münzreform Pippins entstand ein einheitliches Münzsystem. Doch muss stets bedacht werden, dass nur das Durchschnittsgewicht der Münzen einheitlich war. Aufgrund der al pondo-Prägung war das reale Gewicht der ausgeprägten Denare weiterhin uneinheitlich.[112] Daher darf die Wirkung dieser Vereinheitlichung auf das Wirtschaftsleben auch nicht zu hoch bewertet werden. Ebenso fraglich ist, ob Pippin hier eine gezielte Förderung des Handels unterstellt werden darf. Dies gilt vor allem im Hinblick auf die von manchen postulierte Kompatibilität des pippinischen Silberdenars mit dem arabischen Dirham.[113]

Möglicherweise eingetretene wirtschaftliche Folgen können aber auch nicht intendiert oder zumindest von sekundärem Interesse gewesen sein. Denn, wie gezeigt werden wird, ist das Hauptziel der Münzreform die Verbreitung der neuen Münztypen mit Hinweis auf Pippins Königtum, für das eine Vereinheitlichung auch von großer Bedeutung war.

---

bei einer solchen von Kluge vorgeschlagenen indirekten Erhöhung der Ausgleichszahlungen auf jeden Fall zu den Verlierern zählen würden.

110 22 enthält mit 11 eine ungewöhnlich hohe Primzahl. Das gleichmäßige Teilen in 11 Teile ist deutlich schwerer als in 3 (beispielsweise bei 24 = 2 * 2 * 2 * 3) oder 5 (beispielsweise bei 25 = 5 * 5).

111 In eine ähnliche Richtung gehen Grierson – Blackburn, Early Middle Ages, S. 204, die das Ziel der Münzreform darin sehen, die leichteren merowingischen Denare abzulösen.

112 Über die Breite der Streuung bei der al pondo-Prägung lassen sich für die Zeit Pippins keine gesicherten Aussagen treffen, da die meisten Emissionen nur in einem Exemplar oder einigen wenigen bekannt sind, so dass keine statistisch belastbaren Aussagen möglich sind, und zwar unabhängig von den Problemen, die auftreten, wenn aus dem heutigen Gewicht auf das Gewicht bei der Prägung geschlossen werden soll.

113 Vgl. beispielsweise Bolin, Mohammed; S. 14f. Klein, Münzreform, S. 227. Sarah, L'avènement, S. 190 betont hingegen, dass anhand des Durchschnittsgewichts gefundener Denare und Dirhams metrologisch keine direkte Verbindung in Bezug auf das Gewicht zwischen beiden Münzsystemen gefunden werde könne.

4.2 Münzen Pippins als Medium

Walter Pohl schreibt Münzen für mittelalterliche Verhältnisse den Charakter eines Massenmediums zu.[114] Für diese Einschätzung spricht nicht nur die hohe Anzahl der hergestellten Exemplare, die, auch wenn nur wenige Exemplare erhalten sind, in die Zehn- bis Hundertausende gegangen sein muss,[115] sondern auch die Zirkulation der Münzen durch lokalen und Fernhandel. Teilweise wurden Denare Pippins am anderen Ende oder sogar außerhalb des Frankenreichs gefunden.[116]

In den friesischen Gebieten bedeuten die Münzen Pippins eine noch stärkere Zäsur im Hinblick auf die Gestaltung der Münzen. Denn der größte Unterschied zwischen den friesischen Sceattas und den fränkischen Silberdenaren, sowohl den merowingischen als auch den karolingischen, war ihre Schriftlosigkeit. Auf den merowingischen Silberdenaren hingegen ist die Schrift das wichtigste Element. Die Gestaltung der merowingischen Silberdenare zeichnet sich durch eine große Heterogenität aus, die auch unter Pippin nicht überwunden wurde.

Von den Denaren Pippins sind knapp über 250 Exemplare überliefert.[117] Bei einem Teil von ihnen gehen mehrere Exemplare auf dieselben Stempel zurück. Es sind also weitaus weniger als 250 Emissionen bekannt. Eine Reihe von Münzstätten ist insgesamt nur durch eine oder sehr wenige Münzen belegt. Aus anderen Orten sind hingegen mehrere Emissionen bekannt. Die Zuweisung der Münzen, auf denen der Ortsname in der Regel nur abgekürzt ist, an konkrete

114 Vgl. Pohl, Identitätsträger, S. 22 f.

115 Vgl. Kluge, Am Beginn, S. 46, der davon ausgeht, dass weniger als ein Prozent der Münzen überliefert ist.

116 So wurde beispielsweise ein Denar Pippins in Nordjütland auf dem Hügel Möllebakke bei Aalborg gefunden. Vgl. Völckers, Münzfunde, S. 68, 153; Garipzanov, Scandinavia, S. 88 Nr. 16.

117 Die meisten bekannten Münzen sind verzeichnet bei Depeyrot, Numéraire carolingien. Coupland, Rezension Depeyrot, betont die Mängel des Werkes, und zwar einerseits nicht wenige Dubletten unter den angeführten Exemplaren und andererseits das Fehlen vieler Exemplare. Coupland, S. 582, stuft die bei Depeyrot genannten Zahlen von bekannten Exemplaren als wenig verlässlich ein: „What this means is that this catalogue can be used to give a general idea of the number of coins produced – very few, a fair number, or a great many – but nothing more precise than that." Couplands Kritik ist nicht unberechtigt. Das numismatische Schrifttum ist, wie Klüßendorf, Part oder Solo, S. 260 f., beklagt, selbst für den Fachnumismatiker nicht mehr in seiner Vollständigkeit zu überschauen. Für Vertreter von Nachbarfächern wie beispielsweise der Geschichte sei es umso schwerer, die numismatische Literatur zu überblicken. Nicht wenige Publikationen genügen nicht wissenschaftlichen Standards, wie Kluge, Numismatik, S. 45, betont: „Neben diesen ausgezeichneten Leistungen stehen aber auch solche, in denen durch Idealismus und Eifer die begrenzten Kenntnisse und methodischen Schwächen nicht aufgewogen sind. Eine methodisch unorthodoxe Herangehensweise ist für einen nicht unwesentlichen Teil der Sammler-Literatur charakteristisch." Als Resultat dieser schwierigen Forschungslage erhebt der Verfasser nicht den Anspruch, alle über Depeyrot hinausgehenden, publizierten Münzen Pippins zu kennen, hofft aber, die meisten von ihnen zur Kenntnis genommen zu haben. Auch bei der älteren und neuen Literatur zu und über bereits von Depeyrot publizierten Münzen konnte aufgrund der genannten Schwierigkeiten dem Anspruch auf vollständige Kenntnisnahme nicht Genüge getan werden.

Münzstätten ist bisher nur bei einer Minderheit mit einer gewissen Sicherheit möglich. Bernd Kluge zählt lediglich fünf von 49 Münzstätten zu den gesicherten Münzstätten. Bei 16 sei die Zuordnung wahrscheinlich, bei elf immerhin noch möglich. In 17 Fällen sei die Zuweisung nicht mehr als ein Notbehelf.[118] Bei dieser letzten Gruppe vermutet er zudem, dass es sich bei ihnen zum großen Teil um weitere Emissionen aus schon sicher oder wahrscheinlich bezeugten Münzstätten handele, so dass die Gesamtzahl der unter Pippin bezeugten Prägestätten wahrscheinlich eher unter 49 liege.

4.2.1 Die Rolle der Großen

Besonderes Augenmerk verdienen die Münzen, deren Legenden so schwer deutbar sind, dass auch Personen- statt Ortsnamen diskutiert werden. Denn wenn es sich in diesen Fällen wirklich um Personen handelte, würde dies bedeuten, dass auch nach der Reform Pippins weiter Personen ihren Namen auf Münzen prägen ließen – zwar in der Regel mit Verweis auf das Königtum, aber dennoch dessen alleinigem Anspruch zuwiderlaufend. Aus der Zeit Pippins wurden und werden Münzen mit den möglichen Namen Autramnus/ Antramnus, Erodbert/ Robert, Gaddo, Georg/ Gregor und Had[...] diskutiert. Hinzu kommen Berincarius von Sens, Deodefridus von Paris, Labienus beziehungsweise Lambert von Reims und Milo von Narbonne, die ohne Verweis auf Pippins Königtum geprägt haben sollen.[119] Die nähere Betrachtung und Diskussion dieser Münzen wird zeigen, wie diffizil und unsicher die Lesung und Interpretation von frühmittelalterlichen Münzen sein kann.[120]

Völlig umstritten ist die Deutung der Münzen, auf deren Vorderseite R(ex) P(ippinus) und auf deren nicht eindeutig zu lesender Rückseite AVTRAMNO oder ANTRAMNO oder eine ähnliche Legende steht.[121] Mit rund 50 Exemplaren handelt es sich um den am häufigsten überlieferten Münztyp aus der Zeit Pippins. Ein weiterer Münztyp mit einer ähnlichen Rückseite ist bekannt, der auf der Vorderseite jedoch auf Karl den Großen verweist.[122] Auf der einen Seite wurde eine Zuweisung an eine historische Person namens Autramnus vorgenommen.[123] Der Namen lässt sich auch für das Frühmittelalter belegen.[124] Eine konkrete Person als Urheber der Münzen konnte jedoch nicht identifiziert werden. Auf der anderen Seite wurden verschiedenen Orte, vor allem Antrain[125], Melle

118 Vgl. Kluge, Am Beginn, S. 45. Nachträge bei Coupland, Rezension Kluge.

119 Vgl. Lafaurie, Numismatique, S. 41; Geneviève – Sarah, Rodez, S. 488 f. Nr. 6; Naismith, Kings, S. 314 f.; Kluge, Am Beginn, S. 49; Schiesser, Berincarius.

120 Grundlegend zu dem Problem vgl. Felder, Lesen.

121 Vgl. Depeyrot, Numéraire carolingien, S. 531 f. Nr. 892. Emmerig, Schrift, S. 502 f., hält zu Recht fest, dass sich die Aufschrift einer zuverlässigen Lesung entziehe.

122 Vgl. Depeyrot, Numéraire carolingien, S. 532 Nr. 893 (zwei Exemplare).

123 Vgl. de Longpérier, Cent deniers, S. 226–229; Prou, Monnaies carolingiennes, S. 1 f. Nr. 1–4; Völckers, Münzfunde, S. 35.

124 Vgl. beispielsweise Ebling, Prosopographie, S. 68 Nr. LV.

125 Vgl. Gariel, Monnaies royales, Bd. 1, S. 54 Nr. 1–7.

beziehungsweise Metz[126] und St-Denis[127] diskutiert. Eine in einem Aquädukt in der unmittelbaren Nähe von St-Denis gefundene Bleiplatte, die Abdrücke dieser Münzen enthält, spricht dafür, dass die Münzen tatsächlich dort geprägt worden sein könnten.[128] Diese relativ wahrscheinliche Lokalisierung der Prägestätte bedeutet jedoch nicht, dass es sich bei der Legende um den Ortsnamen St-Denis handeln muss, wie Metcalf behauptet. Wenn es sich um einen Personennamen handeln sollte, stellt sich die Frage, wer die Person gewesen sein soll und welche Funktion sie ausgeübt haben könnte. Es müsste sich um eine nachgeordnete oder weltliche Person handeln, da der Abbatiat in der fraglichen Zeit von Fulrad (750–784) bekleidet wurde. Doch bringt es nichts darüber zu spekulieren. Zusammenfassend lässt sich festhalten, dass die Denare höchstwahrscheinlich in St-Denis geprägt wurden und die Legende der Rückseite nicht sicher gedeutet werden kann.

Bei Erodbert dürfte es sich in der Tat um eine Person handeln.[129] Es sind jedoch Zweifel angebracht, ob der auf der Münze genannte Erodbert mit einem 741 bezeugten Graf Radbertus und mit dem in einem Brief Papst Pauls I. an Pippin genannten Vir illuster Radbertus identisch ist.[130]

---

126 Vgl. Kluge, Am Beginn, S. 49. Kluges Argument, dass aufgrund der hohen Anzahl von Münzen davon auszugehen sei, dass sich hinter der Legende eine sonst nicht belegte, bedeutende Münzstätte wie Melle oder vielleicht auch Metz verbergen müsse, mag nicht überzeugen.

127 Vgl. Metcalf, Pepin, der ANTRD-NO (D in Form von Δ) liest. Seiner Auflösung ANT[istitio] R[egio] D[io]N[usiac]O, folgte die Forschung überwiegend nicht oder wies sie zurück. Vgl. Morrison – Grunthal, Carolingian Coinage, S. 81 f. Nr. 47; Grierson – Blackburn, Early Middle Ages, S. 634 Nr. 720, Kluge, Am Beginn, S. 49. Das Wort *antistitium* im Sinne von Kloster scheint sehr selten zu sein, zumindest führen weder Niermeyer – van de Kieft – Burger, Lexicon, S. 63, noch das Mittellateinische Wörterbuch, Bd. 1, S. 722 diese Bedeutung auf. Häufiger ist hingegen das Wort *antistes* im Sinne von Abt beleg, das zwar auch für ANT eingesetzt werden könnte, aber nicht mit der von Metcalf vorgeschlagenen Auflösung R[egius] in Einklang zu bringen ist. Hinzu kommt, dass die Lesung an sich nicht auf alle Exemplare übertragbar ist. So ist beispielweise auf einem Berliner Exemplar deutlich zu sehen, dass der letzte Buchstabe der zweiten Zeile eher ein A als ein deltaförmiges D ist. Vgl. Berlin, Münzkabinett, Obj. 18245612. Kurzum die Hypothese überzeugt kaum. Trotz allem will Depeyrot, Numéraire carolingien, S. 531 f. Nr. 892 an Metcalfs Vorschlag festhalten. Dhénin, Monnaies, S. 311, betont hingegen, dass keine Münzen aus der Zeit Pippins für St-Denis erhalten seien.

128 Die Platte wird von Héron – Meyer, L'environnement, S. 80 und Romero, Saint-Denis, S. 45 als Prüfplatte für Münzstempel interpretiert. Anders als Héron – Meyer die Abdrücke beschreiben, wird es sich vermutlich nicht um rückläufige Schrift handeln, sondern um einen spiegelverkehrten Abdruck. Dies bedeutet, dass der Stempelschneider die Legende nicht spiegelverkehrt und somit falschherum in den Stempel geschnitten hat. Die Bleiplatte bezeugt also die Überprüfung eines fehlerhaften Stempels, von der ausgegangen werden muss, dass sie am Ort der Münzprägung durchgeführt wurde.

129 Vgl. Depeyrot, Numéraire carolingien, S. 337 Nr. 431B.

130 Diese Gleichsetzung wird vorgenommen durch Crinon, Attribution. MGH D Arnulf. 14, S. 34 Z. 3: *Signum Ratberti comitis.* Codex Carolinus Nr. 30, S. 536 Z. 10–12 […] *iam absolutis vestris missis, qui nuper ad nos coniunxerunt, Wilchario videlicet sanctissimo fratre et coepiscopo nostro seu Felice religioso et Ratberto viro inlustri* […].

Ebenfalls als Name diskutiert wird die Legende Gaddo. Für den Namen lassen sich in unterschiedlichen Schreibweisen[131] Belege anführen.[132] Doch ist es nicht auszuschließen, dass sich dahinter die Abkürzung für einen Ort verbirgt, der noch nicht identifiziert werden konnte.[133]

In Privatbesitz befindet sich eine Münze mit R(e)X F(rancorum) auf der Vorder- und der Abkürzung GRS auf der Rückseite.[134] Die Abkürzung ist von Chwartz und Crinon als G(eo)R(giu)S aufgelöst und mit dem päpstlichen Legaten Bischof Georg von Ostia identifiziert worden.[135] Da dies der einzige Beleg für einen Bischofsnamen auf den Münzen Pippins wäre, spricht Naismith sich für eine unbekannte Person mit dem Namen GR(egoriu)S aus.[136] Doch ist kein Grund ersichtlich, warum sich hinter den drei Buchstaben nicht eine Prägestätte, also ein Ort verbergen sollte. Immerhin sind nicht wenige lateinische Namen von Orten bekannt, die sowohl die Buchstaben G, R und S enthalten als auch in karolingischer Zeit schon belegt sind.[137] Selbst wenn GRS für Georgius stehen sollte, müsste es sich nicht zwingend um einen zeitgenössischen Georg handeln. Genauso gut ist ein gar nicht so seltenes Georgspatrozinium möglich. Zusammenfassend kann festgehalten werden, dass es sich bei GRS höchstwahrscheinlich eher um eine bisher nicht identifizierte und vielleicht auch noch nicht belegte Münzstätte als um Georg von Ostia handelt.

Schwierig zu beantworten ist die Frage, wer oder was HAD ist.[138] Während Prou noch jede Hypothese über die Bedeutung dieser drei Buchstaben für verfrüht hielt,[139] besteht für Völckers bereits ein Konsens der Forschung, dass es sich nicht um einen Orts-, sondern einen Personennamen handele.[140] Bereits de Longpérier äußerte bei der Publizierung des Fundes von Imphy 1858 die Vermutung, dass der Name germanischen Ursprungs sei.[141] Völckers merkt an, dass die Aspiration des Namens auf eine austrasische Herkunft hinweisen könnte.[142] Die These, dass diese Person, wie auch immer sie genau geheißen haben möge, unter Pippin als Monetar tätig gewesen sei, ist keineswegs zwingend, zumal kein Hinweis auf das Wort *monetarius* vorhanden ist. Morrison und Grunthal ordnen

---

131 Gaddo, Gado, Gatto, Gato, Waddo, Wado, Watto, Wato.

132 Für Gaddo vgl. beispielsweise Confraternitates Augienses, in: MGH Necr. Suppl., S. 322 Z. 32; Verbrüderungsbuch der Abtei Reichenau, S. 131 Sp. B4; Confraternitates Sangallenses, in: MGH Necr. Suppl., S. 27 Z. 21. Für die Schreibung Vvado vgl. Felder, Personennamen, S. 340 f.

133 Vgl. Depeyrot, Numéraire carolingien, S. 341 Nr. 440.

134 Vgl. Chwartz – Crinon, Denier inédit; Depeyrot, Numéraire carolingien, S. 344 Nr. 447B.

135 Vgl. Chwartz – Crinon, Denier inédit. Zu Georg von Ostia vgl. Riesenberger, Prosopographie, S. 26–31 mit Quellenbelegen.

136 Vgl. Naismith, Kings, S. 315 Anm. 121.

137 Vgl. Graesse – Benedict – Plechl, Orbis latinus, Bd. 2, S. 117–199. Auf die Nennung von in Frage kommenden Orten wird hier bewusst verzichtet.

138 Vgl. Depeyrot, Numérarie carolingien, S. 628 Nr. 1161; Kluge, Am Beginn, S. 58 Nr. 20; Kunzmann – Richter, Schweiz, S. 328 Nr. 1–558C. VS.: PIP/ HAD. RS.: RxF.

139 Vgl. Prou, Monnaies carolingiennes, S. LXXIII.

140 Vgl. Völckers, Münzfunde, S. 122 f. Nr. I,14.

141 Vgl. de Longpérier, Cent deniers, S. 214 f.

142 Vgl. Völckers, Münzfunde, S. 123.

die HAD-Münzen unter den Fehlprägungen („Mules") ein und gehen davon aus, dass die Legenden oder zumindest ihre Kombination so nicht intendiert waren.[143] Dafür könnte sprechen, dass HAD auf derselben Seite der Münze steht wie Pippins Name. Depeyrot sieht hingegen in HAD die Abkürzung für Zürich (*Turecum*), ein Vorschlag, der von anderen Numismatikern eher skeptisch aufgenommen wurde.[144] Die Verbindung zwischen HAD und *Turecum* ist eine Emission Ludwigs des Deutschen, auf deren Rückseite HADTURECUM steht.[145] Zwar lag Zürich im Herrschaftsbereich Ludwigs, doch ist die Identifizierung alles andere als sicher. Fest steht jedoch, dass HADTURECUM kein Personen-, sondern ein Ortsname ist. Die Möglichkeit, HAD als Abkürzung von HADTURECUM zu interpretieren, welcher Ort auch immer im Ostfrankenreich sich dahinter verbergen mag, steht gleichberechtigt neben der Hypothese de Longpériers, dass es sich um einen germanischen Namen handelt, und der Hypothese einer Fehlprägung von Morrison und Grunthal. Es handelt sich also auch bei diesem Exemplar nicht um einen sicheren Beleg für einen Personennamen auf einer pippinischen Münze.

Relativ überzeugend lässt sich eine Münze mit dem Namen Berincarius nach Sens zuweisen.[146] Doch ist Schiessers Datierung dieser Münze trotz fehlenden Bezugs auf Pippin in die Karolingerzeit alles andere als zwingend.[147] Er weist völlig zu Recht darauf hin, dass Rückseiten mit dreizeiligen Legenden unter Pippins Münzen äußerst rar sind.[148] Nach Schiesser bestehe größere Ähnlichkeit zu einer Münze Offas von Mercia (757/58–796), von der er die Berincarius-Münze inspiriert sieht. Somit wäre die Münze eindeutig nach der Münzreform geprägt worden. Schiesser verweist auf zwei in schriftlichen Quellen belegte Grafen dieses Namens. Zum einen ist ein Graf Beringar ohne Nennung seiner Herkunft im Rahmen der Kämpfe in Aquitanien für das Jahr 768 erwähnt.[149] Zudem wird ein *Berngario comit[e]* ohne spezifischere Angaben in einer Gerichtsurkunde Karls des Großen erwähnt.[150] Über die Frage, ob es sich bei den beiden schriftlich bezeugten Beringars um ein und dieselbe Person handelt und der numismatisch bezeugte Berincarius mit einem der beidem oder dem einen identisch ist, lässt sich nur spekulieren. Selbst wenn einer der beiden Belege im Zusammenhang

143 Vgl. Morrison – Grunthal, Carolingian Coinage, S. 78 f. Nr. 29 mit falscher Lesung der Rückseite.

144 Vgl. Kluge, Am Beginn, S. 92 Nr. 20.

145 Vgl. Depeyrot, Numéraire carolingien, S. 628 Nr. 1162, Kunzmann – Richter, Schweiz, S. 329 Nr. 1–589.

146 Vgl. Schiesser, Berincarius, S. 256. Vorderseite: BERINCARIUS. Rückseite: Palmette/ SENO/ NIS. Fundort Villiers-Louis (8 km östlich von Sens).

147 Vgl. Schiesser, Berincarius.

148 Eine Übersicht über solche dreizeiligen Legenden aus der Zeit Pippins bietet Depeyrot, Numéraire carolingien, S. 41. Nr. D.

149 Vgl. RI I, Nr. 104 t–u.

150 Vgl. D KdGr 110, in: MGH DD Karol. 1, S. 156 Z. 6 f. Die Urkunde wird von der Forschung auf 775 oder 775–778 datiert. Vgl. Stoclet, Fulrad, S. 31 f. Anm. 2. Weder in der Edition von Mühlbacher noch bei Levillain, Examen, S. 243–246 Nr. 19, findet sich ein Versuch, den erwähnten Berngarius mit einer historischen Person zu identifizieren.

mit dem Berincarius der Münze stünde, schließt dies eine Prägung der Münze vor der Münzreform Pippins nicht aus.

Für einen späten zeitlichen Ansatz der Münze bleiben also nur noch Schiessers Schlussfolgerungen aufgrund der Gestaltung der Münze. Es darf allerdings nicht vergessen werden, dass die überlieferten Münzen nur einen verschwindend geringen Bereich des frühmittelalterlichen Münzwesens sichtbar machen. Die Zahl der Emissionen, Münzstätten, Münzen prägenden Herrscher usw., die nur durch ein oder einige wenige Exemplare belegt sind, lässt erahnen, wie oft der dünne Faden der Überlieferung gerissen sein dürfte und kein einziges Exemplar mehr überdauert hat. Die Erforschung des Münzwesens des 8. Jahrhunderts ist in einem beachtlichen Maße dem Überlieferungszufall unterworfen und die große Zahl nicht überlieferter und somit unbekannter Phänomene sollte stets bedacht werden, wenn in dem kleinen sichtbaren Ausschnitt vielleicht manchmal zu leichtfertig in Vorbild und Nachahmung geschieden wird. Zwar ist eine gewisse Ähnlichkeit zwischen der Münze des Berincarius und denen Offas zu erkennen, doch ist es mehr als fraglich, ob die Ähnlichkeit so stark ist, dass von einer direkten Beeinflussung ausgegangen werden muss.[151] Kurzum, es ist nicht zwingend, dass die Münze aus der Zeit nach der Münzreform stammt. Dagegen könnte auch sprechen, dass aus der Zeit Pippins verschiedene Denare mit Nennung Pippins bekannt sind, die mit großer Sicherheit aus Sens stammen.[152]

Einen anderen Denar wiesen Vincent Geneviève und Guillaume Sarah, die 2010 einen kleinen Hortfund von neun Münzen aus einem Frauengrab in Rodez (Dép. Aveyron) publizierten, Bischof Deodefridus von Paris zu.[153] Doch zum einen ist die Zuweisung an Deodefridus sehr unsicher,[154] zum anderen ist dessen

---

151 Auch ein gemeinsames, allerdings nicht bezeugtes Vorbild für die Münze Offas und diejenige des Berincarius ist denkbar.

152 Vgl. Morrison – Grunthal, Carolingian Coinage, S. 77 f. Nr. 22 f. (Sens); Depeyrot, Numéraire carolingien, S. 548 f. Nr. 935 f. (Soissons); Kluge, Am Beginn, S. 62 Nr. 48 (Soissons? oder Sens?). Zwei weitere Exemplare, die 2008 und 2010 im Münzhandel aufgetaucht sind, präsentiert Schiesser, Sens (= Depeyrot, S. 542 Nr. 917B–C).

153 Vgl. Geneviève – Sarah, Rodez, S. 488 f. Nr. 6. Ich danke Dr. Vincent Geneviève für die Zurverfügungstellung von Fotos dieser Münze.

154 Die Zuweisung an einen Pariser Bischof ist relativ sicher, die Zuweisung an einen konkreten Bischof jedoch sehr unsicher. Die Münzen Pariser Bischöfe sind in der Zeit des merowingischen Silberdenars recht einheitlich gestaltet. Vgl. Lafaurie, Monnaies épiscopales; Depeyrot, Numéraire mérovingien, S. 53–56 Tafel 4. Die Vorderseite verweist meist auf den Ort beziehungsweise das Bistum. Auf der Rückseite findet sich meist ein Ankerkreuz, in das teilweise ein Buchstabe eingearbeitet ist, von dem die Forschung annimmt, dass es sich um die Initiale des Bischofs handelt. Es sind jedoch auch Münztypen mit Ankerkreuz ohne Schrift überliefert. Vgl. beispielsweise Depeyrot, Numéraire mérovingien, S. 54 Nr. 13. Das Ankerkreuz findet sich freilich ohne Initiale auch noch auf den Rückseiten Pariser Münzen Pippins und Karls des Großen, während die Vorderseite auf den jeweiligen Herrscher verweist. Vgl. Depeyrot, Numéraire carolingien, S. 470 f. Nr. 756 f. Die Lesung der Initiale auf dem Stück aus Rodez ist nicht unproblematisch. Falls überhaupt befindet sich die Initiale am unteren Schaft des Ankerkreuzes. Geneviève – Sarah, Rodez, S. 488 f. Nr. 6, plädieren mit einem Fragezeichen versehen für ein D wie Deodefridus. Ähnliche Buchstaben wie ein B für Bernecharius schließen die beiden Numismatiker durch den Vergleich mit Exemplaren des Bischofs Bernecharius (Depeyrot, Numéraire

Episkopat zeitlich nur sehr schwer zu fassen.[155] Die Münze könnte bereits vor dem Dynastiewechsel geprägt worden sein und taugt somit ebenso wenig wie die Münze des Berincarius als Beleg dafür, dass in Paris oder Sens nach der Münzreform weiter Münzen ‚merowingischen Typs' geprägt und somit die neuen Typen nicht akzeptiert worden seien.[156]

Bei der Münze, die teilweise einem Labienus von Reims zugeschrieben wird, ist die Zuweisung nach Reims relativ sicher.[157] Aus Reims ist aber auch eine Münze mit R(e)X F(rancorum) auf der einen und REM(us) auf der anderen Seite bekannt.[158] Das heißt noch zu Zeiten Pippins wurden in Reims Münzen allein mit

---

mérovingien, S. 54 Nr. 10) aus, auf denen anders als bei dem Stück aus Rodez ein B deutlich zu erkennen sei. Die Möglichkeit, dass unter Bischof Bernecharius verschiedene Stempel, darunter auch minderwertige zum Einsatz gekommen sein könnten, und dass es sich also auf der diskutierten Münze doch um ein B handeln könnte, erwägen sie nicht. Auch ein R, das für zwei verschiedene Pariser Bischöfe (Ratbertus oder Ragnecapdus) stehen könnte, schließen sie durch Vergleich mit anderen Münzen aus, da ein solcher Typ von R bisher aus Paris nicht belegt sei. Auch hier ließe sich hinterfragen, ob eine solche Varianz nicht im Bereich des Möglichen läge. Kurzum die Lesung D ist unsicher und, träfe sie zu und das D stünde für Deodefridus, würde es sich um die einzige bisher bekannte Münze dieses Bischofs handeln.

155 Deodefridus' Episkopat ist in den Quellen kaum zu fassen. Aus einer Bischofsliste aus der zweiten Hälfte des 9. Jahrhunderts ist bekannt, dass es einen Pariser Bischof dieses Namens gab. Vgl. Dubois, Évêques de Paris, S. 34–38. Die Liste verzeichnet jedoch keine Amtszeiten oder Längen der einzelnen Episkopate. Ein *Deofridus episcopus* unterzeichnete ohne Nennung seines Stuhls als 24. Zeuge das im Umfeld des Konzils von Compiègne ausgestellte Privilegium Gorziensi Monasterio concessum (18.? Mai 757), in: MGH Conc. 2,1, S. 63 Z. 7, und wird als Bischof Deodefridus von Paris identifiziert. Vgl. Dubois, S. 71 Nr. 43. Wenige Jahre nach der Münzreform saß er also auf dem Pariser Stuhl. Die Länge seines Episkopates sowie dessen Beginn und Ende sind völlig unklar. Der letzte zeitlich fassbare Pariser Bischof vor ihm war Hugo, der am 8. April 730 verstarb. Vgl. Große, Hugo, Sp. 168. Auf diesen folgen nach der Bischofsliste Merseidus, Fedolus, Ragnecaptus, Madalbertus und schließlich Deodefridus. Ob die Episkopate der Nachfolger Hugos und Vorgänger des Deodefridus kurz oder lang waren, ist völlig unklar. Es gibt demnach kein Indiz, dass Deodefridus nicht schon vor der Münzreform Pippins, wenn nicht sogar vor dem Dynastiewechsel im Amt war. Die Münze aus Rodez kann also, falls der Identifizierungsvorschlag von Geneviève und Sarah zutrifft, durchaus vor der Münzreform entstanden sein, und scheidet somit als Beweis für eine Nichtumsetzung der Reform in Paris aus. Auf diese Möglichkeit weisen Geneviève – Sarah, Rodez, S. 492 f., auch selbst hin.

156 In diesem Sinne interpretiert Schiesser, Berincarius, S. 273, die Münze. Die Überlegungen von Geneviève – Sarah, Rodez, S. 492–495, dass die Münzen in den Jahren 750–760 dem Frauengrab beigegeben seien, was hier nicht weiter diskutiert zu werden braucht, taugt auch nicht als Indiz für eine Weiterverwendung merowingischer Silberdenare nach der Münzreform im Sinne einer bewussten Nichtverwendung pippinischer Münzen.

157 Vgl. Depeyrot, Numéraire carolingien, S. 502 Nr. 826; Kluge, Am Beginn, S. 60 Nr. 33. Vs.: LABI. Rs.: REM. Im 8. Jahrhundert ist auch keine historische Person dieses Namens aus Reims bekannt. Dasselbe gilt für Lambert, die Lesung von Crinon, Monnayage de Carloman, S. 248 Anm. 11. An der Lesung LABI ist gegen Crinons Kritik festzuhalten, wie an der Abbildung der Münze deutlich wird (http://ww2.smb.museum/ikmk/object.php?id=18245615&size=0&content=0&side=0).
Die Legende der Rückseite (REM) findet sich auch unter Karlmann (Depeyrot, S. 502 Nr. 826A) und Karl dem Großen (Depeyrot, S. 503 Nr. 828). Aus merowingischer Zeit ist die Legende hingegen nicht belegt. Vgl. dazu Crinon, Reims, S. 148 f.

158 Vgl. Depeyrot, Numéraire carolingien, S. 501 Nr. 824.

Verweis auf die Person des Königs geprägt. Falls sich hinter LABI ein Personenname verbirgt, kann die Praxis nicht von langer Dauer gewesen sein. Es ist auch nicht auszuschließen, dass die Münze aus der Zeit (kurz) vor Pippins Münzreform stammt.

Die Milo von Narbonne zugeschriebenen Münzen stammen von Milo von Trier und wurden, wie oben bereits ausgeführt wurde, noch in der Merowingerzeit geprägt.[159]

Bis auf die eine Erodbert-Münze ist für keinen dieser Fälle zwingend, dass die Münzen sowohl aus der Zeit Pippins stammen als auch dass es sich um Personennamen handelt.[160] Zunächst ist aber festzuhalten, dass auf keiner dieser Münzen irgendein Hinweis auf das Wort *monetarius* zu finden ist. Es ist also nicht legitim, diese Münzen als Ausklang oder Fortsetzung der merowingischen Monetarmünzen zu deuten.[161] Auch ist auffällig, dass nur die Autramnus/ Antramnus-Münzen in größerer Zahl überliefert sind, während von allen anderen der hier diskutierten Typen meist nur ein einziges oder einige wenige Exemplare bekannt sind.[162] Selbst wenn es sich bei den hier behandelten Legenden wirklich stets um Personennamen handelte, was schwer zu beweisen ist, wird doch deutlich, dass es sich um eine Ausnahme handeln würde. Die Zahlen sprechen für sich. Es verwundert daher sehr, dass Naismith unter Pippin den Trend beobachtet, dass lokale, weltliche Große in Zusammenarbeit mit dem König für die Überwachung der Münzprägung zuständig seien.[163] Natürlich wurden die Münzen Pippins dezentral geprägt, wie die Anzahl der bekannten Prägestätten eindrücklich beweist, aber die Münzen nennen erstaunlich oft Patrozinien von Bistumskirchen oder Klöstern statt der entsprechenden Ortsnamen.

Die Münzprägung in der Zeit Pippins scheint also zu großen Teilen von kirchlichen Institutionen durchgeführt worden zu sein. Ein Beispiel dafür ist der bereits mehrfach erwähnte Bischof Milo von Trier, in dessen Fall die Entwicklung von der Merowingerzeit in die Zeit Pippins beobachtet werden kann.[164] Am Anfang der Entwicklung stehen seine Münzen vom Typ A, auf deren Vorderseite Milo und auf deren Rückseite PTRE für P(etrus), dem Patrozinium der Trierer Kirche und TRE(veris) steht. Darauf folgt Typ B, dessen Vorderseite weiterhin Milo nennt, dessen Rückseite aber bereits eine Gestaltung aufweist, wie sie für die Münzen Pippins aus Trier belegt ist. Auch bei den Prägungen Pippins wird

---

159 Vgl. Depeyrot, Numéraire carolingien, S. 443 Nr. 686. Zur Zuschreibung und Datierung vgl. Breternitz, Milo; oben Kap. 4.1.3.

160 Vgl. Kluge, Am Beginn, S. 49.

161 Anders beispielsweise Blanchet, Manuel, Bd. 1, S. 350 f.

162 Vgl. Kluge, Am Beginn, S. 49.

163 Vgl. Naismith, Kings, S. 315: „[...] but the general trend of the coins seems clear, and is supported by written evidence for the importance of the local magnate's role in the supervision of minting." Die älteste Schriftquelle, auf die Naismith Bezug nehmen kann, ist das Fragment eines Kapitulars Ludwigs des Frommen (ca. 820?). Vgl. Capitulare de moneta c. 1, in: MGH Capit. 1, Nr. 147, S. 299 Z. 27 f.: *Ut civitatis illius moneta publice sub custodia comitis fiat.* Es ist wohl mehr als bedenklich, diese Information einfach auf die Zeit mehr als ein halbes Jahrhundert zuvor zurückzuprojizieren.

164 Vgl. oben Kap. 4.1.3; Breternitz – Schiesser, Nouveaux deniers.

noch auf das Petruspatrozinium hingewiesen, so dass davon auszugehen ist, dass die Münzen von der Bistumskirche und nicht vom Grafen geprägt wurden.

Typ B steht zeitlich zwischen Typ A und den Prägungen Pippins. Das einzige Exemplar bietet keinen Anhaltspunkt, ob die Münze vor oder nach der Münzreform Pippins geprägt wurde, weshalb eine Datierung stark davon abhängt, wie die Umsetzung der Münzreform Pippins eingestuft wird.[165] Natürlich kann Milos Typ B in dem Sinne interpretiert werden, dass Milo trotz der Münzreform weiter Münzen auf seinen eigenen Namen schlagen ließ und Pippin seine Münzreform nicht flächendeckend durchsetzen konnte. Beweisen lässt sich diese Interpretation nicht. Im Gegenteil weist die Kontinuität von der Rückseite von Typ B zu einer Rückseite eines Obolen Pippins aus Trier eher darauf hin, dass Milo die Reform umsetzte und seinen Namen durch den Hinweis auf den König ersetzte.

Angers ist ein weiteres Beispiel für eine Prägestätte, bei der diese Entwicklung gut zu beobachten ist. Depeyrot unterscheidet für die Zeit Pippins zwei Münzstätten an diesem Ort, und zwar Angers selbst und das Kloster St-Aubin d'Angers.[166] Welche Institution mit Angers gemeint ist (Bischof/Bistumskirche oder Graf/Grafschaft), konkretisiert Depeyrot nicht.[167] Auf der Vorderseite der Angers zugewiesenen Münzen steht R P für Rex Pipinus, auf der Vorderseite derjenigen für St-Aubin d'Angers GVN. Die Rückseiten beider Prägungen verweisen mit einem Kreuz und ANDE in Ligatur exakt in der gleichen Weise auf die Prägestätte, was Zweifel aufkommen lässt, ob es sich hier wirklich um zwei verschiedene Prägestätten in Angers handelt. Die Gestaltung der Rückseite setzt sich auch in den Münzen Karls des Großen vor der Münzreform von 793/94 fort.[168]

Guy Collin, der das einzige bisher St-Aubin zugewiesene Exemplar 2004 publizierte, löste GVN als Guntharus beziehungsweise Guntarus auf und identifizierte ihn mit einem gleichnamigen Abt des Klosters, der in einer Urkunde Karls des Großen für St-Aubin d'Angers aus dem Jahr 769 als Abt bezeugt ist.[169] Weitere Quellen über Abt Guntharus, insbesondere über den Beginn und das Ende seines Abbatiats sind nicht überliefert.[170] Collin interpretiert diese Münze als Indiz für eine eigenständige Münzprägung im Kloster St-Aubin d'Angers, die neben der Münzprägung mit Königsnamen in Angers selbst stattgefunden habe.[171] Seine Deutung fügt sich in das Narrativ einer langwieri-

---

165 Vgl. Breternitz – Schiesser, Nouveaux deniers, S. 29: „Il pourrait être de très peu antérieur à 751 et aux frappes de Pépin le Bref comme roi."

166 Vgl. Depeyrot, Numéraire carolingien, S. 200 Nr. 40, S. 203 f. Nr. 46B.

167 Collin, Angers, S. 8 scheint davon auszugehen, dass der Graf von Anjou für diese Münzprägung verantwortlich war, schreibt dies jedoch nicht explizit.

168 Vgl. Depeyrot, Numéraire carolingien, S. 200–202 Nr. 41 f.

169 Vgl. Collin, Angers, S. 8; D KdGr 58, in: MGH DD Karol. 1, S. 85 Z. 38 f: *Igitur magnificus vir Guntharus, rector de monasterio sancti Albini, qui est constructus prope muros Andecavis,* […].

170 Vgl. Collin, Angers, S. 8.

171 Vgl. Collin, Angers, S. 8: „Ainsi ce pourrait bien être ce GUNTHARUS qui aurait signé les premiers deniers ANDE, aujourd'hui connus, et qui se serait, par la suite, effacé, lorsque Pépin réforme la monnaie et y impose son nom, l'abbaye Saint-Aubin étant autorisée (ou s'autorisant) à

gen und teilweise inkonsequenten Umsetzung der Reform. Erklärungsbedürftig an dieser Deutung ist jedoch, warum Guntharus für die Rückseiten seiner Münzen dieselben oder zumindest gleich gestaltete Stempel hat verwenden lassen, die auch für die Münzen Pippins aus Angers Verwendung fanden. Collin vermutet, dass Guntharus dafür die Erlaubnis bekam oder sich selbst gab, doch gibt es dafür keine Indizien.

Das Problem entfällt jedoch, wenn man davon ausgeht, dass dieselben Rückseiten der Münzen wie üblich auch auf ein und dieselbe Münzstätte verweisen. Es ist daher sehr wahrscheinlich, dass es nur eine einzige Münzstätte in Angers gab, und zwar im Kloster St-Aubin d'Angers, wie Guntharus' Münze nahelegt. Diese Schlussfolgerung ermöglicht es, Guntharus' Münze an den Anfang der Entwicklung zu stellen. Diese Münze dokumentiert den Zustand vor der Münzreform Pippins, der dann von den Rex Pipinus-Prägungen abgelöst wurde. Guntharus ist zwar nur einmal für 769 bezeugt, doch spricht nichts dagegen, dass er schon zu Beginn der 750er Jahre oder sogar schon in den 740er Jahren Abt des Klosters war. Dass von der Guntharus-Prägung nur ein Exemplar bekannt ist und von der Rex Pipinus-Prägung nach Depeyrot immerhin 10 Exemplare, könnte ein Indiz dafür sein, dass Guntharus seinen Namen nur recht kurz auf Münzen prägen ließ, bis er die Münzreform Pippins umsetzte.

Die Beispiele aus Trier und Angers erlauben es, die Umsetzung der Münzreform Pippins zu beobachten. Bei den meisten Prägestätten entzieht sich diese Entwicklung vom merowingischen Silberdenar zu den Denaren Pippins der Beobachtung. Dies verwundert auch kaum, wenn man bedenkt wie dünn die Überlieferung ist. Bei der Mehrheit der Münzstätten sind nur Momentaufnahmen überliefert, sei es eine Prägung vor oder nach der Münzreform, so dass keine Aussagen über den Ablauf der Reform möglich sind. Die weiter oben diskutierten Fälle, in denen ein anderer Name als derjenige des Königs auf die Münzen geprägt wurde oder geprägt worden sein könnte, sind kein Beweis für eine Nichtumsetzung der Münzreform, solange sie nicht sicher in die Zeit nach der Münzreform datiert werden können. Dies gilt auch, wenn keine Prägungen Pippins aus diesen Münzstätten bekannt sind. Dass die Umsetzung der Reform im Fundmaterial nicht sichtbar ist, ist kein Beweis dafür, dass eine solche Umsetzung nicht stattgefunden hat.

4.2.2 Münzphasen

Bei den Münzen Pippins sind verschiedene Typen zu unterscheiden. Die beiden größten Gruppen bieten entweder Rex Pipinus oder Rex Francorum auf einer Seite der Münzen. Daneben treten vereinzelt andere Formen von Pippins Namen

---

poursuivre la frappe de la monnaie d'Angers, ainsi que paraît l'attester notamment la stricte continuité typologique et stylistique du revers, sans que l'on sache pour autant la part des bénéfices susceptibles de revenir désormais à l'une ou à l'autre des parties, si tant est que la question se soit posée."

und Titel.[172] Ildar Garipzanov sieht eine Entwicklungslinie von den Rex Pipinus-Prägungen hin zum Rex Francorum-Titel.[173] Auf die Fragen, wie diese Entwicklung abgelaufen sein soll, wann sie stattfand und ob sie schleichend verlief oder an ein konkretes Eingreifen des Herrschers gebunden war, geht er leider nicht ein. Auch die übrigen Typen ordnet er nicht in diese Entwicklung ein. Sie könnten jedoch in seinem Sinne als Vorstufen gewertet werden. Pierre Crinon geht beispielsweise für die Emissionen aus Tours von einer solchen dreiphasigen Entwicklung der Münzen Pippins aus.[174]

Gegen die These von einer chronologischen Abfolge der Münztypen, also der Ablösung des eines Typs durch den anderen, ist jedoch auch Skepsis geäußert worden.[175] Problematisch sind vor allem drei Fragekomplexe: Erstens die Frage, ob hier überhaupt eine zeitliche Abfolge vorliegt und ob ausgeschlossen werden kann, dass es sich um parallele Erscheinungsformen handelt. Wenn es sich um eine Abfolge handelt, stellt sich zweitens die Frage, in welcher Reihenfolge die Typen geprägt wurden. Drittens ist dann zu klären, ob die relative Reihenfolge absolut datiert oder zumindest eingegrenzt werden kann.

Die numismatischen Quellen können keine klaren Antworten auf diese Fragen geben, doch ist es möglich, ihnen zumindest einige Hinweise zu entlocken. Auffällig ist zunächst, dass an den meisten Orten entweder Rex-Pipinus- oder Rex-Francorum-Münzen geprägt wurden.[176] Eine Umstellung von dem einen Typ zum anderen ist hier also nicht feststellbar. Jean Lafaurie verweist auf fünf Orte, an denen beide Typen geprägt worden seien.[177] Einer Überprüfung halten nur Chartres, Mainz und Tours stand.[178] Beide Arten von Prägungen sind darüber hinaus aus Dorestad[179] und Soissons[180] sowie eventuell aus Reims[181] und

172 Vgl. Depeyrot, Numéraire carolingien, S. 39–41.

173 Vgl. Garipzanov, Symbolic Language, S. 120–123. Das Königskapitular markiert für ihn den Beginn von Pippins Münzprägung. Dass somit die Umstellung des Münzwesens erst nach der Salbung durch Stephan II. 754 erfolgt sei, ist für ihn ein Indiz, dass Pippin und seine Zeitgenossen dieser Salbung für den Dynastiewechsel eine größere Bedeutung beigemessen hätten als den Ereignissen von 751. Jedoch muss betont werden, dass das Kapitular die Gestalt der Münzen nicht erwähnt und deswegen nicht als Terminus post quem für die Einführung von Münzen herangezogen werden kann.

174 Vgl. Crinon, Tours, S. 55.

175 Vgl. Depeyrot, Numéraire carolingien, S. 39.

176 Bei den niedrigen Zahlen der gefundenen Münzen Pippins pro Münzstätte kann natürlich die Wirkung des Überlieferungszufalls nicht ausgeschlossen werden. Doch darf andererseits seine Wirkung nicht zu hoch veranschlagt werden. Wenn beispielsweise Münzen im höheren einstelligen Bereich an verschiedenen Orten gefunden wurden und alle nur einen Münztyp repräsentieren, kann von einer gewissen Repräsentativität des Befundes ausgegangen werden.

177 Vgl. Lafaurie, Numismatique, S. 36: Mainz, Chartres, Tours, Orléans (Sainte-Croix), Clermont.

178 Aus Orléans (Sainte-Croix) sind nur Rex Pipinus-Münzen (Depeyrot, Numéraire carolingien, S. 461 Nr. 738) bekannt. Ebenso verhält es sich mit Clermont (Depeyrot, S. 300 Nr. 325, S. 303 Nr. 337). Hier kommt hinzu, dass die Zuordnung der einen Münze (Nr. 325) umstritten ist. Im Gespräch sind Aosta, Autun, Avignon oder eine andere, nicht mehr zu identifizierende Prägestätte AV.

179 Vgl. Depeyrot, Numéraire carolingien, S. 327 Nr. 408 (Rex Pipinus, 1 Exemplar), Nr. 409 (Rex Francorum, um die 40 Exemplare. Zu weiteren Funden vgl. unten Anm. 233).

Venasque[182] bekannt. Eine Umstellung auf Rex Francorum-Typen wäre also nur an fünf bis sechs Münzstätten erfolgt, wobei natürlich auch eine Umstellung in die andere Richtung grundsätzlich möglich wäre.

Eine Schlüsselstellung in der Debatte nimmt eine Münze aus Chartres ein. Die Prägung ist in drei Exemplaren erhalten,[183] von denen eines in Berlin aufbewahrt wird.[184] Für Lafaurie wird an diesem Exemplar deutlich, dass der Rex Pipinus-Typ dem Rex Francorum-Typ vorangegangen sein müsse.[185] Denn die Vorderseite der Münze wurde zweimal geprägt, zunächst mit einem Rex Pipinus-Stempel und dann erneut – um wenige Grad gegen den Uhrzeigersinn gedreht – mit einem Rex Francorum-Stempel.[186] Drei Szenarien könnten grundsätzlich den Befund erklären. Erstens wäre es möglich, dass es sich um einen Einzelfall handelt, bei dem aus Versehen zunächst der falsche Stempel Verwendung fand und das Resultat dann korrigiert wurde. Zweitens könnte es sich um eine systematische Umprägung von Rex Pipinus-Münzen aus Chartres handeln. Und drittens könnten Rex Pipinus-Münzen auch aus anderen Münzstätten in Chartres umgeprägt worden sein. Solange keine weiteren Exemplare mit diesem Phänomen auftauchen, lässt sich nicht entscheiden, welches Szenario wahrscheinlicher ist.[187] Aus der Münze lässt sich also nur sicher schließen, dass in Chartres zumindest eine Rex Pipinus-Münze in eine Rex Francorum-Münze umgeprägt wurde. Doch ist es heikel, aus dieser einen Münze auf eine generelle

---

180 Vgl. Depeyrot, Numéraire carolingien, S. 548 Nr. 935 (Rex Francorum, 2 Exemplare [Dublette]), S. 549 Nr. 936 (Rex Pipinus, 1 Exemplar). Die beiden von Depeyrot unter Nr. 935 aufgelisteten Exemplare sind identisch. Vgl. Kluge, Am Beginn, S. 102 Nr. 48. Hourlier – Dhénin, Monnaies médiévales, S. 257 Nr. 19 f., halten die die Rex Francorum-Prägung für jünger.

181 Vgl. Depeyrot, Numéraire carolingien, S. 501 Nr. 824 (Rex Francorum, 1 Exemplar), Nr. 825 (Rex Pipinus, 20 Exemplare, darunter Dubletten). Die Zuweisung der Nr. 825, die auf der Rückseite lediglich die Legende +R+ bietet, nach Reims ist sehr unsicher. Die Münzen könnten ebenso beispielsweise aus Rouen oder einem anderen Ort mit R am Anfang stammen. Vgl. Kluge, Am Beginn, S. 60 Nr. 34 f.

182 Vgl. Depeyrot, Numéraire carolingien, S. 606 Nr. 1109 (Rex Francorum, 1 Exemplar), Nr. 1110 (Rex Pipinus [Depeyrot liest Rx F], 2 Exemplare [Dublette]).

183 Vgl. Depeyrot, Numéraire carolingien, S. 285 Nr. 270. Depeyrot nennt vier Exemplare. Eines davon ist jedoch eindeutig eine Münze Karls des Großen. Vgl. Grierson – Blackburn, Early Middle Ages, S. 520 Nr. 721. Zu Interpretation dieser Münzen vgl. Breternitz, Pippins Münzprägung.

184 Berlin, Münzkabinett, Obj. 18202483. Vgl. Kluge, Am Beginn, S. 58 Nr. 10.

185 Vgl. Lafaurie, Numismatique, S. 36 f.

186 Lafaurie konnte auf seiner Photographie lediglich Reste des P erkennen. Jedoch sind auch eindeutig Reste des R sichtbar. Vgl. http://ww2.smb.museum/ikmk/object.php?id=18202483. Die Rückseite der Münze wurde nur einmal geprägt.

187 Die Rückseite der Münze deutet stark daraufhin, dass es sich um einen Einzelfall handelt. Auf der Rückseite ist nämlich nur eine einzige Prägung sichtbar, und dies in sehr deutlichem Zustand. Dies könnte dafür sprechen, dass der Rohling nach der Prägung mit dem Rex Pipinus Stempel zunächst auf dem unteren Stempel liegen blieb und der Münzhersteller seinen Fehler sofort korrigierte, indem er, ohne den Rohling zu bewegen, mit dem richtigen oberen Stempel die Vorderseite neu prägte. Doch bleibt dies spekulativ.

Umstellung des Münztyps durch königliches Eingreifen zu schließen.[188] Denn nach Depeyrot überwiegen die Rex Pipinus-Münzen, sowohl was die Zahl der Prägestätten als auch der von Depeyrot genannten Exemplare betrifft, deutlich die Rex Francorum-Münzen.[189] Die geringe Anzahl an Exemplaren, in der die meisten Prägungen erhalten sind, lässt natürlich den Überlieferungszufall eine große Rolle spielen.[190] Dennoch ist eine Tendenz erkennbar. Sollte die Annahme einer zeitlichen Abfolge zutreffen, würde dies bedeuten, dass eine große Anzahl von Münzstätten nach dieser Umstellung nicht mehr aktiv gewesen wäre oder sich zumindest über die neue Gestaltung der Münzen hinweggesetzt hätte. Gleichzeitig wäre die Münzprägung an nicht wenigen Orten erst nach der Umstellung aufgenommen worden. Trotz aller fehlender Repräsentativität der

---

188 Anders Lafaurie, Numismatique, S. 36: „Cette transformation du coin permet de penser que la modification de la marque royale est le fait d'un acte autoritaire applicable par tous les ateliers du royaume."

189 Prägestätten, an denen beide Typen geprägt wurden, werden in der folgenden Übersicht nicht berücksichtigt. Rex Pipinus-Prägungen: Vgl. Depeyrot, Numéraire carolingien, S. 198 f. Nr. 35 (Amiens, Saint-Firmin, 2 Exemplare), S. 200 Nr. 40 (Angers, 10 Exemplare), S. 252 Nr. 170 (BO?, 1 Exemplar), S. 272 Nr. 228B (Cambrai, 1 Exemplar), S. 272 f. Nr. 229 (Cambrai, 3 Exemplare [darunter eine Dublette]), S. 275 Nr. 235 (Cambrai, Saint-Géry, 1 Exemplar), Nr. 235B (Cambrai, Saint-Géry, 1 Exemplar), S. 300 Nr. 325 (Clermont-Ferrand, 1 Exemplar), S. 303 Nr. 337 (Clermont-Ferrand, Saint-Cirgues, 7 Exemplare [darunter mind. 1 Dublette]), S. 309 Nr. 360 (Condé-sur-l'Escaut, 1 Exemplar), S. 341 Nr. 440 (Monetar GADDO?, 1 Exemplar), S. 341 f. Nr. 440B (Gent, 1 Exemplar), S. 344 Nr. 446 (Genf, 2 Exemplare [Dublette]), S. 347 Nr. 452 (Herstal, 1 Exemplar), S. 348 Nr. 454 (Herstal, 2 Exemplare), S. 361 Nr. 492 (Laon, Église Sainte-Marie, 2 Exemplare), S. 376 Nr. 517 (Lyon, 5 Exemplare), S. 399 Nr. 590 (Meaux, 1 Exemplar), S. 447 Nr. 697 (Nevers, 1 Exemplar), S. 452 Nr. 711 (Noyon, 1 Exemplar), S. 461 Nr. 738 (Orléans, Sainte-Croix, 3 Exemplare), S. 470 Nr. 756 (Paris, 3 Exemplare), S. 530 Nr. 889 (Rufach, 1 Exemplar), S. 531 f. Nr. 892 (Saint-Denis, 50 Exemplare), S. 554 Nr. 952 (Straßburg, 5 Exemplare), S. 560 Nr. 972B (Thionville, 1 Exemplar), S. 596 Nr. 1081 (Troyes, 5 Exemplare [davon mind. 1 Dublette]), S. 603 Nr. 1104 (Valenciennes, 1 Exemplar).
Rex Francorum Prägungen: Vgl. Depeyrot, Numéraire carolingien, S. 196 Nr. 27B (Amiens, 1 Exemplar [Depeyrot liest zu Unrecht Rx P]), S. 196 Nr. 27C (Amiens, 1 Exemplar), S. 245 Nr. 143 (Besançon, 2 Exemplare [Dublette]), S. 265 Nr. 212 (Bourges, Saint-Étienne, 3 Exemplare), Nr. 212B (Bourges, Saint-Étienne, 2 Exemplare), S. 319 Nr. 387 A (Dax, 1 Exemplar), S. 356 Nr. 477 (Laon, 2 Exemplare [Dublette]), S. 382 Nr. 539 f. (Maastricht, je 4 Exemplare [darunter mind. 1 Dublette]), S. 441 Nr. 680 (Nantes, 1 Exemplar), S. 489 Nr. 796 (Quentovic, 15 Exemplare), S. 527 Nr. 887 (Rouen, Saint-Ouen, 1 Exemplar), S. 611 f. Nr. 1117 f. (Verdun, 7 beziehungsweise 1 Exemplare [darunter mind. 1 Dublette]), S. 628 Nr. 1161 (Zürich, 3 Exemplare).
Depeyrots Zuweisung an konkrete Münzstätten ist ebenso wie seine Zählung der Exemplare nicht unproblematisch. Vgl. oben Anm. 117. Doch ändert dies nichts an den ungefähren Proportionen zwischen Rex Pipinus- und Rex Francorum-Prägungen.

190 Dieser Faktor wird für das Frankenreich dadurch verstärkt, dass die meisten Münzen durch Hortfunde bekannt sind, denen nur wenige Einzelfunde gegenüberstehen. Anders ist die Situation in England, wo durch den Einsatz von Metalldetektoren in den letzten Jahrzehnten eine Vielzahl von Einzelfunden stattfand, die dazu führten, dass ältere, hauptsächlich auf Hortfunde gestützte Annahmen nicht selten korrigiert werden mussten. Vgl. beispielsweise Metcalf, Betwixt, S. 1 f. Aufgrund unterschiedlicher gesetzlicher Regelungen ist für die Erforschung des fränkischen Münzwesens mit einem vergleichbaren Zuwachs des numismatischen Materials nicht zu rechnen. Zur Auswirkung gesetzlicher Regelungen zum Schatzregal auf die Quantität und Qualität numismatischer Funde vgl. Klüßendorf, Numismatik; Künker, Münzsammlungen.

gefundenen Münzen kann ein solcher Befund nicht plausibel erklärt werden. Zudem überwiegen die Rex Pipinus- die Rex Francorum-Münzstätten, was allerdings damit begründet werden könnte, dass die Rex Francorum-Münzen recht spät während der Königszeit Pippins eingeführt worden sein könnten.

Einen Anhaltspunkt könnte die Münzprägung in den Gebieten bieten, die Pippin erst im Laufe seiner Königsherrschaft unter seine Kontrolle brachte: Septimanien und Aquitanien. Aus Septimanien sind aus der Zeit Pippins nur Münzen aus Narbonne überliefert, das 759 in seine Gewalt gelangte. Bei den von der älteren Forschung dem Grafen Milo von Narbonne zugeschrieben Prägungen handelt es sich in dem einen Fall um Fälschungen.[191] In dem anderen Fall ist die Zuschreibung an Milo von Narbonne nicht zu halten.[192] Aus Narbonne sind daher allein eine Rex Francorum-Prägung in drei Exemplaren, die zwischen 759 und 768 geprägt worden sein müssen, sowie ein Exemplar einer Rex Pipinus-Prägung erhalten, das 2016 zur Versteigerung kam.[193]

Depeyrot führt in seinem Corpus drei aquitanische Münzstätten auf. Umstritten ist, ob ein Denar, auf dessen Vorderseite VVFARIVS im Kreis um ein zentrales A steht, von Herzog Waifar von Aquitanien geprägt wurde.[194] Bereits seit 762 war Bourges unter der Kontrolle Pippins.[195] Aus Bourges sind mehrere Prägungen Pippins bekannt.[196] Bis auf eine Münze handelt es sich in allen Fällen um Rex Francorum-Prägungen. Bei dieser einen im 20 Kilometer von Bourges entfernten Brécy gefundenen Münze lesen Depeyrot und Schiesser Rx P auf der Vorderseite.[197] Nach dem von Schiesser gedruckten Foto ist jedoch neben dem Schaft kein Bogen eines P, sondern eher zwei nicht verbundene Hasten zu erkennen, so dass es sich um ein F handeln dürfte. Sollte diese Lesung zu treffen, sind aus Bourges nur Rex Francorum-Prägungen bezeugt.[198]

Im Jahr 766 erreichten fränkische Truppen die Garonne und versuchten das Gebiet zwischen Loire und Garonne unter ihre Kontrolle zu bringen.[199] Von diesen fränkischen Vorstößen war auch die Stadt Angoulême betroffen. Die erst

191 Vgl. Depeyrot, Numéraire carolingien, S. 443 Nr. 685.

192 Vgl. Depeyrot, Numéraire carolingien, S. 443 Nr. 686 (3 Exemplare). Gegen die Zuschreibung der Münzen an Milo von Narbonnne Breternitz, Milo. Ein viertes Exemplar, das in St-Pouange gefunden wurde, wurde publiziert von Breternitz – Schiesser, Nouveaux deniers.

193 Vgl. Depeyrot, Numéraire carolingien, S. 443 Nr. 687, nennt vier Exemplare. Doch ist ein Exemplar, das 2009 verteigert wurde, nach Ausweis des Auktionskatalogs mit einem in der Literatur beschriebenen, von Depeyrot gesondert aufgeführten Exemplar identisch. Vgl. https://www.ogn-numismatique.com/article.asp?langue=fr&article=2269. Zur Rex Pipinus-Prägung vgl. Depeyrot, S. 444 Nr. 687B.

194 Die Deutung geht zurück auf de Longpérier, Waïfre. Ihm folgt Lafaurie, Numismatique, S. 41. Skeptischer ist Depeyrot, Numéraire carolingien, S. 252 Nr. 216B.

195 Vgl. Kaiser, Bourges, Sp. 511; Schieffer, Karolinger, S. 66.

196 Vgl. Schiesser, Saint-Etienne; Depeyrot, Numéraire carolingien, S. 265 Nr. 212, 212B–C.

197 Vgl. Depeyrot, Numéraire carolingien, 3. Aufl., S. 475 Pép. 1; Schiesser, Saint-Étienne, S. 161.

198 Bei einem weiteren Exemplar, das 2007 zur Versteigerung kam und im Département Cher gefunden worden sein soll, ist die Münze direkt rechts vom Schaft des fraglichen Zeichens abgebrochen, so dass nicht mehr zu entscheiden ist, ob es sich um ein P für Pipinus oder ein F für Francorum handelt. Vgl. Schiesser, Saint-Étienne, S. 160 f.

199 Vgl. Schieffer, Karolinger, S. 66.

bei Ademar von Chabannes überlieferte Nachricht, dass Pippin dort seinen Kaplan Launus als Bischof eingesetzt haben soll, entbehrt höchstwahrscheinlich eines historischen Kerns.[200] Er kann daher nicht für eine Prägung mit der Legende DOM PIPI auf der Vorderseite verantwortlich gemacht werden, die Depeyrot Angoulême zuschreibt.[201] Auch die Zuschreibung selbst mag nicht überzeugen.[202]

Eine im Privatbesitz befindliche Münze mit Rex Francorum-Titel könnte aus Dax stammen.[203] Aufgrund des Aussehens erscheint die Echtheit der Münze für Depeyrot zweifelhaft. Erst im Frühjahr 768 unterwarfen sich die Basken König Pippin.[204] Wollte man wirklich annehmen, dass die Münze echt und in Dax geprägt ist, bliebe während der Regentschaft Pippins nur ein sehr kurzer Zeitrahmen von wenigen Monaten bis zu Pippins Tod im September, in denen die Münze hätte hergestellt werden können. Dass die Anerkennung der fränkischen Oberherrschaft soweit ging, sofort die Münzprägung auf ihren König aufzunehmen, darf jedoch bezweifelt werden, zumal aus der ersten Münzperiode Karls des Großen keine einzige Münze aus Dax überliefert ist. Auch aus historischer Sicht ist ihre Echtheit also fraglich. Aus den neu gewonnenen Gebieten bleibt lediglich die Prägung aus Bourges, die als Hinweis auf die Verwendung der Rex Francorum-Prägungen in der späteren Zeit Pippins gedeutet werden könnte. Dieses singuläre Beispiel allein ist freilich kein Beweis dafür, dass im

---

200 Ademar von Chabannes, Chronicon II c. 1, S. 79 Z. 145–147: […] *simulque Launum, episcopum eiusdem civitatis* [scil. *Egolismae*], *qui fuerat capellanus domni Pipini regis patris sui, quem ipse rex Pipinus episcopum fecerat de ipsa civitate,* […]. Kritisch zu dieser Notiz bereits Oelsner, Jahrbücher, S. 403 Anm. 3 und zuletzt Bourgain, Chronicon, S. 219 f. Zu Ademars Sicht auf Aquitanien in karolingischer Zeit und seine Quellen vgl. dens., L'Aquitaine.

201 Vgl. Depeyrot, Numéraire carolingien, S. 204 Nr. 47 (2 Exemplare). Die beiden bei Depeyrot gelisteten Exemplare sind identisch. Die in Berlin aufbewahrte Münze ist diejenige aus dem Hort von Imphy. Vgl. Kluge, Am Beginn, S. 90 Nr. 18.

202 Auf der Rückseite steht in drei Zeilen ELI-MOSI-NA, was Depeyrot als Angoulême (*Engolisma*) identifiziert. Dem folgt mit einem Fragezeichen versehen Kluge, Am Beginn, S. 58 Nr. 18. Auf den übrigen Münzen aus Angoulême aus dem 8. bis 10. Jahrhundert wird der Stadtname ECOLISSIMA (Depeyrot, Numéraire carolingien, S. 204 Nr. 48, Karl der Große, 1 Exemplar), +EGOLI +SIME (Depeyrot, S. 205 Nr. 49, Rudolf von Burgund, 3 Exemplare) oder +EGOLISSIME (Depeyrot, S. 205 Nr. 50, Ludwig IV., 8 Exemplare) geschrieben. Der Name wäre auf der Münze Pippins stark verballhornt worden. Dies spricht dafür, die Legende mit der älteren Forschung *elimosina* zu lesen und für einen Almosenpfennig zu halten. Vgl. Gariel, Monnaies royales, Bd. 1, S. 54 Nr. 8; Suhle, Deutsche Münzen, S. 20; Völckers, Münzfunde, S. 122. Vgl. auch oben S. 96 f. mit Anm. 209 f.

203 Vgl. Depeyrot, Numéraire carolingien, S. 319 Nr. 387A (2 Exemplare). Vs.: Rx f. Rs.: AG S. Hourlier, Denier, der die Münze vorstellt, geht mit keiner Silbe auf Fundort und -kontext ein.

204 Vgl. Continuationes chronicarum quae dicuntur Fredegarii Scholastici c. 51, S. 191 Z. 30–33. Es ist durchaus denkbar, dass die Einwohner von Dax sich schon vor dem Ende Waifars der Herrschaft Pippins unterwarfen. Die Ermordung des aquitanischen Herzogs wäre also kein Terminus post quem für die Münze. Anders Hourlier, Denier, S. 182. Dass Karl der Große den rebellierenden Hunoald, der in die Gascogne geflohen war, nicht weiter verfolgte, sondern von Lupus dessen Herausgabe verlangte, zeugt von einer gewissen Unabhängigkeit des Gebiets, die die Einrichtung einer Münzstätte in der Gascogne bereits 768 noch unwahrscheinlicher macht. Zu dem Aufstand vgl. Annales regni Francorum a. 769, S. 28–30.

letzten Jahrzehnt von Pippins Herrschaft Rex Francorum-Münzen Rex Pipinus-Münzen flächendeckend ablösten oder diese zumindest ablösen sollten. Die Rex Pipinus-Münze aus Narbonne spricht sogar eher dagegen.

Die Praxis von Pippins Söhnen und Nachfolgern könnte ebenfalls Auskunft geben, welche Münztypen am Ende von Pippins Herrschaft in Gebrauch waren. Aus der kurzen Regierungszeit Karlmanns des Jüngeren führt Depeyrot Emissionen aus Aachen, Angers, Arles, Castelnau-le-Lez, Clermont-Ferrand, Condé-sur-l'Escaut, LEVTBRA, Lyon, Orléans und Reims auf.[205] Aus dieser Liste sind die Prägungen aus Angers und LEVTBRA zu streichen und Karl dem Großen zuzuweisen.[206] Bei Condé-sur-l'Escaut stammt die Münze zwar von Karlmann, doch ist die Lokalisierung unwahrscheinlich, weil der Ort in der Reichshälfte Karls des Großen lag.[207] Depeyrots Zuweisung einer Emission nach Aachen ist spekulativ.[208] Diese an unbekanntem Ort gefertigte Prägung ist die einzige Emission Karlmanns mit dem Titel Rex Francorum. Karlmann griff zwar den Rex Francorum-Typ auf, doch deuten die anderen Prägungen darauf hin, dass die Rex Francorum-Münzen nicht der allgemein und überall verbreitete Standardtyp gewesen waren, als Karlmann 768 seine Herrschaft antrat.[209] Auch bei Karl dem Großen sind die Rex Francorum-Münzen nur einer von verschiedenen

---

205 Vgl. Depeyrot, Numéraire carolingien, S. 189f. Nr. 6 (Aachen, 4 Exemplare), S. 200f. Nr. 41 (Angers, 4 Exemplare), S. 211 Nr. 53 (Arles, 1 Exemplar), S. 301 Nr. 326 (Clermont-Ferrand, 1 Exemplar), S. 310 Nr. 360B (Condé-sur-l'Escaut, 1 Exemplar), S. 374f. Nr. 516 (LEVTBRA [nach Depeyrot Monetar Liutprand], 5 Exemplare [darunter mind. 1 Dublette]), S. 376 Nr. 518 (Lyon, 2 Exemplare), S. 460 Nr. 737 (Orléans, Saint-Aignan, 4 Exemplare [darunter mind. 1 Dublette]), S. 461 Nr. 739 (Orléans, Sainte-Croix, 2 Exemplare), S. 502 Nr. 826A (Reims, 1 Exemplar).

206 Angers lag nie im Herrschaftsbereich Karlmanns, sondern Karls des Großen. Die Vorderseite CARLO weist also nicht auf Karlmann, sondern auf seinen Bruder hin. Schon Gariel, Monnaies royales, Bd. 2, S. 89 Nr. 2 wies auf dieses Problem hin. Er hält jedoch an der Zuweisung an Karlmann fest und überlegt, ob die Münze nicht aus Langres im Herrschaftsbereich Karlmanns stammen könnte. Für Karlmann sprechen sich ebenfalls Morrison – Grunthal, Carolingian Coinage, S. 87 Nr. 83, 85 aus, die jedoch eine unbekannte Prägestätte annehmen. Eine Zuweisung beider Prägungen an Karl den Großen findet sich bei Kluge, Am Beginn, S. 64 Nr. 63–65. Da der Stempel der Vorderseite der LEVTBRA-Münzen große Ähnlichkeiten aufweist, stammen diese Münzen wohl ebenfalls aus dem Herrschaftsbereich Karls. Auch Lafaurie, Numismatique, S. 40 f., betont, dass die Denare der Gruppe CARLO/CAROL Karl dem Großen zuzuweisen seien.

207 Zu der Reichsteilung nach dem Tod Pippins des Jüngeren vgl. Schieffer, Karolinger, S. 69.

208 Vs.: CARLM. Rs.: Rx F. Depeyrot, Numéraire carolingien, S. 189f. Nr. 6, der diese Zuweisung in die Forschung eingebracht hat, nennt kein Argument. Von einem unbekannten Prägeort gehen aus Gariel, Monnaies royales, Bd. 2, S. 88 f. Nr. 1; Völckers, Münzfunde, S. 153 Nr. XVIII,1; Morrison – Grunthal, Carolingian Coinage, S. 87 Nr. 82. Kluge, Am Beginn, S. 62 Nr. 58, 108, nimmt Depeyrots Vorschlag mit Fragezeichen auf. Zur Diskussion um den Prägeort vgl. Crinon, Monnayage de Carloman, S. 246 Anm. 3.

209 Aus Lyon beispielsweise sind mit sehr ähnlichen Rückseiten (aber ohne Stempelgleichheit) sowohl Münzen Pippins (Depeyrot, Numéraire carolingien, S. 376 Nr. 517, Rex Pipinus), Karlmanns (Depeyrot, S. 376 Nr. 518, CARLM) als auch Karls des Großen (Depeyrot, S. 377 Nr. 519, CAROLVS) erhalten. Diese Kontinuität deutet nicht darauf hin, dass zwischen der Prägung Pippins und denjenigen seiner Söhne eine Phase mit Rex Francorum-Prägungen anzusetzen ist.

Münztypen.[210] Aus der Praxis seiner Nachfolger lässt sich also ebenso wenig auf aufeinander folgende Münztypen unter Pippin schließen wie aus der umgeprägten Münze aus Chartres und der Narbonner Münze aus der Spätzeit Pippins.

Es ist folglich eher von einem Nebeneinander verschiedener Münztypen auszugehen. Dafür, dass es zumindest keine große Ummünzungswelle gegeben hat, spricht, dass beide Typen gemeinsam gehortet wurden, wie beispielsweise der Münzfund von Imphy an der oberen Loire deutlich macht.[211]

4.2.3 Die Botschaft nach innen

Die wohl wichtigste Botschaft von Pippins Münzen ist der Hinweis auf sein Königtum. Diese Eigenschaft ist bis auf wenige Ausnahmen eine Gemeinsamkeit aller bekannten Emissionen. Der Hinweis erfolgte in der Regel durch das abgekürzte Wort *rex* (R̄[ex] oder R[e]X). Nicht selten sind auch die Abkürzungen DOM(nus) PIPI(nus) sowie D(omnus) N(oster) P(i)P(inus) beziehungsweise N(oster) D(omnus) P(i)P(inus).[212] Die Bezeichnung Pippins als *domnus* lässt sich auch in Schriftquellen finden.[213] Anders als auf den Münzen ist *domnus* dort jedoch in der Regel mit dem Königstitel *rex* verknüpft. Diese Beobachtung sollte jedoch nicht dazu verleiten, diese Münzen der Hausmeierzeit zuzuordnen. Der Begriff *domnus* lässt sich nur schwer erforschen, weil häufig sowohl in Editionen als auch in Lexika die beiden Lexeme *domnus* und *dominus* nicht sauber getrennt werden.[214] Doch hält Walter Berschin fest, dass *domnus* in der Merowingerzeit nicht auf den König beschränkt blieb.[215] Auch in den frühen Königsurkunden Pippins, also in den Jahren der Münzreform lässt sich beobachten, dass der Begriff für andere Personen wie Bonifatius oder den heiligen Dionysius Verwendung findet.[216]

Auf den meisten Münzen findet sich der Name Pippins. Dies gilt allerdings größtenteils nicht für die Rex Francorum-Prägungen, so dass es hier nicht immer

---

210 Vgl. Depeyrot, Numéraire carolingien, S. 41–48.

211 Vgl. Völckers, Münzfunde, S. 28–44, 121–125.

212 Vgl. Depeyrot, Numéraire carolingien, S. 39–41.

213 Vgl. beispielsweise Pippini regis capitulare incip., in: MGH Capit. 1, Nr. 13, S. 31 Z. 14; Concilium Vernense prol., in: MGH Capit. 1, Nr. 14, S. 33 Z. 35 f.; Decretum Vermeriense incip., in: MGH Capit. 1, Nr. 16, S. 40 Z. 6 f.

214 Vgl. Berschin – Becht, Sprachliches, S. 14. Eine gemeinsame Behandlung beider Lexeme findet sich beispielsweise bei Niermeyer – van de Kieft – Burger, Lexicon, S. 464 f.; Mittellateinisches Wörterbuch, Bd. 3, Sp. 963–969.

215 Vgl. Berschin, Biographie, Bd. 2, S. 23.

216 Vgl. beispielsweise D Pip 1 (1. März 752), in: MGH DD Karol. 1, S. 3 Z. 16: *basilica peculiaris patroni nostri domni Dyonisii*; D Pip 4 (23. Mai 753), S. 7 Z. 3: *domnus Bonefacius archiepiscopus*; D Pip 5 (Datum unbekannt) S. 8 Z. 23: *ecclesiae domni Martini*; D Pip 7 (Januar – Juli 754), S. 11 Z. 27: *basilicam domni Dyonisii*; D Pip 8 (29. Juli 755), S. 13 Z. 7: *monisterium beati domni Dioninsiae.* Die letzte Urkunde ist im Original erhalten, kann also als zuverlässige Quelle für die Begriffsverwendung in Pippins Umfeld in den 750er Jahren herangezogen werden.

eindeutig ist, ob eine Münze Pippin oder einem seiner beiden Söhne und Nachfolger zuzuordnen ist, unter denen ebenfalls Rex Francorum-Stempel zum Einsatz kamen.[217] Auf den Bestandteil *Francorum* wird noch zurückzukommen sein.

In seinen Urkunden verwendet Pippin den Titel *Pippinus rex Francorum vir inluster.*[218] Vom dritten Teil der Titulatur, dem senatorischen Rangtitel *vir inluster* finden sich auf den Münzen keinerlei Hinweise. Den Vir inluster-Titel übernahm Pippin aus der Merowingerzeit.[219] Für Helmut Reimitz verfolgt Pippin damit eine subtile Doppelstrategie zur Legitimierung seiner neuen Stellung, da er den Vir inluster-Titel, der von den Merowingern bestimmten Großen zugestanden worden sei, in seine eigene Titulatur aufgenommen habe.[220] Dieses Phänomen, dass Pippin Elemente merowingischer Königsurkunden übernimmt, aber zugleich umstilisiert, beobachtet Mark Mersiowsky auch bei anderen Urkundenteilen.[221] Die Neudeutung des Titels stuft Reimitz neben einer Umdeutung des Frankennamens und der Schaffung der so genannten *Historia vel gesta Francorum*[222] als Maßnahmen ein, die allesamt zum Ziel gehabt hätten, eine gemeinsame fränkische Vergangenheit für die Vision einer gemeinsamen fränkischen Zukunft zu konstruieren.[223] Dass der Vir inluster-Titel auf Münzen nicht auftaucht, ist also auffällig. Der begrenzte Platz auf den Münzen allein taugt jedoch nicht als Erklärung für diesen Befund, da genug Platz für den abgekürzten Titel vorhanden gewesen wäre.[224] Eine plausible Erklärung dürften die unterschiedlichen Adressaten der Medien Münze und Urkunde bieten. Die Münzen als Massenmedium wenden sich anders als die Urkunden an ein Publikum, dem die mit dem Vir inluster-Titel verbundene Subtilität[225] größtenteils verschlossen geblieben sein dürfte. Hinzu kommt, dass bei Urkunden auf eine Tradition dieses Titels zurückgegriffen werden konnte und er nur noch umgedeutet werden musste. Auf Münzen hingegen kann der Vir inluster-Titel auf keine Tradition in merowingischer Zeit zurückblicken.

Zwar steht F(rancorum) nur auf einer Minderheit der Münzen Pippins, doch zählt das Wort neben dem Königstitel und dem Namen Pippins zu den Ele-

---

217 Vgl. Depeyrot, Numéraire carolingien, S. 41–45.

218 Vgl. Wolfram, Intitulatio, S. 209–213.

219 Zur Diskussion um den merowingischen Vir inluster-Titel in der älteren Forschung vgl. Wolfram, Intitulatio, S. 116–127.

220 Vgl. Reimitz, *Viri inlustres*, S. 142: „Die Kontinuität der damit verbundenen politischen Solidarität und sozialen Verantwortung sollte die Diskontinuität mit der merowingischen Vergangenheit unterstreichen."

221 Vgl. Mersiowsky, Urkunde, Bd. 1, S. 76.

222 Der Name wird in Anlehnung an Collins für das Gesamtwerk aus Fredegarfortsetzung und Überarbeitung des ersten Teils verwendet. Vgl. auch Reimitz, History, S. 309–326.

223 Vgl. Reimitz, *Viri inlustres*, S. 147 f.

224 Eine Legende R(e)X F(rancorum) V(ir) I(nluster) würde mit 5 Buchstaben (davon zwei in Ligatur) nicht zu viel Platz benötigen.

225 Vgl. Reimitz, *Viri inlustres*, S. 142, der betont, dass der Vir inluster-Titel als Teil der Titulatio in frühen Königsurkunden zunächst vorsichtig getestet worden sei, da er in seiner abgekürzten Form den Merowingerurkunden sehr ähnlich gewesen sei.

menten der Münzgestaltung, die für die Botschaft der Münzen von großer Bedeutung waren. Bisweilen fehlt auf der Vorderseite der Rex Francorum-Münzen sogar ein Hinweis auf Pippins Person, was die Bedeutung des Wortes *Francorum* abermals unterstreicht.[226] Dass nicht nur der Titel des Herrschers, sondern auch die Gruppe genannt wird, über die er herrscht, ist einmalig im europäischen Münzwesen des 8. Jahrhunderts. Die Botschaft des Wortes *Francorum* richtet sich jedoch nicht an die Bewohner der anderen Reiche, sondern an die Bewohner des Frankenreichs. Die Rex Francorum-Münzen können wie die schon genannte *Historia vel gesta Francorum* oder der lange Prolog des Lex Salica zu den von Reimitz herausgestellten Bemühungen gezählt werden, über das Frankentum eine neue Gruppenidentität zu schaffen, die letztlich der Stabilisierung des Dynastiewechsels dienen sollte.[227]

Garipzanov stellte die These auf, dass auf den Münzen Pippins ein Kurztitel zum Einsatz gekommen sei, der im Gegensatz zu einem Langtitel auf seinen Urkunden auf die wesentlichen Elemente beschränkt geblieben sei.[228] Die Rex Pippinus-Münzen sieht er in der Tradition merowingischer Königsmünzen, die auch das Element das Wort *rex* mit dem Königsnamen verbinden.[229] Zum Zeitpunkt von Pippins Münzreform waren jedoch seit Generationen keine merowingischen Königsmünzen mehr geprägt worden, so dass es schwer fällt, hier mit Garipzanov eine direkte Kontinuität merowingischer Tradition zu erblicken, zumal Pippins Münzen eher im Kontext der zeitgenössischen Münzprägung zu interpretieren sind.[230] Die Rex Francorum-Münzen, die die Rex Pippinus-Münzen abgelöst hätten, stuft Garipzanov hingegen als bedeutende Innovation ein. Es ist jedoch eine große Varianz von Titelelementen auf den Münzen Pippins zu beobachten. So umfasst der Königstitel beispielsweise auf der Mehrheit der Münzen nicht das Wort *Francorum*. Andererseits findet auch der Domnus-noster-Titel Verwendung, der in Pippins Urkunden nicht gebraucht wird. Diese große Varianz spricht eher gegen die generalisierende These Garipzanovs über die Verwendung von Lang- und Kurztiteln, zumal er die anderen auf Münzen überlieferte Titel Pippins weder chronologisch noch in ihrer Symbolik in seine Systematik einordnet. Der numismatische Befund erlaubt es daher zumindest für Pippins Denare nicht von einer gezielten und systematischen Verwendung von Kurztiteln zu sprechen. Zu gesucht wirken die Parallelen zwischen Urkunden und Münzen, wenn Garipzanov die Rex Pipinus- und Rex Francorum-Legenden als eine Art Monogramm klassifiziert.[231] Zwar stehen R und X nicht selten in Ligatur, doch findet sich keine Verbindung zwischen beiden Wörtern der Legenden. Die Legenden sind generell so heterogen gestaltet, dass es mehr

226 Gleichzeitig ist in diesen Fällen die Zuordnung der Münzen in die Zeit Pippins nicht völlig sicher, weil es sich ebenso um frühe Prägungen Karls des Großen oder Karlmanns des Jüngeren handeln könnte.

227 Vgl. Reimitz, History, S. 326–334.

228 Vgl. Garipzanov, Symbolic Language, S. 120 f.

229 Vgl. Garipzanov, Symbolic Language, S. 122.

230 Vgl. dazu unten Kap. 4.3.

231 Vgl. Garipzanov, Metamorphoses, S. 430 f.

als fraglich ist, ob wirklich Mustermünzen vom Hof an die Münzstätten verteilt und die Legenden so exakt vorgegeben wurden, wie Garipzanov vermutet.[232]

4.2.4 Botschaft nach außen

Bisher wurde die Gestaltung der Münzen ausschließlich im Hinblick auf ihre Botschaft nach innen in den Blick genommen. Die Münzen Pippins gelangten jedoch durch Handel auch in Gebiete außerhalb des Frankenreichs, wie die Fundorte eindrücklich darlegen. Dass die Münzen auch als Medium an Menschen außerhalb des Frankenreichs gedacht und gestaltet wurden, sei am Beispiel der Denare aus Dorestad illustriert. Die besonders hohe Anzahl gefundener Denare aus Dorestad, aber auch aus anderen Orten wie Quentovic, deuten auf eine intensive Münzprägung in diesen Emporia für den Friesenhandel hin.[233] Dies legt den Schluss nahe, dass dort in größerem Umfang Münzen von auswärts (also vor allem friesische Sceattas) in fränkische Denare umgeprägt worden sein müssen. Auch unter Pippins Nachfolgern Karl dem Großen, Ludwig dem Frommen und Lothar I. sind außergewöhnlich hohe Fundzahlen einzelner Emissionen aus Dorestad zu beobachten.[234] Dabei darf natürlich nicht vergessen werden, dass es sich bei den Emporia auch um wichtige Zollstationen handelte.[235]

Im Falle Pippins geht die Anzahl zu einem gewissen Teil auf das Konto des Überlieferungszufalls, da mehr als die Hälfte der Exemplare in einem Ort, nämlich in Domburg auf der (Halb-)Insel[236] Walcheren in der Scheldemündung (ca. 160 km westsüdwestlich von Dorestad) gefunden wurde. Am dortigen Strand wurden von der einheimischen Bevölkerung seit dem 17. Jahrhundert in

232 Garipzanov, Metamorphoses, S. 454.

233 Vgl. Depeyrot, Numéraire carolingien, S. 327 Nr. 408 (1 Exemplar), Nr. 409 (39 Exemplare). Zu dem einen Rex Pippinus-Exemplar mit Verweis auf Dorestad gesellt sich ein weiterer Denar, der 2008 in Princes Risborough (Buckingshamshire; EMC Number 2008.0321) gefunden wurde. Den 39 Rex Francorum-Exemplaren sind noch Einzelfunde aus Buren (Prov. Gelderland; 2016; NUMIS 1129516), Leiden-Roomburg (Prov. Zuid-Holland; 1995; NUMIS 1017282), Katwijk aan den Rijn (Prov. Zuid-Holland; 2008; NUMIS 1114047) hinzuzurechnen. 2016 ist darüberhinaus in Dodewaard (Prov. Gelderland; NUMIS 1129517) ein Denar gefunden worden, der in der Gestaltung der Vorderseite von Depeyrot Nr. 408 und 409 folgt, auf der Rückseite jedoch R(ex) P(ippinus) ohne DURSTA an der Seite wie bei Nr. 408 stehen hat. Exemplare dieses Typs wurden auch in Meldreth (Cambridgeshire; 2013; EMC number 2013.0126), Richborough (Kent; 1986; EMC number 1986.8719) und Sedgeford (Norfolk; 2009; EMC number 2009.0246) gefunden.

234 Vgl. beispielsweise Depeyrot, Numéraire carolingien, S. 327 f. Nr. 410 (Karl der Große; 136 Exemplare), S. 328 f. Nr. 411 (Karl der Große; 46 Exemplare), S. 329 Nr. 413 (Ludwig der Fromme, 43 Exemplare), S. 330 Nr. 415 (Ludwig der Fromme, 36 Exemplare), Nr. 416 (Ludwig der Fromme, 60 Exemplare), Nr. 417 (Lothar I., 91 Exemplare), S. 331 f. Nr. 419 (Lothar I., 1087 Exemplare).

235 Vgl. Coupland, Trading Places, S. 211 f., der betont, dass Dorestad und Quentovic zur Zeit Ludwigs des Frommen zu den bedeutendsten Zollstationen im Frankenreich zählen.

236 Walcheren war bis zu Beginn der 1870er Jahre eine Insel.

großen Mengen Münzen und andere Antiquitäten gefunden.[237] Neben merowingischen und karolingischen Denaren wurden auch römische Münzen sowie Sceattas gefunden. Von den frühen Funden scheint jedoch nur eine Minderheit dokumentiert worden zu sein, während viele Münzen, wie Op den Velde und Klaassen vermuten, von Einheimischen an lokale Silberschmiede zur Weiterverarbeitung verkauft worden und somit wieder verloren gegangen seien. Nichtsdestoweniger verzeichnen Op den Velde und Klaassen allein an Sceattas und merowingischen Denaren mehr als 900 Funde. Ein Teil dieser Münzen wurde am Strand angespült, ein Teil aber auch in Gräbern mehrerer Friedhöfe ausgegraben, die bei Niedrigwasser entdeckt worden waren.[238] Aufgrund der zahlreichen Münzfunde in Domburg wird angenommen, dass sich dort ebenfalls ein Emporium befunden haben müsse.[239] Die in Domburg gefundenen Münzen aus Dorestad deuten also auf einen regen Handel zwischen beiden Emporia hin.[240] Darüber hinaus sind Münzen aus Dorestad in England, den niederländischen Provinzen Gelderland und Zuid-Holland sowie in Jütland und Köln gefunden worden. Bei den übrigen Exemplaren ist der Fundort nicht bekannt.[241]

Aus Dorestad verzeichnet Depeyrot eine Rex Pipinus-Münze und 39 Rex Francorum-Exemplare.[242] Die Vorderseite ist jeweils gleich gestaltet mit dem Schriftzug M PIPI oder N PIPI. Über dem ersten I befindet sich ein Kreuz und unter dem Schriftzug eine Streitaxt. Das Kreuz als Zeichen des Christentums ist auf Münzen Pippins wie auf karolingischen Münzen insgesamt nicht ungewöhnlich. Eine Besonderheit hingegen ist die Streitaxt, die unter Pippin einzigartig ist.[243] Das Motiv scheint für Dorestad sehr bewusst gewählt worden zu sein, um nach außen, aber auch insbesondere gegenüber den Friesen, sowohl denen, die unter fränkischer Oberhoheit standen, als auch den selbstständigen Friesen nördlich der Lauwers die militärische Stärke zu betonen. Und gerade die Kombination von Kreuz und Axt, von Missionierung beziehungsweise Christianisierung und militärischem Vorgehen ist im 8. Jahrhundert nicht untypisch, um den Einfluss der Franken auszuweiten beziehungsweise zu festigen. Es ist

---

237 Vgl. Op den Velde – Klaassen, Sceattas, S. 3–5. Der älteste Fund ist für den 14. Januar 1647 dokumentiert.

238 Vgl. Op den Velde – Klaassen, Sceattas, S. 3–5. Neben den Friedhöfen sind teilweise auch weitere Siedlungsreste entdeckt worden.

239 Vgl. Lebecq, Marchands, Bd. 1, S. 142–145; dens., L'emporium. Archäologisch ist eine Besiedlung in merowingischer und karolingischer Zeit nachweisbar. Vgl. dazu Gräfin von Schmettow, Domburg. Wie jüngere archäologische Ausgrabungen zeigen ist es in den 830er Jahren in Domburg zur Anlage von Befestigungsanlagen gekommen, wie sie nicht nur in der Region, sondern entlang der gesamten Atlantik-/Nordseeküste zum Schutz vor Wikingerangriffen nachweisbar sind. Vgl. dazu Ufkes, Conclusie, S. 185.

240 Auch wenn Domburg in schriftlichen Quellen nicht als Emporium belegt ist, wird seine Bedeutung teilweise mit der von Dorestad gleichgesetzt. Vgl. Gräfin von Schmettow, Domburg.

241 Vgl. oben Anm. 233.

242 Vgl. Depeyrot, Numéraire carolingien, S. 327 Nr. 408 f. Zu weiteren Funden aus England und den Niederlanden vgl. oben Anm. 233.

243 Die Aussage gilt unter der Prämisse, dass das Zeichen auf einer Münze aus Chartres keine Axt, sondern ein Schwert ist. Vgl. dazu Depeyrot, Numéraire carolingien, S. 285 Nr. 270B; Breternitz, Pippins Münzprägung.

nicht unwahrscheinlich, dass die Waffe nicht nur militärische Stärke symbolisieren soll, sondern dass hier mit der Streitaxt bewusst eine Waffe gewählt wurde, die als typisch fränkisch galt.[244] Aus Domburg selbst sind keine Prägungen bekannt. In Quentovic hingegen wurden Rex Francorum-Denare geprägt, auf deren Rückseite der Ortsname steht. Kreuz und Streitaxt sind hier ebenso wie andere Symbole nicht vorhanden.

4.3 Geldgeschichte außerhalb des Frankenreichs in der Mitte des 8. Jahrhunderts

Gerade das Münzwesen ist ein Gebiet der fränkischen Geschichte, bei dem der Blick über die Grenzen des Frankenreiches hinausgehen muss. Denn, wie bereits beim Wechsel von Gold- zu Silbermünzen deutlich wurde, gibt es Gemeinsamkeiten, aber auch Unterschiede zum Geldwesen in anderen frühmittelalterlichen Reichen. Um zu einem adäquaten Urteil über Pippins Münzreform zu gelangen, ist es also unabdingbar, diese im europäischen Kontext zu verorten.

Die friesische Sceattaprägung und damit die eigenständige friesische Münzprägung überhaupt kam, wie gezeigt wurde, bereits vor Pippins Münzreform zum Erliegen.[245] Besonders aufschlussreich sind daneben die Entwicklungen bei den Angelsachsen und Langobarden. Weniger Gemeinsamkeiten ergeben sich zwischen dem fränkischen und dem arabischen, byzantinischen oder asturischen Münzwesen.[246]

4.3.1 Angelsachsen

In verschiedenen angelsächsischen Königreichen kam es im selben Zeitraum, in dem Pippin das fränkische Münzwesen reformierte, zu einschneidenden Ver-

244 Vgl. Breternitz, Pippins Münzprägung, S. 103 f. Anders Pohl, Telling the Difference.

245 Vgl. oben. Kap. 4.1.3.

246 In Asturien gab es im 8. Jahrhundert noch keine eigene Münzprägung. Stattdessen wurden weiterhin ältere Münzen verwendet. Vgl. Gil Farres, Historia, S. 308. Was die westgotischen Münzen betrifft, lässt sich als Parallele zu den Münzen Pippins der Königsname sowie der Königstitel anführen. Vgl. dazu Pliego Vázquez, Moneda, Bd. 1, S. 178 f. Doch endete die Prägung westgotischer Münzen mit dem Ende des Westgotenreiches. Westgotische Münzen blieben vereinzelt noch für gut 50 Jahre im Umlauf, bevor sie völlig von arabischen Münzen verdrängt worden waren. Vgl. dazu Steinbach, Imitation, S. 242 f. Aufgrund des zeitlichen Abstandes zwischen dem Untergang des Westgotenreiches und der Herrschaftszeit Pippins, soll die westgotische Münzprägung hier nicht als mögliches Vorbild Pippins diskutiert werden. Karolingische Münzhorte enthalten keinerlei westgotische Münzen. Vgl. Coupland, Checklist; dens., Supplement.

änderungen.[247] Nicht nur die zeitliche Übereinstimmung, sondern auch die Tatsache, dass angelsächsische Könige wieder ihren Namen auf Münzen prägen ließen, machen deutlich, dass diese Veränderungen beiderseits des Kanals ebenso wie der Metallwechsel im 7. Jahrhundert nicht losgelöst voneinander betrachtet werden können, sondern von einer Beeinflussung ausgegangen werden muss.

Die Prozesse der (gegenseitigen) Beeinflussung zu rekonstruieren, ist kein leichtes Unterfangen. Erschwert wird dies vor allem dadurch, dass für das England der Mitte des 8. Jahrhunderts fast keine Schriftquellen zur Verfügung stehen, ja die Münzen für manche Könige wie Beonna gar zur Hauptquellengruppe werden.[248] In insgesamt vier verschiedenen angelsächsischen Reichen taucht der Königsname neu beziehungsweise wieder auf Münzen auf, und zwar in Northumbria unter Eadberht, in East Anglia unter Beonna und Alberht/Æthelbert I.[249], in Mercia unter Offa sowie in Kent unter Heahberht und Egbert II. Die Münzen Offas und der beiden Könige von Kent stammen eindeutig aus der Zeit nach Pippins Reform, scheiden also als Vorbilder aus. Rory Naismith, der die Münzreformen in den vier angelsächsischen Reichen und dem Frankenreich vergleichend untersuchte – allerdings ohne Berücksichtigung des langobardischen Münzwesens –, vertritt die Ansicht, dass die Entwicklung in Northumbria und East Anglia ihren Anfang genommen und Pippins Reform beeinflusst, wenn nicht sogar ausgelöst habe.[250]

Naismiths These steht und fällt damit, wann die Münzreformen Eadberhts sowie Beonnas und Alberhts innerhalb ihrer jeweiligen Regierungszeit zeitlich verortet werden können.[251] Die Regierungszeit König Eadberhts von Northumbria lässt sich für das England des 8. Jahrhunderts erstaunlich gut datieren. Sein Vorgänger Ceolwulf trat, wie mehrere Quellen übereinstimmend berichten, 737 ins Kloster Lindisfarne ein.[252] Eadberht selbst übertrug 758 die Herrschaft an Oswulf und zog sich ins geistige Leben zurück, bis er 768 verstarb.[253] Naismith setzt den Beginn der Münzprägung mit Verweis auf James Booth, einem der führenden Spezialisten für northumbrische Münzen, für den Beginn von Eadberhts Königszeit an, auch wenn er selbst die Unmöglichkeit einer genauen Datierung einräumt.[254] Booth ging zunächst aufgrund der Vielzahl von Stempel

247 Die neuen Münzen, die die alten Sceattas ablösten, werden von der Forschung meist als Pennys bezeichnet. Manche Forscher wie Naismith, Britain, verwenden diesen Begriff bereits für die angelsächsischen Sceattas.

248 Eine Quellenübersicht bietet Yorke, Kings, S. 1–9, 25, 58–60, 72–74, 100 f.

249 Alberht könnte mit König Æthelberht I. identisch sein, dessen Königtum ansonsten nur durch eine einzige Münze im Stile der Münzen Offas belegt ist. Vgl. dazu Archibald – Fenwick, Ethelbert I, S. 9.

250 Vgl. Naismith, Kings; dens., Britain, S. 8. Zu einer Beeinflussung Pippins durch angelsächsische Vorbilder vgl. auch Story, Connections, S. 23 f.

251 Dies räumt Naismith, Britain, S. 137, auch selbst ein.

252 Vgl. PASE, s.v. Ceolwulf 3. King of the Northumbrians mit Quellenangaben.

253 Vgl. PASE, s.v. Eadberht 11. King of the Northumbrians mit Quellenangaben.

254 Vgl. Naismith, Kings, S. 304: „Eadberht's reform cannot be dated exactly – early in his reign (c. 740?) is most likely – but its effects were considerable." Vgl. auch Naismith, Britain, S. 116 f.

von einem längeren Prägezeitraum, vermutlich über die gesamte Königszeit aus.[255]

Seit Booth' erster Studie von 1984 stieg die Zahl northumbrischer Münzen durch Metalldetektorfunde jedoch drastisch an, so dass die Forschung sich mittlerweile ein viel besseres und differenzierteres Bild vom northumbrischen Münzwesen des 8. Jahrhunderts machen kann. Auf Grundlage des heutigen Kenntnisstandes will Booth nicht mehr ausschließen, dass die unterschiedlichen Klassen von Eadberhts Münzen auch gleichzeitig oder teilweise gleichzeitig geprägt worden sein können.[256] In diesem Fall ist es nicht mehr nötig, einen längeren Zeitraum anzusetzen, um die Varianz der erhaltenen Münzen durch eine Abfolge zu erklären. Die numismatischen Quellen geben also keinen Anhaltspunkt, zu welchem Zeitpunkt (vor oder nach Pippins Münzreform) Eadberht anfing, seinen Namen auf Münzen prägen zu lassen. Die Gestaltung seiner Münzen unterscheidet sich außerdem in einem wichtigen Detail von Pippins Emissionen, und zwar fehlt ein Bezug auf das Königtum völlig. Mit seiner Entscheidung, seinen Namen auf Münzen prägen zu lassen, griff Eadberht ein Element der Münzgestaltung auf, das schon einer seiner Vorgänger König Aldfrith verwendet hatte.[257] Aufgrund der Datierungsproblematik ist es nicht möglich, zu beweisen, dass die northumbrischen Münzen als Vorbild Pippins dienten. Andererseits scheiden die Münzen aufgrund ihrer Gestaltung als Vorbild für die Verwendung des Königstitels aus. Die bloße Nennung des Herrschernamens ist jedoch, wie ein Blick in die Mittelmeerwelt zeigt, für die erste Hälfte des 8. Jahrhunderts nichts völlig Exzeptionelles, so dass sie unabhängig von den chronologischen Problemen nicht dazu berechtigt, eine direkte Beeinflussung Pippins durch Eadberth zu postulieren.[258]

Im Fall von Beonna ist festzuhalten, dass die Fundorte seiner Münzen sich fast ausschließlich auf East Anglia konzentrieren.[259] Eine der Ausnahmen stellt ein Exemplar dar, das in Dorestad gefunden wurde.[260] Andersherum ist jedoch 2009 nur wenige Kilometer von der Küste entfernt in Sedgeford (Norfolk), das im Gebiet dieses angelsächsischen Königreiches lag, ein Denar Pippins aus Dore-

---

255 Vgl. Booth, Sceattas, S. 80. Eine Übersicht über die Gestaltung von Eadberhts Münzen findet sich auch bei Pirie, Coins, S. 78 f.

256 Vgl. Booth, Notes, S. 196; Booth, Northumbrian Coinage, S. 84: „It is clear that the classes of Eadberht's coinage were deliberately ‚differenced' from each other, but whether they represent different sequential issues, different moneyers, different places of mintage, or a combination of these factors is still undetermined."

257 Vgl. Booth, Notes, S. 193–195, 199. Die Forschung nimmt an, dass in der northumbrischen Münzgeschichte die Sceattaserie J das Bindeglied zwischen Aldfrith und Eadberht ist. Vgl. Metcalf, Thrymsas and Sceattas, Bd. 3, S. 366 f., Naismith, Kings, S. 302 f.

258 Zu den Langobarden vgl. unten Kap. 4.3.2. Zu den byzantinischen Münzen und ihrer Botschaft vgl. Morrisson, Byzance, S. 57–60.

259 Vgl. Archibald, Coinage. Neufunde verzeichnet Naismith, Kings, S. 310 Anm. 93. Neben den Münzen Beonnas scheinen parallel auch mehrere Sceattaserien in Gebrauch gewesen zu sein, wie Metcalf, Currency, betont.

260 Die 1836 gefundene Münze aus Dorestad ist verschollen. Vgl. Archibald, Coinage, S. 27; NUMIS 1059602.

stad gefunden worden.[261] Auch wenn unbekannt ist, wann die Münzen jeweils dorthin gelangten und ob sie dies auf direktem Wege taten, so zeigt sich doch in den numismatischen Quellen eine Verbindung zwischen East Anglia und dem Frankenreich.[262] Münzen Beonnas oder Berichte über deren Gestalt könnten generell auf verschiedensten Wegen ins Frankenreich gelangt sein. Hier ist nicht nur an Handel und heimkehrende Händler zu denken, sondern ebenso an angelsächsische Missionare und Rompilger, deren Anzahl im 8. Jahrhundert nicht zu vernachlässigen ist.[263]

Auf die Vorderseite der Münzen Beonnas sind sowohl der Name als auch der Königstitel geprägt worden. Die beiden Elemente, Königsname und Hinweis auf das Königtum, finden sich auch auf den allermeisten Münzen Pippins. Anders als im Frankenreich sind jedoch auf die Rückseiten der ostanglischen Münzen Namen (Efe, Werferth, Wilred) geprägt, die als Monetare gedeutet werden; eine große Gruppe nennt jedoch keinen Monetar, sondern hat auf der Rückseite lediglich ein Flechtmuster (Interlace).

Dass Beonna Münzen mit seinem Namen und Königstitel prägen ließ, ist seine einzige sicher bezeugte Handlung. Seine genaue Regierungszeit und der Charakter seines Königtums sind in der Forschung umstritten. Die Simeon von Durham zugeschriebene Historia regum (Anfang 12. Jh.) überliefert, dass nach dem Tod König Ælfwalds 749 die Herrschaft über East Anglia zwischen Hunbeanna und Alberht (vermutlich Æthelberht I.) geteilt wurde.[264] Da ein ostanglischer König namens Hunbeanna weder auf Münzen noch aus Schriftquellen bekannt ist, stellt sich die Frage, ob es sich um zwei Personen namens Hun und Beonna handelt oder schlicht um eine Verballhornung des Namens Beonna und somit um eine einzige Person. Beonna teilte die Herrschaft über East Anglia also mit mindestens einem weiteren König.

Marion Archibald, die beste Kennerin der Münzen Beonnas, hat vor einiger Zeit die These aufgestellt, dass Beonna von East Anglia mit König Beornrad von Mercia identisch sei.[265] Über Beornrad ist ebenfalls fast nichts bekannt. Die Anglo-Saxon Chronicle berichtet lediglich für das Jahr 757, dass er nach der Ermordung Æthelbalds für einige Monate König von Mercia war, bevor er von

261 EMC number 2009.0246. Vorderseite: M PIPI Streitaxt. Rückseite: R P.

262 Zu den Verbindungen zwischen den angelsächsischen Königsreichen und dem karolingischen Frankenreich vgl. Story, Connections.

263 Von den aus Friesland stammenden Porcupines der Serie E sind in East Anglia im Vergleich mit anderen angelsächsischen Reichen unterdurchschnittlich wenige Exemplare gefunden worden, wie Metcalf, Currency, S. 22 f. verwundert festhält, da doch die Lage East Anglias für den Friesenhandel prädestiniert gewesen sei. Zu Reisen nach Rom vgl. Matthews, Road to Rome, S. 59–65.

264 Simeon von Durham, Historia regum c. 41, S. 39: *Anno DCCXLIX. Elfwald rex Orientalium Anglorum defunctus est, regnumque Hunbeanna et Alberht sibi diviserunt.*

265 Vgl. Archibald, Beonna and Alberht. Sie weist auch darauf hin, dass die heute Beonna von East Anglia zugeschriebenen Münzen von der älteren Forschung, die nur drei Exemplare mit unbekanntem Fundort kannte, teilweise sogar Beornrad von Mercia zugeschrieben worden seien. Mittlerweile sind weit über 50 Exemplare gefunden worden, und zwar fast ausschließlich in East Anglia. Daher sei eine Zuweisung nach Mercia nicht mehr haltbar.

Offa verdrängt wurde.[266] Archibald vermutet daher, dass Beonna aus Mercia gestammt habe und nach dem Tod Ælfwalds in einem Teil von East Anglia als König von Æthelbalds Gnaden eingesetzt worden sei. 757 habe er schließlich versucht, die Herrschaft über Mercia an sich zu reißen, sei aber von Offa verdrängt worden und habe sich in sein ursprüngliches Herrschaftsgebiet in East Anglia zurückziehen müssen, wo er sich noch einige Jahre habe halten können. Erst in dieser Phase seiner Herrschaft habe Beonna Münzen mit seinen Namen und dem Königstitel prägen lassen, was er unter der Oberhoheit Æthelbalds nicht gewagt hätte. Sollte die Theorie zutreffen, scheidet Beonna als Vorbild für die Reform Pippins aus. Das Jahr 757 als Terminus post quem ist dabei nicht neu. Eine ältere Hypothese besagt, dass der Tod König Æthelbalds das vorübergehende Ende von Mercias Hegemonie über East Anglia bedeutet habe und Beonna erst dann die Macht gehabt habe, Münzen mit seinem Namen und Königstitel zu prägen.[267]

Naismith hingegen setzt in Abgrenzung von Archibald und anderen den Beginn der Münzprägung Beonnas bereits um 750 an, da nur so die Gewichtsentwicklung der Münzen erklärbar sei.[268] Er begründet jedoch nicht, warum es notwendig sei, den Beginn in die Zeit um 750 zu legen, und warum die von ihm angenommene Entwicklung nicht auch schneller hätte ablaufen können. Sein Argument steht und fällt mit der Datierung von Beonnas Regentschaft. Naismith geht davon aus, dass diese bis 758 oder 760 gedauert habe,[269] nimmt also einen Prägezeitraum von acht bis zehn Jahren an, während Archibald einen Zeitraum der Münzprägung von 757 bis 760 oder 765 also von drei bis acht Jahren annimmt.[270] Sollte 765 zutreffen, wäre der Zeitraum lang genug, um sogar die von Naismith für unabdingbar gehaltene Dauer der Münzprägung zu gewährleisten. Das Problem ist, dass auch unabhängig von Archibalds Identitätsthese völlig unklar ist, wie lange Beonna und Alberht/ Æthelberht I. regierten. Für die Regierungszeit ihres möglichen Nachfolgers Æthelred I., von dem übrigens bisher keine Münzen gefunden wurden, gibt es in den wenigen, sehr späten Quellen keine zeitlichen Anhaltspunkte, so dass nicht einmal sicher ist, ob es sich überhaupt um ihren Nachfolger handelt.[271] Anhand der Quellen wäre auch nicht auszuschließen, dass Æthelred I. vielleicht erst nur Alberht/ Æthelberht I. nachfolgte. Kurzum das Ende der Regierungszeit Beonnas lässt sich nicht fassen, so dass Naismiths Argument gegen Archibalds Spätdatierung nicht greift. Zudem ist fraglich, ob das numismatische Material nur in der Hinsicht inter-

266 Vgl. PASE, s.v. Beornred 1. King of the Mercians mit Quellenangaben.

267 Vgl. North, Coinage, S. 28 f. mit älterer Literatur. Noch zurückhaltender gegenüber der Identitätsthese und in dieselbe Richtung wie North geht Archibald, Coinage, S. 33 f.

268 Vgl. Naismith, Kings, S. 308: „[…] there is nothing to indicate for sure when it [scil. Beonna's coinage] was introduced, but a date relatively early in his reign (c.750) would allow for the developments that can be discerned within it."

269 Vgl. Naismith, Kings, S. 307.

270 Vgl. Archibald, Beonna and Alberht, S. 129.

271 Vgl. Yorke, Kings, S. 64.

pretiert werden kann, dass die drei Monetare, Werferths, Efe und Wilred, in dieser Reihenfolge nacheinander Münzen prägten.[272]

Die These Archibalds, dass Beonna von East Anglia und Beornrad von Mercia ein und dieselbe Person sind, ist und bleibt bei der dünnen Quellenlage sehr spekulativ und kann hier nicht untersucht werden. Unabhängig davon dürfte deutlich geworden sein, dass es nicht möglich ist nachzuweisen, dass

---

272 Vgl. Archibald, Coinage, S. 31: „It is unlikely that coins of differing silver standard would have been issued in Beonna's name at the same time, so the decline in the silver standard is taken to be a valid indication of the relative chronological order." Die Metallzusammensetzung der bis 1985 bekannten Münzen ist von Cowell, Analysis, S. 42–48 mithilfe der Röntgenfluoreszenzanalyse und einem Rasterelektronenmikroskop untersucht worden. Nach seinen Messungen haben die Münzen Werferths 69–73 % (2 untersuchte Exemplare), Efes 44–58 % (51 untersuchte Exemplare) und Wilreds (17 Exemplare) 23–50 % Silbergehalt. Auf die generelle Problematik der Exaktheit solcher Messungen wurde bereits oben (Kap. 4.1.1) eingegangen. Auch Cowell, S. 43, setzt sich mit dieser Problematik auseinander. So sei der Silbergehalt bei der Röntgenfluoreszenanalyse um 10–20 % höher als bei der Messung mit dem Rasterelektronenmikroskop. Seine ‚Messwerte' von insgesamt sechs verschiedenen Metallen berechnet er wie folgt: „The minor element results [= Gold, Blei, Zink, Zinn] by XRF [= Röntgenfluoreszenzanalyse] in this instance are probably accurate to within 25 per cent relative and should be regarded as semi-quantitative. However, since the minor components generally make up less then 10 per cent of the alloy in total, the absolute error from this source is relatively small. The results by the two techniques here have therefore been combined by assuming that the minor elements have been correctly estimated by the XRF and adjusting the SEM [= Rasterelektronenmikroskop] silver and copper figure so that the total is 100 per cent." Die Angabe des Silberfeingehalts mit Promillewerten gaukelt also eine Präzision der Messwerte vor, die bei weitem nicht gegeben ist. Problematisch ist zudem, dass die äußerst geringe Anzahl an Exemplaren statistisch nicht belastbar ist.

Aber selbst unter der Annahme, dass die Messungen korrekt und statistisch belastbar wären, stellt sich die Frage, warum daraus geschlossen werden muss, dass die drei Monetare nacheinander wirkten. Die Erklärung Archibalds wirft nicht wenige Fragen auf. Ist es wirklich plausibel, dass zunächst Werferth Münzen im Namen Beonnas prägen durfte, in einer Zwischenphase Efe und zum Ende hin Wilred? Wurde die eine Münzstätte geschlossen, um an einem anderen Ort von einem anderen Monetar Münzen mit einem geringeren Silberanteil prägen zu lassen? Wie müssen die Münzen ohne Monetar (Interlace Typ) in dieses Modell eingeordnet werden? Und warum wurden alle Typen gemeinsam gehortet? Denn der Münzhort von Middle Harling in Norfolk, der mit 53 Exemplaren den größten Teil von Beonnas Münzen bekannt gemacht hat, enthält alle vier Typen (Werferht 1, Efe 37, Interlace 3, Wilred 12) und zusätzlich Sceattas.

Ebenfalls nicht berücksichtigt wurde die Heterogenität des Königstitels auf den Münzen. Auf den Werferht-, Wilred- und Interlace-Münzen steht der Königstitel *rex.* Nur auf den Münzen Efes folgt auf den Namen Beonna eine Y-artige Rune, die von Page, Runes, S. 109 f., als *rex* gedeutet wurde (Während Looijenga, Texts, S. 263 eine Verbindung zum sog. Wurmlinger Zeichen und somit in den süddeutschen Raum andeutet, wurde eine solche Verbindung von Graf, Zeichen, S. 79 f., aufgrund unterschiedlicher Gestaltung der Zeichen zurückgewiesen. Dieser Frage kann hier nicht weiter nachgegangen werden.). Ob es wirklich plausibel ist, dass unter Efe das Wort *rex* durch die Y-artige Rune ersetzt wurde und unter seinem Nachfolger direkt wieder zu *rex* zurückgekehrt wurde, sei dahingestellt. Das Erklärungsmodell von Archibald und Naismith, demzufolge die Monetare nacheinander Münzen prägten, kann also alles andere als überzeugen.

Beonnas Münzen der Münzreform Pippins 754/755 vorangingen.[273] Sollte Beonna tatsächlich ab 750 Münzen geprägt haben, müsste Naismith zudem erklären, warum die Hegemonialmacht Mercia unter König Æthelbald noch nicht auf diesen Affront eines abhängigen Königs reagierte. Die von Naismith vorgeschlagene Entwicklungslinie von Eadberht über Beonna ins Frankenreich lässt sich also nicht beweisen und ist eher unwahrscheinlich.

4.3.2 Langobarden

Das langobardische Geldwesen des 8. Jahrhunderts unterscheidet sich grundlegend vom Münzwesen der Franken, Friesen und Angelsachsen, da hier eine Goldwährung in Gebrauch war.[274] Bei der Suche nach Parallelen kann also die Metrologie außenvorbleiben.[275] Fruchtbarer ist der Vergleich der Münzgestaltung, die hier nur ansatzweise skizziert werden kann.

Dabei gilt es zu beachten, dass der Verwendungsbereich langobardischer Münzen deutlich über das eigentliche Langobardenreich hinausreichte. Bis in die Zeit Ludwigs des Frommen fand im frühen Mittelalter keine Münzprägung in Bayern statt.[276] Stattdessen fanden Goldmünzen Verwendung, die aus dem byzantinischen Reich und vor allem aus dem Langobardenreich eingeführt wurden.[277] Die langobardischen Goldmünzen waren also in der ersten Hälfte des 8. Jahrhunderts in einem Gebiet im Gebrauch, das nicht nur unter fränkischer Oberherrschaft stand, sondern zu dem auch häufigere Kontakte Pippins bestanden.

In der Mitte des 8. Jahrhunderts sind unter Aistulf (749–756) auch im Langobardenreich deutliche Veränderungen im Münzwesen beobachtbar. Aber bereits die Münzen Liutprands (712–744) weisen Ähnlichkeiten mit den Münzen Pippins auf. Während die Rückseite meist auf den heiligen Michael verweist, ist auf der Vorderseite Liutprand genannt. Das Standardmuster der Vorderseite lautet D N LIVTPRAN RX.[278] Die Legende enthält drei Bestandteile, die auch auf Münzen Pippins vorkommen, und zwar den Domnus noster-Titel, den Königsnamen und das abgekürzte Wort *rex*. Das letzte Element erfüllt jedoch nicht die Funktion des Königstitels, worin sich die Münzen von denen Pippins unterscheiden. Denn eine Reihe weiterer Buchstaben und Buchstabenverbindungen sind anstelle des RX auf Münzen Liutprands überliefert, deren Deutung

---

273 Völlig zu Recht hält Metcalf, Betwixt, S. 13, fest, dass bei der Datierung von Beonnas Münzen über bloßes Vermuten nicht hinauszukommen ist.

274 Vgl. Kluge, Numismatik, S. 78 f.; Grierson – Blackburn, Early Middle Ages, S. 63–66. Ob die Silberwährung noch unter Liutprand, Ratchis, Aistulf und Desiderius im Umlauf war, ist sehr umstritten, da sich keine Silbermünzen sicher einem dieser Herrscher zuweisen lassen, wie Grierson, Silver Coinage, S. 140 festhält.

275 Die Münzen Ratchis' und Aistulfs sind äußerst rar, so dass quantifizierende Aussagen ohnehin nicht möglich sind, wie Grierson – Blackburn, Early Middle Ages, S. 61, betonen.

276 Vgl. Deutinger, Zeitalter, S. 212; Depeyrot, Numéraire carolingien, S. 499 Nr. 821.

277 Vgl. Deutinger, Zeitalter, S. 212.

278 Vgl. Bernareggi, Sistema economico, S. 86.

umstritten ist.[279] Aber unabhängig davon, ob sich hinter den Kürzeln Monetare oder Prägestätten verbergen, ist, wie Bernareggi betont, höchstwahrscheinlich davon auszugehen, dass die Exemplare mit RX wohl von der königlichen Münzstätte selbst, also in Pavia, geprägt worden sind. Das Wort *rex* markiert also hier nicht den Verweis Liutprands auf sein Königtum, sondern lediglich die Herkunft der Münzen. Schwierig zu beantworten ist die Frage, wie die Benutzer der Münzen das RX interpretiert haben. Zumindest bei Pippin dürfte es mehr als fraglich sein, ob ihm auf seiner Reise nach Pavia 737 die Art und Weise der Prägestättenkennzeichnung einsichtig war oder ob er das Wort *rex* nicht doch als Königstitel aufgefasst hat.

Diese Funktion wandelte sich unter Aistulf, unter dem auf verschiedenen Münzarten der Königstitel zurückkehrt. Auf den goldenen Königsmünzen findet sich nun auf der Vorderseite das Schema + DN AISTULFREX.[280] Hier ist das Wort *rex* eindeutig Königstitel, da keine alternativen Buchstaben oder Buchstabenverbindungen wie noch unter Liutprand überliefert sind. Dass es sich hier tatsächlich um einen Titel handelt, wird dadurch unterstrichen, dass Königsname und -titel unter Aistulf erstmals auch auf einer anderen langobardischen Münzart erscheinen, auf den sogenannten flavischen Münzen, die bis dahin ohne Hinweis auf den jeweiligen langobardischen Herrscher geprägt worden waren.[281] Dass bei königlichen Goldmünzen keine anderen Buchstaben nach dem Namen überliefert sind, deutet stark darauf hin, dass der Funktionswandel des Wortes *rex* nicht allzu spät nach 749 erfolgt sein kann. Ansonsten wäre es schon ein sehr großer Zufall, dass keine einzige Münze älterer Gestalt aus den frühen Jahren Aistulfs bekannt geworden ist. Doch gibt es wie bei den nordalpinen Münzen auch im Langobardenreich allergrößte Schwierigkeiten, die Münzen eines Herrschers innerhalb seiner Regierungszeit zu datieren, so dass sich anhand der numismatischen Quellen allein kaum der genaue Zeitpunkt bestimmen lässt, an dem Aistulf die neuen Münzen einführte, ob vor oder nach Pippin.

Einen chronologischen Sonder- oder besser Glücksfall stellen Aistulfs Münzen aus Ravenna dar. Dort übernahm Aistulf nach der Eroberung des Exarchats 751 die byzantinische Münzstätte. Unter seiner Herrschaft orientierte sich die dortige Münzprägung weiterhin an der kaiserlichen Münzprägung. Jedoch wurden die neuen Goldmünzen mit Namen, Titel und Bildnis Aistulfs geprägt.[282] Ein weiteres Element auf den Münzen ist die Angabe der Indiktion mit griechischen Zahlen, so dass die Münzen relativ genau datiert werden können. Es sind Solidi mit der Indiktion Zeta und Tremissen mit der Indiktion

---

279 Vgl. Bernareggi, Sistema economico, S. 86–92. Die Lesung des letzten Elementes ist auch nicht immer eindeutig möglich. Vgl. Bernareggi, Moneta Langobardorum, S. 152 Nr. 8.

280 Vgl. Bernareggi, Sistema economico, S. 99, Ranieri, Monetazione di Ravenna, S. 243 f. Nr. 842–846.

281 Auf den flavischen Münzen fehlt zwar teilweise der Titel *rex*. Vgl. Pardi, Monete Flavie, S. 59 f. Sie haben jedoch stets den Titel *domnus noster*. Zur flavischen Intitulatio des Königs in langobardischen Königsurkunden und zur Tradition dieses Titels in Italien vgl. Wolfram, Intitulatio, S. 64–76.

282 Vgl. Bernareggi, Sistema econimico, S. 100; Jarnut, Langobarden, S. 110 f.

Eta erhalten.[283] Die Münzen stammen also aus der Zeit vom 01.09.753 bis zum 31.08.755, was bedeutet, dass Aistulf die Goldmünzprägung auf seinen Namen in Ravenna spätestens am 30.08.754 aufnahm und sie mindestens bis zum 01.09.754 andauerte.[284]

Es lässt sich festhalten, dass es im Langobardenreich in der fraglichen Zeit nicht nur massive Veränderungen in der Münzgestaltung gab, sondern dass die Legenden von Aistulfs Münzen eine große Ähnlichkeit zu denen Pippins aufweisen. Das langobardische Standardmuster aus den drei Elementen Domnus noster-Titel, Name und Königstitel *rex* findet sich auch auf Denaren Pippins.

Die Frage, wessen Münzen wem zum Vorbild dienten, lässt sich aufgrund des engen Zeitfensters und der in vielen Punkten unsicheren Chronologie, nicht mehr eindeutig klären. Doch sprechen einige Indizien dafür, dass der Impuls von Italien ausging. Als erstes ist der Domnus noster-Titel zu nennen, der auf merowingischen Silberdenaren überhaupt nicht zu finden ist, während er bei den Langobarden bereits unter Liutprand, aber auch davor mit Ausnahme der flavischen Münzen Standard war.[285] Dasselbe gilt zweitens für den Königsnamen. Ein Herrscher, der kein Schattenherrscher eines Hausmeiers ist, lässt seinen Namen auf die Münzen seines Reiches schlagen. Dies dürfte der Eindruck gewesen sein, den Pippin erhalten haben müsste, als er 737 zwecks Adoption in die langobardische Hauptstadt Pavia reiste.[286] In die mehr als 200 Kilometer weiter südöstlich gelegene Gegend, in der die flavischen Münzen unter Liutprand ohne *domnus noster* und Königsname geprägt wurden, wird er vermutlich gar nicht gelangt sein. In Pavia hingegen, dem Reiseziel Pippins, wurden aller Wahrscheinlichkeit nach die Münzen mit dem Wort *rex* hinter Liutprands Namen hergestellt und werden dort deswegen auch überproportional verbreitet gewesen sein. Welche Funktion Pippin dem Wort *rex* beimaß, ob Titel oder Prägestätte, bleibt indes für immer ungewiss.

Wie gezeigt wurde, wandelte sich unter Aistulf nicht nur die Funktion des Wortes *rex* hinter dem Königsnamen, sondern Domnus noster-Titel, Königsname und Rex-Titel wurden auch auf den flavischen Münzen eingeführt. Die Motive Aistulfs, die Münzgestaltung zu verändern, sind nur schwer zu ergründen, hängen sie doch stark vom Zeitpunkt ab, an dem die Neuerungen stattfanden. Dieser Zeitpunkt lässt sich wie erwähnt nicht mehr exakt feststellen, und es ist

283 Die Indiktion Zeta (= 7) dauerte gemäß Indictio Graeca vom 1.9.753 bis zum 31.8.754. Zu den entsprechenden Münzen vgl. Ranieri, Monetazione di Ravenna, S. 243 f. Nr. 842 f. Die Datierung von Ranieri in das Jahr 751 ist nicht nachvollziehbar. Die Indiktion Eta (= 8) dauerte vom 1.9.754 bis zum 31.8.755. Zu den entsprechenden Münzen vgl. Ranieri, S. 243 Nr. 844–846.

284 Nicht verständlich ist, warum Bernareggi, Problemi, S. 63; ders. Moneta Langobardorum, S. 77, S. 155 Nr. 11 f., den Herbst 753 als Terminus ante quem für die ravennatischen Münzen nennt.

285 Vgl. Depeyrot, Numéraire mérovingien, S. 184.

286 Paulus Diaconus, Historia Langobardorum VI c. 53, S. 183 Z. 15–17: *Circa haec tempora Carolus princeps Francorum Pipinum suum filium ad Liutprandum direxit, ut eius iuxta morem capillum susciperit. Qui eius caesariem incidens, ei pater effectus est multisque eum ditatum regiis muneribus genitori remisit.* Zur Adoption vgl. Schieffer, Karolinger, S. 48 f.; Stoclet, Fils, S. 179–236.

nicht anzuraten, aus einem postulierten Motiv die Einführung zu datieren.[287] Auf der einen Seite könnte Aistulf das Vorbild für Pippin gewesen sein und die Münzen gezielt genutzt haben, um zu Beginn seiner Herrschaft seinen Anspruch auf das Königtum zu untermauern, war er doch erst durch die Absetzung seines Bruders Ratchis auf den Thron gekommen.[288] Der Aufstieg vom *dux* von Friaul zum *rex* könnte erklären, warum Aistulf nicht nur seinen Namen, sondern auch seinen Königstitel auf die Münzen hatte schlagen lassen. Insgesamt weisen Aistulfs Münzen in Hinblick auf seine Titulatur eine sehr große Homogenität auf, während Name und Titulatur auf Pippins Denaren relativ heterogen gestaltet sind. Dies macht es schwer vorstellbar, in Pippin oder gar in Eadberht, Beonna oder Alberht/ Æthelberht I. das Vorbild zu sehen, das Aistulf nachahmte, als er die Funktion des Wortes *rex* veränderte beziehungsweise seinen Namen und Titel auf den ravennatischen und flavischen Münzen einführte.

Es spricht also alles dafür, auf dem Gebiet der Münzgestaltung und der Nutzung von Münzen als Medium Liutprand und Aistulf als Vorbilder Pippins zu betrachten. Dass Aistulfs Münzen ins Frankenreich gelangten und dort bekannt waren, ist mehr als wahrscheinlich. In der fraglichen Zeit bestanden zahlreiche Kontakte unterschiedlichster Art zwischen beiden Reichen. So zog sich Karlmann in ein Kloster bei Rom (Monte Soracte) und später nach Montecassino zurück.[289] Einhard berichtet von zahlreichen Besuchern, die Karlmann an seinem ersten Aufenthaltsort habe empfangen müssen und die ihn veranlasst hätten, nach Montecassino auszuweichen.[290] Der Weg nach Rom führte für Pilger wie für Gesandte durch das Langobardenreich. Auch wenn Aistulf den Handel mit auswärtigen Handelspartnern starken Restriktionen unterwarf, wurde dieser jedoch nicht verboten und bestand weiterhin fort.[291] Hinzu kommen die engen Kontakte nach Bayern, wo auch langobardische Münzen im Umlauf waren. Die Tatsache, dass nur wenige langobardische Münzen auf dem Gebiet des Frankenreichs gefunden wurden, hat in dieser Frage wenig Aussagekraft. Zum einen war der Handel nicht auf Emporia ausgelegt, in deren Umfeld im Norden des Frankenreichs starke Münzfunde zu verzeichnen sind, zum anderen sind die gesetzlichen Bestimmungen bezüglich des Eigentums von gefundenen Münzen in den Staaten auf dem Gebiet des ehemaligen Frankenreiches anders als in England, und drittens ist es nicht unwahrscheinlich, dass die deutlich wertvolleren Goldmünzen besser verwahrt wurden und seltener verloren gingen.

---

287 So beispielsweise, Pardi, Monete Flavie, S. 27–29, 61, die in der Einführung von Aistulfs Namen auf den flavischen Münzen eine Reaktion auf die Pippinische Schenkung vermutet, da die Prägeorte Teil des Schenkungsgebiets gewesen seien. In diesem Fall müsste die Umstellung der langobardischen Prägestätten sehr zügig verlaufen sein, sollte sie tatsächlich eine Reaktion auf Pippins Italienpolitik 754 darstellen.

288 Vgl. Bund, Thronsturz, S. 214 f.

289 Vgl. Schieffer, Karolinger. S. 56 f.

290 Vgl. Einhard, Vita Karoli magni c. 2, S. 5 Z. 6–14.

291 Vgl. Leges Ahistulfi regis c. 3–5, in: MGH LL 4, S. 196 f. Z. 14–9. Zur Interpretation der Kapitel unter militärischen Gesichtspunkten vgl. Pohl, Frontiers.

4.4 Zwischenfazit

Die in diesem Kapitel besprochenen Münzen verdeutlichen zwei methodische Probleme im Bereich der Numismatik. Das eine Problem ist darin begründet, dass die Quellenbasis anders als bei anderen mittelalterlichen Quellengattungen stetig wächst. Hier besteht die Gefahr, die Neufunde in die seit Jahrzehnten gewachsenen Konzepte und Deutungen zu integrieren, anstatt mithilfe der neuen Quellen die auf schlechterer Quellenbasis entwickelten Konzepte und Deutungen zu hinterfragen. Das zweite Problem entsteht durch die starke Fokussierung der Numismatik auf Dynastien. Diese Fokussierung zieht sich durch alle Bereiche der Numismatik, von den Sammlern über die wissenschaftlichen Sammlungen bis hin zur Forschung und den einschlägigen Handbüchern und Katalogen. Pippins Münzreform bildet genau die Grenze zwischen den ‚merowingischen' und den ‚karolingischen' Münzen. Die Orientierung an den Dynastien wertet Pippins Reform als Zäsur stark auf und lässt die Kontinuitäten in den Hintergrund treten.

Das Königskapitular beleuchtet nur einen Ausschnitt der Münzpolitik Pippins und zeigt, dass Pippin bereits kurz nach dem Dynastiewechsel eine Münzpolitik betrieb, mit der er sich von seinen merowingischen Vorgängern deutlich absetzte. Dabei scheinen wirtschaftliche und finanzielle Motive eher im Hintergrund gestanden zu haben. Einerseits gibt es keine Anzeichen, dass mit der 1 zu 22-Relation zwischen Pfund und Solidus eine gezielte Verbesserung und Förderung des Handels intendiert war, wobei hier die Unkenntnis über die Metrologie des merowingischen Silberdenars die Beurteilungsmöglichkeiten einschränkt. Andererseits deutet auch nichts darauf hin, dass Pippin das Umprägen älterer Münzen in neue Denare mit seinem Namen in erster Linie als lukrative Einnahmequelle betrachtete. Zwar stand dem Monetar eine Gebühr in Höhe von einem Solidus pro Pfund ausgeprägter Münzen zu, doch gibt es keinerlei zeitgenössische Quellen, die darauf hindeuten könnten, dass diese Gebühr oder zumindest ein Teil davon in die Kasse des Königs floss.

Die ältere Forschung vertrat oft die Ansicht, dass Pippin die Münzprägung wieder unter staatliche Aufsicht stellte, während die Prägung des merowingischen Silberdenars in privaten Händen gelegen habe, und erkannte in diesem Punkt den großen Fortschritt von Pippins Münzpolitik. Inwieweit eine Dichotomie zwischen privat und staatlich für das 8. Jahrhundert überhaupt sinnvoll ist, sei dahingestellt. Zumindest ist sie jedoch für die Beurteilung der Münzreform Pippins nicht hilfreich. Über die hinter diesen Veränderungen in der Mitte des 8. Jahrhunderts stehenden rechtlichen Voraussetzungen ist nichts bekannt. Die klassische Deutung ist, dass Pippin das Recht, Münzen zu prägen, wieder an den König, also an sich zog.[292] Doch fand die Münzprägung weiterhin dezentral an recht vielen Münzstätten statt. Die Frage ist, wie die Prägetätigkeit vor Ort rechtlich einzustufen ist. Dort, wo wie in Trier und Angers die Umsetzung der

292 Vgl. Volz, Münzhoheit, S. 162.

Reform beobachtbar ist, zeigt sich, dass Institutionen, die vor der Münzreform Pippins Münzen prägten, dies auch nach der Reform taten, nur dass sie dann nicht mehr den Namen des eigenen Abtes oder Bischofs, sondern den des Königs auf die Vorderseite prägten. Bedeutet dies, dass das Bistum Trier und das Kloster St-Aubin d'Angers, um bei den gut bezeugten Beispielen zu bleiben, im Auftrag des Königs Münzen prägten oder ihnen das Recht dazu vom König verliehen wurde? Oder prägten sie vielleicht einfach nur weiter Münzen wie zuvor, nur dass sie die neuen Gestaltungsvorgaben berücksichtigten? Münzprivilegierungen sind zumindest erst ab der Zeit Ludwigs des Frommen belegt. Es wäre gewagt, dieses rechtliche Phänomen aus dem 9. Jahrhundert in die Zeit Pippins zurückzuprojizieren, zumal aus der Zeit Pippins und Karls des Großen kein einziges solches Diplom und nicht einmal ein einschlägiges Deperditum bekannt ist.[293]

Es soll nicht bezweifelt werden, dass das fränkische Münzwesen unter Pippin einzelne Phänomene aufweist, die sich mit einem Konzept ‚staatliche Münzprägung' in Verbindung bringen lassen. Doch heißt dies nicht, dass es unter Pippin eine ‚staatliche Münzprägung' gab. Es ist nicht legitim, in den Bereichen, über die keine Informationen für die Zeit Pippins vorliegen, die Phänomene zu unterstellen, die mit einer staatlichen Münzprägung im Gegensatz zu einer privaten verbunden werden oder erst im 9. Jahrhundert belegt sind. Es sei hier nur auf den Schlagschatz verwiesen, den manche Forscher zusätzlich zur Gebühr an den Monetar veranschlagen, obwohl im Königskapitular nichts davon steht.[294]

Die Münzreform Pippins kann in dem Sinne als voller Erfolg gewertet werden, dass die neuen Münzen die alten merowingischen Silberdenare rasch verdrängt haben, wie oben gezeigt wurde. Es ist davon auszugehen, dass dafür alte Münzen in großem Stil in neue Denare umgeprägt wurden. Die Beschränkung der Gebühr für das Münzenschlagen auf einen von 22 Solidi im Königskapitular kann als flankierende Maßnahme verstanden werden, um die Bereitschaft zu erhöhen, Münzen umprägen zu lassen. Über die Diskussionen um die Deutung der Relation von 1 zu 22 im Königskapitular darf diese zweite Regelung zur Prägegebühr nicht vergessen werden. Die Regelung zur Prägegebühr zeugt von Pippins deutlichem Interesse, dass sein Name und Königstitel auf die im Frankenreich verwendeten Münzen geprägt wurden. Aber es würde zu weit führen, diese Regelung zum eigentlich Kern des Münzkapitels zu erklären, so lange nicht mehr Klarheit über die metrologische Deutung der 1 zu 22-Relation herrscht.

Bei seiner Münzpolitik nahm sich Pippin Aistulf zum Vorbild, übernahm Gestaltungselemente der langobardischen Münzen und vereinnahmte sie für seine eigenen Ziele. Denn der Langobardenkönig verfolgte ebenfalls eine aktive Münzpolitik, die allerdings keinen Niederschlag in den Schriftquellen gefunden hat, sondern allein an seinen Münzen nachvollzogen werden kann. Auf der

---

293 Anders Volz, Münzhoheit, S. 169 f.
294 Vgl. oben Kap. 4.1.4.

anderen Seite wurden Pippins Münzen auch selbst wieder Vorbild für die Münzprägung angelsächsischer Könige.

5. Rechtspflege

Die beiden letzten Beschlüsse des Königskapitulars hängen thematisch so eng zusammen, dass es sinnvoll ist, sie in dieser Arbeit in einem gemeinsamen Kapitel zu behandeln. Beide Beschlüsse befassen sich im weitesten Sinne mit der Rechtspflege. Kapitel 6 konzentriert sich eher auf einen Teilaspekt kirchlicher Rechtspflege und Kapitel 7 zielt eher auf die weltliche Rechtspflege. Im Folgenden soll in einem ersten Schritt untersucht werden, was die beiden Kapitel des Königskapitulars konkret festlegen. Darauf aufbauend soll zweitens bei Kapitel 7 nach dem Umgang mit der Lex Salica und einer eventuellen Rezeption langobardischen Rechts gefragt werden. Beide Kapitel rücken wieder gemeinsam in den Fokus, wenn drittens die Rezeption des Königskapitulars auf dem Konzil von Ver in den Blick genommen wird.[1]

Neben diesen normativen Quellen steht für den Bereich der Rechtspflege mit den Immunitäts- und Gerichtsurkunden eine weitere Quellengruppe zur Verfügung, die in einem vierten Schritt vergleichend herangezogen werden soll. Allein die Immunitätsurkunden machen mehr als ein Drittel der überlieferten echten Königsurkunden Pippins aus, auch wenn die Zahlen der Überlieferung natürlich nicht repräsentativ für die tatsächlich ausgestellten Urkunden sind, weil nicht alle Urkundenarten die gleiche Überlieferungschance haben. Auf dieser Grundlage kann schließlich Pippins Sorge um die Rechtspflege in seinem Reich bewertet und das Königskapitular vor diesem Hintergrund interpretiert werden.

5.1 Rechtspflege im Königskapitular

Mit Kapitel 6 und 7 beschäftigen sich gleich zwei Beschlüsse mit dem Thema Rechtspflege. Die Kollation der erhaltenen Handschriften zeigt hier keine Varianten, die Auswirkung auf den Rechtsinhalt und die Interpretation des Königskapitulars hätten. An einigen Stellen machen die Lesarten in den Handschriften jedoch deutlich, dass der Text schon den mittelalterlichen Schreibern Verständnisprobleme bereitet haben muss.[2] Auffällig ist, dass zwei Handschriften Kapitel 6 als Teil von Kapitel 5 auffassen und Kapitel 7 als zwei Kapitel (VI und VII) zählen.[3] Der Einschnitt in Kapitel 7 erfolgte dabei an einer sinnvollen Stelle. Doch ist diese Gliederung eindeutig sekundär und der Beschluss über die Immunitäten ergibt als Teil des Münzkapitels wenig Sinn.

---

1 Diese Rezeption spielt auch für die Datierung des Königskapitulars eine bedeutende Rolle. Vgl. oben Kap. 1.3.4.

2 Die Lesarten werden weiter unten behandelt.

3 Vgl. V_{20}, fol. 39^v; P, fol. 8^v–9^r.

5.1.1 Kapitel 6 (Immunitäten)

Das sechste Kapitel des Königskapitulars behandelt die Immunitäten. 755 wurde Kapitel 6 des Königskapitulars auf dem Konzil von Ver bestätigt. Auch in späteren Kapitularien sind die Immunitäten und der Umgang mit ihnen immer wieder Thema.

Mit lediglich vier Worten bildet Kapitel 6 den kürzesten Beschluss des ganzen Kapitulars: *Ut emunitates conservatae sint.*[4] Die Schreibung *emunitas* für *immunitas* braucht nicht zu verwundern. Denn sie dominiert generell in den Urkunden vor Ludwig dem Frommen, wie schon Edmund Stengel feststellte.[5]

Auch wenn die Urkunden ein anderes Bild nahelegen,[6] war die Verleihung von Immunitäten in fränkischer Zeit kein Privileg, das ausschließlich kirchlichen Empfängern zu Teil wurde. Immunitätsverleihungen an weltliche Empfänger hatten wie die gesamte Überlieferung für weltliche Empfänger eine deutlich schlechtere Überlieferungschance. Aus Formularsammlungen lässt sich aber zeigen, dass auch weltliche Empfänger in den Genuss von Immunitäten gelangen konnten.[7] Zwar gehen die frühmittelalterlichen Immunitäten auf spätantike Vorbilder zurück, doch sind signifikante Entwicklungen zwischen Immunitäten in der Spätantike und im 8. Jahrhundert zu verzeichnen. Während Immunitätsverleihungen an kirchliche Empfänger im 6. Jahrhundert fast ausschließlich die Befreiung von Steuerleistungen bedeuteten, zielten die Immunitätsverleihungen im 7. Jahrhundert bereits mehr auf die Befreiung von der durch königliche Amtsträger ausgeübten Gerichtsbarkeit.[8] Wann in merowingischer Zeit dieses sogenannte Introitus-Verbot für königliche Richter aufkam, ist in der Forschung umstritten.[9] Die Frage nach dem Anfang braucht hier nicht weiter verfolgt zu werden, weil das Introitus-Verbot im 8. Jahrhundert fester Bestandteil, wenn nicht Hauptzweck der Immunitätsverleihungen ist.

Auch wenn recht deutlich ist, was Immunität in der Mitte des 8. Jahrhunderts bedeutet, ermöglicht die Bedeutungsbreite des Wortes *immunitas* doch zwei verschiedene Interpretationen des kurzen Satzes im Königskapitular. Einerseits kann *immunitas* als Immunitätsprivileg aufgefasst werden. Dann würde das Kapitular pauschal ältere Immunitätsprivilegien bzw. –verleihungen bestätigen. Andererseits kann *immunitas* hier auch ganz konkret als Immunitätsbezirk verstanden werden. Dann würde das Kapitular zur Beachtung der Immunitätsbezirke auffordern. Beide Interpretationen ließen sich im Kontext des Königskapitulars verorten. Sowohl, dass Pippin pauschal Immunitätsverleihungen der Merowinger bestätigen und damit Rechtssicherheit herstellen wollte, als auch, dass Pippin die Beachtung der Immunitäten in der Praxis verbessern wollte,

---

4 Pippini regis capitulare c. 6, in: MGH Capit. 1, Nr. 13, S. 32 Z. 15.

5 Vgl. Stengel, Immunität, S. 528 f.

6 Vgl. die Übersicht der Immunitätsurkunden bis 840 bei Kroell, L'immunité, S. 333–359.

7 Formulae Marculfi I 14, I 17, in: MGH Form., S. 52 f., S. 54 f.

8 Vgl. Esders, Rechtstradition, S. 236–241.

9 Vgl. Brühl, Immunität; Murray, Immunity Revisited; Willoweit, Immunität.

scheint kurz nach dem Dynastiewechsel auf den ersten Blick nicht unplausibel zu sein.

755 wurde Kapitel 6 des Königskapitulars auf dem Konzil von Ver bestätigt.[10] Auch wenn für diese Wiederholung doppelt so viele Wörter zum Einsatz kamen, wird die konkrete Bedeutung zunächst nicht deutlicher. Wo die Kürze der Formulierung eine Antwort verwehrt, kann der Kontext weiterhelfen. Im Königskapitular folgt auf den Beschluss zu den Immunitäten ein Kapitel zur weltlichen Rechtspflege. Der Bestätigung von Ver geht ein Kanon voran, dass Kleriker keine weltlichen Gerichte aufsuchen sollen.[11] Der jeweilige unmittelbare Kontext, in dem die Regelung zu den Immunitäten begegnet, deutet stark darauf hin, dass *immunitates conservare* sowohl im Königskapitular als auch beim Konzil von Ver „die Immunitätsbezirke beachten" bedeutet. Gegen eine pauschale Bestätigung früherer Immunitätsverleihungen spricht auch, dass recht viele Immunitätsbestätigungen Pippins überliefert oder bezeugt sind.[12] Nicht wenige Institutionen wählten also den Weg einer individuellen Immunitätsbestätigung.

Für die Frage nach der Bedeutung der Junktur *immunitatem conservare* ist ein Kapitular Pippins von Italien von 787 besonders aussagekräftig.[13] Hier kann eindeutig ausgeschlossen werden, dass mit *conservare* eine Bestätigung von Immunitätsrechten ausgedrückt werden soll, weil eine Bestätigung von Immunitäten durch Karl den Großen nur wenige Worte zuvor erwähnt wird. Alle Indizien weisen darauf hin, dass es im Königskapitular um die Beachtung von Immunitätsbezirken geht. In dem Sinne soll das Kapitel auch hier aufgefasst werden.

Aufgrund der passivischen Formulierung verrät Kapitel 6 nicht, wer die Immunitäten beachten soll. Auf diese Frage wird zurückzukommen sein, nachdem der Text von Kapitel 7 näher untersucht wurde.

5.1.2 Kapitel 7 (weltliche Rechtspflege)

Das siebte und letzte Kapitel des Königskapitulars beschäftigt sich mit dem Gerichtswesen beziehungsweise der Rechtspflege. Von allen Kapiteln des Kapitulars bietet es die meisten Verständnisschwierigkeiten und größte Bandbreite möglicher Interpretationen. Dies liegt nicht nur an der Knappheit und den teilweise ungeschickten Formulierungen des Beschlusses,[14] sondern vor allem daran, dass das fränkische Rechtswesen in der Zeit vor den Reformen Karls des Großen in den Quellen nur sehr undeutlich zu erkennen ist. Grundsätzlich be-

10 Concilium Vernense c. 19, in: MGH Capit. 1, Nr. 14, S. 36 Z. 33: *De emunitates. Ut omnes emunitates per universas ecclesias conservata sint.*

11 Concilium Vernense c. 18, in: MGH Capit. 1, Nr. 14, S. 36 Z. 24–32.

12 Vgl. unten Kap. 5.5.1.

13 Pippini capitulare Papiense c. 8, in: MGH Capit. 1, Nr. 94, S. 199 Z. 27 f.: *Et hoc instituimus, ut emunitates a iamdicto domno nostro firmatae in omnibus sic conservatae esse debeant, sicut est iussio ipsius domni nostri Karoli regis.*

14 Vgl. Schmitt-Weigand, Rechtspflegedelikte, S. 33.

steht das methodische Problem, dass nicht immer leicht zu entscheiden ist, wo Karl der Große in seinen Kapitularien auf dem Gebiet der Rechtspflege wirklich Neues einführte und wo er Altes lediglich erneut einschärfte.

Wie im Rahmen dieses Kapitels ausführlich gezeigt werden wird, ist die Sprache des Rechts in den lateinischen Quellen zumindest bis in die Mitte des 8. Jahrhundert weit weniger präzise, klar und eindeutig, als die ältere Forschung häufig annahm. Die starke Polysemie der rechtlichen Termini und die geringe Zahl von Vergleichstexten, die meist auch nicht zeitgenössisch oder zumindest zeitnah überliefert sind, tragen weiter zur Schwierigkeit dieses Kapitels des Königskapitulars bei.[15]

In Kapitel 7 des Königskapitulars werden gleich vier verschiedene Regelungen zur Rechtspflege festgehalten, die vereinfacht unter den Stichpunkten Teilnahme an der Rechtspflege, Verhinderung der direkten Anrufung des Königs, Beschwerden über das Grafengericht am Hof und eine äquivalente Regelung des zweiten und dritten Punktes für *ecclesiastici* summiert werden können.

Die wichtigste Quelle zum fränkischen Gerichtswesen ist die Lex Salica, wobei umstritten ist, inwieweit und wie lange deren Regelungen in der Rechtspraxis auch in Gebrauch waren.[16] Daneben sind eine Reihe von arnulfingischen Hausmeierplacita und von Königsplacita Pippins erhalten, die Einblick in Gerichtsverfahren liefern.[17] Sie geben jedoch in erster Hinsicht Auskunft über das Funktionieren des Gerichts des Herrschers. Inwieweit hier gewonnene Einsichten auf die Grafengerichte übertragbar sind, lässt sich schwer überprüfen. In den Kapitularien Pippins wird auf das Gerichtswesen lediglich an einer weiteren Stelle eingegangen,[18] in denen seines Sohnes spielt es eine weitaus größere Rolle.[19]

5.1.2.1 Teilnahme an der Rechtspflege

Nach der Rubrik *De iusticia facienda* beginnt das Kapitel mit einer Aufforderung zur Teilnahme an der Rechtspflege.[20] Die Aufforderung ist explizit an alle (*omnes*) gerichtet, und zwar *tam publici quam ecclesiastici*. Auch wenn das *omnes* näher spezifiziert wird, sind unterschiedliche Interpretationen möglich, wer hier angesprochen werden soll. Für die Wendung *iustitiam facere* schlägt das Lexicon minus unterschiedliche Übersetzungen vor.[21] Verbindung und gemeinsamer Kern dieser Interpretamente ist die Bedeutung „an (einem) Gerichtsverfahren

---

15 Vgl. beispielsweise das Lemma *iustitia* bei Niermeyer – van de Kieft – Burger, Lexicon, Bd. 1, S. 746–750.

16 Vgl. Ubl, Sinnstiftungen, S. 24–29.

17 Eine Übersicht bietet Stieldorf, Placita, S. 23f. Tabelle 1.

18 Concilium Vernense c. 25, in: MGH Capit. 1, Nr. 14, S. 37 Z. 11f.: *Ut nullus episcopus nec abbas nec laicus pro iustitias faciendum sportolas contra drectum non accipiat; quia, ubi ipsa dona currunt, iustitia evacuatur.*

19 Vgl. Schmitt-Weigand, Rechtspflegedelikte, S. 26–28; Davis, Charlemagne's Practice, S. 47–89.

20 Pippini regis capitulare c. 7, in: MGH Capit. 1, Nr. 13, S. 32 Z. 16f.: *Ut omnes iusticiam faciant, tam publici quam ecclesiastici.*

21 Vgl. Niermeyer – van de Kieft – Burger, Lexicon, Bd. 1, S. 746–750.

teilnehmen". Das Problem ist, dass diese Wendung die Teilnahme in unterschiedlicher Funktion bezeichnen kann und aus dem Kontext heraus entschieden werden muss, welche Perspektive gemeint ist.

Die Teilnahme an Gerichtsverfahren war in drei verschiedenen Funktionen möglich: Erstens als Richter oder Urteiler, zweitens als streitende Partei und drittens als Gerichtsgemeinde. Das Subjekt *omnes* [...], *tam publici quam ecclesiastici* lässt dabei zunächst mehrere Perspektiven zu, die es im Folgenden auf ihre Wahrscheinlichkeit hin zu überprüfen gilt. Letztlich geht es um die Frage, wer die *publici* und die *ecclesiastici* sind.

Die erste Möglichkeit ist, dass in Kapitel 7 die Richter und Urteiler aufgefordert werden sollten, ihre Aufgabe auch tatsächlich wahrzunehmen. Die Bedeutung „Gericht halten" für *iustitiam facere* lässt sich in den Kapitularien gut belegen.[22] Auch für Probleme, dass Richter ihrer Aufgabe, Gericht zu halten, nicht nachkamen, lassen sich zahlreiche Parallelen finden.[23] Besonders erhellend bezüglich der Missstände ist die Mahnung Karls des Großen, dass seine Grafen über der Jagd und anderen Vergnügungen die Rechtsprechung nicht vergessen mögen.[24]

Auf der Versammlung, auf die das Königskapitular zurückgeht, dürften mit Grafen, Bischöfen und Äbten auch sicherlich eine Reihe von Richtern zugegen gewesen sein. Dafür, dass hier Richter und Urteiler angesprochen werden sollten, könnte als weiteres Argument herangezogen werden, dass Fehlverhalten von Graf und Rachinburgen im Laufe des Kapitels noch eine Rolle spielen.

Bei dieser Interpretation des ersten Satzes wären mit *tam publici quam ecclesiastici* weltliche und geistliche Richter gemeint. Es ist jedoch zu beachten, dass die *ecclesiastici* noch einmal am Ende des siebten Kapitels, aber auch schon zuvor in Kapitel 2 erwähnt werden. Bei den *ecclesiastici* am Ende von Kapitel 7 kann ausgeschlossen werden, dass es sich um kirchliche Richter handelt. Schließlich werden diesen *ecclesiastici* Schläge angedroht, wenn sie sich unter Umgehung ihres *senior* direkt an den Hof wenden.[25] Ein Abt oder Bischof in seiner Funktion als Richter kann hier nicht gemeint sein. In Kapitel 2 ist von *ecclesiastici* die Sprache, die in inzestuösen Verbindungen leben.[26] Auch wenn die Latinität der Kapitularien Pippins hinsichtlich Niveau, Klarheit und Eindeutigkeit der Be-

---

22 Vgl. Niermeyer – van de Kieft – Burger, Lexicon, Bd. 1, S. 746 (Bedeutung 4). Besonders deutlich tritt diese Bedeutung beispielsweise hervor in Capitulare Haristallense c. 21, in: MGH Capit. 1, Nr. 20, S. 51 Z. 16–19: *Si comis in suo ministerio iustitias non fecerit, misso nostro de sua casa soniare faciat usque dum iustitiae ibidem factae fuerint; et si vassus noster iustitiam non fecerit, tunc et comis et missus ad ipsius casa sedeant et de suo vivant quousque iustitiam faciat.* Für Mischke, Kapitularienrecht, S. 176–178, zielt die Wendung *iustitiam facere* in den Kapitularien stets auf auf die Tätigkeit der Richter. Diese Deutung ist sicherlich bei den meisten Belegen für diese Wendung in den Kapitularien möglich, aber nicht in allen Fällen zwingend.

23 Vgl. Schmitt-Weigand, Rechtspflegedelikte, S. 28–32.

24 Capitula de causis diversis c. 1, in: MGH Capit. 1, Nr. 49, S. 135 Z. 36–38: *Volumus atque iubemus, ut comites nostri propter venationem et alia ioca placita sua non dimittant nec ea minuta faciant, sed ad exemplum quod nos cum illis placitare solemus, sic et illi cum suis subiectis placitent et iustitias faciant.*

25 Vgl. unten Kap. 5.1.2.4.

26 Vgl. oben Kap. 2.2.

grifflichkeit eine noch „nachlässigere Sprache" dokumentiert als diejenigen Karls des Großen,[27] wäre es überraschend, wenn mit *ecclesiastici* zumindest innerhalb von Kapitel 7 nicht beide Male dieselbe Personengruppe gemeint wäre. Dies ist ein Argument dagegen, dass die allgemeine Aufforderung zur Teilnahme an der Rechtspflege an weltliche und geistliche/ kirchliche Richter gerichtet ist. Auszuschließen ist eine unterschiedliche Verwendung von *ecclesiastici* innerhalb von Kapitel 7 jedoch nicht.

Die zweite Möglichkeit ist, dass im Kapitular den streitführenden Parteien eingeschärft werden sollte, ihre Konflikte im Rahmen von Gerichtsverfahren beizulegen. Auch diese Bedeutung von *iustitiam facere* lässt sich auf eine Reihe von Parallelstellen stützen, auch wenn die Zahl der Belege geringer zu sein scheint als bei der Bedeutung „Gericht halten".[28] Die Folgen der Nichtteilnahme am *mallum* oder der Missachtung von dessen Ergebnis sind in der Lex Salica auch ausführlich geregelt.[29]

Eine Vermeidung außergerichtlicher Konfliktlösungen oder Fehden könnte einerseits durch die Sorge vor Gewalt motiviert gewesen sein. Andererseits dürfte sicherlich auch die Sorge um das Wegbrechen von Einnahmen aus den Bußen eine Rolle gespielt haben.[30] Beide Motive schließen sich natürlich nicht aus.

Besonderes Augenmerk legen die Lex Salica wie auch spätere Kapitularien außerdem auf das Problem, dass eine Partei die gerichtliche Konfliktlösung verweigert.[31] In einem Kapitular wird sogar das, was die eine Partei verweigert, explizit als *iustitiam facere* bezeichnet.[32] Vor diesem Hintergrund wären natürlich mit *publici* und *ecclesiastici* nicht weltliche und kirchliche Richter gemeint. *Publici* würde dann vielmehr diejenigen bezeichnen, die weltlicher Gerichtsbarkeit

---

27 Dieses Urteil zur Latinität der Kapitularien Karls des Großen bei Schmitz, Kapitularien, Sp. 1607 f. Zu einer ähnlichen Einschätzung der sprachlichen Qualität vieler Kapitularien gelangt auch Ganshof, Kapitularien, S. 86–88.

28 Vgl. Niermeyer – van de Kieft – Burger, Lexicon, Bd. 1, S. 747 f. (Bedeutung 9), die übrigens das Königskapitular als Beleg für diese Bedeutung anführen.

29 Lex Salica (A) c. 56, S. 324–328.

30 So sieht Schmitt-Weigand, Rechtspflegedelikte, S. 65 f., zumindest ein entsprechendes Gesetz des Königs Ine von Wessex gegen die Umgehung des Gerichts durch heimliche Sühne in Diebstahlfällen motiviert. Schmitt-Weigand folgt hier dem Urteil von Wilda, Geschichte, S. 905, der auch bei Capitulare Italicum c. 4, in: MGH Capit. 1, Nr. 98, S. 205 Z. 24–27 sowie Capitulare Aquisgranense c. 13, 15, in: MGH Capit. 1, Nr. 77, S. 171 f. diese Motivation erkennt, was jedoch keineswegs zwingend ist.

31 Vgl. Brunner – von Schwerin, Rechtsgeschichte, Bd. 2, S. 441–454.

32 Capitulare legi Ribuariae additum c. 6, in: MGH Capit. 1, Nr. 41, S. 118 Z. 5 f. […] *Si autem ad quartam venire contempserit, possessio eius in bannum mittatur, donec veniat et de re qua interpellatus fuerit iustitiam fatiat.* Weitere sehr deutliche Belege für die streitenden Parteien als Subjekt von *iustitiam facere* bieten beispielsweise Capitulare Mantuanum secundum, generale c. 1, in: MGH Capit. 1, Nr. 93, S. 196 Z. 12–15: *Volumus primo, ut neque abbates et presbiteri neque diaconi et subdiaconi neque quislibet de cleros de personis suis ad publica vel secularia iuditia traantur vel distringantur, sed a suis episcopis adiudicati iustitias faciant.* Memoria Olonnae comitibus data c. 7, in: MGH Capit. 1, Nr. 158, S. 319 Z. 4 f.: *Volumus ut episcopi, abbates et abbatissae eorum advocatos habeant et pleniter iusticias faciant ante comitem suum.*

unterstanden. *Ecclesiastici* wären entsprechend Personen, für die die kirchliche Gerichtsbarkeit zuständig war. Bei dieser Interpretation von *iustitiam facere* entfiele auch das Problem, dass *ecclesiastici* innerhalb von Kapitel 7 eine unterschiedliche Bedeutung hätte.

Die dritte Möglichkeit ist, dass hier die Gerichtsgemeinde aufgefordert werden soll, an den Gerichtsversammlungen teilzunehmen. Das Besuchen der Gerichtsversammlung bedeutete für die Betroffenen natürlich einen Verlust an Arbeitszeit und somit eine enorme wirtschaftliche Belastung. Das Fernbleiben wurde sanktioniert. Für einen Grafen konnte es daher lukrativ sein, möglichst viele Gerichtsversammlungen anzusetzen und über Bußen gegen die Ferngebliebenen Einkünfte zu generieren.[33] Seit Karl dem Großen wird in den Kapitularien der Versuch sichtbar, diesen Missbrauch des Gerichtswesens einzudämmen.[34]

Von den drei hier diskutierten Möglichkeiten ist diese Interpretation die unwahrscheinlichste und kann mit guten Gründen ausgeschlossen werden. Erstens wäre die Wendung *iustitiam facere* für das Besuchen einer Gerichtsversammlung als Gerichtsgemeinde sehr ungewöhnlich. Die Quellen verwenden dafür eher Formulierungen wie *ad placitum vel ad mallum venire* oder *ad placitum banniari.*[35] Zweitens fügt sich diese Interpretation am schlechtesten in die Gesamtstruktur des Kapitels ein, weil es nach diesem Satz nur noch um das Verhalten von streitenden Parteien und mit der Rechtsprechung betrauten Personen geht. Drittens stellt sich die Frage, wer in diesem Zusammenhang die *ecclesiastici* sein sollen. Die kirchliche Rechtsprechung kannte nämlich, soweit die Quellen dies zu beurteilen erlauben, anders als das weltliche Gericht keine Gerichtsgemeinde.

Es bleiben also zwei plausible Erklärungen. Entweder fordert der erste Satz alle für die Rechtsprechung zuständigen Personen im weltlichen und kirchlichen Bereich auf, ihrer Aufgabe nachzukommen, oder es handelt sich um einen allgemeinen Appell zur gerichtlichen Lösung von Konflikten. Für beide Möglichkeiten lassen sich gute Argumente, aber auch Einwände dagegen finden. Welche von ihnen wahrscheinlicher ist, kann erst aus dem Kontext, also den weiteren Regelungen des Kapitels entschieden werden.

---

33 Vgl. Magnou-Nortier, Note, S. 263: „L'un des plus puisants ressorts de l'injustice faite au pauvre se trouve donc être la ‚justice' dont il est redevable au roi, au comte et à ses subordonnées, c'est-à-dire son impôt, ordinaire et extraordinaire."

34 Vgl. Schmitt-Weigand, Rechtspflegedelikte, S. 23.

35 Capitulare missorum c. 20, in: MGH Capit. 1, Nr. 40, S. 116 Z. 17 f.: *Ut nullus ad placitum banniatur, nisi qui causam suam quaerere aut si alter ei quaerere debet, exceptis scabineis septem qui ad omnia placita praeesse debent.* Capitulare Aquisgranense c. 5, in: MGH Capit. 1, Nr. 61, S. 148 Z. 28–30: *Ut nullus alius de liberis hominibus ad placitum vel ad mallum venire cogatur, exceptis scabinis et vassis comitum, nisi qui causam suam aut quaerere debet aut respondere.*

5.1.2.2 Umgehung des Grafengerichts

Der zweite Satz des Kapitels droht demjenigen die Prügelstrafe an, der sich mit seinem Fall direkt an den Hof[36] gewendet hat und entweder vorher das Grafengericht nicht angerufen hatte oder dessen auf rechtmäßige Weise entstandenes Urteil nicht akzeptieren wollte.[37] Es schließt sich direkt eine Ausnahme für *maiores personae* an.[38]

Die Formulierung dieser Ausnahmeregelung lässt verschiedene Interpretationen zu, da im Hauptsatz kein Subjekt explizit genannt ist. Es stellt sich also die Frage, was genau im Ermessen des Königs sein sollte. Als gedanklich zu ergänzende Subjekte kommen die *causa* selbst oder die *poena*, also die Art der Bestrafung, in Frage.[39]

Im Capitulare de iustitiis faciendis Karls des Großen wird ausdrücklich festgehalten, dass Konflikte zwischen Bischöfen, Äbten, Grafen und *potentiores* untereinander grundsätzlich nicht vor dem Grafengericht und vor dem Pfalzgrafengericht nur auf ausdrücklichen Befehl des Königs verhandelt werden sollten.[40] Stattdessen sollten die Fälle vom Herrscher selbst entschieden werden,

---

36 Wenn man das Königskapitular wörtlich auffasst, ist zweimal von *ad palatium venire* die Rede und nicht davon, dass der Beschwerdeführer zum König kommt. Wenn man zwischen *ad palatium venire* und *ad regem venire* unterscheidet, könnte das Kapitular dahingehend verstanden werden, dass es hier um das sogenannte Pfalzgrafengericht geht und dass das lokale Grafengericht nicht umgangen werden soll, um direkt das Pfalzgrafengericht anzurufen. Das Pfalzgrafengericht dürfte bei dieser Interpretation selbstständig agieren und müsste allerdings bei *maiores personae* die *poena* oder die *causa* an den König selbst weiterleiten. Hier könnte sich dann eine eventuelle Parallele zu Kapitel 2 des Capitulare de iustitiis faciendis (in: MGH Capit. 1, Nr. 80, S. 176 Z. 21–26) aufzeigen lassen, das regelt, dass der *comes palatii nostri* die *potentiores causas* nicht *sine nostra iussione finire praesumat.*

Es stellt sich allerdings die Frage, ob man das Königskapitular überstrapaziert, wenn man hier eine Differenzierung zwischen Pfalzgrafengericht und König hineinliest, da ja der Pfalzgraf selbst nicht genannt ist. Zwar nennen die Hausmeierplacita und Königsplacita meist jeweils einen *comes palatii* unter den Miturteilern (Karlmann: MGH D Arnulf. 16, S. 38 Z. 16 [*Hugberto*]. Pippin: MGH D Arnulf. 18, S. 42 Z. 28 [*Ermenaldo*]; MGH D Arnulf. 21, S. 45–48 [keine Nennung]; MGH D Arnulf. 22, S. 50 Z. 11 f. [*Nibulfo, Dadone, Diddone, Chagnerico, Braicone et Uuineram, qui in vice comete palate nostro adistare videbantur*]; D Pip 1, in: MGH DD Karol. 1, S. 3 Z. 33 [*Wiberto*]; D Pip 6, in: MGH DD Karol. 1, S. 10 Z. 25 [*Uuicberto*]; D Pip 12, in: MGH DD Karol. 1, S. 18 Z. 11 [*Uuicberto*]). Doch ist das Pfalzgrafengericht nach gängiger Forschungsansicht eine Institution, die erst unter Karl dem Großen aufkam. Vgl. dazu beispielsweise Brunner – von Schwerin, Rechtsgeschichte, Bd. 2, S. 151–153; Weitzel, Dinggenossenschaft, Bd. 1, S. 354 f.

37 Pippini regis capitulare c. 7, in: MGH Capit. 1, Nr. 13, S. 32 Z. 17–20: *Et si aliquis homo ad palacium venerit pro causa sua, et antea ad illum comitem non innotuerit in mallo ante racemburgiis, aut de causa sua ante comite in mallo fuit ante racemburgiis, et hoc sustinere noluerit, quod ipsi ei legitime iudicaverint: si pro ipsis causis ad palacium venerit, vapuletur;* […].

38 Pippini regis capitulare c. 7, in: MGH Capit. 1, Nr. 13, S. 32 Z. 20 f.: […] *et si maior persona fuerit, in regis arbitrium erit.*

39 Die im Konditionalsatz erwähnte *persona* scheidet aus semantischen Gründen aus.

40 Capitulare de iustitiis faciendis c. 2, in: MGH Capit. 1, Nr. 80, S. 176 Z. 21–26: *Ut episcopi, abbates, comites et potentiores quique, si causam inter se habuerint ac se pacificare noluerint, ad nostram iubeantur venire praesentiam, neque illorum contentio aliubi diiudicetur neque propter hoc pauperum et minus*

um die Kapazitäten der anderen Gerichte für die Armen und *minus potentes* freizuhalten. Der Fall, dass nur eine der beteiligten Parteien der Gruppe der Großen angehörte, wird nicht angesprochen. Ob Karl der Große hier eine Neuerung einführte oder nur Bewährtes wiederholte, kann schwer entschieden werden. Zumindest für einige der 13 Kapitel dieses Kapitulars lassen sich ähnliche Regelungen schon in früheren Kapitularien finden.[41]

Vor diesem Hintergrund ist es zunächst durchaus plausibel, dass das Königskapitular eine generelle Befreiung der Großen von der Verpflichtung, zuerst vor das Grafengericht zu ziehen, zum Ausdruck bringen wollte, auch wenn dies sicher auch deutlicher hätte formuliert werden können. Allerdings stellt sich die Frage, ob *in arbitrium regis* tatsächlich die Tätigkeit des Königsgerichts bezeichnen kann, wie sie in den Königsplacita sichtbar wird. Die Polysemie des Wortes *arbitrium* ist beachtlich.[42] In den Kapitularien taucht es nicht selten auf.[43] In der von Boretius als Capitulare missorum generale Karls des Großen edierten Kapitelliste[44] heißt es, dass Richter nicht nach ihrem *arbitrium*, sondern gemäß dem geschriebenen Recht urteilen sollen.[45] *Arbitrium* kann also demnach nicht zu einem gerechten Urteil führen – zumindest nicht bei einem Grafengericht. Für Matthew Innes geht in dem Kapitel um ein Zurückdrängen außergerichtlicher Einigungen, in dem die *iudices* gemäß ihrem *arbitrium* zwischen den Konfliktparteien vermitteln, wie sie aus römischer Zeit bis ins Frühmittelalter fortlebten.[46]

Unter den übrigen Belegstellen in den Kapitularien findet sich keine, die eindeutig auf die Tätigkeit des Herrschers als Richter im Königsgericht abzielt. Die in den frühmittelalterlichen Quellen zu beobachtende Wortbedeutung spricht also eher dafür, dass hier die *poena* und nicht die *causa* in das Ermessen des Königs gestellt werden soll.

Auch ist es nicht zwingend, hinter *maior persona* so hochstehende Persönlichkeiten vorauszusetzen, wie sie das Capitulare de iustitiis faciendis mit Bi-

---

potentium iustitiae remaneant. Neque comes palatii nostri potentiores causas sine nostra iussione finire praesumat, sed tantum ad pauperum et minus potentium iustitias faciendas sibi sciat esse vacandum.

41 Vgl. den Anmerkungsapparat in der Edition von Boretius.

42 Vgl. Mittellateinisches Wörterbuch, Bd. 1, Sp. 863–865. Das Lemma wurde nicht behandelt von Niermeyer – van de Kieft – Burger, Lexicon.

43 Vgl. Krause, Index, S. 577.

44 Patzold, Normen im Buch, S. 334–345, arbeitete heraus, dass sich nicht nachweisen lasse, dass die nur in einer Handschrift überlieferten und von Boretius als Capitulare missorum generale edierten Kapitel nur aus einem einzigen Kapitular stammen. Stattdessen sieht er in diesen Kapiteln sowie den von Boretius als Capitularia missorum specialia (Nr. 34) und Capitulare missorum item speciale (Nr. 35) edierten Stücke verschiedene Stufen der Punkte, die 802 beraten worden seien. Ausführlich zu den im Umfeld von Karls Rechtsreform 802 entstandenen Kapitularien Innes, Charlemagne, der für die zentrale Stelle, die Boretius dem Capitulare missorum generale zugesteht, keine Grundlage in den Quellen sieht. Vgl. auch Grollmann, Stammesrecht, S. 334–344.

45 Capitulare missorum generale c. 26, in: MGH Capit. 1, Nr. 33, S. 96 Z. 19f.: *Ut iudices secundum scriptam legem iuste iudicent, non secundum arbitrium suum.* In diesem Sinne auch Capitula singillatim tradita Hlothario vel Hludowico II. adscripta c. 5, in: MGH Capit. 2, Nr. 219, S. 98 Z. 8–10.

46 Vgl. Innes, Charlemagne, S. 177f.

schöfen, Äbten, Grafen und *potentiores* aufzählt. Das heißt, die Frage nach der Art der Ausnahme für *maiores personae* im Königskapitular kann losgelöst von der nicht sicher zu entscheidenden Frage betrachtet werden, ob die zuerst im Capitulare de iustitiis faciendis sichtbare Befreiung der Großen des Reiches vom Anrufen des Grafengerichts bereits unter Pippin galt. Der Begriff *maior persona* entzieht sich einer genauen sozialen oder juristischen Definition. Genau das Fehlen einer exakten Abgrenzung zu den *minores personae* macht die Stärke dieses Begriffes aus, da so – freilich innerhalb eines gewissen Rahmens – situativ entschieden werden konnte, wem die Vorzugsbehandlung einer *maior persona* zuteilwurde und wem nicht.

Die bisherigen Überlegungen sprechen eher dagegen, dass hier die *causa* in das Ermessen des Königs gestellt werden soll. Hinzu kommt, dass die Prügelstrafe im frühen Mittelalter als entehrend galt.[47] Man denke nur an König Chilperich II., der dem Liber Historiae Francorum zufolge 675 getötet worden sei, weil er einen Freien habe schlagen lassen.[48] Dass Pippin diese entehrende Strafe bei etwas höher stehenden Personen vermeiden wollte, um sich nicht unnötig Feinde unter den Mächtigen zu machen, erscheint daher nicht unplausibel. Unabhängig von der Befreiung für die *maiores personae* kann die Androhung einer Körperstrafe für Freie in fränkischen Rechtsquellen als ungewöhnlich bezeichnet werden, zumal sie in diesem Fall nicht gegen eine Geldzahlung abgelöst werden kann.[49]

5.1.2.3 Justizverweigerung oder Falschurteil

Die folgenden drei Sätze beschäftigen sich mit Beschwerden über das Grafengericht.[50] Sie regeln nach der Sonderregelung für *maiores personae* eine weitere Ausnahme von der allgemeinen Androhung der Prügelstrafe für direkte Appellation an den Hof. Nach der klassischen rechtshistorischen Lehre wird hier eine sogenannte Urteilsschelte geregelt.[51] Das Motiv und Ziel der sogenannten

---

47 Vgl. Deutsch, Leibesstrafen.

48 Vgl. dazu Scholz, Merowinger, S. 247 f.; Liber historiae Francorum c. 45, S. 318 Z. 9–18: *Ex quibus uno Franco nomine Bodilone ad stipitem tensum cedere valde sine lege precepit. Haec videntes Franci, in ira magna commoti, Ingobertus videlicet et Amalbertus et reliqui maiores natu Francorum, sedicionem contra ipsum Childericum concitantes. Bodilo super eum cum reliquis surrexit, insidiaturus in regem; interficit una cum regina eius pregnante, quod dici dolor est.*

49 Schmitt-Weigand, Rechtspflegedelikte, S. 126 f., betont, dass die Strafen für ‚Rechtspflegedelikte' im fränkischen Recht eher im unteren Bereich des Bußsystems angesiedelt gewesen seien.

50 Pippini regis capitulare c. 7, in: MGH Capit. 1, Nr. 13, S. 32 Z. 21–25: *Et si reclamaverit quod legem ei non iudicassent, tunc licenciam habeat ad palacium venire pro ipsa causa. Et si ipsos convincere potuerit quod legem ei non iudicassent, secundum legem contra ipsum emendare faciat. Et si comes vel racemburgii eum convincere potuerint quod legem ei iudicassent, et ipse hoc recipere noluerit, hoc contra ipsos emendare faciat.*

51 Vgl. Brunner, Zeugen, S. 53 f.; Weitzel, Dinggenossenschaft, Bd. 1, S. 118 mit Anm. 273. Anders schon Mayer-Homberg, Volksrechte, S. 160 f. Anm. 420: „Die Erwähnung des comes beweist, daß es sich nicht nur um die Urteilsschelte, sondern auch um Beschwerde wegen Rechtsverweigerung handelt, denn der Graf spricht kein Urteil." Ebenfalls als Behandlung von Rechtsverwei-

Urteilsschelte sei die Korrektur eines von der unterlegenen Partei subjektiv als falsch oder ungerecht empfundenen Urteils. Nach Brunner und von Schwerin werde den Urteilsfindern vorgeworfen, dass sie wissentlich falsch urteilten.[52] Schmitt-Weigand hingegen erkennt im Königskapitular ausdrücklich keine Unterscheidung zwischen absichtlicher Beugung des Rechts und irrtümlichem Falschurteil.[53]

Eine genaue Lektüre von Kapitel 7 nährt jedoch Zweifel, ob das Königskapitular überhaupt ein solches Verfahren behandelt. Der Beschwerdeführer beklagt sich, dass sie ihm *legem* [...] *non iudicassent.* Wörtlich verstanden geht es hier nicht um die Qualität, sondern um das grundsätzliche Fehlen eines Urteils. Dies wird besonders deutlich im Vergleich mit einer Formulierung des vorherigen Satzes, in dem es vom *aliquis homo* heißt, dass er *hoc* [...], *quod ipsi ei legitime iudicaverint,* nicht akzeptieren will. An dieser Stelle wird ein eindeutig vorhandenes Urteil nicht akzeptiert. Zwischen nicht akzeptiertem, aber vorhandenem Urteil auf der eine Seite und fehlendem Urteil auf der anderen Seite kann also bei aller Ungelenkigkeit der Sprache auch im 8. Jahrhundert unterschieden werden.[54]

5.1.2.4 Kirchenleute

Kapitel 7 behandelt nicht nur das weltliche Grafengericht, sondern es geht auch auf die kirchliche Rechtsprechung ein.[55] Hier wird abermals die Durchmischung von weltlichen und kirchlichen Themen im Königskapitular und auf der dahinter stehenden Versammlung deutlich.

Zunächst heißt es, dass mit den bis dahin genannten Regelungen Vergleichbares auch für die *ecclesiastici* gelten soll. Auch ihnen werden Schläge angedroht, wenn sie sich mit ihrem Fall direkt an den Hof wenden. Mit *super seniore* muss hier „unter Umgehung ihres *senior*" gemeint sein und nicht „über ihren *senior*". Ansonsten wäre die Ausnahmeregelung absurd, dass *ecclesiastici* sich am

gerung und Urteilsschelte wurde das Kapitular aufgefasst von Schröder – von Künßberg, Rechtsgeschichte, S. 187.

52 Vgl. Brunner – von Schwerin, Rechtsgeschichte, Bd. 2, S. 474: „Die Schelte erhebt gegen die Urteilfinder den Vorwurf, daß sie durch ihren Urteilsvorschlag der Aufforderung, zu sagen, was Rechtens ist, nicht entsprochen hätten, daß sie nicht Recht, sondern Unrecht gefunden hätten. Sie ist nicht sowohl gegen die Ansicht, als gegen die Absicht der Urteilfinder gerichtet; sie behauptet nicht etwa, daß diese das Recht nicht kannten, sondern sie geht davon aus, daß die Urteiler das Recht nicht sagen wollten und somit wissentlich ihre Pflicht verletzt hätten." Seelmann, Rechtszug, S. 121, hingegen deutet das Verfahren als Rechtszug. Für ihn (S. 102f.) ist die Urteilsschelte eine nachfränkische Erscheinung. Die Diskussion zwischen Seelmann und Brunner – von Schwerin über die Urteilsschelte in fränkischer Zeit kann an dieser Stelle nicht aufgerollt werden.

53 Vgl. Schmitt-Weigand, Rechtspflegedelikte, S. 33f.

54 Anders Mayer-Homberg, Volksrechte, S. 160f.

55 Pippini regis capitulare c. 7, in: MGH Capit. 1, Nr. 13, S. 32 Z. 25–27: *Similiter de ecclesiasticis, si ad palatium venerint de eorum causa sibi reclamare super eorum seniore, vapulentur, nisi senior suus pro sua causa transmiserit.*

Hof nur über ihren *senior* beschweren dürfen, wenn ihr *senior* dem zustimmt. Die ungewöhnliche Verwendung der Präposition *super* bereitete auch schon im Frühmittelalter Verständnisschwierigkeiten, wie der in zwei Handschriften überlieferte Verbesserungsvorschlag zeigt.[56]

Aber nicht der ungewöhnliche Gebrauch von *super* erschwert die Interpretation dieser Regelung, sondern vor allem die Tatsache, dass mit *ecclesiastici* und *senior* zwei Begriffe gewählt wurden, die sich aufgrund ihrer Polysemie nur schwer fassen lassen.[57] Vom Aufbau des Kapitels 7 her entsprechen die *ecclesiastici* dem zuvor genannten *aliquis homo*, der sich unter Umgehung des Grafengerichts direkt an den Hof wendet, der *senior* entspricht dem *comes* und den *rachinburgii*. Er ist also für die Rechtsprechung zuständig. Interessant ist zudem, dass er die Möglichkeit hat, eine *causa* an den Hof zu verweisen. Natürlich könnten hier mit *ecclesiastici* allein Geistliche gemeint sein, die sich unter Umgehung ihres Oberen (Bischof oder Abt) direkt an das Königsgericht wenden. Schließlich war ihnen das Anrufen weltlicher Gerichte grundsätzlich untersagt. Aber eben dieses grundsätzliche Verbot spricht gegen die Deutung, dass das Königskapitular für Geistliche die Erlaubnis ihres *senior* zum Gang vor das weltliche Königsgericht vorsieht. Vielmehr mussten sich Geistliche vor einem weltlichen Gericht vertreten lassen.[58] Das Königskapitular sieht jedoch vor, dass die *ecclesiastici* selbst ihre Sache vertreten, und erwähnt keine Vertreter.

Wahrscheinlicher scheint zu sein, dass die *ecclesiastici* diejenigen sind, die der Gerichtsbarkeit eines Immunitätsgerichts unterstehen.[59] Genau wie der *aliquis homo* sollen sie zunächst das für sie zuständige Gericht vor Ort anrufen. Anders als beim Grafengericht ist jedoch für sie eine persönliche Beschwerdemöglichkeit beim Hof nicht grundsätzlich vorgesehen. Ein weiterer Unterschied zeigt sich darin, dass als Bestrafung allein Schläge vorgesehen sind und eine Ausnahme für *maiores personae* als nicht notwendig erachtet worden zu sein scheint. Dies fügt sich ins Bild, dass es sich hier um das Immunitätsgericht handelt, bei dem in der Tat nicht mit *maiores personae* als Klägern zu rechnen sein dürfte. In den Fällen, für die das Immunitätsgericht nicht zuständig war, ermöglichte das Königskapitular, den Fall vor das Gericht des Königs zu bringen, wobei nicht der klagende *ecclesiasticus*, sondern der *senior* selbst über seine Zuständigkeit oder Nichtzuständigkeit zu entscheiden hatte.

---

56 Die Handschriften V_2, fol. 149^r (bei Boretius Handschrift 1) und V_{20}, fol. 39^v (bei Boretius Handschrift 4) bieten *nisi super eorum seniore* statt *super eorum seniore* und schließen damit eine Beschwerde über den *senior* grundsätzlich aus.

57 Vgl. Niermeyer – van de Kieft – Burger, Lexicon, Bd. 1, S. 478 f.; Bd. 2, S. 1247–1249.

58 Vgl. Brunner – von Schwerin, Rechtsgeschichte, Bd. 2, S. 404–406, die eine Reihe von Quellenbegriffen für solche Vertreter auflisten (*agentes, advocati, vocati, defensores, causidici, mandatarii, assertores*).

59 Eine Urkunde Karls des Großen für Metz zeigt, dass die *homines* der mit einer Immunität ausgestatteten Kirche nicht vor ein weltliches Gericht geladen werden dürfen. Vgl. D KdGr 91 in: MGH DD Karol. 1, S. 131 f.; Kaiser, Immunitätsprivilegien, S. 12 f. (Die Echtheit der Urkunde ist von Magnou-Nortier, Étude, S. 505–509, bestritten worden).

5.1.2.5 *Iustitiam facere*

Die notwendigen Vorüberlegungen zum Textverständnis haben nicht nur die Schwierigkeit der Sprache offenbart, sondern auch die Komplexität des Themas deutlich gemacht. Dabei hat sich gezeigt, dass das Kapitel, anders als von der älteren Forschung vielfach angenommen, nicht von der sogenannten Urteilsschelte, sondern von der Justizverweigerung handelt.

Nicht falsche beziehungsweise ungerechte Urteile sind das zentrale Problem, das in Kapitel 7 bekämpft werden soll, sondern das Nichtzustandekommen von Urteilen. Dies ist der rote Faden des Kapitels. Wenn die Grafengerichte nicht zuverlässig arbeiteten, verwundert es auch kaum, dass immer mehr Menschen sie gar nicht erst anriefen, sondern direkt mit ihrem Fall an den Hof kamen. In gewisser Hinsicht können Klagen über zu viele Bittsteller am Hof als Indiz für Probleme in der Rechtsprechung vor Ort gesehen werden. Vor diesem Hintergrund wird auch die Intention des ersten Satzes, der Aufforderung zum *iustitiam facere* deutlicher. Hier soll den mit der Rechtsprechung betrauten weltlichen und kirchlichen Amtsträgern vor Ort eingeschärft werden, sich tatsächlich dem *iustitiam facere* zu widmen.

5.1.3 Zwischenfazit

Die bisherigen Ausführungen dürften gezeigt haben, dass die Kapitel 6 und 7 des Königskapitulars nicht ohne Grund nebeneinanderstehen. Kapitel 7 will dafür Sorge tragen, dass die Rechtsprechung im Grafengericht und in den Gerichten der Immunitätsbezirke tatsächlich stattfindet. Angesprochen sind allein kirchliche Immunitäten. Hier deutet sich an, dass bereits im 8. Jahrhundert überwiegend kirchliche Institutionen über Immunitäten verfügt haben dürften. Kapitel 6 und 7 sind, wenn man so will, zwei Seiten einer Medaille. Die eigenständige Gerichtsbarkeit in den Immunitäten sollte einerseits von den weltlichen Amtsträgern respektiert werden (*conservare*), andererseits musste sie aber auch funktionieren. Das heißt, dass diejenigen, die in den Immunitäten die Gerichtsbarkeit durchführten, auch tatsächlich dem *iustitiam facere* nachkommen mussten. Im Königskapitular zeigt sich das bis weit ins 9. Jahrhundert hinein beobachtbare Bestreben der Karolinger zur Durchsetzung der Immunitäten.

5.2 Umgang mit der Lex Salica

Adolf Schmitt-Weigand betont, dass das siebte Kapitel des Königskapitulars keine Neuerung im fränkischen Recht darstelle.[60] Freilich traf er dieses Urteil

60 Vgl. Schmitt-Weigand, Rechtspflegedelikte, S. 33: „Die stammesrechtlichen Bußfolgen, auf die die

unter der Prämisse, dass es hier um Falschurteile gehe. Unter dem Gesichtspunkt der Justizverweigerung gilt es nun, das Kapitel erneut mit früheren fränkischen Rechtsquellen, also vor allem der Lex Salica, zu vergleichen. Denn in den Kapitularien der Merowinger und der arnulfingischen Hausmeier wird das Problem nicht behandelt.

5.2.1 Justizverweigerung in der Lex Salica

Die Lex Salica in der A-Fassung behandelt gemäß der bisherigen Forschungsmeinung sowohl die Justizverweigerung als auch das Falschurteil unter ein und derselben Rubrik *De rachineburgiis.*[61] In den Kapiteln 1 und 2 werde die Justizverweigerung und in den Kapiteln 3 und 4 das Falschurteil behandelt. Eine genaue Lektüre dieses Titulus 57 weckt jedoch Zweifel an dieser Zuordnung. Für das, was die Rachinburgen tun oder besser gesagt unterlassen, werden drei verschiedene Formulierungen verwendet: erstens *legem dicere nolle*, zweitens *non secundum legem iudicare* und drittens *legem non iudicare.* Die Bedeutung der ersten Wendung, die auf die Totalverweigerung einer Urteilsabgabe abzielt, ist als einzige klar und eindeutig zu erkennen. Bei der zweiten Wendung wird zwar ein Urteil abgegeben, dieses ist aber *non secundum legem.* Das Urteil widerspricht also entweder den Bestimmungen der Lex Salica, was als Falschurteil bezeichnet werden kann, oder aber – und dies ist wahrscheinlicher – die Rachinburgen orientieren sich bei der Urteilsabgabe überhaupt nicht am Recht der Lex Salica. Im Ergebnis läuft beides auf dasselbe hinaus. Fasst man die dritte Wendung wie bei der Interpretation des Königskapitulars wörtlich, bezeichnet auch sie die Nichtabgabe eines Urteils.

Eine wörtliche Auffassung dieser drei Wendungen ermöglicht eine andere Auslegung des Titulus, die besonders gut in einer Gegenüberstellung einer eigenen Übersetzung mit derjenigen von Karl August Eckhardt deutlich wird:[62]

	Lex Salica (A)	**Übersetzung Eckhardt**	**Übersetzung Breternitz**
1	*Si <quis> rachineburgii in mallobergo sedentes, dum causam inter duos discutiunt, debet eis dicere qui causam requirit: ‚Dicite nobis legem Salicam.' Si vero legem dicere noluerint,*	Wenn die Geschworenen, an der Gerichtsstätte sitzend, wenn ein Anspruch zwischen zweien erörtert wird, muß, der seinen Anspruch fordert, ihnen sagen: „Kündet uns das	Wenn die Rachinburgen in der Gerichtsstätte sitzen und sie einen Fall zwischen zwei [Parteien] verhandeln, muss ihnen derjenige, der den Fall einbringt, sagen: „Sagt uns

Bestimmung verweist, sind die Bußen des Titels 57, 3. 4 des Pactus Legis Salicae, so daß das Kapitular Pippins gegenüber dem Recht der Lex Salica keine sachliche Änderung bringt."

61 Vgl. Brunner – von Schwerin, Rechtsgeschichte, Bd. 2, S. 474: „Nach altfränkischem Rechte fällt der nach Ansicht der Partei ungerechte Urteilsvorschlag unter den Gesichtspunkt der Verweigerung eines gerechten Urteils, ist also Rechtsverweigerung."

62 Lateinischer Text und Übersetzung nach Lex Salica (A) c. 57, S. 328–333. Hervorhebungen vom Verfasser.

	Lex Salica (A)	Übersetzung Eckhardt	Übersetzung Breternitz
	debet eis dicere ab illo qui causa prosequitur: ‚Hic ego vos tangono, ut legem mihi dicatis secundum legem Salicam.' Quod si ille <legem> dicere noluerint, septem de illos rachineburgios, mallobergo schodo hoc est, <ante> culcatum solem, CXX denarios qui faciunt solidos III singuli culpabiles iudicentur.	salfränkische Gesetz." Wenn sie aber das Gesetz nicht künden wollen, muß ihnen von dem, der den Anspruch verfolgt, gesagt werden: „Hier bedränge ich euch, daß ihr mir das Gesetz gemäß dem salfränkischen Gesetz kündet." Wenn jene aber <das Gesetz> nicht künden wollen, sollen sieben von jenen Geschworenen nach <zuvor> gesetzter Sonnenfrist einzeln – gerichtlich „Mehrfachbuße" genannt – 120 Pfennige, die machen 3 Schillinge zu schulden verurteilt werden.	die Lex Salica." Wenn sie aber die Lex nicht sagen wollen, muss ihnen von jenem, der den Fall verfolgt, gesagt werden: „Hiermit dränge ich Euch, dass ihr mir die Lex gemäß der Lex Salica sagt." Wenn jene aber <die Lex> nicht sagen wollen, sollen sieben von jenen Rachinburgen – gerichtlich heißt es *schodo* – <vor> Sonnenuntergang zu einer Buße von jeweils 120 Denaren, das sind 3 Solidi, verurteilt werden.
2	*Quod si nec legem dicere noluerint [nec solvere] nec <de> ternos solidos fidem facere voluerint, tunc, solem illis culcatum, DC denarios qui faciunt solidos XV unusquisque illorum culpabilis iudicetur.*	Wenn sie aber weder das Gesetz künden wollen [noch zahlen] noch <für> je drei Schillingen treugeloben wollen, dann, nach ihnen gesetzter Sonnenfrist, werde ein jeder von ihnen 600 Pfennige, die machen 15 Schillinge zu schulden verurteilt.	Wenn sie aber weder die Lex sagen wollen [noch zahlen] noch [über] die je drei Solidi eine feste Zahlungszusage machen wollen, dann soll ein jeder von ihnen, nachdem ihnen die Sonne untergegangen ist, zu einer Buße von 600 Denaren, das sind 15 Solidi, verurteilt werden.
3	*Si vero illi rachineburgii sunt et non secundum legem iudicaverint, is, contra quem sententiam dederint, causa sua agat et <si eis> potuerit adprobare, quod non secundum legem iudicassent, <aliis> DC denarios qui faciunt solidos XV illi septem singillatim <quisque illorum> culpabilis iudicetur.*	Wenn aber jene Geschworene sind und nicht gemäß dem Gesetz urteilen, führe der, gegen den sie Urteil fällten, seinen Anspruch und <wenn er ihnen> nachweisen kann, daß sie nicht gemäß dem Gesetz geurteilt haben, sollen jene sieben einzeln <ein jeder von ihnen> <andere> 600 Pfennige, die machen 15 Schillinge zu schulden verurteilt werden.	Wenn aber jene Rachinburgen sind und nicht gemäß der Lex urteilen, möge derjenige, gegen den sie ein Urteil fällten, seinen Fall betreiben; und <wenn> er <ihnen> beweisen kann, dass sie nicht gemäß der Lex geurteilt haben, soll <jeder von jenen> einzeln zu einer Buße von <anderen> 600 Denaren, das sind 15 Solidi, verurteilt werden.
4	*Si vero rachin(e)burgii legem dixerint et ille, contra quem legem dicunt, eos contradixerit, quod legem non iudicant, simili*	Wenn aber die Geschworenen das Gesetz künden und dieser, gegen den sie das Gesetz künden, ihnen wider-	Wenn aber die Rachinburgen die Lex sagen und jener, gegen den sie die Lex sagen, ihnen widerspricht, dass sie

	Lex Salica (A)	Übersetzung Eckhardt	Übersetzung Breternitz
	modo contra unumquemque solidos XV culpabilis iudicetur.	spricht, daß sie **nach** dem Gesetz nicht urteilten, werde er in gleicher Weise an einen jeden 15 Schillinge zu schulden verurteilt.	nicht die Lex geurteilt hätten, soll jener auf gleiche Weise zu je 15 Solidi Buße gegenüber jedem von ihnen verurteilt werden.

Die Auslegung der ersten drei Kapitel ist im Großen und Ganzen unstrittig. Anders verhält es sich mit dem vierten Kapitel. Eckhardt fügt mit „nach" ein Wort in seine Übersetzung ein, für das kein Äquivalent im lateinischen Text steht, und gibt dem Kapitel damit ohne Not einen völlig anderen Sinn.[63] Dadurch stellt er Kapitel 4 allein in Opposition zu Kapitel 3. In beiden Fällen wird eine Buße von 15 Solidi genannt, einmal von sieben Rachinburgen und einmal für sieben Rachinburgen. Diese Gegenüberstellung ist jedoch nicht zwingend, schließlich droht auch Kapitel 2 jedem Rachinburgen 15 Solidi Buße an. Und Kapitel 4 setzt zwar ein Urteil voraus, derjenige aber, gegen den dieses Urteil ergangen ist, widerspricht, dass ein Urteil überhaupt ergangen ist. Auch bei einer Interpretation als Justizverweigerung finden sich die Regelungen des Königskapitulars demnach bereits größtenteils in der A-Fassung der Lex Salica.[64] Diese Beobachtung gilt allerdings allein für den Umgang mit Justizverweigerung. Für die Bestrafung der Umgehung des Grafengerichts und für die analoge Regelung für den kirchlichen Bereich lassen sich keine Vorbilder in der Lex Salica finden.

Aufschlussreich sind die Veränderungen der D-Fassung der Lex Salica gegenüber der A-Fassung:[65]

63 Diese Übersetzung wird übrigens auch von keiner Variante der Handschriften, die in seiner Edition verwendet wurden, gedeckt und Eckhardt emendiert an der Stelle auch nicht.

64 Trotz dieser Übereinstimmungen ist im Königskapitular eine Weiterentwicklung des Rechts erkennbar.

65 Lateinischer Text und Übersetzung nach Lex Salica (A) c. 57, S. 328–333; Lex Salica (D) c. 92, S. 230–232. Hervorhebungen vom Verfasser.

57,	A-Fassung	D-Fassung	92,
1	*Si <quis> rachineburgii in mallobergo sedentes, dum causam inter duos discutiunt, debet eis dicere qui causam requirit: ‚Dicite nobis legem Salicam.‘ Si vero legem dicere noluerint, debet eis dicere ab illo qui causa prosequitur: ‚Hic ego vos tangono, ut legem mihi dicatis secundum legem Salicam.‘ Quod si ille <legem> dicere noluerint, septem de illos rachineburgios, mallobergo schodo hoc est, <ante> culcatum solem, CXX denarios qui faciunt solidos III singuli culpabiles iudicentur.*	*Si racemburgiae legem noluerint dicere in mallo resedentes cum causas inter duus discusserint, debit eis dicere, qui causam querit: ‚Die* [sic!] *nobis legem Salica.‘ Si illi noluerint dicere, tunc iterum ipse debit dicere: ‚Ego vos rogo, ut mihi et isto gassacionem quo <mihi> legem dicatis‘; bis aut tres hoc debit dicere; tunc illi, qui aurem repetit, debit dicere: ‚Ego vos tancono, usque quo mihi legem dicatis Salica.‘ Quod si dicere noluerint, septem de illis racemburgiis culcati sole ternus solidus culpabilis iudicetur.*	1
2	*Quod si nec legem dicere noluerint [nec solvere] nec <de> ternos solidos fidem facere voluerint, tunc, solem illis culcatum, DC denarios qui faciunt solidos XV unusquisque illorum culpabilis iudicetur.*	*Quod si nec <sic> legem dicere noluerint nec ternus solidus fidem facere, unusquisque XV solidus culpabilis iudicetur.*	2
3	*Si vero illi rachineburgii sunt et non secundum legem iudicaverint, is, contra quem sententiam dederint, causa sua agat et <si eis> potuerit adprobare, quod non secundum legem iudicassent, <aliis> DC denarios qui faciunt solidos XV illi septem singillatim <quisque illorum> culpabilis iudicetur.*	–	–
4	*Si vero rachin(e)burgii legem dixerint et ille, contra quem legem dicunt, eos contradixerit, quod legem non iudicant, similo modo contra unumquemque solidos XV culpabilis iudicetur.*	*Si vero illi racemburgiae legem dixerint, eis contradixerint, quod legem non dicant, contra unumquemque de illis racemburgiis <DC dinarius qui faciunt> solidus XV culpabilis iudicetur.*	3

Der Tatbestand von Lex Salica (A) 57,3, dass ein Urteil nicht *secundum legem* entstanden sei, wurde in die D-Fassung erstaunlicherweise nicht übernommen.[66] In der zur Zeit Pippins entstandenen Fassung wird also allein die Justizverweigerung behandelt, so dass sich die Frage nach dem Zusammenhang zwischen Kapitel 7 des Königskapitulars und Titulus 92 der Lex Salica (D) stellt. Die beiden Quellen in eine chronologische Reihenfolge zu bringen, ist kein leichtes Unterfangen, doch ist es wahrscheinlicher, dass die D-Fassung der Lex Salica jünger ist und 763/764 entstand.[67] Beide Rechtsquellen beschäftigen sich allein

66 Dasselbe gilt für die jüngere E-Fassung. In der K-Fassung sind hingegen wieder alle vier Kapitel von Lex Salica (A) 57 enthalten. Vgl. Lex Salica (K) c. 60, S. 523.

67 Vgl. Ubl, Sinnstiftungen, S. 148–151 mit älterer Literatur. Die Datierung der D-Fassung hängt allein von der Einstufung einer nur in einer der drei Handschriften überlieferten Datierung in das 13. Königsjahr Pippins (763/764) ab. Umstritten ist, ob diese Datierung in der Handschrift D7 den

damit, dass die Rachinburgen überhaupt nicht urteilen. Die Sorge, dass sich diese bei ihrer Urteilsfindung nicht an der Lex Salica orientieren könnten, kommt hingegen nicht zum Ausdruck.

Die Beobachtung, dass nicht *secundum legem* zustande gekommene Urteile im Königskapitular und in der D-Fassung nicht behandelt werden, verdient weitere Aufmerksamkeit. Dass dieser Aspekt der Urteilsfindung durch die Rachinburgen zur Zeit Pippins auf einmal keine Rolle mehr spielen soll, ist schwer vorstellbar. Vielmehr scheinen die Unterschiede zwischen A-Fassung und D-Fassung trotz Auslassens eines Kapitels weniger gewichtig zu sein, als sie auf den ersten Blick wirken. Dies wird deutlich, wenn der Fokus nicht auf das Verhalten der Rachinburgen, sondern auf dessen Resultat gelegt wird. In Kapitel 1 der jeweiligen Rubrik werden die Rachinburgen zum *legem Salicam dicere* aufgefordert. Ob sie sich weigern, überhaupt ein Urteil abzugeben [Lex Salica (A) 57,2; Lex Salica (D) 92,2], oder ob sie nicht gemäß der Lex Salica ein Urteil abgeben [Lex Salica (A) 57,3] läuft auf genau dasselbe hinaus, und zwar dass das *legem Salicam dicere* nicht stattfand.[68]

Dem Redaktor der D-Fassung scheint diese Differenzierung zwischen Weigerung der Urteilsabgabe und Urteilsabgabe ohne Orientierung an der Lex Salica nicht wichtig genug gewesen zu sein, um sie explizit zum Ausdruck zu bringen. Schon in Kapitel 4 von Lex Salica (A) 57 findet diese Differenzierung ja nicht statt, wenn für beide Fälle gemeinsam geregelt wurde, was geschehen soll, wenn entsprechende Vorwürfe zu Unrecht vorgebracht wurden. Ein klassisches Falschurteil in dem Sinne, dass unter Einsatz der Lex Salica ein sachlich falsches Urteil gefunden worden war, wird folglich in keiner der drei Quellen behandelt. Es geht also jedes Mal nicht um eine inhaltliche Kontrolle des Grafengerichts. Vielmehr zielten alle drei Rechtstexte darauf ab, dass ein Urteil gemäß der Lex Salica zustande kommt.

5.2.2 Exkurs: Rachinburgen, Schöffen und die sogenannte Gerichtsreform Karls des Großen

Die engen Bezüge zwischen Kapitel 7 des Königskapitulars und der Lex Salica zeigen sich nicht nur im Inhalt, sondern auch in der Begrifflichkeit. Schon fast redundant wird im Kapitular das Grafengericht mit den Worten *ante comite in mallo* […] *ante racemburgiis* beschrieben. Die Begriffe *comes* und *mallus* tauchen

---

Zeitpunkt der Entstehung der D-Fassung angibt oder lediglich den Zeitpunkt der Abschrift durch den Schreiber der Handschrift der D7 nennt. Ubl, S. 160–163 plädiert mit guten Gründen dafür, dass die überlieferte Datierung sich auf den Erlass der Fassung bezieht und interpretiert diese Überarbeitung im Rahmen der fränkisch-aquitanischen Auseinandersetzungen der 760er Jahre.

68 Die Nichtanwendung der Lex Salica bei der Urteilsfindung kann in diesem Sinne als Weigerung verstanden werden, ein Urteil gemäß der Lex Salica abzugeben. In diesem Sinne beschreibt schon Mayer-Homberg, Volksrechte, S. 158, das Delikt des Falschurteils als Unterart des Delikts der Rechtsverweigerung.

nicht selten in den Kapitularien auf und fallen im Kontext des Kapitulars nicht auf.[69] Dies gilt so nicht für die *racemburgii.* In den Kapitularien ist der Begriff allein im Königskapitular und im Chilperici edictum (561–584) belegt.[70]

Wie sich die Rachinburgen zusammensetzen, ist in vielen Details genauso umstritten wie die Frage, was ihre genauen Funktionen waren.[71] Weitestgehender Konsens besteht darüber, dass die Rachinburgen im Rahmen der Gerichtsreform Karls des Großen durch die Schöffen (*scabini*) abgelöst wurden.[72] Neben all den militärischen Erfolgen und der Erlangung des Kaisertums gilt die sogenannte Gerichtsreform als eines der größten Verdienste Karls des Großen.[73] Den Hauptunterschied zwischen beiden Gruppen sieht die rechtshistorische Forschung darin, dass die Schöffen dauerhaft bestellt waren, und betrachtet dies als einen wichtigen Schritt zur Verbesserung und Professionalisierung der Rechtsprechung.[74]

Es überrascht daher zunächst wenig, dass die Rachinburgen ab der Mitte des 8. Jahrhunderts fast überhaupt nicht mehr in den Quellen auftauchen.[75] Dennoch begegnen die Rachinburgen bis ins 9. Jahrhundert hinein noch vereinzelt in Urkunden.[76] Die Frage, ob hier weiter Rachinburgen statt Schöffen an den Verfahren beteiligt waren, die Gerichtsreform Karls des Großen also nicht überall umgesetzt wurde, oder ob in diesen Urkunden lediglich der Begriff fortlebte, ist, wie Karin Nehlsen-von Stryk betont, schwer zu entscheiden.[77] Auf diese Frage kann hier keine Antwort gefunden werden, doch soll die Differenzierung zwischen Veränderungen in der Rechtspraxis und in der Rechtsterminologie aufgegriffen werden.

Die Einführung des Schöffentums und die Gerichtsreform Karls des Großen sind in den Quellen nur schwer zeitlich zu fassen. Der Stellenwert der Reform in der rechtshistorischen Forschung spiegelt sich nicht im Geringsten in den überlieferten Quellen wider. In den Kapitularien begegnen erste Regelungen zu den Schöffen erst nach 800.[78] Die entsprechenden Beschlüsse führen Schöffen

---

69 Vgl. Krause, Index, S. 593–596, 656 f. Zu *mallus/ mallum* in den Kapitularien vgl. insbesondere de Sousa Costa, Studien, S. 127–134.

70 Vgl. Krause, Index, S. 689; Chilperici edictum c. 8, 10, in: MGH Capit. 1, Nr. 4, S. 9 f.

71 Vgl. Nehlsen-von Stryk, Boni homines, S. 80–83; Weitzel, Dinggenossenschaft, Bd. 1, S. 447–463; von Olberg, Rachinbürgen; Schmidt-Wiegand, Rachinburgen.

72 Vgl. beispielsweise Schröder – von Künßberg, Rechtsgeschichte, S. 179, 182; Estey, Scabini.

73 Vgl. Ganshof, Charlemagne, S. 399 f.; Hartmann, Karl der Große, S. 149. Anders unter Gleichsetzung des Quellenbegriffs Rachinburgen mit Schöffen Schulze, Grafschaftsverfassung, S. 240 f.: „Die Schöffenverfassung ist in Ostfranken zweifellos alt und nicht erst durch die Gerichtsreform Karls des Großen durchgesetzt worden."

74 Vgl. Weitzel, Dinggenossenschaft, Bd. 2, S. 898–902.

75 Vgl. Niermeyer – van de Kieft – Burger, Lexicon, Bd. 2, S. 1148 f.

76 Vgl. Nehlsen-von Stryk, Rachinburgen.

77 Vgl. Nehlsen-von Stryk, Boni homines, S.80–83; Weitzel, Dinggenossenschaft, Bd. 1, S. 451.

78 Vgl. Brunner – von Schwerin, Rechtsgeschichte, Bd. 2, S. 299–301; Niermeyer – van de Kieft – Burger, Lexicon, Bd. 2, S. 1227 f.

nicht neu ein, sondern setzen ihre Existenz bereits stillschweigend voraus.[79] Manche Forscher gehen daher davon aus, dass es ein verlorenes früheres Kapitular gegeben haben muss, mit dem Karl der Große die Gerichtsreform initiiert habe.[80]

Doch woher ist die Forschung sich eigentlich so sicher, dass die Reform von Karl dem Großen und nicht von dessen Vater Pippin dem Jüngeren ausging? Hier wird in der Regel mit den frühesten Belegen für Schöffen (*scabini*) in den Quellen argumentiert. Auch Brunner und von Schwerin schreiben die Einführung des Schöffentums eindeutig Karl dem Großen zu. Als früheste Belege führen sie zwei Formelsammlungen aus den Jahren 770–775 und mehrere Urkunden aus den 780er Jahren an.[81] Ältere, von Paul Viollet angeführte Urkunden, die das Wort *scabini* enthalten, wiesen Brunner und von Schwerin als gefälscht und das Wort *scabini* als falsch aufgelöst zurück.[82] Damit stand für die ältere Forschung eindeutig fest, dass das Amt der Rachinburgen erst unter Karl dem Großen zum Schöffenamt verstetigt worden sei und Karl die Veränderung relativ rasch nach seinem Herrschaftsantritt in Angriff genommen habe.

Eine genauere Beschäftigung mit den von Brunner und von Schwerin angeführten Quellen und deren Datierung nährt starke Zweifel an der Eindeutigkeit dieser Sichtweise. Zumindest in ihrer Chronologie unproblematisch sind die Belege für Schöffen in mehreren Urkunden der 780er Jahre. Anders verhält es sich mit der Chronologie der Formelsammlungen. Die Formulae Salicae Bignonianae und die Formulae Salicae Merkelianae nennen zwar eindeutig die *scabini*, doch ist die Datierung der Formulae Salicae Bignonianae in die Jahre 770–775 problematisch.[83] Die Formulae Salicae Merkelianae griffen unter anderem auf die Formulae Salicae Bignonianae zurück, müssen also auch nach ihnen entstanden seien.[84] Bei der Datierung der Formulae Salicae Bignonianae folgen Brunner und von Schwerin der Datierung von Karl Zeumer, dem Editor der fränkischen Formelsammlungen, der die Kompilation in die Jahre 769–775 datiert.[85] Dabei übersahen sie jedoch, dass Zeumers Datierung in die Zeit Karls des Großen eben auf der Erwähnung der *scabini* beruhte. Alice Rio weist Zeumers Datierungsansatz zurück und warnt vor der Gefahr von Zirkelschlüssen, wenn alle Dokumente, die *scabini* erwähnen, in die Zeit Karls des Großen datiert

---

79 Vgl. beispielsweise Capitulare legibus additum c. 10, in: MGH Capit. 1, Nr. 39, S. 114 Z. 23–25: *Si quis causam iudicatam repetere in mallo praesumpserit ibique testibus convictus fuerit, aut quindecim solidos componat, aut quindecim ictus ab scabinis qui causam prius iudicaverunt accipiat.*

80 Vgl. dazu beispielsweise Schröder – von Künßberg, Rechtsgeschichte, S. 182; Estey, Meaning, S. 435; dens., Scabini, S. 119.

81 Vgl. Brunner – von Schwerin, Rechtsgeschichte, Bd. 2, S. 300 Anm. 31.

82 Vgl. Viollet, Histoire, Bd. 1, S. 311; Brunner – von Schwerin, Rechtsgeschichte, Bd. 2, S. 300 Anm. 31.

83 Nicht vergessen werden darf natürlich, dass der Terminus post quem der Kompilation einer Formelsammlung nicht der Terminus post quem der einzelnen in ihr enthaltenen Urkunden ist. So versuchte schon Zeumer, Formulae, S. 227 f., mögliche Datierungsansätze für einzelne Urkunden zu finden.

84 Vgl. Rio, Legal Practice, S. 126.

85 Vgl. Zeumer, Formulae, S. 227 f.

werden. Ihre Kritik stützt sie dabei vor allem auf eine noch zu behandelnde Urkunde für St-Bertin.

Lässt man das Formular mit der Erwähnung der *scabini* zunächst außen vor, bleiben zwei der insgesamt 26 Formulare übrig,[86] die einen Datierungsansatz bieten.[87] Das erste Formular der Sammlung verwendet einen Königstitel, der zwischen dem Dynastiewechsel und der Annahme des Titels *Rex Francorum et Langobardorum* durch Karl den Großen in den Urkunden karolingischer Könige nachweisbar ist.[88] Das 16. Formular hingegen erwähnt einen Hausmeier.[89] Eine gleichzeitige praktische Anwendungsmöglichkeit für beide Formulare schließt sich aus. Zeumer vermutete daher, dass das 16. Formular erst nachträglich und durch Zufall seinen Weg in die Sammlung gefunden habe.[90] Rio hingegen schlägt vor, das erste Formular als Zusatz zu betrachten, zumal es auch große Überschneidungen mit Cartae Senonicae 12 habe.[91] Diese Beobachtung könne auf eine Zusammenstellung der übrigen Stücke in der Zeit vor 751 hindeuten.[92] In der Zusammenschau aller chronologisch relevanten Hinweise in den Formulae Salicae Bignonianae ergibt sich, dass es unabhängig von der Erwähnung der *scabini* keinen Hinweis gibt, der einen Terminus post quem in der Zeit Karls des Großen bieten könnte. Falls das erste Formular Teil der ursprünglichen Sammlung war, kann die Kompilation genauso gut in der Zeit Pippins erfolgt sein. Sollte Rios Vermutung, dass das erste Formular erst später zur Sammlung kam, zutreffen, wäre die Formelsammlung bereits vor dem Dynastiewechsel zusammengestellt worden. Der Zeitpunkt der Kompilation kann nur ein Terminus ante quem für die Urkunde mit der Erwähnung der *scabini* sein, die als Formular 7 Teil der Sammlung wurde. Kurzum, hier liegt ein Beleg für Schöffen vor, der wahrscheinlich aus der Zeit vor Karl dem Großen stammt und der, falls Rio Recht hat, sogar relativ sicher in die erste Jahrhunderthälfte datiert werden kann.

Die bereits genannte Urkunde für das Kloster St-Bertin gilt nach heutigem Kenntnisstand als der älteste Beleg für das Wort *scabini*.[93] Diese Schenkungsur-

---

86 Zum Umfang der Sammlung vgl. Rio, Legal Practice, S. 126.

87 Formular 22 mit einer Datierung ins 15. Jahr wird von Zeumer, Formulae, S. 228, unter der Voraussetzung, dass die Zahl richtig bewahrt wurde, ins 15. Herrscherjahr Pippins gesetzt. Dieser Schluss ist jedoch weder notwendig noch zwingend. Auch der merowingische König Theuderich IV. (721–737) erreichte das 15. Königsjahr ebenso wie zuvor einige weitere Merowingerkönige. Vgl. dazu Grotefend, Zeitrechnung, S. 111 f.; Formulae Salicae Bignonianae, Nr. 22, in: MGH Form., S. 236 Z. 34: *Facta comandatitia in ipso monasterio sancto illo publititer in anno 15. regni.*

88 Formulae Salicae Bignonianae, Nr. 1, in: MGH Form., S. 228 Z. 28: *Illi rex Francorum, vir iuluster* [sic!].

89 Formulae Salicae Bignonianae, Nr. 16, in: MGH Form., S. 234 Z. 16: […] *ego in Dei nomen illi maiorum domus.*

90 Zeumer, Formulae, S. 228: „Tractoriam vero illam a maiore domus emissam, cap. 16, praesertim cum sola exstet epistola inter ceteras negotiorum privatorum cartas, casu quodam collectioni iam conditae post additam crediderim."

91 Vgl. Rio, Legal Practice, S. 126 f.

92 Endgültig legt sich Rio in der Frage jedoch nicht fest.

93 Vgl. Niermeyer – van de Kieft – Burger, Lexicon, Bd. 2, S. 1227; Rio, Legal Practice, S. 126.

kunde an das Kloster wird auf den 25. Juli 745 datiert.[94] Die Urkunde ist in einem Pseudooriginal des 10. Jahrhunderts überliefert und von Folcuin von Lobbes in seine 960/61 verfassten Gesta abbatum Sithiensium inseriert worden.[95] Belegt ist das Wort nur im Pseudooriginal. Dort wird ein gewisser Gumharius in der Zeugenliste als *scauuinus* bezeichnet.[96] Die Zeugenliste bei Folcuin nennt an der entsprechenden Stelle einen *sacerdos* Guntharius.[97] Offensichtlich handelt es sich in beiden Fällen um dieselbe Person, so dass sich die Frage stellt, welcher Überlieferung mehr Vertrauen entgegengebracht werden muss. Georges Declercq geht davon aus, dass Folcuin und der Schreiber des Pseudo-Originals unabhängig voneinander im 10. Jahrhundert Zugriff auf das verlorene Original gehabt hätten und dass der Schreiber des Pseudooriginals Probleme gehabt habe, die Schrift des Originals zu entziffern.[98] Diese Unsicherheit beim Lesen macht er an mehreren Korrekturen und einigen falschen Lesungen fest.[99] Zu diesen falschen Lesungen zählt er vor allem das Auflisten von Gumharius als *scauuinus* in der Zeugenliste.[100] Setzt man die Einführung der Schöffen unter Karl dem Großen nicht zwingend voraus, ist diese Variante des Pseudooriginals natürlich nicht mehr per se falsch. Vielmehr stehen mit *scauuini* und *sacerdotis* zwei alternative Lesungen zur Auswahl. Die Lectio difficilior im klassischen Sinne der Editionswissenschaft ist eindeutig *scauuini.* Theo Kölzer beschäftigte sich in seinen Vorstudien zur Edition der Merowingerurkunden ausführlich mit den im Chartular Folcuins enthaltenen merowingischen Königsurkunden und kam zu dem Schluss, dass lediglich drei der acht Urkunden echt seien, von denen eine auch noch inhaltlich interpoliert sei.[101] Dasselbe Urteil fällt Kölzer über eine Urkunde Ludwigs des Frommen im Chartular.[102] Zwei weitere Urkunden Ludwigs stuft er hingegen als echt ein.[103] Die einzige Urkunde von Karl dem Großen wird nicht in ihrer Echtheit angezweifelt.[104] Georges Tessier stuft eine

94 Diplomata Belgica, Bd. 1, Nr. 15A, S. 32: *Actum Sitdiu monasterio publice, VIII kalendas augusti, anno III regnante domno nostro Childerico gloriosissimo rege.*

95 Vgl. Gysseling – Koch, Diplomata Belgica, Bd. 1, S. 30 f.

96 Diplomata Belgica, Bd. 1, Nr. 15A, S. 32: […] *x Childebaldi. x Gumharii scauuini. x Cheriuuini.* […].

97 Diplomata Belgica, Bd. 1, Nr. 15B, S. 34: […] x *Signum Childebaldi. x Signum Guntharii sacerdotis. x Signum Chereuuini.* […].

98 Vgl. Declercq, Schenkingsoorkonde, S. 191 f.

99 Wobei sich die methodische Frage stellt, wie Probleme beim Lesen und Probleme beim Schreiben unterschieden werden können. Eine Korrektur zeigt ja, dass der Text zumindest am Ende des Schreibprozesses richtig gelesen worden war.

100 Vgl. Declercq, Schenkingsoorkonde, S. 192: „Het pseudo-origineel vermeldt hier een *Gumharius scauuinus* (schepen), was onmogelijk is in een tekst uit 745, aangezien de schepenen pas een creatie zijn van Karel de Grote (768–814); Folcuinus van zijn kant las als beter paleograaf allicht terecht *Guntharius sacerdos* (priester)."

101 Vgl. Kölzer, Merowingerstudien I, S. 111–135.

102 MGH D LdF 186, Bd. 1, S. 460–462 (= Diplomata Belgica, Bd. 1, Nr. 25, S. 46 f.).

103 MGH DD LdF 284, Bd. 2, S. 706–709 (= Diplomata Belgica, Bd. 1, Nr. 28, S. 49–51); LdF 356, Bd. 2, S. 885–888 (= Diplomata Belgica, Bd. 1, Nr. 30, S. 52–54).

104 D KdGr 59 in: MGH DD Karol. 1, S. 86 f. (= Diplomata Belgica, Bd. 1, Nr. 16, S. 34 f.).

von vier Urkunden Karls des Kahlen als gefälscht ein.[105] Die Durchsicht der gut erforschten Herrscherurkunden im Urkundenfonds von St-Bertin zeigt gerade für die Zeit vor der Mitte des 8. Jahrhunderts eine beachtliche Fälschungsquote, die von Gysseling und Koch nicht erkannt wurde. Diese Privaturkunde, deren pseudooriginale Überlieferung höchstwahrscheinlich erstmals das Wort Schöffe in einer fränkischen Quelle belegt, müsste daher einer Echtheitsprüfung unterzogen werden, um letzte Zweifel anzuschließen.[106]

Unter der Prämisse, dass die Urkunde einer Echtheitsüberprüfung standhält, datiert ein Beleg für die *scabini* sicher aus der Zeit vor Karl dem Großen und mit den Formulae Salicae Bignonianae höchstwahrscheinlich sogar ein zweiter, was natürlich starke Zweifel an der Theorie nährt, dass die Schöffen erst von Karl dem Großen eingeführt worden seien. Wie bei den späten Belegen für die Rachinburgen muss auch hier versucht werden zu differenzieren, ob lediglich der Begriff *scabinus* älter ist oder aber die mit dem Begriff verbundene Verstetigung des Rachinburgenamtes.

Der als Schöffe bezeichnete Gumharius bestätigte die Schenkungsurkunde. Er wurde also überhaupt nicht als Schöffe tätig. Dass er dennoch in der Zeugenliste als Schöffe bezeichnet wird, weist daher stark darauf hin, dass es sich hier um eine dauerhafte oder zumindest längerfristige Funktion handelt. In dieser Hinsicht scheint in dieser Urkunde nicht nur eine Begriffsänderung, sondern auch eine Änderung der Funktion sichtbar zu werden. Die Urkunde in den Formulae Salicae Bignonianae erwähnt einen Graf, der mit *scabini* zu Gericht sitzt. Hier lässt sich nicht explizit nachweisen, dass es sich um dauerhaft bestellte Schöffen handelt. Es deutet jedoch auch nichts auf das Gegenteil hin.[107]

Dass die Schöffen anders als die Rachinburgen eine dauerhafte Funktion bekleideten, wird in den beiden Quellenstellen nicht explizit gemacht, doch lässt es sich teilweise hineindeuten. Dieser Befund gilt auch für die Belege in den Urkunden aus dem letzten Drittel des 8. Jahrhunderts, die allesamt durch deutlich jüngere Chartulare überliefert sind.[108] Einen Sonderfall stellt die älteste

105 D KdK 489, in: Recueil Charles II le Chauve, Bd. 2, S. 622–625 (Fälschung) (= Diplomata Belgica, Nr. 36, S. 65 f.). Echte Urkunden: D KdK 370, Bd. 2, S. 322–325 (= Diplomata Belgica, Bd. 1, Nr. 41, S. 73 f.); D KdK 430, Bd. 2, S. 458–463 (= Diplomata Belgica, Bd. 1, Nr. 44, S. 76–78); D KdK 434, Bd. 2, S. 468–470 (= Diplomata Belgica, Bd. 1, Nr. 45, S. 78 f.).

106 Diese Untersuchung kann an dieser Stelle nicht geleistet werden.

107 Formulae Salicae Bignonianae, Nr. 7, in: MGH Form., S. 230 Z. 14–16: *Cum resedisset ille vigarius inluster vir illo comite in illo mallo publico una cum ipsis scabinos, qui in ipsum mallum resedebat ad causas audiendas vel recta iudicia terminanda, ibique veniens* […].

108 D KdGr 138 (781; Chartular 12./13. Jh.), in: MGH DD Karol. 1, S. 189 Z. 1–11: *Karolus gratia dei rex Francorum et Langobardorum ac patricius Romanorum. Cum nos in dei nomine Carisiaco villa palatio nostro ad universorum causas audiendas et recto iudicio terminandas resideremus ibique veniens advocatus sancti Dyonisii vel Fulradi abbatis nomine Ado nobis suggerebat dicens, eo quod inter Ripheronem comitem vel suos escapinios in pago Tellauo in mallo publico qui vocatur Turcarias advenisset et homines aliquos his nominibus* […]*, interpellasset repetens ab eis et dicens, eo quod rem sancti Dyonisii in ipso pago Tellauo* […]*, quem sanctus Dyonisius per suum brachium conquisivit, post se retinebant in sua potestate malo ordine.* D KdGr 148 (ca. 782?; Chartularüberlieferung 14. Jh.), in: MGH DD Karol. 1, S. 201 Z. 4 f.: […] *ibique veniens Wicbertus missus noster una cum scabinis et testibus Moslinses, qui detulerunt*

Urkunde dar, die Brunner und von Schwerin als Beleg für *scabini* anführen, vor allem wenn ihre Definition von Schöffen als ständigen Rachinburgen zugrunde gelegt wird.[109] Denn die nur in zwei Chartularen überlieferte Urkunde von 780 nennt erstaunlicherweise sowohl Rachinburgen als auch Schöffen, und dies sogar im selben Satz.[110] Die hierarchisch absteigende Liste nennt fünf *rationesburgii dominici* mit Namen, von denen vier auch in der Unterschriftenliste begegnen.[111] Nach den Rachinburgen werden ohne Namensnennung *scabinas lites, scabinos ipsius civitatis* und *bonis hominibus* aufgezählt, die alle im weiteren Verlauf des Urkundentextes nicht mehr erwähnt werden. Dafür begegnen die Rachinburgen, die von den Missi zur Beurteilung aufgefordert werden und dieser Aufforderung auch nachkommen.[112] Nehlsen-von Stryk vertritt die These, dass sowohl *rationesburgii dominici* als auch *scabinas lites* und *scabinos ipsius civitatis* auf die fünf namentlich genannten Personen zu beziehen seien, weil die *scabinas lites* und die *scabinos ipsius civitatis* in der Urkunde nicht mehr erwähnt würden.[113] Dieser Schluss ist jedoch nicht zwingend. Schließlich wird auch die Funktion der

nobis, eo quod [...]; Z. 14f.: [...] *et tales testes vel scabini ibidem in presentia adfuerunt, qui per sacramenta hoc adfirmaverunt,* [...]; Z. 18–21: [...] *nam agentes sancti Petri vel scabini dicebant, ut* [...] *Et taliter iudicaverunt, ut* [...]; Z. 26f.: *Unde nos una cum fidelibus nostris totos scabinos de ducato Moslinse coniunximus, qui unanimiter iudicaverunt, ut* [...]; Z. 35–44: [...] *sicuti eis a nobis vel fidelibus nostris iudicatum fuit, id sunt Angalramno,* [...] *et Bornoni episcopis, Erhardo,* [...] *et Hieronimo comitibus nec non et a reliquis fidelibus nostris scabinos Theutfrido,* [...] *Ricgaulo, item Guniario, Gunilaigo et Walachario seu comiti palatii nostri Woradi vel ceteris quam plures fidelibus, qui ibidem aderant,* [...]. Die Echtheit der Urkunde, vor allem der außergewöhnlich langen Liste der Schöffen wurde bestritten von NONN, Moseldukat, S. 17–24. Gegen Nonns Einwände hält PUHL, Gaue, S. 180f. mit Anm. 438 an der Echtheit fest. Vgl. dazu auch http://www.mgh.de/datenbanken/diplomata/diplomata-ergaenzungen/ s.v. D KdGr 148. D KdGr 180 (797; Chartularüberlieferung 12. Jh.), in: MGH DD Karol. 1, S. 243 Z. 12–15: *Qui in conspectu nostro ac plurimorum procerumque nostrorum praesentia stans in iudicio, secundum quod lex Romana edocet et sui scabinii ei iudicaverunt, praedictas villas partibus nostris simulque et praeceptum confirmationis nostrę reddidit.*

109 Vgl. BRUNNER – VON SCHWERIN, Rechtsgeschichte, Bd. 2, S. 300: „Die Schöffen sind ständige Rachinburgen."

110 Vgl. Cartulaire de l'abbaye de Saint-Victor de Marseille Nr. 31 (780), S. 43: *Cum, in Dei nomine, in Digna civitate publice residerent missi domni nostri Karoli, regis Francorum et Langobardorum, seu et patricii Romanorum, id est Viernarius et Arimodus, una cum rationesburgiis dominicis, Marcellino, Jheronimo, Gedeon, Regnarico, Corbino, scabinas lites, scabinos ipsius civitatis, aut bonis hominibus qui cum ipsis ibidem aderant, pro multorum hominum altercationes audiendas, et negociis causarum dirimendis, et justis vel rectis judiciis finiendis; ibique veniens* [...].

111 Cartulaire de l'abbaye de Saint-Victor de Marseille Nr. 31 (780), S. 46: *Comes Marcellinus firmavit. Gedeon firmavit. Corbinus firmavit. Regnaricus firmavit. Hagimaris firmavit. Taurinus firmavit. Magnebertus firmavit. Sanctebertus firmavit.*

112 Cartulaire de l'abbaye de Saint-Victor de Marseille Nr. 31 (780), S. 45f.: *Sed cum ipsas auctoritates audissent, sic ipsi ętiam missi vel ipsi racioneburgyis dominicis interrogaverunt, et adjuraverunt ut veritatem exinde dicerent, sed inde contra ipsum episcopum vel contra ipsas cartas aliquis sic rebellabat, quod per annositatem, aut per legem tricenariam in tempore pacis, ad ipsum beneficium sui senioris aut ad partes domni Karoli regis perportare volebat.*

113 Vgl. NEHLSEN-VON STRYK, Boni homines, S. 109. In diesem Sinne bereits SOHM, Gerichtsverfassung, S. 383f.

boni homines nicht erwähnt.[114] Ludovic Beauchet vermutete hingegen, dass in der originalen Urkunde nur die Rachinburgen gestanden hätten und erst bei der Anlage des Chartulars erklärend die Worte *scabinas lites, scabinos ipsius civitatis* eingefügt worden seien.[115] Wie auch immer die *scabinas lites* und *scabinos ipsius civitatis* in dieser Urkunde zu beurteilen sind, zumindest ist sicher, dass sie weder ein Urteil abgeben noch sichtbar wird, dass sie die Rachinburgen in ihrer Funktion abgelöst hätten.

Die sogenannte Gerichtsreform Karls des Großen beruht nicht nur auf in chronologischer Sicht problematischen Quellen, sondern setzt auch einen qualitativen Unterschied zwischen Rachinburgen und Schöffen voraus, der in der Stetigkeit der Letzteren festgemacht wird. Dies setzt natürlich voraus, dass die Rachinburgen ihr Amt beziehungsweise ihre Funktion nicht stetig ausübten. Diese Prämisse gilt es jedoch zunächst zu beweisen.[116] Aus dem Königskapitular lässt sich dies nicht ablesen, und die Erwähnungen der Rachinburgen in der Lex Salica sind in diesem Punkt nicht eindeutig.

Oft taucht der Begriff Rachinburgen in der Lex Salica nicht auf. Dennoch findet er sich in allen Fassungen des fränkischen Rechtsbuchs, selbst noch in den späten Fassungen des 9. Jahrhunderts, als nach der gängigen Forschungsmeinung bereits der Wechsel von Rachinburgen zu Schöffen vollzogen war. Schöffen hingegen begegnen in der Lex Salica nicht. Für die Frage nach den Rachinburgen in der Lex Salica soll die älteste Fassung A aus der Zeit Chlodwigs I. untersucht und die späteren Fassungen lediglich auf Abweichungen und eventuelle Fortentwicklungen hin überprüft werden.

In der A-Fassung begegnen Rachinburgen lediglich in drei der insgesamt 65 Tituli. Zunächst spielen sie in Titulus 50 über das sogenannte Treugelöbnis (*De fides factas*) eine Rolle. Die Rachinburgen kommen im Rahmen eines Treugelöbnisses ins Spiel, wenn derjenige, der das Treugelöbnis geleistet hat, zum festgesetzten Termin nicht zahlen will und der Geschädigte sich an den *grafio* seines Gaues wendet, um seinen Anspruch durchzusetzen.[117] Was dann geschehen soll, ist zumindest in Bezug auf die Rachinburgen undeutlich, wenn es heißt, dass der *grafio* sieben *rachineburgii idonei* mit sich *colligere* soll und mit ihnen zusammen zum Haus desjenigen gehen soll, der das Treugelöbnis abgelegt habe.[118] Auf diesem Vorgang des *colligere* beruht die Vorstellung, dass Rachinbur-

---

114 Nehlsen-von Stryk, Boni homines, S. 109, vermutet, dass die *boni homines* in der Urkunde Zeugenschaft und Öffentlichkeit verkörperten.

115 Vgl. Beauchet, Histoire, S. 251 f.

116 Ich danke Karl Ubl für diesen sehr interessanten Einwand.

117 Lex Salica (A) c. 50,3, S. 304 Z. 34–41: *Si quis fidem factam ad placitum legitum <facto> <adhuc> noluerit [per]solvere, tunc ille, cui fides facta est, ambulet ad grafionem loci illius, in cuius pago manet, et adpraehendat festucam et dicat verbum: ‚Tu, grafio, homo ille <qui> mihi fidem fecit, quem legitime habeo iactivo aut admallatum in hoc, quod lex Salica <habet et> continet; ego super me et <super> furtuna mea pono, quod <tu> securus mitte in furtuna sua manum.' Et dicat, de <qua> causa (e)t quantum ei fidem fecerat.*

118 Lex Salica (A) c. 50,3, S. 306 Z. 42–47: *Tunc grafio colligat secum septem rachineburgius idoneos et sic cum eos ad casa illius, qui fidem fecit, ambulet <et roget illum>, si praesens est, qui fidem fecit, <et> <sic> dicat:* […].

gen kein dauerhaftes Amt ausüben, wie sie beispielsweise von Jürgen Weitzel formuliert wurde.[119]

Die Kürze der Sprache und die Polysemie des Verbes *colligere*[120] lässt jedoch keine klare Entscheidung zu, ob der *grafio* erstens die sieben festen Rachinburgen seines Gaus versammelt und mit ihnen loszieht oder zweitens sieben Rachinburgen aus einer größeren Gruppe von Rachinburgen zusammenstellt, um mit ihnen loszuziehen, oder drittens sieben Menschen zu Rachinburgen für diesen Fall bestellt. Die Fassung C hat statt *colligere* das Verb *rogare*.[121] Aber auch bei *rogare*[122] wird nicht deutlich, ob es in einem Gau nur sieben Rachinburgen oder eine größere Gruppe von ihnen gab oder ob die Rachinburgen situativ aus der Gerichtsgemeinde bestellt wurden. Karin Nehlsen-von Stryk wies darauf hin, dass die Urkundenformulare eher gegen eine Siebenzahl der Rachinburgen in der Praxis sprächen, wie sie hier und anderswo in der Lex Salica hervortrete.[123]

Wie dem auch sei, kommen den sieben Rachinburgen beim Haus desjenigen, der das Treugelöbnis abgegeben hat, mehrere Aufgaben zu, die aber wiederum keinen Rückschluss auf die Rekrutierung der Rachinburgen zulassen. Zunächst soll der *grafio* demjenigen, der das Treugelöbnis geleistet hat, die Möglichkeit eröffnen, zwei geeignete Rachinburgen aus den sieben auszuwählen, die abschätzen sollen, wie viel zu zahlen ist.[124] Sollte dieses Verfahren nicht zustandekommen, sollen die Rachinburgen, und zwar alle sieben gemeinsam, den abgeschätzten Preis vom Vermögen einziehen.[125] Davon sollen zwei Drittel an den Geschädigten und ein Drittel als Friedensgeld an den Grafen gehen, falls er zuvor noch kein Friedensgeld in diesem Fall erhalten hat.[126] Eine Aufwandsentschädigung für die beteiligten Rachinburgen oder Ähnliches wird nicht genannt. Sollte sich der *grafio* aber ohne triftigen Grund weigern, denjenigen, der

119 Weitzel, Dinggenossenschaft, Bd. 1, S. 448: „Die Rachinburgen werden zum jeweiligen Gerichtstermin oder zur jeweiligen Rechtshandlung – wohl vom Grafen – aus den angesehenen Männern der Gerichtsgemeinde bestellt. Deren Einvernehmen mit der Bestellung kann angenommen werden. Es handelt sich also nicht um eine auf Dauer übertragene Aufgabe. Wenn der zur Vollstreckung schreitende Graf septem rachineburgius idoneos secum colligat, so trägt dies nicht die Annahme, es habe allgemein der zur Tätigkeit als Rachinburge taugliche oder vorgesehene Personenkreis in einem weiteren Verstande als Rachinburgen bezeichnet werden können. Rachinburge ist der Freie immer nur angesichts der konkreten gerichtlichen oder rechtlichen Funktion, zu deren Ausübung er bestellt ist." In diesem Sinne schon Brunner – von Schwerin, Rechtsgeschichte, Bd. 2, S. 295 mit Anm. 20.

120 Vgl. Niermeyer – van de Kieft – Burger, Lexicon, Bd. 1, S. 263.

121 Lex Salica (C) c. 50,3, S. 306 Z. 42–44: *Tunc grafio rogat septem rachinburgis, qui secum ambulent ad domum illius, qui fidem fecit,* […].

122 Vgl. Niermeyer – van de Kieft – Burger, Lexicon, Bd. 2, S. 1203.

123 Vgl. Nehlsen-von Stryk, Boni homines, S. 83 f.

124 Lex Salica (A) c. 50,3, S. 306 Z. 47–51: *‚Qui ad praesens es, voluntatem tuam solve homine isto, quod ei fidem fecisti, et elege tu duos [ex his], quos volueris, idoneos cum rachineburgius istos, de quo solvere debes <ut> adpretiare debeant, et hoc, quod debes, secundum iustum praetium [solve et] satisfacia.'*

125 Lex Salica (A) c. 50,3, S. 306 Z. 52–55: *Quod si audire noluerit, si praesens aut absens fuerit, tunc rachineburgii adpretiatum praetium [et quod debito secundum iustum precium satisfaciat et] quantum valuerit debitus, quod debet, hoc de furtuna illius tollant.*

126 Lex Salica (A) c. 50,3, S. 306–308 Z. 55–58.

das Treugelöbnis geleistet hat, aufzusuchen, so soll er sein Leben verwirken oder sein Wergeld zahlen.[127] Der Fall, dass einer der Rachinburgen der Aufforderung durch den *grafio* nicht nachkommt, wird nicht thematisiert. Die späteren Fassungen D und E zeigen bezüglich der Rachinburgen keine nennenswerten Veränderungen gegenüber den Fassungen A und C.[128] Eine Abweichung findet sich in den Fassungen K und S, in denen anders als in Lex Salica (A) 50,3 keine Möglichkeit eingeräumt wird, zwei der Rachinburgen zu wählen, die die zu zahlende Summe abschätzen sollen.[129]

Am deutlichsten wird die Tätigkeit der Rachinburgen in Titulus 56, der von der Missachtung des *mallum* handelt (*De eum qui ad mallum venire contemnit*). Derjenige, der sich weigert, zum *mallum* zu kommen oder das, was ihm von den Rachinburgen geurteilt[130] wurde, zu erfüllen, soll vor den König geladen werden.[131] Dort sollen zwölf Zeugen unter Eid aussagen, dass sie zugegen gewesen seien, als die Rachinburgen geurteilt hätten, dass derjenige die Kesselprobe machen oder ein Treugelöbnis leisten solle, und derjenige dies missachtet habe.[132] Drei weitere Zeugen sollen schwören, dass sie an jenem Tag anwesend gewesen seien, an dem die Rachinburgen ihm geurteilt hätten, dass er sich entweder durch eine Kesselprobe oder durch eine Bußzahlung rechtfertige (d. h. dass man ihm 40 Tage nach diesem Tag Sonnenfrist gesetzt habe und derjenige das Recht nicht

---

127 Lex Salica (A) c. 50,4, S. 308 Z. 59–63.

128 Lex Salica (D) c. 86, S. 214–220, Lex Salica (E) c. 85, S. 215–221.

129 Lex Salica (K) c. 52, S. 515–517, besonders c. 52,2, S. 516 Z. 29–35: *Tunc grafio congreget secum septem rachinburgios idoneos et cum ipsis ad casam illius fideiussoris veniat et roget eum, si praesens est: ‚per voluntatem tuam solve homini isto, de quo ei fidem fecisti, et <in> hoc quod debes secundum pretium legitime pretiatum satisfacere stude.' Quod si tunc adimplere noluerit, praesens aut si absens fuerit, statim rachinburgi pretium adpretiatum, quantum debitum quod debet valuerit, de fortuna illius tollant.* Vgl. Lex Salica (S) c. 29, S. 334 f. Z. 2–41. Das hier verwendete Verb *congregare* für die Tätigkeit des *grafio* ist wie schon *colligere* und *rogare* in seiner Semantik nicht spezifisch genug, um einer Entscheidung näher zu kommen, was genau der *grafio* mit (den) sieben Rachinburgen tut, bevor er zum Haus desjenigen aufbricht, der ein Treugelöbnis geleistet hat. Vgl. Niermeyer – van de Kieft – Burger, Lexicon, Bd. 1, S. 322. Die unterschiedlichen Verben in verschiedenen Fassungen können als Indiz gewertet werden, dass sich die jeweiligen Redaktoren um Eindeutigkeit der Stelle bemühten. Doch muss leider konstatiert werden, dass das, was für den frühmittelalterlichen Redaktor eindeutig gewesen sein mag, nicht ebenso eindeutig für den modernen Betrachter ist.

130 Die Frage nach dem Charakter dieses Urteilens, die vor allem von Jürgen Weitzel in seinen Studien zum dinggenossenschaftlichen Prinzip immer wieder behandelt wurde, dessen Ansichten sich aber gerade in ihrem universellen Deutungsanspruch nicht unwidersprochen durchsetzten konnten, soll hier nicht aufgerollt werden. Vgl. Weitzel, Dinggenossenschaft, und die verschiedenen, unterschiedliche Positionen vertretenden Beiträge in dem Sammelband Dilcher – Distler, Leges – Gentes – Regna.

131 Lex Salica (A) c. 56,1, S. 324 Z. 4–7: *Si quis ad mallum venire contempserit aut, quod ei a rachineburgiis iudicatum fuerit, adimplere distulerit, si nec de conpositionem nec de inium nec de ullam legem fidem facere voluerit, tunc ad regis praesentia ipsum manire debet.*

132 Lex Salica (A) c. 56,2, S. 324 Z. 8–11: *Et ibi<dem> duodecim testes erunt, qui per singulas vices tres iurati dicant, quod ibidem fuerunt, ubi rachineburgii iudicaverunt, ut aut ad inium ambularet aut fidem de conpositionem faceret, et ille dispexerit.*

habe erfüllen wollen).[133] Dass in diesem Titulus zwischen Zeugen (*testes*) und Rachinburgen (*rachineburgii*) differenziert wird, ist für Brunner und von Schwerin ein gewichtiges Ausschlussargument gegen ältere Auffassungen, dass die Rachinburgen die ganze Gerichtsgemeinde seien.[134] Doch wird auch aus diesem Titulus nicht deutlich, wie die Rachinburgen rekrutiert werden und ob es sich um eine situative oder dauerhafte Funktionsbekleidung handelt. Die späteren Fassungen C, D, E, K und S zeigen bezüglich der Rachinburgen keine nennenswerten Veränderungen gegenüber der Fassung A.[135]

Dasselbe gilt auch für den folgenden, bereits ausführlich behandelten Titulus 57, der mit *De rachineburgiis* überschrieben ist und die Frage behandelt, wie zu verfahren ist, wenn die Rachinburgen ihrer Aufgabe nicht nachkommen. Wenn die Rachinburgen in der Gerichtsstätte sitzen, während eine *causa* zwischen zwei Parteien verhandelt wird, muss derjenige, der die *causa* angestrengt hat, die Rachinburgen auffordern, die Lex Salica zu verkünden (*Dicite nobis legem Salicam*); sollten sie sich weigern, müssen sie erneut aufgefordert werden.[136] Danach wird es für die Frage nach der Qualität der Rachinburgen interessant. Denn sollten die Rachinburgen dann immer noch nicht tätig geworden sein, sollen sieben von ihnen nach gesetzter Sonnenfrist eine Buße von je drei Solidi zahlen.[137] Sollte danach weder die Lex Salica gekündet noch die Buße bezahlt werden, erhöht sich die Buße.[138]

Anders als beim Treugelöbnis in Titulus 50 wird hier sehr deutlich, dass es mehr als sieben Rachinburgen gegeben haben muss beziehungsweise kann. Leider geht die Quelle nicht darauf ein, wie die sieben Rachinburgen ausgewählt werden, denen die Buße angedroht wird. Doch liegt es nahe, dass sie zu Beginn der Verhandlung für diese spezielle *causa* verantwortlich wurden und deswegen auch nur sie belangt werden können und nicht die übrigen Rachinburgen, die natürlich ebenfalls nicht die Lex Salica gekündet haben, aber nicht belangt werden.[139] Die späteren Fassungen C, D, E, K und S zeigen bezüglich der Ra-

---

133 Lex Salica (A) c. 56,3, S. 326 Z. 12–16: *Iterum alii tres iurare debent, quod ibidem fuissent <post> illa die, quando ei rachineburgii iudicaverunt, ut aut per inium aut per compositionem se educeret, hoc est de illa die in XL noctes in mallobergo iterum ei solem culcaverit et nullatenus legem voluerit <ad>implere.*

134 Vgl. Brunner – von Schwerin, Rechtsgeschichte, Bd. 2, S. 295 Anm. 18.

135 Lex Salica (C) c. 56,1–3, S. 324–326 Z. 4–16; Lex Salica (D) c. 91,1, S. 228 Z. 3–13; Lex Salica (E) c. 90,1, S. 229 f.; Lex Salica (K) c. 59, S. 521 f. Z. 2–12 (Neuedition mit Übersetzung von Karl Ubl http://www.leges.uni-koeln.de/materialien/transkriptionen/ed-lsk-59/); Lex Salica (S) c. 2, S. 318 Z. 2–11.

136 Lex Salica (A) c. 57,1, S. 328–330 Z. 2–18: *Si <quis> rachineburgii in mallobergo sedentes, dum causam inter duos discutiunt, debet eis dicere qui causam requirit: ‚Dicite nobis legem Salicam.' Si vero legem dicere noluerint, debet eis dicere ab illo qui causa prosequitur: ‚Hic ego vos tangono, ut legem mihi dicatis secundum legem Salicam.'*

137 Lex Salica (A) c. 57,1, S. 330 Z. 18–25: *Quod si ille <legem> dicere noluerint, septem de illos rachineburgios, mallobergo schodo hoc est, <ante> culcatum solem, CXX denarios qui faciunt solidos III singuli culpabiles iudicentur.*

138 Lex Salica (A) c. 57,2, S. 330–332 Z. 26–31: *Quod si nec legem dicere noluerint [nec solvere] nec <de> ternos solidos fidem facere voluerint, tunc, solem illis culcatum, DC denarios qui faciunt solidos XV unusquisque illorum culpabilis iudicetur.*

139 Vgl. dazu Brunner – von Schwerin, Rechtsgeschichte, Bd. 2, 295.

chinburgen keine nennenswerten Veränderungen gegenüber der Fassung A, auch wenn die Fassungen D und E wie bereits erwähnt unter Auslassung von Lex Salica (A) 57,3 dem entsprechenden Titulus eine etwas andere Stoßrichtung geben.[140]

Betrachtet man die drei einschlägigen Tituli der Lex Salica zusammen, so kann erstens festgehalten werden, dass häufig sieben Rachinburgen in Erscheinung treten. In der Regel werden sie als Kollektiv gedacht, das gemeinsam handeln muss. Dies zeigt sich insbesondere bei der Justizverweigerung, wenn nicht nach individueller Schuld gefragt wird, sondern danach, ob die Rachinburgen als Gruppe die Lex Salica gekündet haben oder nicht. Auf der anderen Seite kann aber auch eine Untergruppe der sieben Rachinburgen Sonderaufgaben übernehmen, so im Rahmen der Durchsetzung eines Treugelöbnisses. Zweitens lässt sich anhand der Lex Salica zeigen, dass es im Tätigkeitsbereich eines *mallum* mehr als sieben Rachinburgen gegeben haben muss oder kann. Drittens muss offenbleiben, was die Konsequenzen dieses Befundes für die Fragen nach der Rekrutierung und Dauerhaftigkeit sind. Zumindest lässt sich nicht sicher aus der Lex Salica allein beweisen, dass die Rachinburgen ihre Tätigkeit nicht dauerhaft ausübten, auch wenn nicht jeder Rachinburge bei jeder *causa* zum Einsatz kam.

Viertens ist auffällig, dass auch die jüngeren Lex Salica-Fassungen von Rachinburgen und nicht von Schöffen sprechen. Die Fassung E, deren Entstehung im Rahmen der Gesetzesinitiative Karls des Großen von 789 Karl Ubl sehr wahrscheinlich machte,[141] und die Fassung K aus der Zeit um 802 wurden nach der mutmaßlichen Gerichtsreform Karls redigiert, was jedoch keinen Niederschlag in der Redaktion gefunden hat[142]. Weder wurden die *rachinburgii* begrifflich durch *scabini* ersetzt noch gab es inhaltliche Anpassungen, die die Rachinburgen als nun verfestigtes Amt zu erkennen geben würden. In den Kapitularien aus der Zeit Karls des Großen und Ludwigs des Frommen, die die Lex Salica ergänzen sollten, werden weder Rachinburgen noch Schöffen behandelt.[143]

Wer führte also nun die Schöffenverfassung im Frankenreich ein? Die Frage lässt sich nicht nur schwer beantworten, sondern sie scheint von vornherein falsch gestellt zu sein. Denn sie setzt voraus, dass Herrscher wie Karl der Große sozusagen aus dem Nichts heraus Lösungen für Probleme entwickelten und Reformen auf den Weg brachten. Löst man sich von einem solchen Herrscherbild und geht von einer pluralistischen Rechtslandschaft im Frankenreich aus, bedeuten die zeitlich überlappenden Belege für Rachinburgen und Schöffen keinen Widerspruch. Vielmehr sind die frühen Belege für Schöffen ein Hinweis darauf,

140 Lex Salica (C) c. 57, S. 328–332 Z. 2–53; Lex Salica (D) c. 92, S. 230–232; Lex Salica (E) c. 91, S. 230–232; Lex Salica (K) c. 60, S. 523 Z. 2–21; Lex Salica (S) c. 4, S. 318 f. Z. 3–22.

141 Vgl. Ubl, Leges-Reform.

142 Vgl. Ubl, Sinnstiftungen, S. 174–181.

143 Capitulare legibus additum, in: MGH Capit. 1, Nr. 39, S. 111–114; Capitula legi addita, ebd., Nr. 134, S. 267–269; Capitulare legibus addenda, ebd., Nr. 139, S. 280–285; Capitula legi Salicae addita, ebd., Nr. 142, S. 292 f.

dass teilweise schon in der ersten Hälfte des 8. Jahrhunderts zumindest bei einigen Gerichten Schöffen tätig waren, während die späten Belege für Rachinburgen auf der anderen Seite zeigen, dass am Ende des 8. Jahrhunderts noch keine flächendeckende Umstellung erfolgt war.[144] Karl der Große und seine Berater entwickelten das Schöffentum also nicht theoretisch im Elfenbeinturm, sondern griffen lokale Entwicklungen auf und versuchten diese im gesamten Frankenreich durchzusetzen. Wenn dieses Vorgehen als Einführen des Schöffentums verstanden werden soll, stellt sich die Frage, wann Karl der Große das Schöffentum einführte. Die ältere Forschung ging aufgrund der Belege in den Urkunden der 780er und den Formulae Salicae Bignonianae davon aus, dass Karl bereits sehr früh nach seinem Herrschaftsantritt die Gerichtsreform in Angriff nahm.[145] Die urkundliche Überlieferung zeigt jedoch für die Zeit Karls eher ein Nebeneinander von Rachinburgen und Schöffen, vor allem für die Zeit vor 800. Erst nach 800 wird in mehreren Kapitularien eine Initiative zur Durchsetzung des Schöffenbegriffs sichtbar. Vorher deutet nichts auf eine gezielte Politik Karls in diese Richtung hin, weshalb die sogenannte Gerichtsreform Karls wohl erst in die Zeit nach der Kaiserkrönung fällt.[146]

Wenn in manchen Rechtslandschaften das Phänomen der Rachinburgen und in anderen das der Schöffen vorkam, darf der Verwendung des Wortes Rachinburgen im Königskapitular nicht zu viel Bedeutung beigemessen werden. Es würde zu weit führen, hier eine Gegenbewegung zum Aufkommen der Schöffen zu sehen, da das Kapitular mit keiner Silbe auf die Charakteristika der Rachinburgen im Vergleich zu Schöffen eingeht, sondern lediglich die Terminologie der Lex Salica verwendet. In den späteren Fassungen der Lex Salica ist schließlich auch stets von Rachinburgen und nicht von Schöffen die Rede. Dies gilt, wie schon angesprochen, sowohl für die D-Fassung aus der Zeit Pippins als auch für die unter Karl dem Großen entstandenen Fassungen E und K.[147]

---

144 Auch Brunner – von Schwerin, Rechtsgeschichte, Bd. 2, S. 300, räumen ohne Angabe von Quellen die Möglichkeit ein, dass es zumindest in einigen Gegenden zu einer gewissen Stetigkeit der Urteilfinderfunktion gekommen sein könnte, indem sich die Auswahl der Rachinburgen immer mehr auf einen engen Personenkreis beschränkt habe.

145 Vgl. beispielsweise Brunner – von Schwerin, Rechtsgeschichte, Bd. 2, S. 299 f.

146 Die ältere Forschung geht hingegen teilweise von einem verlorenen Kapitular Karls aus, dass die Gerichtsreform Karls inklusive der Einführung des Schöffentums um 769 oder zu Beginn der 770er angeordnet habe. Vgl. dazu beispielsweise Schröder – von Künßberg, Rechtsgeschichte, S. 182; Estey, Meaning, S. 435; dens., Scabini, S. 119.

147 Lex Salica (D) 92, S. 230–232; Lex Salica (E) 92, S. 230–232; Lex Salica (K) 60, S. 523. In der Handschrift D9 kam es zu einer Verwechslung von Hexendiener (*hereburgio*) und Rachinburgen. Nehlsen, Aktualität, S. 466 f., überstrapaziert den Einzelfall jedoch, wenn er aus einem Schreiberfehler den Schluss zieht, dass der Begriff der Rachinburgen zum Ende des 8. Jahrhunderts nicht mehr verstanden worden sei, weil die Lex Salica als aufgezeichnetes Recht bis zur Wende vom 8. zum 9. Jahrhundert keine wirksame Rolle in der Rechtspraxis gespielt habe.

5.2.3 Die Rolle des *comes*

Die engen Verknüpfungen zwischen Königskapitular und Lex Salica sind offensichtlich. Für die Frage, inwieweit Kapitel 7 des Kapitulars lediglich alte Regelungen wiederholt oder hier eine Weiterentwicklung des Rechts sichtbar wird, ist die Rolle des *comes* im Königskapitular von entscheidender Bedeutung. Im behandelten Titulus der Lex Salica wird der Graf nicht erwähnt. Hier können allein die Rachinburgen angegangen werden.[148] Anders verhält es sich im Königskapitular, das Graf und Rachinburgen gemeinsam agieren lässt.[149] Zwar werden sie nur an einer Stelle explizit genannt, doch konnte Weitzel mit guten Gründen plausibel machen, dass die ansonsten verwendeten Pronomina auch Rachinburgen und Graf gemeinsam bezeichnen sollen.[150] Der gemeinsamen Nennung von Graf und Rachinburgen im Königskapitular kommt eine große Bedeutung in der Diskussion der Funktion des Grafen im Gericht und des Verhältnisses von Graf und Rachinburgen zu. Weitzel liest das Königskapitular in der Hinsicht, dass hier der Graf als Richter Miturteiler mit den Rachinburgen ist.[151] Die damit verknüpften rechtshistorischen Fragestellungen können und brauchen hier nicht weiter vertieft zu werden. Denn es ist unbestritten, dass das Königskapitular diese Punkte nicht beiläufig in einem Nebensatz neu regeln wollte, sondern hier schlichtweg nur Veränderungen im Gericht seit der Entstehung der A-Fassung der Lex Salica Rechnung getragen werden sollte.

Im Königskapitular wird also eine Weiterentwicklung des Rechts sichtbar, aber diese Weiterentwicklung wird nicht durch das Königskapitular bewirkt. In diesem Sinne kann das Urteil Schmitt-Weigands, dass das Königskapitular keine Neuerung einführe, gegen die Kritik Weitzels aufrechterhalten werden.

5.3 Langobardische Vorbilder?

Maßnahmen gegen Justizverweigerung sind kein Alleinstellungsmerkmal des fränkischen Rechts. Alfred Boretius gab in seiner Edition des Königskapitulars neben der Lex Salica eine weitere Vergleichsstelle aus dem langobardischen Recht an.[152] Die Frage, inwieweit Kapitel 7 des Königskapitulars von einem Gesetz des langobardischen Königs Ratchis (Ratchis 2) beeinflusst wurde, ist von der rechtshistorischen Forschung unterschiedlich beantwortet worden. Walther

---

148 Vgl. oben Kap. 5.2.1.

149 Pippini regis capitulare c. 7, in: MGH Capit. 1, Nr. 13, S. 32 Z. 21–25: *Et si reclamaverit quod legem ei non iudicassent, tunc licenciam habeat ad palacium venire pro ipsa causa. Et si ipsos convincere potuerit quod legem ei non iudicassent, secundum legem contra ipsum emendare faciat. Et si comes vel racemburgii eum convincere potuerint quod legem ei iudicassent, et ipse hoc recipere noluerit, hoc contra ipsos emendare faciat.*

150 Vgl. Weitzel, Dinggenossenschaft, Bd. 1, S. 541–543.

151 Ausführlich dazu Weitzel, Dinggenossenschaft, Bd. 1, S. 531–543 u. ö.

152 Vgl. Boretius, Capitularia, S. 32 Anm. 3.

Seelmann stellte in seiner Dissertation über den Rechtszug im älteren deutschen Recht die These auf, dass das Königskapitular von dieser Stelle beeinflusst worden sei,[153] wogegen sich Brunner und von Schwerin strikt verwahrten.[154]

Das langobardische Recht kannte zumindest im 8. Jahrhundert eine Unterscheidung zwischen Gesetzen, die Aufnahme in das Edikt finden sollten, und einzelnen Regelungen, die nicht in das Edikt aufgenommen werden sollten und in etwa mit den fränkischen Kapitularien vergleichbar sind.[155] Im Prolog zu den Kapiteln 13 und 14 der Gesetze Ratchis' heißt es, dass das zuvor Geschriebene in das Edikt aufgenommen werden solle, während die folgenden beiden Kapitel nur *in breve statuere* seien.[156] Das zuvor Geschriebene beginnt mit dem Prolog vor Kapitel 5, der eine Datierung auf den 1. März 746 enthält.[157] Zu welcher Art von Gesetzen die ersten vier Kapitel gehören, wird nicht erwähnt. Bluhme zählt sie zu den Gesetzen, die nicht in das Edikt aufgenommen werden sollten, doch lässt sich diese Einschätzung nicht mit letzter Sicherheit vornehmen.[158] Die ersten drei Kapitel von ihnen beschäftigen sich mit der Rechtspflege und das vierte mit der Bewaffnung von Kriegern. Wann sie erlassen wurden, wird nicht erwähnt, doch können sie unter der Annahme einer chronologischen Reihung der Texte in die Zeit zwischen Ratchis' Usurpation 744[159] und den unbestritten für das Edikt bestimmten Kapiteln 5 bis 12 vom März 746 datiert werden.

5.3.1 Der Tatbestand von Ratchis 2

Trotz aller Unstimmigkeit, was eine mögliche Beeinflussung des Königskapitulars betrifft, wird Kapitel 2 von Ratchis' Gesetzgebung von allen an der Diskussion Beteiligten als Urteilsschelte beziehungsweise als Rechtszug verstanden. Die Interpretation des Königskapitulars als Vorgehen gegen Justizverweigerung macht die Überprüfung einer möglichen Abhängigkeit nicht obsolet, auch wenn dies auf den ersten Blick so scheinen mag. Denn auch bei der entsprechenden Formulierung des langobardischen Gesetzes, die Seelmann dem *legem ei non*

---

153 Vgl. Seelmann, Rechtszug, S. 121–123.

154 Vgl. Brunner – von Schwerin, Rechtsgeschichte, Bd. 2, S. 189 Anm. 39.

155 Vgl. Pohl, Leges Langobardorum, S. 209.

156 Leges Ratchis regis prol. ante c. 13, in: Leges Langobardorum, S. 192 Z. 11 f.: *Ista, quae superius scripta tenentur, in edictum scribantur, et ista capitula dua de subtus in breve previdimus statuere.*

157 Leges Ratchis regis prol. ante c. 5, in: Leges Langobardorum, S. 186 Z. 4–6: *Idcirco per redemptoris nostri providentiam ego divino auxilio Ratchis, precellentissimus et eximius princeps, anno regni mei secundo, die Kalendarum Martiarum indictione quarta decima,* […].

158 Vgl. Bluhme, Leges Langobardorum, S. X; Leges Ratchis regis prol. ante c. 1, in: Leges Langobardorum, S. 183 Z. 3–7: *In nomine domini nostri Iesu Christi, qualiter iuxta deum et animae nostrae salutem et omnium nostrorum rectum nobis paruit esse una cum nostris iudicibus, ut homines potentes et pauperes qui suam quaerunt iustitiam minime fatigentur.* Zur Motivation der ersten vier Kapitel vgl. auch Jarnut, Langobarden, S. 107 f. Zur Diskussion um die Einordnung der ersten vier Kapitel vgl. Andreolli, Pagina, S. 298 f.

159 Vgl. Jarnut, Prosopographie, S. 366.

iudicassent Pippins gegenüberstellt,[160] ist mehr als fraglich, ob es überhaupt um die Korrektur eines Urteils geht. Ratchis erlaubte darin nämlich, dass jemand vor ihn kommen dürfe, wenn er *iustitiam non receperit*. Diese Formulierung muss im Kontext der ersten beiden Kapitel betrachtet werden. Das erste Kapitel beschäftigt sich ausführlich damit, dass Richter ihrer Pflicht, zu Gericht zu sitzen, auch nachkommen sollen.[161] Im Rahmen dessen klagt Ratchis ausdrücklich über die zahlreichen Beschwerden über Richter, die seinen Hof erreichten.[162] Unter diesen Beschwerden scheinen gerechtfertigte und ungerechtfertigte gewesen zu sein. Ratchis begegnet den ausufernden Beschwerden daher auf zweifache Weise. Zum einen schärft er den Richtern ein, Gericht zu halten (Kapitel 1), und zum anderen droht er denjenigen Strafen an, die sich ungerechtfertigt beschweren (Kapitel 2).[163] Das Gesetz unterscheidet drei Voraussetzungen, unter denen eine Beschwerde bestraft werden soll, und zwar wenn die entsprechende Person erstens vorher überhaupt nicht zu ihrem Richter gegangen ist oder sie zweitens das Urteil ihres Richters nicht annimmt oder sie drittens bereits ihre *iustitia* (= Gerechtigkeit, Recht, Urteil) empfangen hat. Der gemeinsame Nenner dieser drei Bedingungen ist, dass die Rechtsprechung beim Richter vor Ort durch Verschulden des Beschwerdeführers keine Streitbeilegung herbeigeführt hat. Die drei Bedingungen unterscheiden sich im Zeitpunkt, wann die Streitbeilegung vor Ort scheitert, und sind mit Bezug auf das Gerichtsverfahren chronologisch angeordnet: Erstens es kommt überhaupt nicht zu einem Gerichtsverfahren, zweitens das Urteil des Gerichtsverfahrens wird nicht akzeptiert und drittens nach dem Gerichtsverfahren und dem vorläufigen Akzeptieren von dessen Ausgang wird das Urteil zu einem späteren Zeitpunkt nicht mehr akzeptiert.

Der Wortlaut von Ratchis' Gesetz ist holprig. Im Lateinischen sind die drei Bedingungen jeweils mit *et* verbunden, doch kann *et* hier nicht mit der deutschen Konjunktion „und" übersetzt werden, weil alle drei Bedingungen nicht gleichzeitig erfüllt sein können. In der obigen Interpretation wurden die beiden *et* zwischen den drei Bedingungen jeweils mit „oder" übersetzt und die Aufzählung als eine Art Liste von Bedingungen verstanden, von denen eine erfüllt sein muss, damit es zur Bestrafung kommt, aber auch nur genau eine erfüllt sein kann. Dies scheint die behutsamste Lösung für dieses sprachliche Problem zu

---

160 Vgl. Seelmann, Rechtszug, S. 122.

161 Leges Ratchis regis c. 1, in: Leges Langobardorum, S. 183 f.

162 Leges Ratchis regis c. 1, in: Leges Langobardorum, S. 183 Z. 15–17: *Quoniam iam teste Deo dicimus, quia nec alicubi vel ad orationem possumus exire, aut ubicumque caballicare, propter reclamationes multorum hominum.*

163 Leges Ratchis regis c. 2, in: Leges Langobardorum, S. 184 Z. 11–20: *Si quis vero arimannus aut quislibet homo ad iudicem suum prius non ambulaverit, et iudicium de iudice suo non susceperit, et post iustitiam suam receptam sic venerit ad nos proclamare: conponat ad ipsum iudicem suum solidos quinquaginta. Propterea precepimus omnibus, ut debeat revertere unusquisque causam habentem ad civitatem suam ad iudicem suum, et nuntiare debeat causam suam iudici suo; et si iustitiam non receperit, tunc veniat ad nostram presentiam. Nam si quis venire antea presumpserit, priusquam ad iudicem suum vadat, qui habuerit, unde conponere: solidos quinquaginta, et qui non habuerit, unde conpositionem faciat, iuvemus ut eum fustetur. Ideo volumus ut vadat unusquisque ad iudicem suum, et percipiat iudicium, qualiter lex fuerit* [Unterstreichungen vom Verfasser].

sein. Dieser Auffassung stehen stärker interpretierende Übersetzungen der Stelle gegenüber. Claudio Azzara und Stefano Gasparri haben in ihrer italienischen Übersetzung der Leges Langobardorum an dieser Stelle allein das zweite *et* als „oder" aufgefasst.[164] Doch steht dieser Auffassung von einer Gegenüberstellung der ersten beiden Punkte auf der einen und des drittens Punktes auf der anderen Seite entgegen, dass die drei Punkte sprachlich gleichwertig nebeneinander stehen.[165]

Dieser Kritikpunkt ist auch an der deutschen Übersetzung von Franz Beyerle anzumerken, der allein das zweite *et* als „um" übersetzte und sich damit noch mehr vom lateinischen Original löste.[166] Diesen drei Ausschlusskriterien stellt Ratchis' eine einzige Möglichkeit gegenüber, wann eine Beschwerde beim König möglich sei, und zwar, wie bereits erwähnt, wenn der Beschwerdeführer *iustitiam non receperit*. Auch hier stellt sich wie zuvor bei den fränkischen Quellen die Frage, was der Beschwerdeführer nicht erhalten hat, und zwar entweder überhaupt kein Urteil (Justizverweigerung) oder kein gerechtes/ richtiges Urteil (Falschurteil). Die dritte Bedingung für eine ungerechtfertigte Beschwerde spricht für Ersteres. Wenn in diesem Kapitel *iustitiam recipere* „Gerechtigkeit erhalten" oder „ein gerechtes/ richtiges Urteil erhalten" bedeuten sollte, stellt sich schließlich die Frage, worüber sich jemand *post suam iustitiam receptam* überhaupt noch beim König beschweren sollte. Aber *iustitiam recipere* gilt eben nicht nur für die Partei, die gewinnt, sondern für beide streitenden Parteien.[167] Sieger und Verlierer haben nach Abschluss des Verfahrens vor dem Richter Gerechtigkeit erhalten (*iustitiam recipere*). Das Urteil des Richters nicht anzunehmen und den König anzurufen oder das Urteil irgendwann nach dem Gerichtsverfahren nicht mehr akzeptieren zu wollen und den König anzurufen, wird bestraft. Das Urteil des Richters und der Ausgang der Gerichtsverfahren können explizit nicht in einem neuen Verfahren beim König überprüft werden. Vielmehr darf der König allein angegangen werden, wenn der Richter nicht tätig wird und der Beschwerdeführer deshalb nicht *iustitiam recipere* kann.

Kapitel 2 von Ratchis' Gesetzen handelt also nicht von der sogenannten Urteilsschelte oder einem Rechtszug, sondern legt lediglich fest, dass eine Beschwerde beim König nur im Fall der Justizverweigerung des Richters möglich

---

164 Vgl. Azzara – Gasparri, Leggi, S. 261: „Se però qualche arimanno o qualche altro uomo non si reca prima dal suo giudice e non ottiene il giudizio del suo giudice, [oppure anche] dopo aver ottenuto la sua giustizia in questo modo viene da noi a reclamare, paghi a quel giudice una composizione di 50 solidi." Eckige Klammer im Zitat von Azzara und Gasparri selbst.

165 Demjenigen, der für die Ausformulierung des Kapitels verantwortlich war, war es durchaus möglich, klar eine Alternative zum Ausdruck zu bringen (*herimannus aut quislibet homo*).

166 Vgl. Beyerle, Gesetze, S. 339: „Geht aber ein Heermann oder irgend jemand nicht erst einmal den eigenen Richter an, und hat er [gar] nicht [erst] von seinem Richter sich ein Urteil geholt, um nach erlangtem Recht sich dergestalt mit seiner Beschwerde an Uns zu wenden: der büßt seinem Richter mit 50 Schillingen." Eckige Klammer im Zitat von Beyerle selbst. Nach der Edition von Bluhme bietet keine Handschrift an der Stelle die Lesung *ut*. Beyele konjiziert in seiner zweisprachigen Ausgabe auch nicht an der Stelle.

167 Zum Bedeutungsspektrum der Wendung *iustitiam recipere* vgl. Krause, Anschauungen, S. 18 f.

ist.[168] Nach Seelmann wird Ratchis, Kapitel 2 durch das Kapitular von Mantua Karls des Großen aufgehoben.[169] In diesem Kapitular ist jedoch eindeutig von einem abgeschlossenen Gerichtsverfahren die Rede und die Behandlung der Justizverweigerung daher eindeutig auszuschließen.[170] Daher besteht auch kein Zusammenhang mit Ratchis' Erlass.

5.3.2 Parallelen zwischen dem Königskapitular und Ratchis 2

In den Augen Seelmanns diente Kapitel 2 von Ratchis' Gesetzen als Vorlage für Kapitel 7 des Königskapitulars.[171] Dieses Urteil fällte er freilich unter der Prämisse, dass beide Quellen den Rechtszug zum Thema haben. Die bisherigen Überlegungen haben jedoch wahrscheinlich gemacht, dass beide Rechtstexte nicht vom Rechtszug beziehungsweise der Urteilsschelte handeln, sondern von der Justizverweigerung. Da auch bei dieser Deutung beide Quellen dasselbe Thema behandeln, ist die Frage einer möglichen Beeinflussung weiterhin relevant.

Ratchis, c. 2	**Pippini regis capitulare, c. 7**
	De iusticia facienda. Ut omnes iusticiam faciant, tam publici quam ecclesiastici.
Si quis vero arimannus aut quislibet homo ad	*Et si aliquis homo ad palacium venerit pro causa*

---

168 Das langobardische Recht kannte ein inhaltliches Reklamationsrecht, wie aus einem Gesetz König Liutprands ersichtlich wird. Vgl. Leges Liutprandi regis c. 28, in: Leges Langobardorum, S. 120 Z. 8–17: *Si quis causam habuerit, et sculdahis aut iudex ei secundum edicti tinore et per legem iudicaverit, et ipse stare in eodem iudicio menime voluerit, conponat illi, qui iudicavit, solidos 20. Nam de ea causa, quae per arbitrium iudicata fuerit, et ipse sibi non credederit legem iudicassit, et ad regem reclamaverit, non sit culpavelis. Et si iudex contra legem iudicaverit, conponat solidos quadraginta, medietatem regi et medietatem cuius causam fuerit. Et si forsitans iudex causam per arbitrium iudicaverit, et iudicium eius rectum non conparuerit, non sit culpavelis, nisi preveat sacramentum regi, quod non iniquo animo aut corruptus a premio causam ipsam non iudicassit, nisi sic ei legem conparuissit; et sit absolutus. Nam si iurare non presumpserit, conponat ut supra dictum est.* Liutprand stellte auch eine Reihe von Regelungen auf, die eine schnelle und richtige Entscheidung von Gerichtsverfahren ermöglichen sollte. Vgl. dazu Leges Liutprandi regis c. 25–27, in: Leges Langobardorum, S. 118–120; Schmitt-Weigand, Rechtspflegedelikte, S. 44–49. Die Stellung von Ratchis 2 innerhalb der langobardischen Rechtsentwicklung kann hier ebenso nicht weiter verfolgt werden wie die Frage, inwieweit die ersten Gesetze Ratchis' ein Produkt ihrer Zeit kurz nach seiner Usurpation sind.

169 Seelmann, Rechtszug, S. 158 f.

170 Capitulare Mantuanum c. 4, in: MGH Capit. 1, Nr. 90, S. 190 Z. 24 f.: *Hoc omnibus notum sit, si quislibet post causam legibus finitam se proclamaverit, aut quindecim accipiat camactos aut solidos XV conponere cogatur.*

171 Vgl. Seelmann, Rechtszug, S. 121: „Die im folgenden vorgenommene Gegenüberstellung beider Texte ergibt die schwerlich auf einem Zufall beruhende weitgehende Uebereinstimmung beider Gesetze nach Form und Inhalt und beweist gleichzeitig, dass beide Rechte den Rechtszug gleich geregelt hatten."

Ratchis, c. 2	Pippini regis capitulare, c. 7
iudicem suum prius non ambulaverit,	*sua, et antea ad illum comitem non innotuerit in mallo ante racemburgiis,*
et iudicium de iudice suo non susceperit, et post iustitiam suam receptam sic venerit ad nos proclamare: conponat ad ipsum iudicem suum solidos quinquaginta.	*aut de causa sua ante comite in mallo fuit ante racemburgiis, et hoc sustinere noluerit quod ipsi ei legitime iudicaverint: si pro ipsis causis ad palacium venerit, vapuletur; et si maior persona fuerit, in regis arbitrium erit.*
Propterea precepimus omnibus, ut debeat revertere unusquisque causam habentem ad civitatem suam ad iudicem suum, et nuntiare debeat causam suam iudici suo;	
et si iustitiam non receperit, tunc veniat ad nostram presentiam.	*Et si reclamaverit quod legem ei non iudicassent, tunc licenciam habeat ad palacium venire pro ipsa causa.*
Nam si quis venire antea presumpserit, priusquam ad iudicem suum vadat, qui habuerit, unde conponere: solidos quinquaginta, et qui non habuerit, unde conpositionem faciat, iuvemus ut eum fustetur. Ideo volumus ut vadat unusquisque ad iudicem suum, et percipiat iudicium, qualiter lex fuerit.	
	Et si ipsos convincere potuerit quod legem ei non iudicassent, secundum legem contra ipsum emendare faciat. Et si comes vel racemburgii eum convincere potuerint quod legem ei iudicassent, et ipse hoc recipere noluerit, hoc contra ipsos emendare faciat.
	Similiter de ecclesiasticis, si ad palatium venerint de eorum causa sibi reclamare super eorum seniore, vapulentur, nisi senior suus pro sua causa transmiserit.

Eine Gegenüberstellung beider Texte zeigt sowohl Gemeinsamkeiten als auch Unterschiede auf. Im groben Aufbau beider Quellen (Verbot, Strafandrohung, Ausnahme) lässt sich sicherlich eine Parallele erkennen. Doch ist diese Gliederung für sich genommen nicht gerade außergewöhnlich. Was die Voraussetzung für eine Bestrafung betrifft, nennt Ratchis drei alternative Voraussetzungen, das Königskapitular lediglich zwei.[172] Im Königskapitular wird die Prügelstrafe angedroht beziehungsweise für höher stehende Personen die Strafe ins Ermessen

172 Im Königskapitular wird nicht differenziert, ob das Urteil direkt oder zu einem späteren Zeitpunkt nicht akzeptiert wird.

des Königs gestellt, während in der langobardischen Regelung eine Geldbuße an den Richter festgelegt wird und die Prügelstrafe nur dann zum Einsatz kommen soll, wenn der Betroffene die Geldbuße nicht aufbringen kann. Natürlich ist in beiden Texten von der Prügelstrafe die Rede, doch hat die Androhung der Prügelstrafe im Königskapitular, wie gezeigt wurde, einen anderen Charakter als die bei Ratchis genannte Möglichkeit, eine Geldbuße in eine Prügelstrafe umzuwandeln.

Eine Ähnlichkeit in diesen Punkten ist sicherlich gegeben, doch ist diese Ähnlichkeit in keinem Fall so stark, dass eine direkte Beeinflussung zwingend erscheint. Es darf auch nicht unterschätzt werden, dass die Justizverweigerung in der Mitte des 8. Jahrhunderts in beiden Reichen ein weit verbreitetes Phänomen gewesen zu sein scheint und dass die Bekämpfung dieses Missstands unabhängig voneinander ähnliche Maßnahmen hervorgebracht haben kann.

Neben diesen Ähnlichkeiten sind jedoch auch große Unterschiede zu konstatieren. Für die aus der Lex Salica übernommene Regelung und die Bestimmung zu den *ecclesiastici* am Ende des Kapitels im Königskapitular lassen sich keine Parallelen bei Ratchis finden.

5.3.3 Zwischenfazit

Auch bei der Interpretation beider Quellenpassagen als Justizverweigerung ist eine direkte Abhängigkeit des Königskapitulars von Ratchis' Gesetz trotz gewisser Ähnlichkeiten nicht nachweisbar. Das ablehnende Urteil Brunners und von Schwerins gegenüber der These Seelmanns kann also bestätigt werden.[173]

Dieser Befund ist für die Interpretation dieses Kapitels nicht zu vernachlässigen, da eine direkte Vorlage des langobardischen Gesetzes die im Königskapitular zu Tage tretende Lex Salica-Rezeption in den Hintergrund treten lassen würde. Der Lex Salica-Rezeption kommt aber – natürlich neben der Bekämpfung der Missstände selbst – eine zentrale Bedeutung in diesem Kapitel zu.

5.4 Nachwirkung auf dem Konzil von Ver 755

Im Sommer 755 griff das Konzil von Ver beide Beschlüsse des Königskapitulars zur Rechtspflege wieder auf. Am deutlichsten ist die Rezeption bei Kapitel 6 zu den Immunitäten. Kanon 19 von Ver schärft erneut ein, dass die Immunitäten beachtet werden sollen.[174] Die Konzentration auf Immunitäten kirchlicher Institutionen zeigt sich hier noch deutlicher als im Königskapitular, in dem diese

173 Vgl. Brunner – von Schwerin, Rechtsgeschichte, Bd. 2, S. 189 Anm. 39.

174 Concilium Vernense c. 19, in: MGH Capit. 1, Nr. 14, S. 36 Z. 33: *De emunitates. Ut omnes emunitates per universas ecclesias conservata sint.*

Beschränkung lediglich aus den *ecclesiastici* in Kapitel 7 erschlossen werden kann.

Auch wenn der rechtliche Inhalt gleich ist, wirkt die Formulierung mit doppelt so vielen Wörtern (die Rubrik nicht mitgerechnet) noch verbindlicher und nachdrücklicher als im Königskapitular. Die doppelte Betonung, dass es keine Ausnahme von der Beachtung der Immunität geben darf (*omnes emunitates* und *per universas ecclesias*) deutet nicht nur die Wichtigkeit dieses Themas für die Bischöfe an, sondern darf auch als Indiz für nicht geringe Missstände in diesem Bereich gedeutet werden.

Die Rezeption von Kapitel 7 des Königskapitulars in Ver beschränkt sich auf den Teil, der nicht das Grafengericht betrifft. Dieser Befund verwundert auf den ersten Blick bei einem Konzil nicht, doch könnte hier der Grund liegen, warum diese Rezeption bisher nicht von der Forschung zur Kenntnis genommen wurde. Kanon 18 regelt, dass Kleriker nicht vor weltliche Gerichte ziehen dürfen, außer mit der Erlaubnis ihres Bischofs oder Abts.[175] Dass hier eine direkte Rezeption des Königskapitulars vorliegt, zeigt sich in mehreren Punkten. Zum einen ist das Königsgericht natürlich ein Gericht von Laien. Zum anderen findet sich die Möglichkeit einer Beauftragung durch Bischof oder Abt (*nisi per iussionem episcopi sui vel abbatis*) auch im Königskapitular (*nisi senior suus pro sua causa transmiserit*). Am deutlichsten wird der Bezug zum Königskapitular jedoch im letzten Satz von Kanon 18, der festhält, dass Kleriker bei solchen Rechtsstreitigkeiten insbesondere nicht zur Beunruhigung des Herrn König handeln dürfen (*Et maxime, ne in talibus causis inquietudine domno rege faciant*).

Insgesamt ist Kanon 18 von Ver im Hinblick auf die Kleriker durchaus strenger als Kapitel 7 des Königskapitulars, weil den Klerikern nicht nur das direkte Anrufen des Königsgerichts, sondern das Anrufen weltlicher Gerichte generell untersagt wird. Dieses allgemeine Verbot wird zusätzlich durch ein Zitat aus dem antiken Kirchenrecht untermauert. Die Rezeption von Kapitel 7 hinterlässt denselben Eindruck wie die von Kapitel 6. Auch hier zeigt sich eine Verschärfung der Regelung oder zumindest des Anspruchs der Konzilsteilnehmer gegenüber den Beschlüssen des Königskapitulars.

---

175 Concilium Vernense c. 18, in: MGH Capit. 1, Nr. 14, S. 36 Z. 24–32: *Ut nullus clericus ad iudicia laicorum publica non conveniat nisi per iussionem episcopi sui vel abbatis, iuxta canones Cartaginensis, capitulo IX. ut ibi scriptum est: „Qui relicto ecclesiastico iudicio publicis iudiciis se purgare voluerit, etiamsi pro illo fuerit prolata sententia, locum suum amittat. Hoc in criminale iudicio. In civili vero perdat quod evicit, si locum suum obtenere voluerit. Cui enim ad elegendos iudices undique ecclesiae patet auctoritas, ipse se indignum fraterno consortio iudicat qui, de universa ecclesia male sentendio, seculare de iudicio poscit auxilium, cum privatorum christianorum causas apostolus ad ecclesiam deferri atque ibidem terminare praecipiat." Et maxime, ne in talibus causis inquietudine domno rege faciant.*

5.5 Rechtspflege in Pippins Urkunden

5.5.1 Immunitätsurkunden

Wie bei den schon näher untersuchten Zollurkunden[176] besteht auch bei den Immunitätsurkunden und gerade bei den einschlägigen Deperdita das Problem, dass nicht in allen Fällen sicher zwischen einer Bestätigung und einer Verleihung durch Pippin unterschieden werden kann. Bei Immunitätsbestätigungen kommt hinzu, dass der Begriff *immunitas* und das Konzept Immunität selbst, wie bereits oben angesprochen wurde, einer Entwicklung unterworfen waren.[177] Es darf also nicht grundsätzlich vorausgesetzt werden, dass bei der Bestätigung einer deutlich älteren Immunitätsurkunde noch exakt dasselbe unter *immunitas* verstanden wurde wie zum Zeitpunkt der Verleihung.

5.5.1.1 Hausmeierzeit

Unter den erhaltenen Urkunden und den Deperdita der Arnulfinger beschäftigt sich nur eine einzige Urkunde mit Immunitäten. Es handelt sich um eine Immunitätsbestätigung für Bischof Domnolus von Mâcon.[178] Bei einem Brand sei eine ältere Immunitätsurkunde des Bistums vernichtet worden, weshalb Domnolus um Ersatz gebeten habe, wie es in der Narratio heißt.[179] Die Ersatzurkunde vom 1. Januar 743 fiel noch in die Zeit, in der Pippin und Karlmann ohne merowingischen König regierten.[180] Bereits am 2. März des Jahres urkundete Childerich III. in einer Immunitätsangelegenheit zugunsten der Kirche von Le Mans.[181] Weitere Immunitätsdiplome Childerichs III. gelten als unecht.[182] Bei einem von Kölzer als zweifelhaft eingestuften Deperditum ist nicht zu entscheiden, ob es Childerich II. oder Childerich III. zuzuweisen ist.[183] Zu 728 ist ein

---

176 Vgl. oben Kap. 3.1.

177 Vgl. oben Kap. 5.1.1.

178 Vgl. MGH D Arnulf. 17, S. 39–41.

179 Vgl. MGH D Arnulf. 17, S. 40 Z. 5–7: […] *quod illa immunitas que antea ad ipsam casam Dei facta fuit anno superiori sit igne concremata ob neglegentiam custodientis, nobis hoc petiit ut ipsam immunitatem ex nostro nomine ad ipsam casam Dei renovare vel adfirmare deberemus.*

180 Vgl. Heidrich, Titulatur, S. 121 f. Der frühestmögliche Zeitpunkt, zu dem Childerich III. zum König gemacht worden sein kann, ist umstritten. Die Diskussion kreist um die Einstufung einer Privaturkunde aus Weißenburg ohne Königsdatierung vom 15. Februar und die Frage, mit wie viel Zeitverzögerung gerechnet werden darf, bis die Kunde von der Königserhebung in Weißenburg eingetroffen sein dürfte. Vgl. RI I, Nr. 45a; Weidemann, Chronologie, S. 213; Glatthaar, Bonifatius, S. 141–145. Selbst wenn die Krönung bereits im Januar stattgefunden hätte, kann ausgeschlossen werden, dass Pippin am 1. Januar wider besseren Wissens ohne Königsdatierung urkundet, finden sich doch in den mit Datierung überlieferten Hausmeierurkunden stets eine Datierung nach Childerichs Königsjahren. Vgl. MGH DD Arnulf. 18, S. 42 Z. 35, Arnulf. 21, S. 48 Z. 26, Arnulf. 22, S. 50 Z. 25.

181 Vgl. MGH D Merov. 190, Bd. 1, S. 473 f. Die Urkunde ist interpoliert.

182 Vgl. MGH DD Merov. 191–194, Bd. 1, S. 475–485.

183 Vgl. MGH DD Merov. Dep. 405, Bd. 2, S. 665.

Deperditum Theuderichs IV. bekannt, das dem Kloster Murbach die Immunität verleiht.[184] Ob Theuderich IV. danach noch einmal in einer Immunitätsangelegenheit urkundete, ist ungewiss.[185]

Im Hinblick auf die Zuständigkeit für Immunitätsfragen wirkt der Überlieferungsbefund bis zum Dynastiewechsel auf den ersten Blick so, als ob diese Zuständigkeit bis zuletzt beim merowingischen König gelegen habe und der Hausmeier Pippin nur in einem Fall einspringen musste, weil die Immunitätsurkunde für Mâcon genau in der Zeit verbrannte und ersetzt werden musste, als kein Merowinger auf dem Königsthron saß.[186] Der Aussteller der verbrannten Urkunde wird nicht genannt.[187] Josef Semmler vertritt die Ansicht, dass Pippin dem Vorgänger von Bischof Domnolus die Immunität verliehen habe.[188] Doch ist es eher unwahrscheinlich, dass die verbrannte Urkunde ebenfalls von Pippin stammte. In der erhaltenen Urkunde heißt es schließlich, dass Pippin aufgefordert worden sei, die Immunität von Mâcon aus seinem Namen heraus zu erneuern und zu bekräftigen.[189] Die unter den Arnulfingerurkunden singuläre Wendung *ex nostro nomine* steht in Opposition zum Aussteller der verbrannten Urkunde, bei dem es sich daher nicht um Pippin selbst handeln kann.[190]

Da Pippin wohl sicher auf eine Ausstellerschaft seines Vaters verwiesen hätte, kann auch Karl Martell als Verleiher der Immunität ausgeschlossen werden. Es kann also festgehalten werden, dass Mâcon die Immunität von einem nicht mehr identifizierbaren merowingischen König verliehen bekommen hat. Dies bedeutet, dass, von der Zeit ohne König einmal abgesehen, die Verleihung und Bestätigung von Immunitäten vor dem Dynastiewechsel nicht in die Zuständigkeit des Hausmeiers fiel. Die Ausnahme von Mâcon, so Ganshof und Brühl pointiert, bestätige die Regel.[191]

---

184 Vgl. MGH DD Merov. Dep. 391, Bd. 2, S. 658.

185 MGH DD Merov. Dep. 387, Bd. 2, S. 656f., lässt sich nur in die Regierungszeit Theuderichs IV. datieren, könnte also theoretisch auch nach 728 ausgestellt worden sein. MGH DD Merov. Dep. 390, Bd. 2, S. 658, muss 724/25 ausgestellt worden sein. Die interpolierten Urkunden MGH DD Merov. 179, Merov. 182, Merov. 184, Bd. 1, S. 444–446, 451–453, 456–458, stammen alle aus dem Anfang der 720er Jahre.

186 Vgl. Heidrich, Titulatur, S. 121f.

187 Vgl. Heidrich, Breve, S. 17.

188 Vgl. Semmler, Episcopi potestas, S. 354.

189 Vgl. MGH D Arnulf. 17, S. 40 Z. 6f.: […] *ut ipsam immunitatem ex nostro nomine ad ipsam casam Dei renovare vel adfirmare deberemus.*

190 Auch aus einer späteren Bestätigungsurkunde Ludwigs des Frommen kann nicht auf eine Immunitätsverleihung durch Pippin geschlossen werden, da Ludwig keine merowingische Vorurkunde kennen konnte. Das Original ist schließlich 742 verbrannt und Pippins Hausmeierurkunde nennt keinen Aussteller. Vgl. MGH D LdF 38, Bd. 1, S. 99 Z. 12–15: […] *mansuetudini nostrae immunitatem avi nostri Pipini regis, in qua continebatur quomodo predictam sedem una cum rebus omnibus vel hominibus ibidem aspicientibus propter amorem dei et reverentiam sancti Vincentii martyris, in cuius honore constat esse constructa, sub plenissima defensione et immunitatis tuitione habuisset.*

191 Vgl. Ganshof, L'immunité, S. 174; Brühl, Immunität, S. 28. Als zweite Ausnahme für eine nicht vom König verliehene beziehungsweise bestätigte Immunität wird ein Deperditum Tassilos III. angeführt, das allerdings bereits in die Zeit Karls des Großen fällt. Vgl. MGH D LdD 80, S. 116f.

5.5.1.2 Königszeit

Ein Drittel der echten Königsurkunden Pippins sind Verleihungen oder Bestätigungen von Immunitäten. Natürlich ist diese Relation nicht repräsentativ für den Anteil der Immunitätsurkunden an allen ausgestellten Urkunden des ersten Karolingerkönigs. In den relativ hohen Überlieferungszahlen deutet sich jedoch die Bedeutung der Immunitäten für die Institutionen an, die solche Urkunden empfingen und bewahrten. Weitere Immunitätsurkunden Pippins sind durch Bestätigungen späterer Herrscher bekannt. Wie bei den Deperdita in Zollangelegenheiten fällt es auch bei Pippins Deperdita in Immunitätsangelegenheiten schwer, zwischen Verleihungen und Bestätigungen zu unterscheiden. Die Placita Pippins behandeln keine Streitfälle über Immunitäten. Im Folgenden sollen die erhaltenen Immunitätsurkunden und die bezeugten Immunitätsdeperdita Pippins näher in Augenschein genommen werden.

Pippins Immunitätsbestätigung für die Kirche von Utrecht ist nur als Chartularkopie überliefert.[192] Die Datierung der Urkunde ist nicht erhalten. Mühlbacher lässt in seiner Edition die Datierung offen, ordnet die Urkunde jedoch nach Pippins Zehntbestätigung für Utrecht vom 23. Mai 753 (D Pip 4) ein. Dass beide Urkunden gemeinsam ausgestellt wurden, kann ausgeschlossen werden, weil sie von verschiedenen Kanzlern unterzeichnet sind.[193] Zeitlich näher einzugrenzen ist die Immunitätsbestätigung dadurch, dass die Urkunde noch zu Lebzeiten des Bonifatius ausgestellt wurde.[194] Es ergibt sich also ein Datierungsrahmen zwischen dem Dynastiewechsel und Bonifatius' Tod am 5. Juni 754.[195] Die Narratio, die Bonifatius als Bischof von Utrecht nennt und Vorurkunden der Könige Chlothar und Theudebert erwähnt, führte in der Forschung zu kontroversen Debatten über die Echtheit der Urkunde einerseits und die Konsequenzen für die Utrechter Geschichte andererseits. Dirk Peter Blok konjizierte *Theodebertus* zu *Theodericus*, identifizierte die beiden merowingischen Könige als Chlothar IV. (718–719) und Theuderich IV. (721–737) und konnte damit die meisten Bedenken gegen die Echtheit der Urkunde zerstreuen, die auf einer Identifizierung mit Chlothar II. (613–629) und Theudebert II. (595–612) beruhten.[196] Seine Konjektur begründet er nicht nur dadurch, dass die Vorurkunden so besser zu erklären seien, sondern auch damit dass die Vorurkunden nun anders als bei Chlothar II. und Theudebert II. in der üblichen chronologischen Reihung genannt seien.

Gegen die Konjektur Bloks spricht sich Johanna Maria van Winter aus. Sie stuft die Urkunde Pippins mit dem vorliegenden Text als echt, die von Bonifatius

192 D Pip 5, in: MGH DD Karol. 1, S. 7 f.

193 Vgl. Oelsner, Jahrbücher, S. 51.

194 D Pip 5, in: MGH DD Karol. 1, S. 8 Z. 6–11: *Igitur apostolicus vir et in Christo pater Bonifacius, urbis Traiectensis episcopus, clementiae regni nostri suggessit, eo quod antecessores nostri vel parentes Clotharius quondam rex et Theodebertus quondam per eorum auctoritates eorum manu subscriptas de villis ecclesiae sancti Martini,* […], *integra immunitate concessissent* […].

195 Bonifatius, ep. 109, S. 234–236.

196 Vgl. Blok, Immuniteitsdiploma, S. 43.

vorgelegten Urkunden jedoch als gefälscht ein.[197] Bonifatius habe Immunitätsurkunden Chlothars II. und Theudeberts II. fälschen lassen, um sich so von Pippin die Immunität für Utrecht zu erschleichen. Auch wenn Bonifatius' Konflikt mit Bischof Hildegar von Köln um die Unabhängigkeit der Utrechter Diözese aus seinem Brief an Papst Stephan II. belegt ist,[198] scheint die Konjektur Bloks doch überzeugender. Aber auch bei Bloks Interpretation bleibt noch das Problem bestehen, dass Bonifatius als Bischof von Utrecht bezeichnet wird. Isaac Gosses hatte 1910 noch genau entgegengesetzt argumentiert, dass der sonst nicht belegte Titel eines Bischofs von Utrecht für Bonifatius nicht die Urkunde als Quelle entwerte, sondern geradezu ihren Wert steigere, weil durch sie ein Utrechter Episkopat des Bonifatius nachweisbar sei.[199] Noch einen Schritt weiter ging der Kirchenhistoriker Reinier Post, der die These aufstellte, dass Bonifatius das Bistum Mainz aufgegeben habe und dafür Bischof von Utrecht geworden sei.[200] Wahrscheinlicher als die Bonifatius von van Winter unterstellte geradezu kriminelle Energie ist jedoch die These von van de Kieft, dass die fehlerhafte Nennung des Bonifatius als Bischofs von Utrecht in der Narratio auf einen Kopisten zurückgehe.[201] Trotz der von verschiedener Seite vorgebrachten Zweifel soll also an der Echtheit der Urkunde Pippins ebenso festgehalten werden wie an der Einstufung als Bestätigung.

Datiert hingegen und in ihrer Echtheit unbestritten ist die Immunitätsverleihung Pippins für das Kloster Nantua vom 10. August 757.[202] Da es sich bei der Urkunde, wie Paul Cattin betont,[203] um die erste authentische Quelle über das Kloster handelt, sind keine Aussagen über die Vorgeschichte der Immunitätsverleihung oder das Verhältnis zwischen Nantua und Pippin möglich.

Im Jahr 758 verlieh Pippin dem Kloster Honau die Immunität.[204] Hans Hummer ordnet die Immunitätsverleihung an die Etichonengründung in die Bemühungen der Karolinger ein, die Macht der Etichonen im Elsass zu beschränken.[205] Er verweist darauf, dass die von Pippin als König ausgestellte Immunitätsurkunde keinen Hinweis auf die Etichonen enthalte, während Pippins Hausmeierurkunde für Honau noch auf die Kooperation mit den Etichonen verweise. In einer undatierten Königsurkunde bestätigte Pippin Honau den

197 Vgl. van Winter, Utrecht, S. 70 f. Gegen diese These wenden sich Broer – de Bruijn, Bonifatius, S. 57–59.

198 Bonifatius, ep. 109, S. 234–236. Eine Antwort des Papstes ist leider nicht überliefert.

199 Vgl. Gosses, Utrecht, S. 213.

200 Vgl. Post, Bonifacius. Eine überzeugende und Posts Argumente entkräftende Replik bietet van de Kieft, Naschrift.

201 Vgl. van de Kieft, Bonifatius, S. 48 f. Ihm folgt Blok, Immuniteitsdiploma, S. 40. Zur nicht unproblematischen Überlieferungssituation der Utrechter Urkunden vgl. Henderikx, Cartularium.

202 D Pip 9, in: MGH DD Karol. 1, S. 13 f.

203 Vgl. Cattin, Nantua.

204 D Pip 10, in: MGH DD Karol. 1, S. 14 f.

205 Vgl. Hummer, Politics, S. 61–63. Den Druck der Karolinger auf die Etichonen seit Karl Martell betont auch Butz, Rückzug.

Besitz.[206] Schon als Hausmeier hatte Pippin zwei Urkunden für Honau ausgestellt, die beide in die Zeit zwischen Karlmanns Rückzug von der Macht und dem Dynastiewechsel fallen.[207] Einmal handelt es sich um die Erlassung des *fodrum* und einmal nahm Pippin die Kommendation des Klosters an, stellte es unter seinen Schutz und bestätigte den Besitz. Die Kommendation umfasst ausdrücklich den gesamten Besitz des Klosters, womit das Eigentum am Kloster von den Etichonen auf Pippin überging.[208] Gleich vier Urkunden Pippins für Honau scheinen die Einschätzung Hummers, dass Pippin sehr um Honau bemüht war, zu bestätigen, doch darf nicht vergessen werden, dass es auch schlicht der Überlieferungszufall sein kann, der vier Urkunden als ein großes Engagement erscheinen lässt.

Im Jahr 760 nahm Pippin das Kloster St-Calais erneut in seinen Schutz und bestätigt die Immunität.[209] Über die Immunität verfügte St-Calais bereits seit dem Ende des 6. Jahrhunderts.[210] Neben der Bestätigung durch Pippin, die eine Reihe von Bestätigungen aus merowingischer Zeit fortsetzt,[211] tritt die Aufnahme in den Königsschutz. Bereits 752 hatte Pippin St-Calais in seinen Schutz genommen.[212] Durch die Kombination von Schutz und Immunität zählt St-Calais, wie Kölzer herausstreicht, mit Fulda, Echternach und Prüm zu den fränkischen Klöstern, die recht früh die Merkmale eines Königsklosters erworben hätten.[213] Diese Merkmale wurden natürlich auch von Honau recht früh erfüllt, wobei die dortige Schutzurkunde noch aus der Hausmeierzeit stammt.

Die Immunitätsbestätigung für das Kloster Murbach lässt sich nicht näher als in die Königszeit Pippins datieren.[214] Das in den späten 720er Jahren vom Etichonen Eberhard gegründete Kloster erhielt noch in merowingischer Zeit die Immunität. Doch ist die erhaltene Immunitätsurkunde Theuderichs IV., wie Kölzer ausführlich begründet, um 780 gefälscht worden.[215] Kölzer geht davon aus, dass eine verlorene, echte Urkunde Theuderichs IV. (Dep. 391) sowohl Vorlage der Fälschung gewesen sei als auch Pippin zur Bestätigung vorgelegt worden sei.[216] Daraus, dass Pippins Bestätigungsurkunde weniger Rechte ent-

---

206 D Pip 11, in: MGH DD Karol. 1, S. 15–17. Wilsdorf, Monasterium, S. 6 Nr. 12, datiert die Urkunde in die Zeit nach der Immunitätsverleihung. Bruckner, Regesta Alsatiae, S. 109 f. Nr. 184, geht von einer Entstehung im Umfeld der Immunitätsverleihung aus.

207 MGH DD Arnulf. 19 f., S. 43–45. Die von Bruckner, Regesta Alsatiae, S. 102 Nr. 168 f., geäußerten Zweifel an der Echtheit haben sich durch das Auffinden der Texte in einem Chartular des 15. Jahrhunderts zerstreut. Vgl. dazu Heidrich, Urkunden, S. 43.

208 Vgl. Semmler, Pippin III., S. 101 f.; MGH D Arnulf. 20, S. 45 Z. 7–9: *Cognoscatis quod ipse episcopus Dubanus abbas de monasterio quod est constructum in Hohenaugia in honore sancti Michaelis ad nos venit et ad nos se una cum omni re monasterii sui commendavit.*

209 D Pip 14, in: MGH DD Karol. 1, S. 19 f.

210 MGH D Merov. 140, Bd. 1, S. 352–354. Diese Urkunde Chlodwigs III. bestätigt die Immunitätsverleihung durch König Guntram.

211 Vgl. Kölzer, Urkunden der Merowinger, Bd. 1, S. 353.

212 D Pip 2, in: MGH DD Karol. 1, S. 4 f.

213 Vgl. Kölzer, Bonifatius, S. 37. Ausführlich dazu Heidrich, Verbindung.

214 D Pip 17, in: MGH DD Karol. 1, S. 25 f.

215 MGH D Merov. 188, Bd. 1, S. 468–471; Kölzer, Merowingerstudien II, S. 60–76.

216 MGH DD Merov. Dep. 391, Bd. 2, S. 658.

hält als die gefälschte Urkunde Theuderichs IV., dürfen also keine Schlüsse gezogen werden. Pippins Bestätigungsurkunde für Murbach zeigt, wie bereits die Verleihung für Honau, sein Bemühen, den Einfluss der Etichonen zurückzudrängen.

Dem von ihm neu gegründeten Kloster Prüm[217] verlieh Pippin nach gut zehn Jahren im Jahr 763 die Immunität.[218] Bernd Isphording stuft Prüm eher als ein Eigenkloster der königlichen Familie der Karolinger denn als ein Königskloster ein.[219] Diese Beurteilung stützt er auf das Introitusverbot der Immunitätsverleihung, die im Vergleich mit Pippins Verleihungen für Nantua und Honau eingeschränkt sei und Pippin den Zugriff erlaube.[220]

Pippins Immunitätsbestätigung für das Bistum Worms soll in dieser Übersicht ausgespart werden, weil die Urkunde und die die Immunität betreffenden Passagen als verunechtet gelten.[221]

Wenige Monate vor seinem Tod bestätigte Pippin bei einem Aufenthalt in Poitiers dem dortigen Kloster St-Hilaire die Immunität.[222] Bereits erkrankt, hatte er dort auf dem Weg von Saintes zum Martinskloster in Tours Station gemacht.[223] Die Urkunde erwähnt Vorurkunden ungenannter früherer Könige, so dass es sich eindeutig um eine Bestätigung handelt, auch wenn keine Vorurkunde erhalten ist.[224]

Von Tours zog Pippin weiter nach St-Denis. Nur einen Tag vor seinem Tod bestätigte er diesem Kloster die Immunität.[225] Vorlage der Urkunde war die Immunitätsbestätigung König Chilperichs II. aus dem Jahr 716.[226] Am selben Tag stellte er noch zwei weitere Urkunden für St-Denis aus, in denen er zum einen die freie Abtwahl und zum anderen die Übertragung gewisser Güter bestätigte.[227] Inwieweit dieser Eifer des Klosters St-Denis und seines Abtes Fulrad, sich vom sterbenden König noch diverse Rechte bestätigen zu lassen, als Sorge vor einem schlechteren Verhältnis zu Pippins Nachfolgern Karl und Karlmann verstanden werden darf, muss offenbleiben. Der Verdacht, dass Fulrad hier für die Zukunft vorsorgen wollte, liegt nicht fern angesichts des angespannten Verhältnisses

217 Zu Prüm vgl. oben Kap. 3.1.2.1.

218 D Pip 18, in: MGH DD Karol. 1, S. 26f.

219 Vgl. Isphording, Prüm, S. 97.

220 D Pip 18, in: MGH DD Karol. 1, S. 27 Z. 5f.: […] *nullus iudex publicus absque iussione nostra vel heredum nostrorum ad causas audiendo aut freda undique exigendum quoque tempore non praesumat ingredere;* […].

221 D Pip 20, in: MGH DD Karol. 1, S. 28f. Zur Echtheit vgl. Kölzer, Urkunden Ludwigs, Bd. 1, S. 65–67.

222 D Pip 24, in: MGH DD Karol. 1, S. 32f.

223 Vgl. Continuationes chronicarum quae dicuntur Fredegarii Scholastici c. 53, S. 192 Z. 19–22: *Dum Sanctonis praefatus rex venisset et causas pro salute patriae et utilitate Francorum tractaret, a quedam febre vexatus, egrotare cepit; comites suos ac iudices ibidem constituit. Inde per Pectavis usque ad Thoronis urbem ad monasterium beati Martini confessoris accessit;* […].

224 D Pip 24, in: MGH DD Karol. 1, S. 33 Z. 21: […] *emunitates anteriorum regum* […]. Vgl. Mühlbacher, Diplomata Karolinorum, S. 33; Kölzer, Urkunden der Merowinger, Bd. 2, S. 878.

225 D Pip 26, in: MGH DD Karol. 1, S. 35–37.

226 Vgl. Mühlbacher, Diplomata Karolinorum, S. 36; MGH D Merov. 166, Bd. 1, S. 412–414.

227 D Pip 25, in: MGH DD Karol. 1, S. 34f.; D Pip 27, S. 37f.

zwischen den beiden Brüdern, das in den Jahren der gemeinsamen Herrschaft nur zu deutlich sichtbar werden sollte.[228]

Pippins Immunitätsbestätigung für das Kloster Corbie ist ohne Datierung überliefert und zeitlich nicht näher zu datieren als in Pippins Königsjahre.[229] Die Bestätigung berichtet, dass Vorurkunden mehrerer Merowingerkönige vorgelegt worden seien, von denen allerdings keine erhalten ist.[230] Die Immunitätsverleihung selbst geht, wie Pippins Bestätigungsurkunde zu entnehmen ist, bereits auf Chlothar III. zurück.[231]

Das von Willibrord gegründete Kloster Echternach hatte von Beginn an ein enges Verhältnis zur Familie der Pippiniden, den späteren Karolinger.[232] Pippin verlieh dem Kloster die Immunität und nahm es gleichzeitig in seinen Schutz auf.[233] Anders als bei der Immunitätsverleihung für Prüm enthält das Introitusverbot für Echternach keine Einschränkung. Echternach weist damit alle Merkmale eines Königsklosters auf.

Zu den überlieferten Immunitätsverleihungen und –bestätigungen Pippins tritt noch eine Reihe von Deperdita hinzu, bei denen, wie bereits erwähnt, die Unterscheidung zwischen Verleihung und Bestätigung nicht immer leichtfällt.

Dem Kloster St-Aignan d'Orléans bestätigte Pippin die Immunität,[234] die bereits aus merowingischer Zeit herrührte.[235] Beide Vorgänge sowie eine Bestätigung Karls des Großen lassen sich aus der Bestätigungsurkunde Ludwigs des Frommen ableiten.[236] Der Bestätigungsurkunde Ludwigs für St-Aignan d'Orléans diente seine Bestätigungsurkunde für das Bistum Orléans als Vorbild, die allein eine Bestätigungsurkunde Karls des Großen erwähnt, in der von Vorur-

228 Vgl. Schieffer, Karolinger, S. 71–74.

229 D Pip 29, in: MGH DD Karol. 1, S. 40f.

230 D Pip 29, in: MGH DD Karol. 1, S. 41 Z. 6f.: […] *ipsas preceptiones antecessorum nostrorum Childerico, Theodorico, Clodovio, Cildeberto, Dagoberto quondam regibus* […]. Vgl. MGH DD Merov. Dep. 248 (Chlothar III.), Bd. 2, S. 603f.; Dep. 275 (Childerich II.), Bd. 2, S. 616; Dep. 295 (Theuderich III.), Bd. 2, S. 623; Dep. 329 (Chlodwig III.), Bd. 2, S. 636; Dep. 342 (Childebert III.), Bd. 2, S. 640; Dep. 361 (Dagobert III.), Bd. 2, S. 647.

231 Vgl. MGH DD Merov. Dep. 248, Bd. 2, S. 603. Schon Mühlbacher, Diplomata Karolinorum, S. 40, deutet an, dass die die Immunitätsverleihung einschließende Schenkungsurkunde Chlothars III. von 662 nicht die Vorlage für die Urkunde Pippins war. Die Diskussion um die Echtheit dieser Urkunde konnte Theo Kölzer mit guten Argumenten dahingehend beenden, dass er sie als Fälschung einstufte, die nach Pippins Bestätigungsurkunde angefertigt worden sein müsse. Vgl. dazu MGH D Merov. 86, Bd. 1, S. 220–224 und ausführlich Kölzer, Merowingerstudien I, S. 97–110 mit älterer Literatur.

232 Vgl. Schroeder, Echternach; MGH DD Arnulf. 4–7, S. 11–19; Arnulf. 9, S. 22f.; Arnulf. Dep. 65, S. 97; Arnulf. Dep. 75, S. 101.

233 D Pip 30, in: MGH DD Karol. 1, S. 41f.

234 Vgl. Lechner, Verlorene Urkunden, S. 839 Nr. 6.

235 Vgl. MGH DD Merov. Dep. 401, Bd. 2, S. 663.

236 Vgl. MGH D LdF 31, Bd. 1, S. 81 Z. 28–33: […] *auctoritates immunitatis avi videlicet nostri Pippini quondam regis seu domni et genitoris nostri bonae memoriae Karoli piissimi augusti, in quibus erat insertum, quod sive ipsi sive antecessores eorum reges videlicet Francorum praefatum monasterium cum rebus et omnibus ad se pertinentibus vel aspicientibus sub tuitione et defensione sua habuissent et eorum immunitatibus auctoritatum a iudiciariae potestatis inquietudine defensum et munitum fuisset.*

kunden gewisser *predecessores eius reges videlicet Francorum* die Rede ist.[237] Aus dieser Information dürfte wohl eher nicht auf ein Deperditum Pippins zu schließen sein, zumindest konnte das Bistum Ludwig keine Immunitätsbestätigung Pippins (mehr) vorlegen.[238]

Ein Deperditum Pippins für das Kloster St-Amand ist erst relativ spät bezeugt.[239] Eine Immunitätsbestätigung Karls des Einfältigen aus dem Jahr 899 nennt Vorurkunden Dagoberts I., Pippins, Karls des Großen, Ludwigs des Frommen und Karls des Kahlen.[240] Keine dieser Bestätigungsurkunden ist erhalten.[241] Eine Schenkungsurkunde samt Immunitätsverleihung Dagoberts I. ist überliefert, gilt jedoch seit dem 17. Jahrhundert als gefälscht.[242] Die Fälschung muss vor der Bestätigungsurkunde Karls des Einfältigen entstanden sein, die auf die Urkunde Dagoberts Bezug nimmt.[243] Die Urkunde Karls des Einfältigen erwähnt den Verlust mehrerer Urkunden des Klosters bei einem Normannenangriff im Jahr 883.[244] Kölzer setzt die Entstehungszeit der gefälschten Dagobert-Urkunde unmittelbar vor der Urkunde Karls des Einfältigen an.[245] Dass es eine Schenkung Dagoberts im Rahmen der Klostergründung tatsächlich gab, ist für Kölzer nicht unwahrscheinlich,[246] doch sind keine Aussagen darüber möglich, ob eine solche Schenkung mit einer Immunitätsverleihung verbunden gewesen wäre.

Vor diesem Hintergrund stellt sich die Frage, inwieweit auch die anderen 899 erwähnten, allerdings nicht überlieferten Vorurkunden in ihrer Echtheit zu beurteilen sind, auch wenn Lechner und Kölzer keine Zweifel an der Echtheit der

237 Vgl. Kölzer, Urkunden Ludwigs, Bd. 1, S. 80; Lechner, Verlorene Urkunden, S. 863 Nr. 396; MGH D LdF 30, Bd. 1, S. 79 Z. 23–28: [...] *auctoritatem inmunitatis domni et genitoris nostri bonae memoriae Karoli piissimi augusti, in qua erat insertum, quod idem genitor noster et predecessores eius reges videlicet Francorum ecclesiam sanctae Crucis, cui auctore deo ipse Theodulfus praelatus est, sub suo munimine et defensione consistere fecissent, et eorum inmunitatum auctoritatibus hactenus ab inquietudine iudiciariae potestatis eadem munita atque defensa fuisset ecclesia.*

238 Lechner, Verlorene Urkunden, S. 863, führt kein Deperditum Pippins in der Sache auf.

239 Vgl. Lechner, Verlorene Urkunden, S. 839 Nr. 12.

240 Vgl. D KdE 18, in: Recueil Charles III le Simple, S. 32 Z. 15–25: *Praeterea quoniam Dagobertus, quondam rex, ad suggestionem prefati pontificis Xristi Amandi, pro quiete servorum Dei ibidem degentium, omnes res ejusdem monasterii sub immunitatis sue defensione consistere fecit, et sancti illius temporis patres ac pontifices, qui magnis, dum adviverent, virtutibus floruerunt, et quorum meritis nunc quoque nostra sublimatur et gloriatur Francia, super hoc sue sanctitatis privilegium statuerunt, pluresque priscorum regum Francorum immunitates eidem loco factas comperimus, necnon et postea Pipinus rex pater Karoli Magni, sed et ipse imperator Karolus atque filius ejus imperator Hludowicus, hujus quoque filius avus noster Karolus imperator et ipse hujuscemodi immunitatis auctoritatem erga jamdictum venerabile monasterium fecerunt,* [...].

241 Vgl. Lechner, Verlorene Urkunden, S. 839 Nr. 12–14; MGH DD LdF Dep. 6, Bd. 2, S. 1037 f.

242 Vgl. MGH D Merov. 45, Bd. 1, S. 117–119.

243 Vgl. Kölzer, Merowingerstudien II, S. 78.

244 Vgl. D KdE 18, in: Recueil Charles III le Simple, S. 30 Z. 25–29: *Insuper et nostre innotuit clementie privilegium tempore beati Amandi a pontificibus illi loco collatum necnon et plura tam ex immunitatibus quam ex preceptis regalibus seu etiam cartis et cessionibus illi monasterio olim factis, incendio et vastatione barbarica deperisse.*

245 Vgl. Kölzer, Urkunden der Merowinger, Bd. 1, S. 118.

246 Vgl. Kölzer, Merowingerstudien II, S. 78.

Deperdita äußern.[247] Dass das Kloster von den Karolingern intensiv gefördert wurde, ist bekannt.[248] Daher ist es nicht unwahrscheinlich, dass St-Amand auch über die Immunität verfügte. Gleich vier Karolingerdiplome über ein und dasselbe Recht zu fälschen, wäre ein unnötiges und auch eher ungewöhnliches Risiko ohne Mehrnutzen gewesen. Dies alles spricht für die Echtheit der vier Deperdita, weshalb an einer verlorenen Immunitätsbestätigung Pippins für St-Amand festzuhalten ist.

Bei dem Deperditum für das Bistum Cambrai handelt es sich um eine Bestätigung.[249] Dass die Immunitätsverleihung vor Pippin stattgefunden haben muss, geht aus der erhaltenen Urkunde Ludwigs des Frommen hervor, die von mehreren Vorgängerkönigen Karls des Großen spricht.[250]

Um eine Verleihung könnte es sich im Falle von St-Philibert-de-Grandlieu (Dée) handeln.[251] Aus merowingischer Zeit sind keine Urkunden oder Deperdita für das Kloster bekannt.[252] Eine entsprechende Urkunde Karls des Kahlen erwähnt lediglich Immunitätsurkunden Pippins, Karls des Großen und Ludwigs des Frommen.[253] Alle drei Urkunden sind nicht erhalten.[254] Jedoch wird auf die Immunität des Klosters in einer anderen Urkunde Ludwigs des Frommen Bezug genommen.[255]

Urkunden Ludwigs des Frommen erwähnen für das Kloster Fleury nicht nur eine Immunitäts-, sondern auch eine Zollurkunde Pippins, die bereits behandelt wurde.[256] In der Bestätigungsurkunde Ludwigs für die Immunität des Klosters wird berichtet, dass Urkunden Pippins und Karls des Großen vorgelegt worden seien, die wiederum entsprechende Urkunden ihrer Vorgänger erwähnt hät-

---

247 Vgl. Lechner, Verlorene Urkunden, S. 839 Nr. 12–14; MGH DD LdF Dep. 6, Bd. 2, S. 1037 f.

248 Vgl. Declercq, Saint-Amand-les-Eaux.

249 Vgl. Lechner, Verlorene Urkunden, S. 843 Nr. 77.

250 Vgl. MGH D LdF 92, Bd. 1, S. 224 Z. 21–28: […] *Proinde noverit industria seu sagacitas omnium fidelium nostrorum tam praesentium quam et futurorum, quia vir venerabilis Hildoardus Camaracensis urbis episcopus obtulit obtutibus nostris inmunitates avii videlicet nostri Pippini regis et genitoris nostri Caroli bonę memoriae prestantissimi imperatoris, in quibus continebatur insertum, qualiter idem genitor noster et antecessores reges praedictam sedem,* […], *ob amorem dei tranquillitatemque fratrum ibidem consistentium semper sub plenissima tuitione et inmunitatis defensionem habuissent.* In diesem Sinne wird Ludwigs Urkunde auch gedeutet von Rouche, Cambrai, S. 18. Anders Kölzer, Urkunden Ludwigs, Bd. 1, S. 223, der eine Verleihung der Immunität durch Pippin andeutet.

251 Vgl. Lechner, Verlorene Urkunden, S. 846 Nr. 117.

252 Vgl. Kölzer, Urkunden der Merowinger, Bd. 2, S. 879.

253 D KdK 378, in: Recueil Charles II le Chauve, Bd. 2, S. 346 Z. 15–19: *Immunitatem quoque sexcentorum solidorum quam genitor meus Hludowicus augustus et Karolus avus meus imperator et proavus Pipinus eis concesserunt concedimus atque indulgemus, cuius immunitatis infractor sexcentorum solidorum culpabilis iudicetur iudicetur* [sic!] *et quicquid exinde ius fisci nostri sperare poterat luminaribus ipsius aecclesiae totum concedimus.*

254 Vgl. Lechner, Verlorene Urkunden, S. 846 Nr. 117–119.

255 Vgl. MGH D LdF 286, Bd. 2, S. 714 Z. 14–17: […] *et nostram imperialem auctoritatem, per quam idem monasterium et omnes [res] ad eum iuste pertinentes cum omni integritate sub nostra successorumque nostrorum plenessima defensione et immunitatis tuitione perpetualiter consisterent,* […].

256 Vgl. Lechner, Verlorene Urkunden, S. 849 Nr. 154 f. sowie oben Kap. 3.1.2.1.

ten.[257] Stengel arbeitete heraus, dass die Immunitätsurkunde nach einer Immunitätsurkunde Ludwigs für St-Aignan geschrieben sei.[258] In seiner Edition der Urkunden Ludwigs teilt Theo Kölzer Stengels Ansicht und stimmt ihm zu, dass aufgrund der Verwandtschaft der beiden Urkunden die Nennung von Vorurkunden in Ludwigs Immunitätsbestätigung für Fleury nicht ernst zu nehmen sei.[259] Eine Immunitätsurkunde Pippins für Fleury lässt sich also nicht nachweisen, ist aber natürlich auch nicht auszuschließen.

Nicht unproblematisch ist auch ein Deperditum Pippins für das Kloster Moutier-Grandval.[260] Bekannt ist es durch eine verunechtete Urkunde seines Sohnes Karlmann.[261] Es besteht in der Forschung größtenteils Konsens darüber, dass die verunechtete Urkunde auf einer echten Vorlage beruht.[262] Der Abschnitt über die Vorurkunden ist nicht dem Verdacht der Interpolation ausgesetzt. Hier werden neben Pippins Diplom zusätzlich Urkunden früherer Könige ohne Namensnennung erwähnt, so dass eine erstmalige Verleihung der Immunität durch Pippin ausgeschlossen werden kann.[263]

Bei dem Deperditum Pippins für das Kloster Lüders (Lure) handelt es sich ebenfalls um eine Bestätigung.[264] Bekannt ist der Vorgang durch eine Urkunde Heinrichs II. von 1016, dem Urkunden Pippins, Karls des Großen und Ludwigs des Frommen vorgelegt worden seien, aus denen aber ersichtlich gewesen sei, dass die Immunität aus noch früherer Zeit herrühre.[265] Außer durch diese Deperdita ist das Kloster am Fuße der Vogesen ansonsten erst zur Zeit Ottos des Großen in den Quellen greifbar, so dass keine Aussagen über das Verhältnis des Klosters zu Pippin möglich sind.[266]

Das Immunitätsdeperditum Pippins für das Bistum Lüttich wird von Lechner als Besitzbestätigung mit Immunität eingestuft.[267] Bekannt ist der Vorgang durch Bestätigungsurkunden Ottos II. und Heinrichs II.[268] Aus der Mero-

---

257 Vgl. MGH D LdF 142, Bd. 1, S. 359 Z. 36–40: […] *auctoritates immunitatum avi videlicet nostri Pipini quondam regis seu domni et genitoris nostri Karoli piissimi augusti, in quibus erat insertum, quod sive ipsi sive antecessores eorum reges videlicet Francorum prefatum monasterium cum rebus et hominibus ad se pertinentibus vel aspicientibus sub tuitione et defensione sua habuissent, eorum immunitatibus auctoritatum a iudiciariae potestatis inquietudine semper defensum et munitum fuisset.*

258 Vgl. Stengel, Immunität, S. 20 f.

259 Vgl. Kölzer, Urkunden Ludwigs, Bd. 1, S. 359.

260 Vgl. Lechner, Verlorene Urkunden, S. 851 Nr. 191.

261 D Klm 54, in: MGH DD Karol. 1, S. 75 f.

262 Vgl. Ladner, Herrscherurkunden, S. 43; http://www.mgh.de/datenbanken/diplomata/diplomata-ergaenzungen/ s.v. D Klm 54.

263 D Klm 54, in: MGH DD Karol. 1, S. 75 Z. 38–40: […] *bonae memoriae genitor noster Pippinus rex vel caeteri antecessores reges, qui ante ipsum vel nos gubernacula regni Franchorum tenuerunt* […].

264 Vgl. Lechner, Verlorene Urkunden, S. 856 Nr. 273.

265 MGH D H II. 353, S. 452 Z. 6–9: […] *qualiter ipsi* [= Pippin, Karl und Ludwig] *et antecessores eorum priores reges videlicet Francorum prefatum monasterium* […] *semper sub plenissima defensione et immunitatis tuitione habuissent.*

266 Vgl. Moyse, Origines, S. 10 f.; Moyse, Lure.

267 Vgl. Lechner, Verlorene Urkunden, S. 856 Nr. 276.

268 MGH D O II. 210, S. 238 f.; MGH D H II. 115, S. 141 f.

wingerzeit ist keine Immunitätsverleihung bekannt.[269] Die Urkunde Ottos II. von 980 enthält keinen Hinweis darauf, dass Lüttich bereits vor Pippin über die Immunität verfügte.[270] Ein solcher taucht erstmals in der Bestätigungsurkunde Heinrichs II. auf, die vermutlich auf eine nun verlorene Urkunde Ludwigs des Frommen zurückgeht.[271]

Ein weiteres Deperditum Pippins ist für das Kloster St-Marcel bei Chalon bekannt.[272] Die Immunitätsbestätigung Karls des Großen nennt ausdrücklich auch ältere Urkunden aus der Zeit vor Pippin, so dass das Deperditum Pippins als Bestätigung eingestuft werden muss.[273] Voraussetzung dafür ist allerdings, dass die Urkunde Karls des Großen echt ist. Überliefert ist die Urkunde zum einen im Original und zum anderen im Chartular von St-Marcel-lès-Chalon. Magnou-Nortier stuft die erhaltene Urkunde als Pseudo-Original ein, was sie vor allem an der Aufzählung des *dux* in einer Reihe von Amtsträgern festmacht, die nicht zu 779 passe, als die Urkunde ausgestellt worden sei.[274] Karls Bestätigungsurkunde ist als dritte Urkunde ins Chartular aufgenommen worden. Das Umfeld im Chartular könnte Magnou-Nortiers These stützen. Die beiden ersten Urkunden gelten seit längerem als gefälscht, die vierte wurde von Kölzer als verunechtet eingestuft.[275] Da hier nicht der Ort ist, um die Echtheitsfrage zu klären, soll das Deperditum aufgrund der vorgebrachten Zweifel Magnou-Nortiers im Folgenden nicht weiter berücksichtigt werden.

In seiner Echtheit unbestritten ist das Deperditum Pippins für St-Martin in Tours.[276] Die Bestätigungsurkunde Karls des Großen nennt neben Pippin auch frühere Könige als Aussteller von Vorurkunden.[277] Zudem wurde St-Martin bereits in der zweiten Hälfte des 7. Jahrhunderts mit einer Immunitätsverleihung bedacht.[278]

---

269 Vgl. Kölzer, Urkunden der Merowinger, Bd. 2, S. 877.

270 MGH D O II. 210, S. 238 Z. 35–37: [...] *precepta quedam* [...] *ab antecessoribus nostris Pipino, Karolo, Ludovico, Lothario et item Karolo regibus Francorum* [...].

271 MGH D H II. 115, S. 142 Z. 11f.: [...] *antecessores eorum reges scilicet Francorum Pipinus, Karolus, Ludewicus, Lotharius et item Karolus et etiam ceteri reges antecessores et successores eorum* [...]. Zur Vorlage vgl. die Vorbemerkung zur Urkunde. Vgl. auch MGH DD LdF Dep. 110, Bd. 2, S. 1107.

272 Vgl. Lechner, Verlorene Urkunden, S. 857 Nr. 298.

273 D KdGr 123, in: MGH DD Karol. 1, S. 172 Z. 20–22: [...] *quod antecessoris nostri, anterioris reges, vel bonae [me]moriae domnus et genitur noster Pippinus [quondam] rex per eorum precceptiones i[ntegras] emunitates ad ipso monastirio concessissent,* [...].

274 Vgl. Magnou-Nortier, Étude, S. 485f.; D KdGr 123, in: MGH DD Karol. 1, S. 173 Z. 5f.: *Et si quis fuit dux vel comis domesticis vecariis seo qualiscumque iudiciaria potestate succinctus,* [...]. Bouchard, Cartulary, S. 22–25 Nr. 3, hält ohne Kenntnis der Zweifel Magnou-Nortiers an der Echtheit fest.

275 Vgl. Bouchard, Cartulary, S. 15; MGH D LdF 354, Bd. 2, S. 881–883. In chronologischer Ordnung wären, falls die Bestätigungsurkunde Karls gefälscht wäre, sogar alle Urkunden bis einschließlich 872 gefälscht oder verunechtet.

276 Vgl. Lechner, Verlorene Urkunden, S. 857 Nr. 309.

277 D KdGr 195, in: MGH DD Karol. 1, S. 262 Z. 14–16: [...] *emunitates gloriosorum regum, antecessorum nostrorum, manibus eorum roboratas atque domni [et] genitoris nostri Pippini bonę memorię quondam regis* [...].

278 MGH DD Merov. Dep. 403, Bd. 2, S. 664.

Bei dem Deperditum Pippins für das Kloster St-Maur-des-Fossés handelt es sich um eine Bestätigung. Zwar nennt die erhaltene Bestätigungsurkunde Karls des Großen nur eine Vorurkunde Pippins, aber die Immunitätsverleihung durch König Childebert III. ist überliefert.[279]

5.5.1.3 Zwischenfazit

Aufgrund der Fülle der Urkunden und Deperdita konnte im Rahmen dieser Durchsicht aus Platzgründen nicht auf jeden Einzelfall intensiv eingegangen und der historische Hintergrund der Bestätigung oder Verleihung nicht im Einzelnen in den Blick genommen werden.[280] Unbestritten dürfte sein, dass Pippin Im-

---

279 Vgl. D KdGr 61, in: MGH DD Karol. 1, S. 89; MGH D Merov. 144, Bd. 1, S. 362–364.

280 Nicht behandelt wurden Lechner, Verlorene Urkunden, S. 847 Nr. 129. Es handelt sich um das Deperditum einer Immunitätsurkunde für das Kloster Ebersheim, dessen Echtheit sehr zweifelhaft ist, da es allein im Chronicon Ebersheimense belegt ist, das zahlreiche gefälschte Urkunden enthält.
Semmler, Pippin III., bringt weitere Deperdita ins Spiel, die jedoch sehr unsicher sind. Dies sei an einem Beispiel illustriert. Semmler, S. 96f., postuliert für St-Julien und St-Germain d'Auxerre Immunitätsverleihungen Pippins (Zitat auf S. 97): „Denn Pippin III. hatte Saint-Julien und Saint-Germain alsbald Privilegien verliehen, die ihnen die (eigenständige) Immunität zusprachen und die administrative und disziplinäre Unabhängigkeit vom Hochstift Auxerre garantierten."
Im ersten Fall führt er als Beleg die Immunitätsbestätigung Ludwigs des Frommen für St-Julien an. Die entsprechende Urkunde Ludwigs erwähnt eine vorgelegte Urkunde Karls des Großen, aus der ersichtlich werde, dass nicht nur Karl der Große, sondern weitere Vorgänger Karls des Großen dem Kloster die Immunität zugestanden hätten. MGH D LdF 203, Bd. 1, S. 502 Z. 3–8: [...] *preceptum immunitatis domini genitoris nostri Karoli imperatoris, in quo continebatur insertum, qualiter monasterium, quod dicitur Sancti Iuliani Puellarum,* [...], *non solum idem domnus et genitor noster, sed antecessores eius, reges videlicet Francorum, concessissent eidem monasterio, ut* [...]. Lediglich ein Deperditum Karls des Großen lässt sich aus der Urkunde Ludwigs sicher erschließen. Ob die *antecessores eius, reges videlicet Francorum* Pippin einschließen, lässt sich nicht beurteilen. Deswegen ist es nicht legitim, hier eine verlorere Immunitätsbestätigung Pippins zu postulieren. Bei Lechner, Verlorene Urkunden, S. 854, findet sich deswegen auch nur eine Immunitätsbestätigung Karls des Großen für St-Julien (Nr. 241), aber keinen Eintrag für Pippin. Noch weniger als eine Immunitätsbestätigung Pippins, lässt sich allerdings eine Immunitätsverleihung Pippins aus der Urkunde ablesen. Schließlich ist ausdrücklich von königlichen Vorgängern Karls des Großen im Plural die Rede, was eine Verleihung durch Pippin ausschließt.
Im zweiten Fall führt Semmler die Immunitätsbestätigung Karls des Kahlen für St-Germain d'Auxerre an, die auf eine Immunitätsbestätigung Ludwigs des Frommen Bezug nimmt. D KdK 214, in: Recueil Charles II le Chauve, Bd. 1, S. 541f. Z. 28–1: [...] *detulit obtutibus nostris auctoritatem immunitatis domni et genitoris nostri Ludovici serenissimi augusti, in qua continebatur insertum qualiter de more parentum suorum idem monasterium,* [...], *sub plenissima tuicione et immunitatis defensione suscepisset.* Hier wäre zu diskutieren, wie zwingend es ist, die Worte *de more parentum* mit Semmler als Hinweis auf Vorurkunden von Ludwigs Vater Karl und seines Großvaters Pippin und als Ausschluss merowingischer Vorukunden zu interpretieren. Lechner, S. 850 erschließt aus der Urkunde Karls des Kahlen lediglich ein Deperditum Ludwigs des Frommen (Nr. 183), führt jedoch keine entsprechenden Deperdita für Pippin und Karl den Großen an. Die Diskussion um die Bedeutung von *de more parentum* kann hier abgebrochen werden, weil die Urkunde Karls des Kahlen mittlerweile in ihrer Echtheit so umstritten, dass Theo Kölzer es nicht einmal gerechtfertigt sieht, ein Deperditum Ludwigs des Frommen anzusetzen. Vgl. MGH DD LdF Dep. 24, Bd. 2, S. 1050.

munitäten als machtpolitisches Instrument einsetzte.[281] In nicht wenigen Fällen kam es zur Zeit Pippins auch durch die Kombination von königlichem Schutz und Immunität zur Ausbildung von Königsklöstern. Dadurch konnten teilweise, wie das Beispiel der Etichonen zeigt, der Einfluss und die Wirtschaftsmacht mächtiger weltlicher Großer reduziert werden. Die Beispiele zeigen, dass zwischen Immunitätsverleihung auf der einen Seite und der Kommendation und der Aufnahme in den Königsschutz teilweise mehrere Jahre liegen können. Und es liegt nahe, dass in manchen Fällen, in denen nur einer der beiden Vorgänge belegt ist, beide Vorgänge stattgefunden haben dürften.

Auch wenn die Deperdita schwer zu datieren sind, darf wohl auch für die wenigen Fälle, bei denen Pippin in den späteren Bestätigungsurkunden nicht ausdrücklich als König bezeichnet wird, davon ausgegangen werden, dass diese Deperdita in die Königszeit gehören. Die einzige Immunitätsurkunde Pippins als Hausmeier stammt aus der königlosen Zeit. Es spricht daher alles dafür, dass die merowingischen Könige zumindest formell bis zum Schluss für Immunitätsfragen zuständig waren.

5.5.2 Gerichtsurkunden

Insgesamt sechs Placita Pippins sind erhalten, von denen je drei aus der Hausmeier- sowie aus der Königszeit stammen. Auffällig ist, dass alle sechs Urkunden für das Kloster St-Denis bestimmt sind.[282] Eine Dominanz dieses Empfängers ist in der gesamten Überlieferung der Placita zu beobachten. Von der Merowingerzeit bis zu Karl dem Großen sind 36 Placita überliefert. Bei 20 von ihnen ist St-Denis der Empfänger.[283] Es stellt sich daher auch die Frage, als wie repräsentativ die erhaltenen Placita anzusehen sind. So fehlen beispielsweise *minores personae* und weltliche Empfänger völlig. Auch sind keine Kriminalverfahren bezeugt. In solchen Fällen ist von einer deutlich geringeren Überlieferungschance auszugehen als im Fall von kirchlichen Empfängern und Liegenschaftsangelegenheiten im weiteren Sinne.[284] Während die Homogenität der Placitaüberlieferung Zweifel an der Repräsentativität dieser Urkunden aufkommen ließ, ist sie für die Frage nach Veränderungen zwischen Pippins Gerichtstätigkeit als Hausmeier und als König geradezu ein Glücksfall, weil sie zu einer guten Vergleichbarkeit führt. Die verhandelten Inhalte variieren, doch stehen mit D Arnulf. 18 und D Pip 1 zwei Urkunden zur Verfügung, die beide Besitzstreitigkeiten um eine *villa* behandeln und zudem noch zeitlich nur wenige Jahre auseinanderliegen. Die beiden Placita sollen exemplarisch untersucht werden, um Kontinuitäten und Diskontinuitäten über den Dynastiewechsel hinweg aufzeigen zu können. Der

281 Vgl. dazu ausführlich Semmler, Pippin III., S. 88–130.
282 Eine Übersicht bietet Stieldorf, Placita, S. 23 f. Tabelle 1.
283 Vgl. ebd.
284 Vgl. Esch, Überlieferungs-Chance.

Fokus der Betrachtung soll auf Pippins Handeln im Gericht und bei der Beurkundung liegen, wie es in den beiden Placita sichtbar wird.[285]

5.5.2.1 Pippins Placita vor und nach dem Dynastiewechsel

Die nur als Chartularkopie überlieferte Königsurkunde vom 1. März 752 behandelt die Auseinandersetzung zwischen St-Denis und einem gewissen Gislemar über eine *villa.* Die Urkunde beginnt mit einer Intitulatio.[286] Es folgt die sogenannte Gerichtshalterformel: „Als wir im Namen Gottes in unserer Pfalz Verberie zusammen mit unseren Vornehmen und Getreuen (zu Gericht) saßen, um die Fälle aller (Leute) zu hören und gerechte Urteile festzusetzen, […]."[287] Daran schließt sich die Untersuchungsphase an.[288] Abt Fulrad von St-Denis kam zur Pfalz und verklagte Gislemar. Dessen Mutter namens Loba habe in ihrem Testament bestimmte Güter dem Kloster St-Denis vermacht. Ihr Sohn Gislemar habe die strittigen Güter nach dem Tod seiner Mutter zurückgehalten. Gislemar erschien auch selbst vor Gericht und konnte das Testament seiner Mutter nicht abstreiten. Gislemar erstattete die besagten Güter dem Kloster zurück. Es folgt die sogenannte Definitivsentenz: „Daher beliebten wir zusammen mit unseren Vornehmen und Getreuen, das sind Milo, […] Augarius und Witbert, der Graf unserer Pfalz, und den zahlreichen Übrigen zu urteilen, dass Gislemar persönlich vor uns stand und keinerlei Rechenschaft ablegen konnte, […]."[289] Insgesamt werden sieben Namen aufgezählt. Die Definitivsentenz geht direkt über in das Rechtsgebot: „deswegen befehlen wir, dass […]".[290] Nun wird noch einmal der ganze Sachverhalt mit der Nennung sämtlicher Güter aufgeführt.

Die durch dasselbe Chartular überlieferte Urkunde D Arnulf. 18 datiert auf den 11. Februar 748 und behandelt den Rechtsstreit zwischen einer gewissen Christiana und dem Kloster St-Denis über eine *villa.* Das Hausmeierplacitum weist keine Intitulatio auf und beginnt direkt mit der Gerichtshalterformel. Diese ist nicht in der 1. Person Plural, sondern in der 3. Person Singular formuliert und enthält auch Pippins Titel.[291] Ansonsten fallen weitere Unterschiede auf. So fehlt in der Hausmeierurkunde die Invocatio *in dei nomine*, die aber ansonsten regelmäßig in den Hausmeierurkunden begegnet. Auch in merowingischen Königsplacita findet sich nicht immer eine Invocatio, so dass ihrem Fehlen in diesem Hausmeierplacitum keine Bedeutung zukommt. Bedeutender scheint hier, dass

---

285 Die Terminologie der Urkundenbestandteile folgt Weitzel, Dinggenossenschaft, Bd. 1, S. 226.

286 D Pip 1, in: MGH DD Karol. 1, S. 3 Z. 13: *Pippinus rex Francorum vir illuster.*

287 D Pip 1, in: MGH DD Karol. 1, S. 3 Z. 13–15: *Cum nos in dei nomine Vermeria in palatio nostro una cum proceribus nostris vel fidelibus ad universorum causas audiendas vel recta iudicia terminanda resideremus,* […].

288 D Pip 1, in: MGH DD Karol. 1, S. 3 Z. 15–31.

289 D Pip 1, in: MGH DD Karol. 1, S. 3 Z. 32–35: *Proinde nos una cum proceribus vel fidelibus nostris, id est Milone, Rotgario, Cheimgaudo, Chrothardo, Gerichardo, Autgario et Wiberto comite palatii nostri vel reliquis quam pluribus visi fuimus iudicasse, ut* […].

290 D Pip 1, in: MGH DD Karol. 1, S. 3 f. Z. 35–7: […] *propterea iubemus, ut* […].

291 MGH D Arnulf. 18, S. 42 Z. 16 f.: *Cum resedisset inluster vir Pippinus maior domus Verno in palatio publico ad universorum causas audiendas et iusto iudicio terminandas,* […].

die Königsurkunde schon in der Gerichtshalterformel die Beteiligung der Vornehmen und Getreuen anspricht. Deren Mitwirken wird auch in der Hausmeierurkunde genannt, allerdings erst in der Definitivsentenz. Als letztes sei noch auf die unterschiedliche Bezeichnung des Ortes hingewiesen, die aber vernachlässigt werden kann.[292] Das Adjektiv *publicus* kann zwar auch die Bedeutung „königlich“ haben,[293] doch scheint es hier gewählt worden zu sein, weil der Satz in der 3. Person Singular formuliert ist. In der in der 1. Person Plural formulierten Definitivsentenz spricht auch das Hausmeierplacitum von *palatium nostrum*.[294] Auch wenn hier die Unterschiede betont wurden, darf natürlich nicht vergessen werden, dass zwischen beiden Gerichtshalterformeln große Gemeinsamkeiten bestehen.

In der Definitivsentenz sind die Gemeinsamkeiten noch größer. Auch hier folgen beide Urkunden demselben Formular.[295] In beiden Fällen enthält die Definitivsentenz eine namentliche Auflistung der Beteiligten, wobei sie in der Königsurkunde als *proceres* und *fideles nostri* bezeichnet werden, in der Hausmeierurkunde nur als *fideles nostri*. Das Rechtsgebot schließlich wird identisch eingeleitet.[296]

Nimmt man den gesamten Verfahrensablauf in den Blick, so ist unter der Prämisse, dass die Placita in ihrem Aufbau den Verfahren folgen, kein Unterschied zwischen beiden Gerichtsverfahren feststellbar. Auch Pippins Funktion ist vor und nach dem Dynastiewechsel gleich.

5.5.2.2 Pippins Gericht vor und nach dem Dynastiewechsel

Der exemplarische Vergleich beider Urkunden weist darauf hin, dass sich durch den Dynastiewechsel im Bereich des Gerichts des Herrschers gar nicht so viel verändert zu haben scheint. Die übrigen Placita Pippins bestätigen diesen Befund. Natürlich gab es in der Intitulatio und der Datierung eine Anpassung an Pippins neue Königswürde. Aber bei den Abläufen der beiden Gerichtsverfahren und bei der Rolle Pippins sind keine nennenswerten Unterschiede feststellbar. Es stellt sich daher die Frage, inwieweit der Dynastiewechsel im Bereich der Placita überhaupt eine Zäsur bildet.

Andrea Stieldorf betont, dass der Überlieferungsbefund bei den Placita darauf hindeute, dass die Hausmeierplacita die merowingischen Königsplacita abgelöst hätten.[297] Seit Karl Martell sich in den auf den Tod seines Vaters fol-

---

292 Im Hausmeierdiplom *palatio publico*, im Königdiplom *palatio nostro*.

293 Vgl. Niermeyer – van de Kieft – Burger, Lexicon, Bd. 2, S. 1134 (Bedeutung 1).

294 MGH D Arnulf. 18, S. 42 Z. 28: […] *comite palatii nostro* […].

295 MGH D Arnulf. 18, S. 42 Z. 26–30: *Proinde nos taliter una cum fidelibus nostris, id est Haginone, Theudeberto, Remedio, Garehardo, Fulcario, Bovilone, Walcherio, Rauchingo et Ermenaldo, comite palatii nostro, vel reliquis quam pluribus visi fuimus iudicasse, ut* […].

296 MGH D Arnulf. 18, S. 42 Z. 30: […] *propterea iubemus ut,* […].

297 Vgl. Stieldorf, Placita, S. 6. Anders Weitzel, Dinggenossenschaft, Bd. 1, S. 267 f.: „Die Hausmeierplacita, überliefert seit Karl Martell, stehen neben den Königsplacita, das Hausmeiergericht steht neben dem Königsgericht.“ (Unterstreichung von Weitzel).

genden Konflikten durchsetzen konnte, ist keine einzige Gerichtsurkunde eines Merowingers mehr belegt.[298] Wenn die karolingischen Hausmeierplacita an die Stelle der merowingischen Königsplacita traten, kann das auf zwei Arten erklärt werden. Entweder leitete der Hausmeier das Königsgericht oder das Hausmeiergericht war an die Stelle des Königsgerichts getreten.

Dass der Hausmeier das Königsgericht leitete, wird von Jürgen Weitzel kategorisch ausgeschlossen.[299] Bei der Beurteilung der Situation vor 751 darf nicht vergessen werden, dass Karl Martell 737 nach dem Tod König Theuderichs IV. keinen neuen König eingesetzt hatte und es gut fünfeinhalb Jahre dauern sollte, bis seine Söhne Pippin und Karlmann mit Childerich III. Anfang 743 den letzten Merowingerkönig einsetzten. Dieser Zeitraum dürfte wohl kaum noch mit Weitzels Formulierung vom abwesenden König gedeckt sein. Aus dieser Zeit sind überhaupt keine Placita erhalten.[300] Doch stellt sich die theoretische Frage, ob es denkbar ist, dass ein Königsgericht im 8. Jahrhundert seine Arbeit fast sechs königlose Jahre lang verrichten konnte? Oder setzt dies nicht zu abstrakte Vorstellungen von Königtum und Staatlichkeit voraus? Auf ganz pragmatischer Ebene stellt sich die Frage, wem Karl Martell beziehungsweise Karlmann und Pippin den Vorsitz des Königsgerichts hätten überlassen sollen. Denn dass der Hausmeier sein eigenes Gericht gehabt habe, macht es für Weitzel unwahrscheinlich, dass er auch den Vorsitz im Königsgericht gehabt habe.

Aber stimmt die Prämisse von einem eigenen Hausmeiergericht überhaupt? Weitzel verweist auf eine Urkunde Childeberts III., in der ein Urteil des Hausmeiers Grimoald bestätigt wird.[301] Es müsste also zu einem bestimmten Zeitpunkt zwei Gerichte gegeben haben. Diese Urkunde Childeberts III. ist jedoch der einzige Beleg für die gleichzeitige Existenz eines arnulfingischen Hausmeier- und eines merowingischen Königsgerichts. Einziger Beleg bedeutet gleichzeitig auch letzter Beleg. Die Urkunde wird in das Jahr 709 datiert, also in die Zeit, aus der allein merowingische Königsplacita überliefert sind. Aus diesem singulären Zeugnis Rückschlüsse auf die Zustände zwischen der Etablierung Karl Martells und dem Dynastiewechsel zu ziehen, ist sehr gewagt. Das heißt, dass ein unabhängiges Hausmeiergericht für das zweite Viertel des 8. Jahrhunderts eigentlich nicht belegbar ist.

---

298 Das jüngste Merowingerplacitum ist MGH D Merov. 167, Bd. 1, S. 415f. (7. März [716]). Das älteste Hausmeierplacitum ist MGH D Arnulf. 10, S. 23–26 (Dezember 720). Vgl. dazu die Übersicht bei Stieldorf, Placita, S. 23f. Tabelle 1.

299 Vgl. Weitzel, Königsgericht, Sp. 44: „Den Vorsitz im Königsgericht hatte rechtlich stets der König, auch der minderjährige und der möglicherweise abwesende. Faktisch mag der Pfalzgraf ihn auch schon vor 751 vertreten haben. Doch schweigen dazu beredt die Quellen. Auch der gelegentlich behauptete Vorsitz des Hausmeiers im Königsgericht ist nicht belegt und eher unwahrscheinlich. Der Hausmeier hatte unter den merowingischen Scheinkönigen sein eigenes Gericht."

300 Vgl. Stieldorf, Placita, S. 23f. Tabelle 1.

301 Vgl. Weitzel, Königsgericht, Sp. 44. Es handelt sich um MGH D Merov. 157, S. 391–393. Die entsprechende Urkunde Grimoalds wird von Heidrich als MGH DD Arnulf. Dep. 61, S. 95f. gefasst.

Dennoch ist Weitzel in einem Punkt zuzustimmen, und zwar darin, dass der Hausmeier nicht den Vorsitz im Königsgericht innehatte. Denn es spricht viel dafür, dass das Hausmeiergericht schon unter Karl Martell das Königsgericht abgelöst hatte. Die fünfeinhalb Jahre ohne König dürften also für das Gerichtswesen überhaupt keine Rolle gespielt haben. Nach dem Dynastiewechsel wurde dann das Hausmeiergericht unter dem Vorsitz des Hausmeiers Pippin wieder von einem Königsgericht unter dem Vorsitz des Königs Pippin abgelöst. Der Dynastiewechsel hatte also weder eine Auswirkung auf den Vorsitz des ‚höchsten Gerichts' noch auf dessen Verfahrensablauf oder die Rolle des Vorsitzenden. Trotz der geringen Unterschiede ist das einzige, was sich wirklich verändert hat, die Bezeichnung des Gerichts, zumindest in der Forschungsliteratur.

Die Quellen liefern einen anderen Befund. Die in den Placita vor und nach dem Dynastiewechsel verwendeten Bezeichnungen für das Gericht zielen eigentlich stets in erster Linie auf die konkrete Person Pippin ab und nicht auf seinen jeweiligen Titel, auch wenn dieser natürlich teilweise zusammen mit seinem Namen genannt wird.[302] In der Gerichtshalterformel heißt es, dass der Herrscher zusammen mit seinen Vornehmen und Getreuen zu Gericht sitzt. In der Rechtsfindungsformel, die in der 1. Person Plural formuliert ist, heißt es, dass „wir zusammen mit unseren Vornehmen und Getreuen urteilen, dass usw." Ein Gericht als Institution hingegen wird nie genannt. Diese Beobachtungen legen nahe, solch abstrakte juristische Begriffe wie Hausmeier- und Königsgericht eher zu vermeiden und besser vom Gericht des Herrschers zu sprechen, also vom Gericht desjenigen, der wirklich die Macht im Frankenreich hatte. Und dies war in den Jahren sowohl vor als auch nach dem Dynastiewechsel eindeutig Pippin.

5.6 Pippins Sorge um die Rechtspflege

Es ist nicht möglich, Kapitel 6 und 7 des Königskapitulars mit einem einzigen Motiv Pippins erklären zu wollen. Die Klosterpolitik Pippins bildet den politischen Hintergrund für Kapitel 6 des Königskapitulars. Als Mittel der Machtpolitik können Immunitäten nur wirken, wenn es nicht bei der bloßen Ausstellung von Urkunden bleibt, sondern die Immunitäten vor Ort auch beachtet werden. *Ut emunitates conservatae sint.* Wird dieser kurze Beschluss nicht nur auf die bereits bestehenden Immunitäten, sondern auf auch neu verliehene, wiederhergestellte, bestätigte oder noch zu verleihende Immunitäten bezogen, so zeigt sich die politische Bedeutung dieses Kapitels.

Erst als König scheint Pippin über die Möglichkeit verfügt zu haben, Immunitäten zu verleihen oder zu bestätigen. Seine Klosterpolitik beruhte im

302 Selbst Weitzel, Dinggenossenschaft, S. 227, betont die fehlende Bezeichnung des Gerichts in den Quellen: „Das Königsgericht tritt uns in den Gerichtsurkunden der merowingischen und karolingischen Herrscher weniger mit einem Namen als vielmehr in der Beschreibung eines Geschehens entgegen."

Wesentlichen auf seinem neuen Status als König. Bei den Immunitäten begünstigt die Überlieferung eindeutig die Gewinnerseite, also diejenige Institution, die durch eine Immunitätsverleihung oder -bestätigung gewinnt oder zumindest den Status quo hält. Die Perspektive derjenigen Parteien, die durch die Immunität einer anderen Institution verlieren, taucht in den Quellen höchstens indirekt auf. Es liegt nahe, gerade die Verlierer der Klosterpolitik Pippins als die Adressaten des Beschlusses anzunehmen. Denn für sie bedeutete *immunitates conservare* auf bisherige Rechte verzichten zu müssen und dies scheint nicht immer reibungslos funktioniert zu haben, wie die Nachdrücklichkeit nahelegt, mit der die Wiederholung des Beschlusses in Ver deutlich macht, dass es wirklich keine Ausnahme geben soll. Direkt im Anschluss an Kanon 19 von Ver über die Immunitäten geht Kanon 20 sogar nur noch von Klöstern aus, die unter königlicher oder unter bischöflicher Aufsicht stehen.[303] Für den Einfluss der weltlichen Großen auf ihre (ehemaligen) Eigenklöster bleibt da nicht mehr viel Raum.[304]

Kapitel 6 und 7 dienen dem Schutz der Kirchen und ihrer Immunitäten. Kapitel 6 wendet sich gegen den Einfluss weltlicher Großer innerhalb der Immunitätsbezirke. Kapitel 7 stärkt die Immunitäten, indem dessen letzter Satz denjenigen, die der Gerichtsbarkeit der Immunität unterworfen sind, verbietet, sich direkt an den König zu wenden. Doch ist dies nicht der Schwerpunkt des Kapitels. Dieser liegt vielmehr eindeutig darauf, die Gerichtsbarkeit der Grafen vor Ort zu stärken. Das Ziel Pippins, das sich in beiden Kapiteln feststellen ist, ist die Stärkung der örtlichen Gerichtsbarkeit. Es ging also darum, die Gerechtigkeit vor Ort zu stärken, sei es in den Immunitäten oder vor dem Grafschaftsgericht. Mit seinem Einsatz für Gerechtigkeit kam Pippin einer zentralen christlichen Herrschertugend, der *iustitia*, nach, und konnte zeigen, dass er die an einen legitimen König gestellten Erwartungen erfüllen konnte.

Daneben kommt Kapitel 7 auch eine symbolische Funktion zu. In Teilen stellt Kapitel 7 des Königskapitulars ohne Zweifel einen Rückgriff auf die Lex Salica dar. Helmut Reimitz betrachtet diesen Rückgriff als Teil einer Strategie Pippins zur Schaffung einer fränkischen Identität mithilfe der Lex Salica.[305] Doch ist Kapitel 7 des Königskapitular mehr als ein symbolischer Rückgriff auf die Lex Salica. Zum einen finden sich innerhalb des Kapitels mit der allgemeinen Aufforderung zum *iustitiam facere* und der Regelung für die *ecclesiastici* wichtige Punkte, die keine Vorlage in der Lex Salica haben, zum anderen scheint das Königskapitular auf die Abstellung von Missständen abzuzielen.

Inwieweit solche Missstände schon länger bestanden oder durch den Dynastiewechsel erst verschärft wurden, muss offenbleiben. Fest steht, dass Pippin sich darum bemühte, diese Missstände abzustellen und das Funktionieren der Rechtspflege vor Ort zu gewährleisten. Auch wenn machtpolitische Erwägun-

303 Concilium Vernense c. 20, in: MGH Capit. 1, Nr. 14, S. 36 Z. 34–37: *In illo alio sinodo nobis perdonastis, ut illa monasteria, ubi regulariter monachi vel monachas vixerunt, ut hoc quod eis de illas res demittebatis unde vivere potuissent, ut exinde, si regales erant, ad domnum regem fecissent rationes abba vel abbatissa; et si episcopales, ad illum episcopum. Similiter et de illos vicos.*

304 Vgl. Semmler, Pippin III., S. 130 f.

305 Vgl. Reimitz, History, S. 330 f.

gen nicht außen vor blieben, lässt sich Pippins Bemühen um eine funktionierende Rechtsprechung wie auch die zuvor behandelten Kapitel des Königskapitulars als bewusstes königliches Handeln interpretieren.

6. Pippin und das Königskapitular

Die in dieser Studie untersuchte Kapitelliste behandelt, wie gezeigt wurde, sehr heterogene Themen. Alle sieben Kapitel auf ein Ziel oder Motiv zu reduzieren, würde der Quelle nicht gerecht werden. Bekannt sind die Kapitel unter dem Namen Königskapitular oder Pippini regis capitulare. Der Titel ist freilich modern und geht auf den Editor Alfred Boretius zurück, der bemüht war, für jedes Stück seiner Edition einen seiner Ansicht nach passenden lateinischen Titel zu vergeben. Diese Praxis der Titelvergabe wurde vor einigen Jahren von Philippe Depreux am Beispiel einiger Kapitularien Ludwigs des Frommen scharf kritisiert.[1] In der Tat sind Boretius' Kunsttitel nicht immer gut gewählt. Bei dem hier untersuchten Kapitular König Pippins bewies er jedoch eher eine glückliche Hand. Denn Bezüge zu Pippins neu gewonnenem Königtum lassen sich über alle Kapitel hinweg verfolgen.

Einerseits behandelt das Kapitular ‚königliche' Themen, die, soweit dies die Quellen zu beurteilen erlauben, bis zum Dynastiewechsel zumindest formal in der Zuständigkeit des merowingischen Königs geblieben und nicht vom Hausmeier geregelt worden waren. Diese Beobachtung gilt insbesondere für die Zölle (c. 4) und die Immunitäten (c. 6).[2] Andererseits macht das Kapitular mit der Regelung über die Relation von Pfund und Solidus und die Gebühr für den Monetar (c. 5) deutlich, dass Pippin mit seinem Eingriff in die Münzprägung ein Thema in den Zuständigkeitsbereich des Königs zog, das seit Generationen im Frankenreich außerhalb des königlichen Zugriffs gelegen hatte.[3]

Besonders gut sichtbar ist der Bezug zu Pippins Königtum in Kapitel 7, das sich mit der Rechtspflege beschäftigt.[4] Zum einen geht es hier konkret darum, in welchen Fällen das Gericht des Königs direkt angerufen werden durfte und vor allem wann nicht. Zum anderen konnte Pippin hier die Königstugend der *iustitia* unter Beweis stellen. Zur *iustitia* zählte, wie Eugen Ewig betont, auch der Schutz der Fremden.[5] Dieser Aspekt zeigt sich in Kapitel 4 des Königskapitulars, wenn es um den Schutz von Pilgern vor illegaler Zollerhebung geht.

Auch der Schutz der Kirchen, wie er in Kapitel 6 über die Beachtung der Immunitäten sichtbar wird, zählte als *pietas* zu den Tugenden, die einen guten König ausmachten. Sichtbar wird die *pietas* des Königs aber nicht nur im Schutz der Kirchen, sondern auch in seiner Sorge um den rechten Glauben und das gottgefällige Leben in seinem Reich.[6] Dieser Sorge Pippins verlieh das Kapitular in insgesamt drei Kapiteln zu Inzest und Eherecht Ausdruck (c. 1–3), die pro-

---

1 Vgl. Depreux, Nützlichkeit.

2 Vgl. oben Kap. 3.4; Kap. 5.5.1.3.

3 Vgl. oben Kap. 4.4.

4 Vgl. oben Kap. 5.

5 Vgl. Ewig, Königsgedanken, S. 41 f.

6 Vgl. Ewig, Königsgedanken, S. 20.

minent am Anfang des Textes stehen.[7] Beim Thema Inzest zeigte sich Pippins *pietas* zusätzlich darin, dass er den päpstlichen Standpunkt zur Inzestgrenze übernahm, was Karl Ubl als Schulterschluss Pippins mit seinem neuem Bündnispartner gewertet hat.[8] Nicht auszuschließen ist, dass auch Pippins Initiative zum Schutz der Pilger im Zusammenhang mit dem Aufenthalt Stephans II. im Frankenreich stand.[9]

Pippin wusste also die Versammlung, auf die das Königskapitular zurückgeht, gut zu nutzen, um königliche Themen zu besetzen und königliche Tugenden herauszustellen. Childerich III. abzusetzen und sich selbst zum König machen zu lassen war das eine, danach aber das Königtum auch auszufüllen und König zu sein war etwas Anderes. Die Widerstände gegen den ersten Langobardenfeldzug und die Notwendigkeit, sich von Stephan II. salben zu lassen, zeigen, dass Pippin 754 weitaus weniger fest im Sattel saß, als die fränkischen Quellen auf den ersten Blick zugeben möchten.[10] In Pippins Bemühen, seine königliche Herrschaft zu festigen, kann auch das Königkapitular eingeordnet werden. An erster Stelle ist hier natürlich das bereits erwähnte königliche Auftreten zu nennen. Pippin setzte sich für den Schutz der Schwachen ein, für Klöster und Kirchen und für die Ehen gemäß kirchlicher Vorstellungen. Er stärkte das Grafengericht, womit er nicht nur als Bewahrer des Rechts auftrat, sondern ebenso die Grafen in ihr Gerichtstätigkeit unterstützte.

Pippin musste seine neu gewonnene Königsherrschaft ausfüllen. Sein Erfolg spricht dafür, dass ihm dies letztendlich gelungen ist. Doch war der Weg zu diesem Erfolg alles andere als einfach und selbstverständlich. Die letzten, schwachen Merowingerkönige dürften ihm dabei wohl kaum als Vorbild für gelungene Königsherrschaft gedient haben. Vielmehr musste Pippin einen eigenen Weg finden, die Königsherrschaft mit königlichem Handeln zu füllen, indem er Bewährtes fortsetzte, alte Traditionen wieder aufgriff, umformte und auch neue Formen entwickelte. Was das Königskapitular betrifft, deutete sich in dieser Studie immer wieder an, dass Pippin nicht so sehr auf seine fränkischen Vorgängerkönige schaute, sondern sich vielmehr von langobardischen Vorbildern inspirieren ließ. Nicht in allen Fällen lässt sich eine direkte Abhängigkeit von einem langobardischen Vorbild beweisen und eigentlich nie der Weg der Rezeption direkt aufzeigen, was zum Teil mit der schlechten Quellenlage und vor allem mit dem Fehlen von in der Zeit Pippins geschriebenen Handschriften des langobardischen Rechts zu tun hat.[11]

7 Vgl. oben Kap. 2.
8 Vgl. Ubl, Schatten, S. 422 f.
9 Vgl. oben Kap. 3.2.2.
10 Vgl. oben Kap. 1.1.
11 Die frühesten Handschriften der Leges Langobardorum, die für diesen Rezeptionprozess von entscheidender Bedeutung sind, stammen aus der Zeit um die Wende zum 9. Jahrhundert. Zur Überlieferung der Leges Langobardorum vgl. http://www.leges.uni-koeln.de/lex/leges-langobardorum/. Es darf nicht vergessen werden, dass Rezeption nicht zwangsläufig über Texte erfolgen muss, doch ist dieser Bereich von Rezeption erst recht von der Forschung nicht mehr zu rekonstruieren.

Aber es ist doch erstaunlich, dass sich bei fast allen im Königskapitular behandelten Rechtsthemen Bezüge zu langobardischen Königen finden lassen. Die von der Synode in Trullo ausgelöste und erst von Gregor II. für die Westkirche anerkannte Ausdehnung des Inzestverbots auf die geistige Verwandtschaft, wurde auch von König Liutprand ausdrücklich anerkannt.[12] Ein Beschluss, dass der König nicht direkt, sondern zunächst der örtliche Richter angerufen werden sollte, findet sich ebenfalls unter den Gesetzen des Königs Ratchis, auch wenn hier keine direkte Rezeption nachgewiesen werden konnte.[13] Die im Königskapitular nicht direkt angesprochene Entscheidung Pippins, seinen Namen und vor allem seinen Königstitel, auf fränkische Münzen schlagen zu lassen, folgt höchstwahrscheinlich dem Beispiel (Liutprands und) Aistulfs.[14] Es darf nicht vergessen werden, dass der langobardische König aus Sicht Pippins auch der einzige zeitgenössische König gewesen sein dürfte, der ein ernstzunehmendes Vorbild bieten konnte. Die nordspanischen Kleinkönige waren weit entfernt und in ihrer Macht konnten sie ebenso keinem Vergleich mit dem Frankenkönig standhalten wie die angelsächsischen Kleinkönige der Mitte des 8. Jahrhunderts.[15]

Parallelen zwischen Aistulf und Pippin zeigen sich auch darin, wie sie an die Macht gekommen sind. Zwar gab es bei den Langobarden zwischen Ratchis und Aistulf keinen Dynastiewechsel wie im Frankenreich, doch waren die beiden Brüder ebenfalls wie Pippin nicht königlicher Abstammung. Die Entmachtung von Aistulfs Bruder und Vorgänger Ratchis und dessen nicht ganz freiwillige Mönchswerdung weisen Ähnlichkeiten mit der Absetzung Childerichs III. und der Königserhebung Pippins auf.[16] Aistulf betonte die langobardische Tradition, um die Unterstützung seiner Herrschaft zu fördern, wie beispielsweise aus dem Prolog zu seinen Gesetzen und der Wiederbelebung des Titel *rex gentis Langobardorum* hervorgeht.[17] Dies lässt an die Betonung des Frankentums denken, die Helmut Reimitz als eine Strategie Pippins zur Stärkung seiner Herrschaft her-

12 Vgl. oben Kap. 2.3.2.

13 Vgl. oben Kap. 5.3.

14 Vgl. oben Kap. 4.3.2.

15 Natürlich lässt sich eine Rezeption, die ihren Ausgang von Nordspanien oder England nahm, aufgrund der für diese Zeit und diese Regionen äußerst dünne Quellenlage weniger gut nachvollziehen als für das Langobardenreich. Doch dürfte die Überlieferungslage allein nicht dafür verantwortlich sein, dass eine Orientierung Pippins am Langobardenkönig sichtbar wird und eine Orientierung an einem nordspanischen oder angelsächsischen König nicht nachweisbar ist. Zumindest im Fall der Münzprägung, bei der die Quellenlage etwas besser ist, konnte gezeigt werden, dass die Entwicklung, den Königstitel auf Münzen zu prägen, nicht, wie die Forschung teilweise annimmt, in den angelsächsischen Kleinkönigreichen ihren Ausgang nahm, sondern sie sich vielmehr vom Langobardenreich über das Frankenreich nach England vollzog. Vgl. dazu oben Kap. 4.3.

16 Zum Ende von Ratchis erster Königsherrschaft und seinem Eintritt ins Kloster vgl. mit unterschiedlichen Akzentuierungen Krüger, Königskonversionen, S. 212–217; Bund, Thronsturz, S. 214 f.; Jarnut, Langobarden, S. 108 f.; de Jong, Prisoners, S. 312 f.

17 Vgl. Jarnut, Langobarden, S. 109; Leges Ahistulfi regis prol., in: MGH LL 4, S. 195 Z. 30–37; Wolfram, Intitulatio, S. 106.

ausgearbeitet hat,[18] auch wenn sich diese Betonung des Frankentums am Königskapitular selbst nicht zeigen lässt.[19]

Die Parallelen zwischen den langobardischen Königen und Pippin sind zu zahlreich, um sie alle auf Zufälle zurückführen zu können. Auch wenn die Nachahmung meist nicht bewiesen und der Weg der Rezeption nicht nachgezeichnet werden kann, lässt sich nicht bestreiten, dass Pippin sich in seinem Verhalten als König teilweise an langobardischen Vorbildern, vor allem am in der Zeit um den Dynastiewechsel herum herrschenden Aistulf orientierte. Pippins Strategien zur Absicherung des Dynastiewechsels und sein beispielweise im Königskapitular sichtbares königliches Handeln sind jedoch nicht nur bloße Nachahmung fremder Herrscher. Beispielsweise für die Beschränkung der Prägegebühr für Münzen – eine Maßnahme zur Beschleunigung der Umprägung merowingischer Münzen zu Münzen Pippins – findet sich kein langobardisches Vorbild, so dass hier die Eigenständigkeit von Pippins Handeln betont werden muss, auch wenn er in der Gestaltung seiner Münzen dem langobardischen Vorbild gefolgt ist. Das Vorhandensein von möglichen oder tatsächlichen Vorbildern für das Handeln Pippins sollte jedoch nicht zum Anlass genommen werden, seine eigene Leistung herabzusetzen. Denn zumindest manches Phänomen südlich der Alpen, das als Vorbild in Frage kommt, war noch so jung, dass es keine langfristigen Erfahrungswerte gab, ob es sich bewähren sollte oder nicht.

Generell stellt sich die Frage, ob die aufgezeigten Übereinstimmungen allein als Imitation königlichen Verhaltens zu bewerten sind. Neben der Absicherung des Dynastiewechsels und seiner Macht ist als weiteres Motiv Pippins sicherlich auch das Streben nach Gleichrangigkeit mit dem einzigen König seiner Zeit anzunehmen, der über ein Großreich herrschte. Spätestens mit seinen zwei Siegen über Aistulf konnte Pippin zeigen, dass er dem langobardischen König zumindest auf militärischem Gebiet nicht nur ebenbürtig, sondern sogar überlegen war.

Es bleibt die Frage zu klären, wie stark Pippin selbst im Königskapitular sichtbar wird. Das Kapitular ging auf eine Versammlung zurück, die sowohl von geistlichen als auch weltlichen Großen besucht worden war. Namen von Teilnehmern dieser *synodus* sind nicht bekannt. Damit ist natürlich ebenso wenig bekannt, wer nicht teilnahm. Bonifatius dürfte ähnlich wie bei der Salbung Pippins in St-Denis nicht anwesend gewesen sein. Im Laufe dieser Untersuchung wurde gezeigt, dass das Königskapitular zwar Rechtsauffassungen widerspiegelt, die von Bonifatius' Vorstellungen abweichen, aber dass die Kapitelliste kein antibonifatianisches Dokument im engere Sinne ist.[20] Ob sich Anhänger und Vertraute des Bonifatius unter den Teilnehmern befanden, lässt sich nicht be-

---

18 Vgl. Reimitz, History, S. 323–334. Auffällig ist, dass der sogenannte lange Prolog zur Lex Salica, der der unter Pippin entstandenen D-Fassung vorangeht, auch intensiv das Frankentum betont. Zum langen Prolog der Lex Salica und dessen Verhältnis zum Prolog der Lex Baiuvariorum vgl. Ubl, Sinnstiftungen, S. 167–169, 175–181.

19 Nur indirekt bestehen Bezüge über Pippins Münzprägung, auf der teilweise der Rex Francorum-Titel verwendet wird.

20 Vgl. oben Kap. 2.3.2.

urteilen, dürfte jedoch nicht unwahrscheinlich sein. Zumindest steht fest, dass sie sich mit ihren Ansichten zum Eherecht nicht durchsetzen konnten.

Beim Thema Inzest machen die engen Bezüge zwischen dem Königskapitular und den Rechtsantworten Papst Stephans II. das Ringen verschiedener Kräfte zur Reform im Frankenreich deutlich. Die Beschlüsse des Königskapitulars auf diesem Feld sind eingebettet in größere Entwicklungslinien und zeitgenössische Debatten im Frankenreich. Bei anderen vom Königskapitular behandelten Themen werden die hinter den Beschlüssen stehenden Debatten und Entwicklungen nicht in einem solchem Maße sichtbar, was nicht zuletzt damit zusammenhängt, dass das Eherecht gegenüber den Zöllen, der Münzprägung und der Rechtspflege von der Überlieferung begünstigt wird.

Ohne den Konsens und die Gefolgschaft (zumindest eines großen Teils) der Großen war Pippins Königstitel nicht viel wert. Dies dürfte auch Pippin und seinen Beratern bewusst gewesen sein. Spätestens die Probleme, die Großen zum ersten Langobardenfeldzug zu motivieren, zeigten, dass die Gefolgschaft der Großen nicht selbstverständlich war. Auch die Salbung Pippins durch Stephan II. und die geistliche Verwandtschaft mit dem Papst deuten auf den Bedarf an Legitimation zur Herrschaftsfestigung in dieser Zeit hin. In diesem Umfeld fand auch die Versammlung statt, auf die das Königskapitular zurückgeht. Das Königskapitular fügt sich in diese Reihe von Maßnahmen, mit denen Pippin versuchte, seine Königsherrschaft auszufüllen und darzustellen. Dabei kam es nicht nur auf die im Konsens mit den anwesenden geistlichen und weltlichen Großen beschlossenen Inhalte an, sondern auch – und vielleicht sogar im größeren Maße – auf die Tatsache an sich, dass Pippin sich der Reform annahm und die Beschlüsse der Versammlung als ein Kapitular verkündete, das allen seinen königlichen Führungsanspruch vor Augen führen sollte

7. Anhang

7.1 Druck des Königskapitulars[1]

1. Capitulo primo. De incestis. Si homo incestum commiserit de istis causis, de Deo sacrata, aut commatre sua, aut cum matrina sua spiritali de fonte et confirmatione episcopi, aut cum matre et filia, aut cum duabus sororibus, aut cum fratris filia aut sororis filia, aut nepta, aut cum consobrina atque subrina, aut cum amita vel matertera: de istis capitulis pecuniam suam perdat, si habet; et si emendare se noluerit, nullus eum recipiat nec cibum ei donet. Et si fecerit, LX solidos domno regi componat, usque dum se ipse homo correxerit. Et si pecuniam non habet, si liber est, mittatur in carcere usque ad satisfactionem. Si servus aut libertus est, vapuletur plagis multis; et si dominus suus permiserit eum amplius in tale scelus cadere, ipsos LX solidos domno rege componat.

2. De ecclesiasticis vero, si bona persona fuerit, perdat honorem suum; minores vero vapulentur aut in carcerem recludantur.

3. De presbyteris et clericis sic ordinamus, ut archidiaconus episcopi eos ad synodum commoneat una cum comite. Et si quis contempserit, comes eum distringere faciat, ut ipse presbyter aut defensor suus LX solidos componat, et ad synodum eat. Et episcopus ipsum presbyterum aut clericum iuxta canonicam auctoritatem deiudicare faciat. Solidi vero LX de ipsa causa in sacello regis veniant. Et si aliquis per violentiam presbyterum aut clericum aut incestuosum contradixerit, tunc comes ipsam personam per fideiussores positam ante regem faciat una cum misso episcopi venire; et domnus rex distringat, ut ceteri emendentur.

4. De theloneis vero sic ordinamus, ut nullus de victualia et carralia, quod absque negotio est, theloneum praehendat; de saumis similiter, ubicumque vadunt. Et de peregrinos similiter constituimus qui propter Deum ad Romam vel alicubi vadunt, ut ipsos per nullam occasionem ad pontes vel ad exclusas aut navigio non deteneatis, nec propter scrippa sua ullo peregrino calumpniam faciatis, nec ullum theloneum eis tollatis. Et si aliquis hoc fecerit, qualiscumque homo hoc comprobaverit, de LX solidis triginta illi concedimus, et illi alii in sacello regis veniant.

5. De moneta constituimus, ut amplius non habeat in libra pensante nisi XXII solidos, et de ipsis XXII solidis monetarius accipiat solidum I, et illos alios domino cuius sunt reddat.

6. Ut emunitates conservatae sint.

---

1 Pippini regis capitulare, in: MGH Capit. 1, Nr. 13, S. 31 f.

7. De iusticia facienda. Ut omnes iusticiam faciant, tam publici quam ecclesiastici. Et si aliquis homo ad palacium venerit pro causa sua, et antea ad illum comitem non innotuerit in mallo ante racemburgiis, aut de causa sua ante comite in mallo fuit ante racemburgiis, et hoc sustinere noluerit quod ipsi ei legitime iudicaverint: si pro ipsis causis ad palacium venerit, vapuletur; et si maior persona fuerit, in regis arbitrium erit. Et si reclamaverit quod legem ei non iudicassent, tunc licenciam habeat ad palacium venire pro ipsa causa. Et si ipsos convincere potuerit quod legem ei non iudicassent, secundum legem contra ipsum emendare faciat. Et si comes vel racemburgii eum convincere potuerint quod legem ei iudicassent, et ipse hoc recipere noluerit, hoc contra ipsos emendare faciat. Similiter de ecclesiasticis, si ad palatium venerint de eorum causa sibi reclamare super eorum seniore, vapulentur, nisi senior suus pro sua causa transmiserit.

7.2 Handschriftensiglen des Königskapitulars[2]

G_1	Gotha, Forschungsbibliothek, Memb. I 85
He	Heiligenkreuz, Stiftsbibliothek, 217
Le	Leiden, Bibliotheek der Rijksuniversiteit, Voss. Lat. Q. 119
M	München, Bayerische Staatsbibliothek, Lat. 3853
P	Paris, Bibliothèque nationale de France, Lat. 9654
P_{40}	Paris, Bibliothèque nationale de France, Lat. 2796
V	Vatikan, Biblioteca Apostolica Vaticana, Pal. Lat. 582
V_2	Vatikan, Biblioteca Apostolica Vaticana, Pal. Lat. 574
V_{20}	Vatikan, Biblioteca Apostolica Vaticana, Vat. Lat. 3827
V_{35}	Vatikan, Biblioteca Apostolica Vaticana, Chigi C. VIII. 239
Vs	Vesoul, Bibliothèque municipale 79 (73)

7.3 Abbildungen

Abb. 1	Überlieferung von Königskapitular c. 1–3 (in Auswahl)
Abb. 2	Stiftung Schleswig-Holsteinische Landesmuseen Schloss Gottorf, Schleswig
Abb. 3	Privatsammlung (vgl. Breternitz – Schiesser, Nouveaux deniers, S. 28 Abb. 6)

2 Die Siglen folgen Mordek, Bibliotheca capitularium, und dem Kölner Kapitularienprojekt https://capitularia.uni-koeln.de/mss/key/.

7.4 Abkürzungen

CCCM	Corpus Christianorum. Continuatio mediaevalis
CCSL	Corpus Christianorum. Series Latina
EMC	Early Medieval Coins (http://www.ecm.fitzmuseum.cam.ac.uk)
HRG	Handwörterbuch zur deutschen Rechtsgeschichte
HRG^2	Handwörterbuch zur deutschen Rechtsgeschichte, 2. Aufl.
LMA	Lexikon des Mittelalters
MGH	Monumenta Germaniae Historica
NUMIS	Numismatisch Informatie Systeem (https://nnc.dnb.nl/dnb-nnc-ontsluiting-frontend/#/numis/)
PASE	Prosopography of Anglo-Saxon England (http://pase.ac.uk/)
RGA^2	Reallexikon der Germanischen Altertumskunde, 2. Aufl.
RI	Regesta Imperii

7.5 Quellen

Ademar von Chabannes, Chronicon, ed. Pascale Bourgain, (CCCM 129) Turnhout 1999.

Die Admonitio generalis Karls des Großen, edd. Hubert Mordek – Klaus Zechiel-Eckes – Michael Glatthaar, (MGH Fontes iuris 16) Wiesbaden 2013.

Aimoin, Historia Francorum, ed. Christiane Le Stum, L'Historia Francorum d'Aimon de Fleury. Étude et édition critique, in: Positions de Thèses de l'École des chartes (1976), S. 89–93.

Annales Mettenses priores, ed. Bernhard von Simson, (MGH SS rer. Germ. 10), Hannover – Leipzig 1905.

Annales regni Francorum, ed. Friedrich Kurze, (MGH SS rer. Germ. 6) Hannover 1895.

Benedictus Levita, Falsche Kapitularien, ed. Gerhard Schmitz, Vorabedition 2014 (http://www.benedictus.mgh.de/haupt.htm).

Briefe des Bonifatius, Willibalds Leben des Bonifatius nebst einigen zeitgenössischen Dokumenten, ed. et trad. Reinhold Rau, (Freiherr-vom-Stein-Gedächtnisausgabe 4b) Darmstadt 1968 (ND 2011).

Die Briefe des heiligen Bonifatius und Lullus, ed. Michael Tangl, (MGH Epp. sel. 1) Berlin 1916.

Capitularia regum Francorum, ed. Étienne Baluze, 2 Bde., Paris 1677.

Capitularia regum Francorum, ed. Georg Heinrich Pertz, (MGH LL 1) Hannover 1835.

Capitularia regum Francorum, Bd. 1, ed. Alfred Boretius, (MGH Capit. 1) Hannover 1883.

Capitularia regum Francorum, Bd. 2, edd. Alfred Boretius – Viktor Krause, (MGH Capit. 2) Hannover 1897.

Cartulaire de l'abbaye de Saint-Victor de Marseille, Bd. 1, ed. Benjamin Guérard, (Collection des cartulaires de France 8) Paris 1857.

The Cartulary of St-Marcel-lès-Chalon. 779–1126, ed. Constance Brittain Bouchard, (Medieval Academy Books 102) Cambridge 1998.

Catalogus rhytmicus abbatum S. Eugendi Iurensis, ed. Georg Waitz, in: ders., Scriptorum tomus 13, (MGH SS 13) Hannover 1881, S. 746 f.

Chronique de Saint-Claude (12e siècle), ed. Ulysse ROBERT, in: Bibliothèque de l'École des chartes 41 (1880), S. 561–566.
Codex Carolinus, ed. Wilhelm GUNDLACH, in: Epistolae Merowingici et Karolini Aevi, Bd. 1, (MGH Epp. 3) Berlin 1892, S. 476–657.
Codex Iustinianus, ed. Paul KRÜGER, Berlin 1877.
Collectio Vetus Gallica, ed. Hubert MORDEK, Kirchenrecht und Reform im Frankenreich. Die Collectio Vetus Gallica, die älteste systematische Kanonessammlung des fränkischen Gallien. Studien und Edition, (Beiträge zur Geschichte und Quellenkunde des Mittelalters 1) Berlin – New York 1975.
Concilia aevi Karolini, Bd. 1,1, ed. Albert WERMINGHOFF, (MGH Conc. 2,1) Hannover – Leipzig 1906.
Concilia antiqua Galliae, ed. Jacques SIRMOND, Bd. 2, Paris 1629.
Concilia Galliae. A. 511–a. 695, ed. Carlo DE CLERCQ, (CCSL 148A) Turnhout 1963.
Concilium Constantinopolitanum a. 691/2 in Trullo habitum (Concilium Quinisextum), ed. Heinz OHME, (Acta conciliorum oecumenicorum 2,1,4) Berlin – Boston 2013.
Concilium Quinisextum, ed. et trad. Heinz OHME, (Fontes Christiani 82) Turnhout 2006.
Continuationes chronicarum quae dicuntur Fredegarii Scholastici, ed. Bruno KRUSCH, (MGH SS rer. Merov. 2) Hannover 1888, S. 168–214.
Diplomata Belgica ante annum millesimum centesimum scripta, edd. Maurits GYSSELING – Anton Carl Frederik KOCH, 2 Bde., (Bouwstoffen en studiën voor de geschiedenis en de lexicografie van het Nederlands 1) Brüssel 1950.
Diplomata Karolinorum, Bd. 1, Pippini, Carlomanni, Caroli Magni diplomata, ed. Engelbert MÜHLBACHER, (MGH DD Karol. 1) Hannover 1906.
Diplomata maiorum domus e stirpe Arnulforum, ed. Karl August Friedrich PERTZ, in: DERS., Diplomata regum Francorum e stirpe Merowingica, Diplomata maiorum domus regiae, Diplomata spuria, (MGH DD Merov.) Hannover 1872, S. 89–110.
Dominorum nostrorum imperatorum augustorum, caesarum ac regum s. imperii romano-theutonici recessus, constitutiones, ordinationes et rescripta […], ed. Melchior GOLDAST, Bd. 3, Offenbach 1610.
Einhard, Vita Karoli magni, ed. Oswald HOLDER-EGGER, (MGH SS rer. Germ. 25) Hannover – Leipzig 1911.
Formulae Merowingici et Karolini aevi, ed. Karl ZEUMER, (MGH Form. 1) Hannover 1886.
Die Gesetze der Langobarden, ed. et trad. Franz BEYERLE, Weimar 1947.
Iustinianae Novellae, edd. Rudolf SCHÖLL – Wilhelm KROLL, (Corpus iuris civilis 3) Berlin 1895.
Gesta Dagoberti I. regis Francorum, ed. Bruno KRUSCH, in: DERS., Fredegarii et aliorum chronica. Vitae sanctorum, (MGH SS rer. Merov. 2.) Hannover 1888, S. 399–425.
Karoli magni et Ludovici Pii christianissorum regum et imperatorum Francorum capitula sive leges ecclesiasticae et civiles ab Ansegiso et Benedicto Levita collectae libris septem […], ed. Pierre PITHOU, Paris 1588.
Die Konzilien der karolingischen Teilreiche 843–859, ed. Wilfried HARTMANN, (MGH Conc. 3), Hannover 1984.
Leges Alamannorum, edd. Karl LEHMANN – Karl August ECKHARDT, (MGH LL nat. Germ. 5,1) Hannover 1966.
Leges Langobardorum, ed. Friedrich BLUHME, (MGH LL 4) Hannover 1868.

Le leggi dei Longobardi. Storia, memoria e diritto di un popolo germanico, trad. Claudio Azzara – Stefano Gasparri, Rom 2005.
Lex Ribuaria, edd. Franz Beyerle – Rudolf Buchner, (MGH LL nat. Germ. 3,2) Hannover 1954.
Lex Salica (A), ed. Karl August Eckhardt, Pactus legis Salicae 2,1. 65 Titel-Text, (Germanenrechte N.F.) Göttingen 1955.
Lex Salica (C), ed. Karl August Eckhardt, Pactus legis Salicae 2,1. 65 Titel-Text, (Germanenrechte N.F.) Göttingen 1955.
Lex Salica (D), ed. Karl August Eckhardt, Lex Salica. 100 Titel-Text, (Germanenrechte N.F.) Weimar 1953.
Lex Salica (E), ed. Karl August Eckhardt, Lex Salica. 100 Titel-Text, (Germanenrechte N.F.) Weimar 1953.
Lex Salica (K), ed. Karl August Eckhardt, Pactus legis Salicae 2,2. Kapitularien und 70 Titel-Text, (Germanenrechte N.F.) Göttingen 1956.
Lex Salica (S), ed. Karl August Eckhardt, Pactus Legis Salicae, Bd. 1,2. Systematischer Text, (Germanenrechte N.F.) Göttingen 1957.
Liber confraternitatum Sancti Galli, Augiensis, Fabariensis, ed. Paul Piper, (MGH Necr. Suppl.) Berlin 1884.
Liber historiae Francorum, ed. Bruno Krusch, (MGH SS rer. Merov. 2) Hannover 1888, S. 215–328.
Le Liber pontificalis, ed. Louis Duchesne, 2 Bde., Paris 1886–1892.
Paenitentiale Sangallense tripartitum, ed. Rob Meens, Het tripartite boeteboek. Overlevering en betekenis van vroegmiddeleeuwse biechtvoorschriften, (Middeleeuwse studies en bronnen 41) Hilversum 1994, S. 326–353.
Paulus Diaconus, Historia Langobardorum, edd. Ludwig Bethmann – Georg Waitz, in: Scriptores rerum Langobardicarum et Italicarum saec. VI–IX, (MGH SS rer. Lang. 1) Hannover 1878, S. 12–187.
Recueil des actes de Charles II le Chauve. Roi de France, ed. Georges Tessier, 3 Bde., (Chartes et diplômes relatifs à l'histoire de France) Paris 1943–1955.
Recueil des actes de Charles III le Simple. Roi de France, ed. Philippe Lauer, (Chartes et diplômes relatifs à l'histoire de France) Paris 1949.
Sacrorum conciliorum nova et amplissima collectio, Bd. 12, ed. Giovanni Domenico Mansi, Florenz 1756.
Simeon von Durham, Historia regum, ed. Thomas Arnold, (Symeonis monachi opera omnia 2) London 1885.
Die Urkunden der Arnulfinger, ed. Ingrid Heidrich, (MGH DD Arnulf.) Hannover 2011.
Die Urkunden Heinrichs II. und Arduins, edd. Harry Bresslau – Hermann Bloch, (MGH DD Germ. 3) Hannover 1900–1903.
Die Urkunden Heinrichs V. und der Königin Mathilde, ed. Matthias Thiel, Vorabedition 2010 (http://www.mgh.de/ddhv/index.htm).
Die Urkunden Lothars I. und Lothars II., ed. Theodor Schieffer, (MGH DD Karol. 3) Berlin – Zürich 1966.
Die Urkunden Ludwigs des Deutschen, Karlmanns und Ludwigs des Jüngeren, ed. Paul Fridolin Kehr, (MGH DD regum Germaniae ex stirpe Karol. 1) Berlin 1934.
Die Urkunden Ludwigs des Frommen, ed. Theo Kölzer, 3 Bde., (MGH DD Karol. 2) Wiesbaden 2016.

Die Urkunden der Merowinger, ed. Theo Kölzer, 2 Bde., (MGH DD Merov.) Hannover 2001.

Die Urkunden Ottos II., ed. Theodor Sickel, (MGH DD Germ. 2,1) Hannover 1888.

Das Verbrüderungsbuch der Abtei Reichenau, edd. Johanne Autenrieth – Dieter Geuenich – Karl Schmid, (MGH Libri mem. N.S. 1) Hannover 1979.

Vita Hugberti episcopi Traiectensis, ed. Wilhelm Levison, in: Bruno Krusch – Wilhelm Levison, Passiones vitaeque sanctorum aevi Merovingici, Bd. 4, (MGH SS rer. Merov. 6.) Hannover – Leipzig 1913, S. 417–496.

7.6 Literatur

Hildegard Adam, Das Zollwesen im fränkischen Reich und das spätkarolingische Wirtschaftsleben. Ein Überblick über Zoll, Handel und Verkehr im 9. Jahrhundert, (Vierteljahrschrift für Sozial- und Wirtschaftsgeschichte. Beihefte 126) Stuttgart 1996.

Werner Affeldt, Das Problem der Mitwirkung des Adels an politischen Entscheidungsprozessen im Frankenreich vornehmlich des 8. Jahrhunderts, in: Aus Theorie und Praxis der Geschichtswissenschaft. Festschrift für Hans Herzfeld zum 80. Geburtstag, hg. von Dietrich Kurze, (Veröffentlichungen der Historischen Kommission zu Berlin 37) Berlin 1972, S. 402–423.

Stuart Airlie, Towards a Carolingian Aristocracy, in: Becher – Jarnut, Dynastiewechsel, S. 109–127.

Stuart Airlie, The Frankish Aristocracy as Supporters and Opponents of Boniface, in: Felten – Jarnut – von Padberg, Bonifatius, S. 255–269.

Maria Pia Andreolli, Una pagina di storia longobarda. Re Ratchis, in: Nuova rivista storica 50 (1966), S. 281–327.

Arnold Angenendt, Rex et sacerdos. Zur Genese der Königssalbung, in: Tradition als historische Kraft. Interdisziplinäre Forschungen zur Geschichte des früheren Mittelalters, hg. von Norbert Kamp – Joachim Wollasch, Berlin – New York 1982, S. 100–118.

Arnold Angenendt, Kaiserherrschaft und Königstaufe. Kaiser, Könige und Päpste als geistliche Patrone in der abendländischen Missionsgeschichte, (Arbeiten zur Frühmittelalterforschung 15) Berlin – New York 1984.

Hans Hubert Anton, Fürstenspiegel und Herrscherethos in der Karolingerzeit, (Bonner historische Forschungen 32) Bonn 1968.

Marion M. Archibald, The Coinage of Beonna in the Light of the Middle Harling Hoard, in: British Numismatic Journal 55 (1985), S. 10–54.

Marion M. Archibald, Beonna and Alberht. Coinage and Historical Context, in: Æthelbald and Offa. Two Eighth-Century Kings of Mercia, hg. von David Hill – Margaret Worthington, (BAR British Series 383) Oxford 2005, S. 123–132.

Marion M. Archibald – Valerie Fenwick, A Sceat of Ethelbert I of East Anglia and Recent Finds of Coins of Beonna, in: British Numismatic Journal 65 (1995), S. 1–19.

Michele Asolati – Giovanni Gorini (Hgg.), I ritrovamenti monetali e la legge dei Gresham, Padua 2006.

Azzara – Gasparri, Leggi vgl. Le leggi dei Longobardi

Baluze, Capitularia vgl. Capitularia regum Francorum

Ludovic Beauchet, Histoire de l'organisation judicaire en France. Époque franque, Paris 1886.

Matthias Becher, Drogo und die Königserhebung Pippins, in: Frühmittelalterliche Studien 23 (1989), S. 131–153.

Matthias Becher, Eine verschleierte Krise. Die Nachfolge Karl Martells 741 und die Anfänge der karolingischen Hofgeschichtsschreibung, in: Von Fakten und Fiktionen. Mittelalterliche Geschichtsdarstellungen und ihre kritische Aufarbeitung, hg. von Johannes Laudage, (Europäische Geschichtsdarstellungen 1) Köln – Weimar – Wien 2003, S. 95–133.

Matthias Becher, Merowinger und Karolinger, (Geschichte kompakt) Darmstadt 2009.

Matthias Becher, Pippin der Jüngere und die Erneuerung des Frankenreichs. Ergebnisse und Perspektiven zweier Tagungen 2002 und 2018, in: Breternitz – Ubl, Pippin der Jüngere, S. 173–181.

Matthias Becher – Jörg Jarnut (Hgg.), Der Dynastiewechsel von 751. Vorgeschichte, Legitimationsstrategien und Erinnerung, Münster 2004.

Heinrich Beck – Detlev Ellmers, Art. Fähre, in: RGA² 8 (1994), S. 94–99.

Werner Bergmann, Untersuchungen zu den Gerichtsurkunden der Merowingerzeit, in: Archiv für Diplomatik 22 (1976), S. 1–186.

Ernesto Bernareggi, Il sistema economico e la monetazione dei Longobardi nell'Italia superiore, Mailand 1960.

Ernesto Bernareggi, Problemi di numismatica longobarda. La monetazione di re Aistolfo a Ravenna, in: Annali dell'Istituto italiano di numismatica 15 (1968), S. 63–69.

Ernesto Bernareggi, Moneta Langobardorum, Lugano 1989.

Walter Berschin, Biographie und Epochenstil im lateinischen Mittelalter, Bd. 2. Merowingische Biographie. Italien, Spanien und die Inseln im frühen Mittelalter, (Quellen und Untersuchungen zur lateinischen Philologie des Mittelalters 8,2) Stuttgart 1988.

Walter Berschin – Gereon Becht, Sprachliches in den Vitae S. Wiboradae von Ekkehart I. (ca. 960/970) und Herimannus (ca. 1075) von St. Gallen, in: Archivum latinitatis medii aevi 43 (1981–1982), S. 5–26.

Helmut Beumann (Hg.), Karl der Große. Lebenswerk und Nachleben, Bd. 1. Persönlichkeit und Geschichte, Düsseldorf 1965.

Beyerle, Gesetze vgl. Gesetze der Langobarden

Søren Bischt Christensen (Hg.), Ribe Bys Historie, Bd. 1. 710–1520, (Skrifter om dans byhistorie 7) Esbjerg 2010.

Adrien Blanchet, Manuel de nusmimatique française, Bd. 1. Monnaies frappées en Gaule depuis les origines jusqu'à Hugues Capet, Paris 1912.

Dirk Peter Blok. Het immuniteitsdiploma van Koning Pippijn I voor de St. Maartenskerk te Utrecht, in: Tijdschrift voor geschiedenis 75 (1962), S. 40–43.

Dirk Peter Blok, De Franken in Nederland, Bussum 1979.

Dirk Peter Blok, De Frankische periode tot 880, in: Algemene Geschiedenis der Nederlanden, Bd. 1. Middeleeuwen, hg. von dems. – Adriaan Verhulst, Bussum 1981, S. 288–304.

Bluhme, Leges Langobardorum vgl. Leges Langobardorum

Johann Friedrich Böhmer – Irmgard Fees, Regesta Imperii I. Die Regesten des Kaiserreichs unter den Karolingern 751–918 (987), Bd. 2. Die Regesten des Westfrankenreichs und

Aquitaniens, Teil 1. Die Regesten Karls des Kahlen 840 (823) – 877, Lfg. 1. 840 (823) – 848, Köln 2007.

Sture Bolin, Mohammed, Charlemagne and Ruric, in: Scandinavian Economic History Review 1 (1953), S. 5–39.

James Booth, Sceattas in Northumbria, in: Sceattas in England and on the Continent, hg. von David Hill – David Michael Metcalf, (BAR British Series 128) Oxford 1984, S. 71–111.

James Booth, Northumbrian Coinage and the Productive Site at South Newbald (Sancton), in: Early Deira. Archaeological Studies of the East Riding in the fourth to ninth centuries AD, hg. von Helen Geake – Jonathan Kenny, Oxford 2000, S. 83–97.

James Booth, Notes on the Keith Chapman Collection of Northumbrian Silver Sceattas. C.700–c.788, in: New Perspectives, hg. von Tony Abramson, (Studies in Early Medieval Coinage 2) Woodbridge 2011, S. 193–216.

Boretius, Capitularia vgl. Capitularia regum Francorum 1

Boretius – Krause, Capitularia vgl. Capitularia regum Francorum 2

Bouchard, Cartulary vgl. Cartulary of St.-Marcel-lès-Chalon

Bourgain, Chronicon vgl. Ademari Cabannensis chronicon

Pascale Bourgain, L'Aquitaine d'Adémar de Chabannes, in: L'Aquitaine des littératures médiévales (XIe–XIIIe siècle), hg. von Jean-Yves Casanova – Valérie Fasseur, (Culture et civilisation médiévales) Paris 2011, S. 97–107.

Klaus Brandt – Michael Müller-Wille – Christian Radtke (Hgg.), Haithabu und die frühe Stadtentwicklung im nördlichen Europa, (Schriften des Archäologischen Landesmuseums 8) Neumünster 2002.

Patrick Breternitz, Wann reformierte Pippin der Jüngere das fränkische Münzwesen?, in: Francia 43 (2016), S. 325–332.

Patrick Breternitz, Milo und die Münzen. Ein Beitrag zur Diskussion um Milos Trierer Episkopat, in: Deutsches Archiv für Erforschung des Mittelalters 72 (2016), S. 161–175.

Patrick Breternitz, Das Ende der eigenständigen friesischen Münzprägung im 8. Jahrhundert. Beobachtungen zur Chronologie der Porcupinevarianten B, E und F, in: Jaarboek voor Munt- en Penningkunde 105 (2018), S. 83–102.

Patrick Breternitz, Die Genese der Collectio Herovalliana, in: Zeitschrift der Savigny-Stiftung für Rechtsgeschichte. Kan. Abt. 135 (2018), S. 397–409.

Patrick Breternitz, Pippins Münzprägung als Medium im Konflikt mit den Friesen, in: ders. – Ubl, Pippin der Jüngere, S. 91–106.

Patrick Breternitz – Philippe Schiesser, Deux nouveaux deniers de Milon de Trèves, in: Cahiers numismatiques 57, Nr. 223, S. 25–32.

Patrick Breternitz – Dominic Stangier – Wolfgang Tillmann. Friesische Halbsceattas. Werkstoffkundliche und historische Überlegungen, in: Jaarboek voor Munt- en Penningkunde 104 (2017), S. 1–22.

Patrick Breternitz – Karl Ubl (Hgg.), Pippin der Jüngere und die Erneuerung des Frankenreichs, (Relectio 3) Ostfildern 2020.

Charlotte J.C. Broer – Martinus W.J. de Bruijn, Bonifatius en de Utrechtse kerk, in: De kerk en de Nederlanden. Archieven, instellingen, samenleving, hg. von E.S.C. Erkelenz-Buttinger, Hilversum 1997, S. 43–65.

Warren Brown, When documents are destroyed or lost. Lay people and archives in the early Middle Ages, in: Early Medieval Europe 11 (2002), S. 337–366.

Albert Bruckner, Regesta Alsatiae aevi Merovingici et Karolini. 498–918, Bd. 1. Quellenband, Straßburg – Zürich 1949.

Carlrichard Brühl, Die merowingische Immunität, in: Chiesa e mondo feudale nei secoli X–XII, (Miscellanea del Centro di studi medioevali 24) Mailand 1995, S. 27–44.

Heinrich Brunner, Zeugen und Inquisitionsbeweis der karolingischen Zeit, Wien 1866.

Heinrich Brunner – Claudius Freiherr von Schwerin, Deutsche Rechtsgeschichte, Bd. 2, (Systematisches Handbuch der Deutschen Rechtswissenschaft 2,1,2) Berlin ^{2}1928.

Konrad Bund, Thronsturz und Herrscherabsetzung im Frühmittelalter, (Bonner historische Forschungen 44) Bonn 1979.

Jörg W. Busch, Die Herrschaften der Karolinger 714–911, (Enzyklopädie deutscher Geschichte 88) München 2011.

Eva-Maria Butz, Der Rückzug der Etichonen (735/742) im Spiegel ihrer Gefolgschaft, in: In frumento et vino opima. Festschrift für Thomas Zotz zu seinem 60. Geburtstag, hg. von Heinz Krieg – Alfons Zettler, Ostfildern 2004, S. 11–27.

Erich Caspar, Pippin und die römische Kirche. Kritische Untersuchungen zum fränkisch-päpstlichen Bunde im VIII. Jahrhundert, Berlin 1914 (ND Darmstadt 1973).

Paul Cattin, Art. Nantua, in: LMA 6 (1993), Sp. 1018 f.

Anatole Chabouillet, Catalogue raisonné de la collection de deniers mérovingiens des VIIe et VIIIe siècles de la trouvaille de Cimiez donnée au Cabinet des médailles de la Bibliothèque nationale par Mr Arnold Morel-Fatio, Paris 1890.

Bernard Chwartz – Pierre Crinon, Un denier inédit de Pépin, in: Bulletin de la Société française de numismatique 66 (2010), S. 104–107.

François Clément, La province arabe de Narbonne au VIIIe siècle, in: Histoire de l'islam et des musulmans en France du Moyen Âge à nos jours, hg. von Mohammed Arkoun, Paris 2006, S. 48–54.

Guy Collin, Angers (et Saint-Aubin d'Angers ?) au VIIIe siècle, in: Bulletin de la Société française de numismatique 59 (2004), S. 7–9.

Simon Coupland, Trading places. Quentovic and Dorestad reassessed, in: Early medieval Europe 11 (2002) S. 209–232.

Simon Coupland, A Checklist of Carolingian Coin Hoards 751–987, in: The Numismatic Chronicle 171 (2011), S. 203–256.

Simon Coupland, A Supplement to the Checklist of Carolingian Coin Hoards 751–987, in: The Numismatic Chronicle 174 (2014), S. 213–222.

Simon Coupland, Rezension: Kluge, Am Beginn des Mittelalters, in: The Numismatic Chronicle 175 (2015), S. 385 f.

Simon Coupland, Rezension: Depeyrot, Le numéraire carolingien, in: The Numismatic Chronicle 177 (2017), S. 581–583.

Michael R. Cowell, Analysis of Coins of Beonna and Related Issues, in: Archibald, Coinage, S. 42–48.

Pierre Crinon, Catalogue des monnaies carolingiennes de Tours du VIIIe s. au début de la féodalité, Xe s., in: Tours. Études numismatiques, hg. von Jacqueline Pilet-Lemière, (Supplément au bulletin de la Société française de numismatique 6) Paris 1997, S. 53–87.

Pierre Crinon, Reims (Marne, France). Corpus des monnaies mérovingiennes (civitas, pagus, vicus sancti Remidii, ecclesia), in: Revue belge de numismatique 149 (2003), S. 59–150.

Pierre Crinon, Le monnayage de Carloman (768–771). À propos d'un denier inédit de Reims in: Bulletin de la Société française de numismatique 59 (2004), S. 246–248.

Pierre Crinon, Attribution d'un denier de Pépin au nom d'Erodbert à Robert (… 741, 757–758…), le premier Robertien, ancêtre de Hugues Capet, in: Bulletin de la Société française de numismatique 64 (2009), S. 95–97.

Karsten Dahmen, Zum Münzwesen des Merowingerreiches, in: Greule et al., Merowingische Monetarmünzen, S. 71–124.

Jennifer R. Davis, Charlemagne's Practice of Empire, Cambridge 2015.

Carlo de Clercq, La législation religieuse franque de Clovis à Charlemagne. Étude sur les actes de conciles et les capitulaires, les status diocésains et les règles monastiques (507–814), Löwen – Paris 1936.

Georges Declercq, Art. Saint-Amand-les-Eaux, in: LMA 7 (1995), Sp. 1131.

Georges Declercq, De schenkingsoorkonde van de cella van Roksem aan de abdij van Sint-Bertijns, in: Vlaanderen 44 (1995), S. 191–193.

Mayke de Jong, Monastic prisoners or opting out? Political coercion and honour in the Frankish kingdoms, in: Topographies of Power in the Early Middle Ages, hg. von ders. – Frans Theuws, (Transformation of the Roman World 6) Leiden 2001, S. 291–328.

Adrien de Longpérier, Cent deniers de Pépin, de Carloman et de Charlemagne découverts près d'Imphy en Nivernais, in: Revue numismatique. Nouvelle série 3 (1858), S. 202–262.

Adrien de Longpérier, Deniers de Waïfre, duc d'Aquitaine, in: Revue numismatique. Nouvelle série 3 (1858), S. 331–337.

Georges Depeyrot, Les monnaies des lois barbares. Lois salica, Gombette, wisigothe, ribuaria, Alamanorum, bavaroise, in: Acta numismàtica 21–23 (1993), S. 315–328.

Georges Depeyrot, Le numéraire mérovingien. L'âge du denier, (Collection Moneta 22) Wetteren 2001.

Georges Depeyrot, Le numéraire carolingien. Corpus des monnaies, (Collection Moneta 77) Wetteren ^{3}2008.

Georges Depeyrot, Le numéraire carolingien. Corpus des monnaies, (Collection Moneta 198) Wetteren ^{4}2017.

Philippe Depreux, Prosopographie de l'entourage de Louis le Pieux (781–840), (Instrumenta 1) Sigmaringen 1997.

Philippe Depreux, Zur Nützlichkeit bzw. Nutzlosigkeit von Kunsttiteln für Kapitularien (am Beispiel der Nummern 134–135, 143–145 und 178 aus der Boretius-Edition), in: Deutsches Archiv für Erforschung des Mittelalters 70 (2014), S. 87–106.

Philippe Depreux – Stefan Esders (Hgg.), La productivité d'une crise. Le règne de Louis le Pieux (814–840) et la transformation de l'empire carolingien – Produktivität einer Krise. Die Regierungszeit Ludwig des Frommen (814–840) und die Transformation des karolingischen Imperiums, (Relectio 1) Sigmaringen 2018.

Annette de Sousa Costa. Studien zu volkssprachigen Wörtern in karolingischen Kapitularien, (Studien zum Althochdeutschen 21) Göttingen 1993.

Gerd Dethlefs – Arent Pol – Stefan Wittenbrink (Hgg.), Nummi docent! Münzen – Schätze – Funde. Festschrift für Peter Ilisch zum 65. Geburtstag am 28. April 2012, Osnabrück 2012.

Roman Deutinger, Das Zeitalter der Agilolfinger, in: Das Alte Bayern, Teil 1. Von der Vorgeschichte bis zum Hochmittelalter, hg. von Alois Schmid, (Handbuch der bayerischen Geschichte 1,1), München 2017, S. 124–212.

Andreas Deutsch, Art. Leibesstrafen, in: HRG[2] 3 (2014), Sp. 778–789.

Jean-Pierre Devroey, Un monastère dans l'économie d'échanges. Les services de transport à l'abbaye Saint-Germain-des-Prés au IXe siècle, in: Annales 39 (1984), S. 570–589.

Jean-Pierre Devroey, Activité monétaire, marchés et politques à l'âge des empereurs carolingiens, in: Revue belge de numismatique et de sigillographie 161 (2015), S. 177–232.

Michel Dhénin, Les monnaies de Saint-Denis. VIIe–Xe siècle, in: Un village au temps de Charlemagne. Moines et paysans de l'abbaye de Saint-Denis du VIIe siècle à l'An Mil, hg. von Jean Cuisenier, Paris 1988, S. 309–317.

Michel Dhénin – Philippe Schiesser, Oboles mérovingiennes, in: Revue numismatique 163 (2007), S. 283–313.

Jean Dhondt, L'essor urbain entre Meuse et mer du nord à l'époque mérovingienne, in: Studi in onore di Armando Sapori, Mailand 1957, Bd. 1, S. 55–78.

Menno Freerk Pieter Dijkstra, Rondom de mondingen van Rijn & Maas. Landschap en bewoning tussen de 3e en 9e eeuw in Zuid-Holland, in het bijzonder de Oude Rijnstreek, Leiden 2011.

Gerhard Dilcher, Einführung, in: Rechtsgeschichte 17 (2010), S. 15–16.

Gerhard Dilcher, Noch einmal: Rechtsgewohnheit, Oralität, Normativität, Konflikt und Zwang, in: Rechtsgeschichte 17 (2010), S. 67–73.

Gerhard Dilcher – Eva-Marie Distler (Hgg.), Leges – Gentes – Regna. Zur Rolle von germanischen Rechtsgewohnheiten und lateinischer Schrifttradition bei der Ausbildung der frühmittelalterlichen Rechtskultur, Berlin 2006.

Renée Doehaerd, Les réformes monétaires carolingiennes, in: Annales 7 (1952), S. 13–20.

Anton Doll, Das Pirminskloster Hornbach. Gründung und Verfassungsentwicklung bis Anfang des 12. Jahrhunderts, in: Archiv für mittelrheinische Kirchengeschichte 5 (1953), S. 108–142.

Lin Donnat, Art. Jumièges, in: LMA 5 (1991), Sp. 806 f.

Katrin Dort – Christian Reuther, Armenfürsorge in den karolingischen Kapitularien, in: Zwischen Ausschluss und Solidarität. Modi der Inklusion/Exklusion von Fremden und Armen in Europa seit der Spätantike, hg. von Raphael Lutz – Herbert Uerlings, (Inklusion/Exklusion 6) Frankfurt am Main u. a. 2008, S. 133–164.

Jacques Dubois, Les évêques de Paris. Des origines à l'avènement de Hugues Capet, in: Bulletin de la Société de l'histoire de Paris et de l'Ile-de-France 96 (1969), S. 33–97.

Tilman Duve, Was ist Multinormativität? Einführende Bemerkungen, in: Rechtsgeschichte 25 (2017), S. 88–101.

Horst Ebling, Prosopographie der Amtsträger des Merowingerreiches. Von Chlothar II. (613) bis Karl Martell (741), (Beihefte der Francia 2) München 1974.

Horst Ebling, Die inneraustrasische Opposition, in: Jarnut – Nonn – Richter, Karl Martell in seiner Zeit, S. 295–304.

Caspar EHLERS, Rechtsräume. Ordnungsmuster im Europa des frühen Mittelalters, (Methodica 3) Berlin – Boston 2016.

Daniel EICHLER, Fränkische Reichsversammlungen unter Ludwig dem Frommen, (MGH Studien und Texte 45) Hannover 2007.

Michael D. ELLIOT, Boniface, Incest, and the Earliest Extant Version of Pope Gregory I's Libellus responsium (JE 1843), in: Zeitschrift der Savigny-Stiftung für Rechtsgeschichte. Kan. Abt. 131 (2014), S. 62–111.

Detlev ELLMERS, Art. Wasserstraßen, in: RGA^2 33 (2006), S. 295–306.

Detlev ELLMERS – Eva NYMAN, Art. Schleppstrecken, in: RGA^2 26 (2004), S. 165–175.

Konrad ELMSHÄUSER, Kanalbau und technische Wasserführung im frühen Mittelalter, in: Technikgeschichte 59 (1992), S. 1–26.

Konrad ELMSHÄUSER, Art. Schleusen, in: LMA 7 (1995), Sp. 1488 f.

Konrad ELMSHÄUSER, Facit Navigium. Schiffahrt auf Seine, Marne, Mosel und Rhein in Quellen zur frühmittelalterlichen Grundherrschaft, in: Häfen – Schiffe – Wasserwege. Zur Schiffahrt des Mittelalters, hg. von DEMS., (Schriften des Deutschen Schiffahrtsmuseums 58) Bremerhaven – Hamburg 2002, S. 22–53.

Konrad ELMSHÄUSER – Andreas HEDWIG, Studien zum Polyptychon von Saint-Germain-des-Prés, Köln – Weimar – Wien 1993.

Hubert EMMERIG, Carolingian Capitularies as a Source for the Monetary History of the Frankish Empire, in: Proceedings of the XIVth International Numismatic Congress, hg. von Nicholas HOLMES, Glasgow 2011, S. 1431–1435.

Hubert EMMERIG, *in medio nostri nominis monogramma.* Zur Schrift auf karolingischen Münzen, in: Archiv für Diplomatik 53 (2013), S. 499–516.

Verena EPP – Christoph H. F. MEYER (Hgg.), Recht und Konsens im frühen Mittelalter, (Vorträge und Forschungen 82) Ostfildern 2017.

Arnold ESCH, Überlieferungs-Chance und Überlieferungs-Zufall als methodisches Problem des Historikers, in: Historische Zeitschrift 240 (1985), S. 529–570.

Stefan ESDERS, Römische Rechtstradition und merowingisches Königtum. Zum Rechtscharakter politischer Herrschaft in Burgund im 6. und 7. Jahrhundert, (Veröffentlichungen des Max-Planck-Instituts für Geschichte 134) Göttingen 1997.

Stefan ESDERS, Rechtliche Grundlagen frühmittelalterlicher Staatlichkeit. Der allgemeine Treueid, in: POHL – WIESER, Der frühmittelalterliche Staat, S. 423–432.

Stefan ESDERS, Governanceforschung und historische Mediävistik. Neue Perspektiven auf die Genese mittelalterlicher Regierungsweise und Staatlichkeit, in: DERS. – SCHUPPERT, Mittelalterliches Regieren, S. 147–261.

Stefan ESDERS, Zwischen Historie und Rechtshistorie. Der consensus iuris im frühen Mittelalter, in: EPP – MEYER, Recht und Konsens, S. 427–474.

Stefan ESDERS, Herrschaft und Gewohnheit im Kontext frühmittelalterlicher Rechtsbeziehungen. Zur Historisierung und Aktualität einer Forschungsfrage, in: Ad personam. Festschrift zu Hanna Vollraths 80. Geburtstag, hg. von Dirk JÄCKEL – Gerhard LUBICH, (Studien zur Vormoderne 1) Berlin 2019, S. 53–90.

Stefan ESDERS – Gunnar Folke SCHUPPERT, Mittelalterliches Regieren in der Moderne oder Modernes Regieren im Mittelalter?, (Schriften zur Governance-Forschung 27) Baden-Baden 2015.

Francis N. ESTEY, The Meaning of Placitum and Mallum in the Capitularies, in: Speculum 22 (1947), S. 435–439.

Francis N. Estey, The Scabini and the Local Courts, in: Speculum 26 (1951), S. 119–129.

Eugen Ewig, Zum christlichen Königsgedanken im Frühmittelalter, in: Das Königtum. Seine geistigen und rechtlichen Grundlagen, hg. von Theodor Mayer, (Vorträge und Forschungen 3) Lindau – Konstanz 1956, S. 7–73.

Egon Felder, Die Personennamen auf den merowingischen Münzen der Bibliothèque nationale de France, (Bayerische Akademie der Wissenschaften. Philosophisch-historische Klasse. Abhandlungen N.F. 122) München 2003.

Egon Felder, Lesen, interpretieren, interpretierende Lesungen, in: Jarnut – Strothmann, Monetarmünzen, S. 491–510.

Hans Fell, Hornbach, in: Jürgensmeier, Männer- und Frauenklöster, S. 177–229.

Franz J. Felten – Jörg Jarnut – Lutz E. von Padberg (Hgg.), Bonifatius. Leben und Nachwirken. Die Gestaltung des christlichen Europa im Frühmittelalter, (Quellen und Abhandlungen zur mittelrheinischen Kirchengeschichte 121) Mainz 2007.

Claus Feveile, Mønterne fra det ældste Ribe, in: Det ældste Ribe. Udgravninger på nordsiden af Ribe Å 1984–2000, Bd. 1, hg. von dems., (Ribe Studier 1,1) Højberg 2006, S. 279–312.

Claus Feveile, Series X and Coin Circulation in Ribe, in: Two Decades of Discovery, hg. von Tony Abramson, (Studies in Early Medieval Coinage 1) Woodbridge 2008, S. 53–67.

Claus Feveile, Ribe. Emporia and town in the 8th and 9th century, in: From one Sea to another. Trading Places in the European and Mediterranean Early Middle Ages, hg. von Sauro Gelichi – Richard Hodges, (Seminari del centro interuniversitario per la storia e l'archeologia dell'alto medioevo 3) Turnhout 2012, S. 111–122.

Andreas Fischer, Karl Martell. Der Beginn karolingischer Herrschaft, (Urban-Taschenbücher 648) Stuttgart 2012.

Josef Fleckenstein, Art. Pippin III., in: LMA 6 (1993), Sp. 2168–2170.

Paul Fouracre, Placita and the settlement of disputes in later Merovingian Francia, in: The Settlement of Disputes in Early Medieval Europe, hg. von Wendy Davies – Paul Fouracre, Cambridge 1986, S. 23–43.

Paul Fouracre, The Age of Charles Martel, (The Medieval World) Harlow u. a. 2000.

Wolfgang H. Fritze, Papst und Frankenkönig. Studien zu den päpstlich-fränkischen Rechtsbeziehungen von 754 bis 824, (Vorträge und Forschungen. Sonderband 10) Sigmaringen 1973.

Richard Gaettens, Das Münzrecht im Karolingerreich. Ein Überblick, Heidelberg 1958.

François Louis Ganshof, Het tolwezen in het Frankisch rijk onder de Merowingen, (Mededelingen van de koninklijke Vlaamse academie voor wetenschappen, letteren en schone kunsten van België. Klasse der letteren 20,4) Brüssel 1958.

François Louis Ganshof, Het tolwezen in het Frankisch rijk onder de Karolingen, (Mededelingen van de koninklijke Vlaamse academie voor wetenschappen, letteren en schone kunsten van België. Klasse der letteren 21,1) Brüssel 1959.

François Louis Ganshof, Les bureaux du tonlieu de Marseille et de Fos. Contribution à l'histoire des institutions financières de la monarchie franque, in: Études historiques à la mémoire de Noël Didier, Paris 1960, S. 125–133.

François Louis Ganshof, Was waren die Kapitularien?, Weimar 1961.

François Louis Ganshof, Charlemagne et l'administration de la justice dans la monarchie franque, in: Beumann, Karl der Große, Bd. 1, S. 394–419.

François Louis GANSHOF, L'immunité dans la monarchie franque, in: DERS., Les liens de vassalité et les immunités, (Recueils de la société Jean Bodin 1) Paris [3]1983, S. 171–216.

Ernest GARIEL, Les monnaies royales de France sous la race carolingienne, 2 Bde., Straßburg 1883–1884 (ND Hildesheim – New York 1974).

Ildar H. GARIPZANOV, Karolingskoe monetnoe delo i rimskaja imperskaja tradicija, Kazan 2000.

Ildar H. GARIPZANOV, Carolingian Coins in Early Viking Age Scandinavia (c. 754–c. 900). Chronological Distribution and Regional Patterns, in: Nordisk Numismatisk Årsskrift (2003–2005), S. 65–92.

Ildar H. GARIPZANOV, Metamorphoses of the early medieval signum of a ruler in the Carolingian world, in: Early Medieval Europe 14 (2006), S. 419–464.

Ildar H. GARIPZANOV, The Symbolic Language of Authority in the Carolingian World (c. 751–877), (Brill's Series on the Early Middle Ages 16) Leiden – Boston 2008.

Ildar H. GARIPZANOV, Coins as symbols of early medieval 'Staatlichkeit', in: POHL – WIESER, Der frühmittelalterliche Staat, S. 411–422.

Mathias GEISELHART, Die Kapitulariengesetzgebung Lothars I. in Italien, (Freiburger Beiträge zur Mittelalterlichen Geschichte 15) Frankfurt am Main u. a. 2002.

Vincent GENEVIÈVE – Guillaume SARAH, Le trésor de deniers mérovingiens de Rodez (Aveyron). Circulation et diffusion des monnayages d'argent dans le Sud de la France au milieu du VIIIe siècle, in: Revue numismatique 166 (2010), S. 477–507.

Octavio GIL FARRES, Historia de la moneda española, Madrid [2]1974.

Michael GLATTHAAR, Bonifatius und das Sakrileg. Zur politischen Dimension eines Rechtsbegriffs, (Freiburger Beiträge zur Mittelalterlichen Geschichte 17) Frankfurt am Main u. a. 2004.

Michael GLATTHAAR, Gregor II. und Karl Martell im Jahr 729, in: MÜNSCH, Scientia veritatis, S. 77–90.

Michael GLATTHAAR, Die drei Fassungen des Doppelkapitulars von Diedenhofen/Thionville (805/806). Entwurf – Erlass – Revision, in: Deutsches Archiv für Erforschung des Mittelalters 69 (2013), S. 443–477.

Michael GLATTHAAR, Das Konzilsdekret von Ver (755). Ausdruck eines neuen Regierungsstils, in: BRETERNITZ – UBL, Pippin der Jüngere, S. 69–90.

Peter GODMAN – Roger COLLINS (Hgg.), Charlemagne's Heir. New Perspectives on the Reign of Louis the Pious (814–840), Oxford 1990.

GOLDAST, Recessus vgl. Dominorum nostrorun […] recessus

Erik GOOSMANN, Memorable Crises. Carolingian Historiography and the Making of Pippin's Reign, 750–900, Diss. phil. Utrecht 2013.

Erik GOOSMANN, Politics and Penance. Transformations in the Carolingian Perception of the Conversion of Carloman (747), in: The Resources of the Past in Early Medieval Europe, hg. von Clemens GANTNER – Rosamond MCKITTERICK – Sven M. MEEDER, Cambridge 2015, S. 51–67.

Erik GOOSMANN, Carolingian Kingship, Apostolic Authority and Imperial Recognition. Pippin the Short's Italienpolitik and the Quest of Royal Legitimacy, in: East and West in the Early Middle Ages. The Merovigian Kingdoms in Mediterranean Perspective, hg. von Stefan ESDERS et al., Cambridge 2019, 329–346.

Isaac H. GOSSES, Merowingisch en karolingisch Utrecht, in: Bijdragen voor vaderlandsche geschiedenis en oudheidkunde 4 (1910), S. 14–66.

Hildegard GRÄFIN VON SCHMETTOW, Art. Domburg. Archäologie, in: LMA 3 (1986), Sp. 1176 f.

Johann Georg Theodor GRAESSE – Friedrich BENEDICT – Helmut PLECHL, Orbis latinus. Lexikon lateinischer geographischer Namen des Mittelalters und der Neuzeit, 3 Bde., Braunschweig 1972.

Martin Hannes GRAF, Paraschriftliche Zeichen in südgermanischen Runeninschriften. Studien zur Schriftkultur des kontinentalgermanischen Runenhorizonts, (Medienwandel – Medienwechsel – Medienwissen. Historische Perspektiven 12) Zürich 2010.

Albrecht GREULE et al. (Hgg.), Die merowingischen Monetarmünzen als interdisziplinär-mediaevistische Herausforderung. Historische, numismatische und philologische Untersuchungen auf Grundlage des Bestandes im Münzkabinett der Staatlichen Museen zu Berlin, (MittelalterStudien 30) Paderborn 2017.

Philip GRIERSON, The silver coinage of the Lombards, in: Archivio storico lombardo. 8° serie 6 (1956), S. 130–139.

Philip GRIERSON, La fonction sociale de la monnaie en Angleterre aux VIIe–VIIIe siècles, in: Moneta e scambi nell'alto medioevo, (Settimane di studio del Centro italiano di studi sull'alto medioevo 8) Spoleto 1961, S. 341–362.

Philip GRIERSON, Money and Coinage under Charlemagne, in: BEUMANN, Karl der Große, Bd. 1, S. 501–536.

Philip GRIERSON – Marc BLACKBURN, The Early Middle Ages (5th–10th centuries), (Medieval European Coinage 1) Cambridge 1986.

Rolf GROßE, Art. Hugo, Bischof von Rouen, Bayeux, Paris († 730), in: LMA 5 (1991), Sp. 168.

Felix GROLLMANN, Vom bayerischen Stammesrecht zur karolingischen Rechtsreform. Zur Integration Bayerns in das Frankenreich, (Abhandlungen zur rechtswissenschaftlichen Grundlagenforschung 98) Berlin 2018.

Hermann GROTEFEND, Taschenbuch der Zeitrechnung des deutschen Mittelalters und der Neuzeit, Hannover ^{14}2007.

GYSSELING – KOCH, Diplomata Belgica vgl. Diplomata Belgica

Reimund HAAS, *Si quis presbyteram, diaconam aut monacham in conjugium duxerit, anathema sit.* Das päpstliche Konzil vom 5. April 721 und die Dom-Handschrift 120, in: Mittelalterliche Handschriften der Kölner Dombibliothek, Bd. 5, hg. von Heinz FINGER, (Libelli Rhenani 51) Köln 2014, S. 123–144.

Reimund HAAS, *Cum simus dominicae plebis.* Die Dom-Handschrift 115. Ein neuer Beleg für die Authentizität der päpstlichen Synode von 721, in: Mittelalterliche Handschriften der Kölner Dombibliothek, Bd. 6, hg. von Harald HORST, (Libelli Rhenani 62) Köln 2015, S. 171–183.

Carolin HAASE – Lukas WERTHER – Andreas WUNSCHEL, Güterdistribution und Verkehrsinfrastruktur klösterlicher Grundherrschaft im Frühmittelalter im Spannungsfeld ausgewählter historischer und archäologischer Quellen, in: Infrastruktur und Distribution zwischen Antike und Mittelalter, hg. von Christian LATER – Michaela HELMBRECHT – Ursina JECKLIN-TISCHHAUSER, (Studien zu Spätantike und Frühmittelalter 8) Hamburg 2015, S. 151–189.

Edwin HABEL – Friedrich GRÖBEL, Mittellateinisches Glossar, Paderborn ^{2}1959 (ND 1989).

Clemens Maria HAERTLE, Karolingische Münzfunde aus dem 9. Jahrhundert, 2 Bde., Köln 1997.

Walter HÄVERNICK, Die karolingischen Münzreformen. Ende der alten Zustände oder Beginn einer neuen Entwicklung, in: Vierteljahrschrift für Sozial- und Wirtschaftsgeschichte 41 (1954), S. 146 f.

Heinrich HAHN, Jahrbücher des fränkischen Reichs 741–752, (Jahrbücher der deutschen Geschichte 3) Berlin 1863.

Florian HARTMANN, Nochmals zur sogenannten Pippinischen Schenkung und zu ihrer Erneuerung durch Karl den Großen, in: Francia 37 (2010), S. 25–47.

Martina HARTMANN, Monumenta Germaniae Historica. Bericht über das Jahr 2018/19, in: Deutsches Archiv für Erforschung des Mittelalters 75 (2019), S. I–XVIII.

Wilfried HARTMANN, Die fränkische Kirche in der Mitte des 8. Jahrhunderts, in: Virgil von Salzburg. Missionar und Gelehrter, hg. von Heinz DOPSCH – Roswitha JUFFINGER, Salzburg 1985, S. 59–65.

Wilfried HARTMANN, Die Synoden der Karolingerzeit im Frankenreich und in Italien, (Konziliengeschichte, Reihe A. Darstellungen) Paderborn u. a. 1989.

Wilfried HARTMANN, Karl der Große, (Urban-Taschenbücher 643) Stuttgart 2010.

Gert HATZ, Der Münzfund vom Goting-Kliff/ Föhr, (Numismatische Studien 14) Hamburg 2001.

Ingrid HEIDRICH, Titulatur und Urkunden der arnulfingischen Hausmeier, in: Archiv für Diplomatik 11/12 (1965/66), S. 71–279.

Ingrid HEIDRICH, Die Verbindung von Schutz und Immunität. Beobachtungen zu den merowingischen und frühkarolingischen Schutzurkunden für St. Calais, in: Zeitschrift der Savigny-Stiftung für Rechtsgeschichte. Germ. Abt. 90 (1973), S. 10–30.

Ingrid HEIDRICH, Das Breve der Bischofskirche von Mâcon aus der Zeit König Pippins (751–768), in: Archiv für Diplomatik 24 (1997), S. 17–37.

HEIDRICH, Urkunden vgl. Urkunden der Arnulfinger

Dirk HEINRICH – J. TISCHLER – E. EBEL, Art. Fischerei und Fischereimethoden, in: RGA^2 9 (1995), S. 130–146.

Dirk HEIRBAUT, An unkown treasure for historians of early medieval Europe. The debate of German legal historians on the nature of medieval law, in: Rechtsgeschichte 17 (2010), S. 87–90.

Dirk HEIRBAUT, Rechtsgewohnheiten und semi-autonome Felder, in: Rechtsgeschichte 17 (2010), S. 55–57.

Yitzhak HEN, The Christianisation of Kingship, in: BECHER – JARNUT, Dynastiewechsel, S. 163–177.

Yitzhak HEN, Kultur und Religion zur Zeit Pippins des Jüngeren, in: BRETERNITZ – UBL, Pippin der Jüngere, S. 11–20.

Peter A. HENDERIKX, Het Cartularium van Radbod, in: Datum et actum. Opstellen aangeboden aan Jaap Kruisheer ter gelegenheid van zijn vijfenzestigste verjaardag, hg. von Dirk Peter BLOK et al., (Publicaties van het Meertens Instituut 29) Amsterdam 1998, S. 231–264.

Claude HÉRON – Olivier MEYER, L'environnement urbaine du monastère de Saint-Denis, in: Les dossiers d'archéologie 158 (1991), S. 76–89.

Hans-Walter HERRMANN, Art. Hornbach, in: LMA 5 (1991), Sp. 126 f.

Philip V. HILL, Anglo-Saxon and Frisian Sceattas in the Light of Frisian Hoards and Site-Finds, in: Jaarboek voor Munt- en Penningkunde 41 (1954), S. 11–18.

Eduard Hlawitschka, Die Vorfahren Karls des Großen, in: Beumann, Karl der Große, S. 51–82.

Herbert Hofmann, Die lateinischen Wörter im Griechischen bis 600 n. Chr., Diss. phil. masch. Erlangen – Nürnberg 1989.

Helle W. Horsnæs, Many coins from one site. Towards a method to distinguish between single finds and hoards in detector material, in: Nordisk Numismatisk Årsskrift (2000–2002), S. 101–108.

Michel Hourlier, Un denier de Pépin (754–768), attribuable à Dax, in: Bulletin de la Société française de numismatique 55 (2000), S. 181 f.

Michel Hourlier – Michel Dhénin, Monnaies médiévales de Soissons, in: Revue numismatique 153 (1998), S. 245–295.

Hans Hummer, Politics and Power in Early Medieval Europe. Alsace and the Frankish Realm, 600–1000, (Cambridge Studies in Medieval Life and Thought. 4th series 65) Cambridge 2005.

Hans Hummer, Visions of Kinship in Medieval Europe, (Oxford Studies in Medieval European History) Oxford 2018.

Matthew Innes, Charlemagne, Justice and Written Law, in: Law, Custom and Justice in Late Antiquity and the Early Middle Ages, hg. von Alice Rio, London 2011, S. 155–203.

Didier F. Isel, Prosopographie der weltlichen und kirchlichen Amtsträger samt anderer bedeutender Personen von 741 bis 768, Vorabpublikation 2004–2017 (http://www.prosopographie.eu/).

Bernd Isphording, Prüm. Studien zur Geschichte der Abtei von ihrer Gründung bis zum Tod Kaiser Lothars I. (721–855), (Quellen und Abhandlungen zur mittelrheinischen Kirchengeschichte 116) Mainz 2005.

Jörg Jarnut, Prosopographie und sozialgeschichtliche Studien zum Langobardenreich in Italien (568–774), (Bonner historische Forschungen 38) Bonn 1972.

Jörg Jarnut, Geschichte der Langobarden, (Urban-Taschenbücher 339) Stuttgart 1982.

Jörg Jarnut, Anmerkungen zum Staat des frühen Mittelalters. Die Kontroverse zwischen Johannes Fried und Hans-Werner Goetz, in: Dilcher – Distler, Leges – Gentes – Regna, S. 197–202.

Jörg Jarnut – Ulrich Nonn – Michael Richter (Hgg.), Karl Martell in seiner Zeit, (Beihefte der Francia 37) Sigmaringen 1994.

Jörg Jarnut – Jürgen Strothmann (Hgg.), Die Merowingischen Monetarmünzen als Quelle zum Verständnis des 7. Jahrhunderts in Gallien, (MittelalterStudien 27) Paderborn 2013.

Wilhelm Jesse, Quellenbuch zur Münz- und Geldgeschichte des Mittelalters, Halle 1924 (ND Aalen 1968).

Hauke Jöns, Early medieval trading centres and transport systems between Dorestad, Ribe and Wolin. The latest results of the Priority Research Programme „Harbours from the Roman Iron Age to the Middle Ages“, in: Small Things – Wide Horizons. Studies in honor of Birgitta Hårdh, hg. von Lars Larsson et al., Oxford 2015, S. 245–252.

Friedhelm Jürgensmeier (Hg.), Die Männer- und Frauenklöster der Benediktiner in Rheinland-Pfalz und Saarland, (Germania Benedictina 9) St. Ottilien 1999.

Bernhard Jussen, Patenschaft und Adoption im frühen Mittelalter. Künstliche Verwandtschaft als soziale Praxis, (Veröffentlichungen des Max-Planck-Instituts für Geschichte 98) Göttingen 1991.

Bernhard JUSSEN, Art. Patenschaft, in: LMA 6 (1993), Sp. 1779 f.
Reinhold KAISER, Karls des Großen Immunitätsprivilegien für Trier (772) und Metz (775), in: Jahrbuch für westdeutsche Landesgeschichte 2 (1976), S. 1–22.
Reinhold KAISER, Art. Bourges I. Stadt und Erzbistum im Früh- und Hochmittelalter, in: LMA 2 (1983), Sp. 510–513.
Reinhold KAISER, Churrätien im frühen Mittelalter. Ende 5. bis Mitte 10. Jahrhundert, Basel [2]2008.
Osamu KANO, Procès fictif, droit romain et valeur de l'acte royal à l'époque mérovingienne, in: Bibliothèque de l'École des chartes 165 (2007), S. 329–359.
Bernd KANNOWSKI, Art. Personalitätsprinzip, in: HRG[2] 4 (2020), Sp. 477–480.
Sören KASCHKE, Die Teilungsprojekte der Zeit Ludwigs des Frommen, in: DEPREUX – ESDERS, La productivité, S. 87–127.
Sören KASCHKE, Die Italienfeldzüge Pippins des Jüngeren im Geschichtsbild der kleinen Annalen, in: BRETERNITZ – UBL, Pippin der Jüngere, S. 121–135.
Brigitte KASTEN – Wolfgang HAUBRICHS, Unedierte Privaturkunden des Jura-Klosters Saint-Claude, in: Archiv für Diplomatik 58 (2012), S. 15–56.
Susan KELLY, Trading privileges from eighth-century England, in: Early Medieval Europe 1 (1992), S. 3–28.
Lotte KÉRY, Art. Kleriker, in: HRG[2] 2 (2011), Sp. 1890–1895.
René KLEIN, Die Münzreform Pippins, in: Hémecht 50 (1998), S. 223–228.
Nikot KLÜßENDORF, Numismatik und Denkmalschutz. Aktuelle Probleme des Rechts an Münzfunden in den östlichen Ländern der Bundesrepublik Deutschland, in: Mabillons Spur. Zweiundzwanzig Miszellen aus dem Fachgebiet für Historische Hilfswissenschaften der Philipps-Universität Marburg zum 80. Geburtstag von Walter Heinemeyer, hg. von Peter RÜCK, Marburg 1992, S. 391–410.
Niklot KLÜßENDORF, Part oder Solo? Numismatik als Historische Hilfswissenschaft, in: Archiv für Diplomatik 54 (2008), S. 249–283.
Bernd KLUGE, Numismatik des Mittelalters, Bd. 1. Handbuch und Thesaurus Nummorum Medii Aevi, (Veröffentlichungen der Numismatischen Kommission 45; Österreichische Akademie der Wissenschaften. Philosophisch-historische Klasse. Sitzungsberichte 769) Berlin – Wien 2007.
Bernd KLUGE, Die merowingischen Monetarmünzen. Epochenwandel im Münzwesen – Münzwesen im Epochenwandel. Numismatische Handreichungen für Historiker, in: JARNUT – STROTHMANN, Monetarmünzen, S. 33–92.
Bernd KLUGE, Am Beginn des Mittelalters. Die Münzen des karolingischen Reiches 751 bis 841. Pippin, Karlmann, Karl der Große, (Das Kabinett 15) Berlin 2014.
Theo KÖLZER, Merowingerstudien I, (MGH Studien und Texte 21) Hannover 1998.
Theo KÖLZER, Merowingerstudien II, (MGH Studien und Texte 26) Hannover 1999.
KÖLZER, Urkunden der Merowinger vgl. Die Urkunden der Merowinger
Theo KÖLZER, Bonifatius und Fulda. Rechtliche, diplomatische und kulturelle Aspekte, in: Archiv für mittelrheinische Kirchengeschichte 57 (2005), S. 25–53.
KÖLZER, Urkunden Ludwigs vgl. Die Urkunden Ludwigs des Frommen
Ludger KÖRNTGEN, Möglichkeiten und Grenzen religiöser Herrschaftslegitimation. Zu den Dynastiewechseln 751 und 918/919, in: POHL – WIESER, Der frühmittelalterliche Staat, S. 369–389.

Ludger Körntgen, Bonifatius, Bayern und das fränkische Kirchenrecht. Zur Überlieferung des Capitulare Papst Gregors II. für Bayern (716), in: Konstanz und Wandel. Religiöse Lebensformen im europäischen Mittelalter, hg. von Gordon Blennemann – Christine Kleinjung – Thomas Kohl, (Studien und Texte zur Geistes- und Sozialgeschichte des Mittelalters 11) Affalterbach 2016, S. 34–56.

Ludger Körntgen, Usurpation – Legitimismus – Dynastiewechsel. Kategorien und Kontexte der Königserhebung Pippins, in: Breternitz – Ubl, Pippin der Jüngere, S. 39–67.

Thomas Kohl – Franz J. Felten, Worms. Stadt und Region im frühen Mittelalter von 600–1000, in: Geschichte der Stadt Worms, hg. von Gerold Bönnen, Stuttgart 2005, S. 102–132.

Hermann Krause, Mittelalterliche Anschauungen vom Gericht im Lichte der Formel iustitiam facere et recipere, Recht geben und nehmen, (Bayerische Akademie der Wissenschaften. Philosophisch-historische Klasse. Sitzungsberichte 1974,11) München 1974.

Hermann Krause – Gerhard Köbler, Art. Gewohnheitsrecht, in: HRG² 2 (2011), Sp. 364–375.

Viktor Krause, Index rerum et verborum, in: Boretius – Krause, Capitularia, S. 568–718.

Maurice Kroell, L'immunité franque, Paris 1910.

Karl Kroeschell, Rechtsgewohnheiten. Und wie es dazu kam, in: Rechtsgeschichte 17 (2010), S. 58–61.

Karl Heinrich Krüger, Königskonversionen im 8. Jahrhundert, in: Frühmittelalterliche Studien 7 (1973), S. 169–222.

Ludolf Kuchenbuch, Versilberte Verhältnisse. Der Denar in seiner ersten Epoche (700–1000), (Figura 4) Göttingen 2016.

Fritz Rudolf Künker, Private Münzsammlungen, Münzfunde und das Schatzregal, in: Dethlefs – Pol – Wittenbrink, Nummi docent!, S. 475–484.

Ruedi Kunzmann – Jürg Richter, Der neue HMZ-Katalog, Bd. 1. Die Münzen der Schweiz. Antike bis Mittelalter, Regenstauf ²2011.

Pascal Ladner, Die älteren Herrscherurkunden für Moutier-Grandval, in: Basler Zeitschrift für Geschichte und Altertumskunde 74 (1974), S. 41–68.

Jean Lafaurie, Les routes commerciales indiquées par les trésors et trouvailles monétaires mérovingiens, in: Moneta e scambi, S. 230–278.

Jean Lafaurie, Monnaies d'argent mérovingiennes des VIIe et VIIIe siècles. Les trésors de Saint-Pierre-les-Étieux (Cher), Plassac (Gironde) et Nohanent (Puy-de-Dôme), in: Revue numismatique 11 (1969), S. 98–219.

Jean Lafaurie, Numismatique. Des mérovingiens aux carolingiens. Les monnaies de Pépin le Bref, in: Francia 2 (1974), S. 26–48.

Jean Lafaurie (Hg.), Maurice Prou – Étienne Bougenot, Catalogue des deniers mérovingiens de la trouvaille de Bais (Ille-et-Vilaine). Avec de nouveaux commentaires et attributions par Jean Lafaurie, Paris 1981.

Jean Lafaurie, Monnaies épiscopales de Paris à l'époque mérovingienne, in: Cahiers de la Rotonde 20 (1999), S. 61–99.

Jean Lafaurie – Jacqueline Pilet-Lemière, Monnaies du haut moyen âge découvertes en France (Ve–VIIIe siècle), (Cahiers Ernest-Babelon 8) Paris 2005.

Susan La Niece, Metallography in Numismatics, in: Oddy – Cowell, Metallurgy, S. 114–133.

Jean Laporte, Vues sur l'histoire de l'abbaye de Fleury aux VIIe et VIIIe siècles, in: Studia monastica 21 (1979), S. 109–142.

Robert LATOUCHE, The Birth of Western Economy. Economic Aspects of the Dark Ages, London [2]1967.

Henri LAURENT, La loi de Gresham au moyen âge. Essai sur la circulation monétaire entre la Flandre et le Brabant à la fin du XIVe siècle, (Travaux de faculté de philolosophie et lettres de l'Université de Bruxelles 5) Brüssel 1933.

Stéphane LEBECQ, Marchands et navigateurs frisons du haut moyen âge, 2 Bde., Lille 1983.

Stéphane LEBECQ, L'emporium proto-médiéval de Walcheren-Domburg. Une mise en perspective, in: Peasants and Townsmen in Medieval Europe. Studia in honorem Adriaan Verhulst, hg. von Jean-Marie DUVOSQUEL – Erik THOEN, Gent 1995, S. 73–89.

Johann LECHNER, Verlorene Urkunden, in: Johann Friedrich BÖHMER – Engelbert MÜHLBACHER, Die Regesten des Kaiserreichs unter den Karolingern 751–918, Bd. 1, (Regesta Imperii 1,1) Innsbruck [2]1908, S. 839–873.

Françoise LEHOUX, Privilèges commerciaux carolingiens accordés à l'abbaye de Saint-Germain-des-Prés, in: Recueil de travaux offert à M. Clovis Brunel, (Mémoires et documents 12) Paris 1955, Bd. 2, S. 123–137.

Gerhard LEHRBERGER, Naturwissenschaftliche Untersuchungen an merowingischen Münzen, in: JARNUT – STROTHMANN, Monetarmünzen, S. 511–531.

Léon LEVILLAIN, Examen critique des chartes mérovingiennes et carolingiennes de l'abbaye de Corbie, (Mémoires et document publiés par la Société de l'École des chartes 5) Paris 1902.

Léon LEVILLAIN, De l'authenticité de la Clausula de unctione Pippini, in: Bibliothèque de l'École des chartes 88 (1927), S. 20–42.

Anne LOMBARD-JOURDAN, Les foires de l'abbaye de Saint-Denis. Revue des données et révision des opinions admises, in: Bibliothèque de l'École des chartes 145 (1987), S. 273–338.

Tineke LOOIJENGA, Texts and Contexts of the Oldest Runic Inscriptions, (The Northern World 4) Leiden – Boston 2003.

Simon T. LOSEBY, Marseille and the Pirenne These II. Ville morte, in: The Long Eighth Century, hg. von Inge Lyse HANSEN – Chris WICKHAM, (The Transformation of the Roman World 11) Leiden – Boston – Köln 2000, S. 167–193.

Michele LUMINATI, Eine Rechtstheorie für das Mittelalter?, in: Rechtsgeschichte 17 (2010), 50–53.

Joseph H. LYNCH, Godparents and Kinship in Early Medieval Europe, Princeton 1986.

Lambertus MACHIELSEN, Fragments patristiques non-identifiés du ms. Vat Pal. 577, in: Sacris erudiri 12 (1961), S. 488–539.

Hendrik MÄKELER. Querbezüge zwischen Mittelalternumismatik und Geldtheorie. Zur Deutung wikingerzeitlicher Depotfunde, in: DETHLEFS – POL – WITTENBRINK, Nummi docent!, S. 79–91.

Elisabeth MAGNOU-NORTIER, Étude sur le privilège d'immunité du IVe au IXe siècle, in: Revue Mabillon 60 (1984), S. 465–512.

Elisabeth MAGNOU-NORTIER, Note sur l'expression iustitiam facere dans les capitulaires carolingiens, in: Haut moyen âge. Culture, éducation et société. Études offertes à Pierre Riché, hg. von Michel SOT, La Garenne-Colombes 1990, S. 249–264.

Mauro MATTEINI – Arcangelo MOLES, Naturwissenschaftliche Untersuchungsmethoden in der Restaurierung, München 1990.

Stephen Matthews, The Road to Rome. Travel and travellers between England and Italy in the Anglo-Saxon centuries, (BAR International Series 1680) Oxford 2007.

Henning Matthiesen, The effects of soil type on corrosion of archaeological coins, in: Nordisk Numismatisk Årsskrift (2000–2002), S. 346–358.

Edwin Mayer-Homberg, Die fränkischen Volksrechte im Mittelalter. Eine rechtsgeschichtliche Untersuchung, Bd. 1. Die fränkischen Volksrechte und das Reichsrecht, Weimar 1912.

Michael McCormick, Origins of the European Economy. Communications and Commerce. A.D. 300–900, Cambridge 2001.

Michael McCormick, Coins and the economic history of post-Roman Gaul. Testing the standard model in the Moselle. Ca. 400–750, in: Jarnut – Strothmann, Monetarmünzen, S. 337–376.

Mark Mersiowsky, Die Urkunde in der Karolingerzeit. Originale, Urkundenpraxis und politische Kommunikation, 2 Bde., (MGH Schriften 60) Wiesbaden 2015.

David Michael Metcalf, Coins of Pepin Minted at Saint-Denis?, in: Cunobelin 11 (1965), S. 19–29, 51.

David Michael Metcalf, Interpreting the alloy of the Merovingian silver coinage, in: Studies in Numismatic Method presented to Philip Grierson, hg. von Christopher N.L. Brooke et al., Cambridge 1983, S. 113–126.

David Michael Metcalf, The currency of the kingdom of East Anglia in the first half of the eighth century, in: Commentationes numismaticae 1988. Festgabe für Gert und Vera Hatz, hg. von Peter Berghaus et al., Hamburg 1988, S. 19–27.

David Michael Metcalf, Thrymsas and Sceattas in the Ashmolean Museum Oxford, 3 Bde., (Royal Numismatic Society. Special Publication 27A–C) London 1993–1994.

David Michael Metcalf, Betwixt Sceattas and Offa's Pence. Mint-Attributions and the Chronology of a Recession, in: British Numismatic Journal 79 (2009), S. 1–33.

David Michael Metcalf – Wybrand Op den Velde, The Monetary Economy of the Netherlands, c. 690 – c. 760 and the Trade with England. A Study of the 'Porcupine' Sceattas of Series E, 2 Bde., (Jaarboek voor Munt- en Penningkunde 96–97) Amsterdam 2009–2010.

David Michael Metcalf – Wybrand Op den Velde, Friesische Halbsceattas. A comment, in: Jaarboek voor Munt- en Penningkunde 104 (2017), S. 23 f.

Wolfgang Metz, Miszellen zur Geschichte der Widonen und Salier, vornehmlich in Deutschland, in: Historisches Jahrbuch 85 (1965), S. 1–27.

Christoph H. F. Meyer, Konsens in der Rechtsgeschichte des frühen Mittelalters, in: Epp – Meyer, Recht und Konsens, S. 19–45.

Paul Mikat, Zu den konziliaren Anfängen der merowingisch-fränkischen Inzestgesetzgebung, in: Überlieferung, Bewahrung und Gestaltung in der rechtsgeschichtlichen Forschung, hg. von Stephan Buchholz – Paul Mikat – Dieter Werkmüller, (Rechts- und Staatswissenschaftliche Veröffentlichungen der Görres-Gesellschaft 69) Paderborn u. a. 1993, S. 213–228.

Britta Mischke, Kapitularienrecht und Urkundenpraxis unter Kaiser Ludwig dem Frommen (814–840), Diss. phil. Bonn 2013 (http://hss.ulb.uni-bonn.de/2013/3157/3157.htm).

Mittellateinisches Wörterbuch bis zum ausgehenden 13. Jahrhundert, hg. von der Bayerischen Akademie der Wissenschaften, München 1967 ff.

Moneta e scambi nell'alto medioevo, (Settimane di studio del centro italiano di studi sull'alto medioevo 8) Spoleto 1961.

Hubert Mordek, Karolingische Kapitularien, in: Überlieferung und Geltung normativer Texte des frühen und hohen Mittelalters, hg. von dems., (Quellen und Forschungen zum Recht im Mittelalter 4) Sigmaringen 1986, S. 25–50.

Hubert Mordek, Bibliotheca capitularium regum Francorum manuscripta. Überlieferung und Textzusammenhang der fränkischen Herrschererlasse, (MGH Hilfsmittel 15) München 1995.

Hubert Mordek, Fränkische Kapitularien und Kapitulariensammlungen. Eine Einführung, in: ders. Studien zur fränkischen Herrschergesetzgebung. Aufsätze über Kapitularien und Kapitulariensammlungen ausgewählt zum 60. Geburtstag, Frankfurt am Main u.a. 2000, S. 1–53.

Karl F. Morrison, Numismatics and Carolingian Trade. A Critique of the Evidence, in: Speculum 38 (1963), S. 403–432.

Karl F. Morrison – Henry Grunthal, Carolingian Coinage, (Numismatic Notes and Monographs 158) New York 1967.

Cécile Morrisson, Byzance et sa monnaie (IVe–XVe siècle), (Réalités byzantines 15) Paris 2015.

Marco Mostert, In de marge van de beschaving. De geschiedenis van Nederland. 0–1100, (Algemene geschiedenis van Nederland 2) Amsterdam 2010.

Gérard Moyse, Les origines du monachisme dans le diocèse de Besançon (V^{e}–Xe siècles), Paris 1973.

Gérard Moyse, Art. Lure, in: LMA 6 (1993), Sp. 17.

Gérard Moyse, Art. Luxeuil, in: LMA 6 (1993), Sp. 33–35.

Mühlbacher, Diplomata Karolinorum, vgl. Diplomata Karolinorum

Michael Müller-Wille, Ribe – Reric – Haithabu. Zur frühen Urbanisierung im südskandinavischen und westslawischen Gebiet, in: Brandt – Müller-Wille – Radtke, Haithabu, S. 321–337.

Oliver Münsch (Hg.), Scientia veritatis. Festschrift für Hubert Mordek zum 65. Geburtstag, Ostfildern 2004.

Alexander Callender Murray, Merovingian Immunity Revisited, in: History Compass 8 (2010), S. 913–928.

Alexander Callender Murray, So-called Fictitious Trial in the Merovingian Placita, in: Gallien in Spätantike und Frühmittelalter. Kulturgeschichte einer Region, hg. von Steffen Diefenbach – Gernot Michael Müller, (Millennium-Studien 43) Berlin 2013, S. 297–339.

Rory Naismith, Kings, crisis and coinage reforms in the mid-eighth century, in: Early medieval Europe 20 (2012), S. 291–332.

Rory Naismith, Money and Power in Anglo-Saxon England. The Southern English Kingdoms 757–865, (Cambridge Studies in Medieval Life and Thought. 4th Series 80) Cambridge 2012.

Rory Naismith, Britain and Ireland c. 400–1066, (Medieval European Coinage 8) Cambridge 2017.

Elisabeth Nau, Epochen der Geldgeschichte, Stuttgart 1972.

Hermann Nehlsen, Zur Aktualität und Effektivität germanischer Rechtsaufzeichnungen, in: Recht und Schrift im Mittelalter, hg. von Peter Classen, (Vorträge und Forschungen 23) Sigmaringen 1977, S. 449–502.

Karin Nehlsen-von Stryk, Die boni homines des frühen Mittelalters unter besonderer Berücksichtigung der fränkischen Quellen (Freiburger Rechtsgeschichtliche Abhandlungen. N.F. 2) Berlin 1981.

Karin Nehlsen-von Stryk, Art. Rachinburgen, in: LMA 7 (1995), Sp. 383 f.

Janet Nelson, Bertrada, in: Becher – Jarnut, Dynastiewechsel, S. 93–108.

Jan Frederik Niermeyer – Co van de Kieft – Jan W.J. Burger, Mediae latinitatis lexicon minus, 2 Bde., Leiden ²2002.

Thomas F.X. Noble, Boniface and the Roman Church, in: Felten – Jarnut – von Padberg, Bonifatius, S. 327–339.

Ulrich Nonn, Gab es einen fränkischen Moseldukat?, in: Landesgeschichte – Fachdidaktik – Lehrerbildung. Festgabe für Erwin Schaaf zur Vollendung seines 65. Lebensjahres, hg. von dems. – Heinz Vogelsang, (Landauer Universitätsschriften 5) Landau 1998, S. 13–33.

Jeffrey J. North, English Hammered Coinage, Bd. 1. Early Anglo-Saxon to Henry III. C. 600–1272, London 1994.

Andrew Oddy – Michael Cowell (Hgg.), Metallurgy in Numismatics, Bd. 4, (Royal Numismatic Society. Special Publication 30) London 1998.

Ludwig Oelsner, Jahrbücher des fränkischen Reiches unter König Pippin, (Jahrbücher der Deutschen Geschichte 4) Leipzig 1871.

Heinz Ohme, Die sogenannten antirömischen Kanones des Concilium Quinisextum (692). Vereinheitlichung als Gefahr für die Einheit der Kirche, in: The Council in Trullo Revisited, hg. von George Nedungatt – Michael Featherstone, (Kanonika 6) Rom 1995, S. 307–321.

Ohme, Concilium vgl. Concilium Quinisextum

Gabriele von Olberg, Art. Rachinbürgen, in: HRG 4 (1990), Sp. 127–131.

Wybrand Op den Velde, De muntvondst Franeker van 1868 opnieuw bezien, in: Jaarboek voor Munt- en Penningkunde 88 (2001), S. 33–72.

Wybrand Op den Velde – Cornelis J.F. Klaassen, Sceattas and Merovingian Deniers from Domburg and Westenschouwen, (Koninklijk Zeeuwsch Genootschap der Wetenschappen. Werken 15) Middelburg 2004.

Wybrand Op den Velde – David Michael Metcalf, The Monetary Economy of the Netherlands, c. 690 – c. 715 and the Trade with England. A Study of the Sceattas of Series D, (Jaarboek voor Munt- en Penningkunde 90) Amsterdam 2003.

Raymund I. Page, Runes in East Anglia, in: Proceedings of the Third International Symposium on Runes and Runic Inscriptions, hg. von James E. Knirk, (Runrön 9) Uppsala 1994, S. 105–117.

Roberta Pardi, Monete Flavie Longobarde. Emissioni monetali e città longobarde nel secolo VIII, Rom 2003.

Marc Parvérie, La circulation des monnaies arabes en Aquitaine et Septimanie aux VIIIe–IXe siècles, in: Aquitania 23 (2007), S. 233–246.

Gregor Patt, Studien zu den Salzehnten im Mittelalter, (MGH Schriften 67) Wiesbaden 2014.

Sarah Patt, Studien zu den Formulae imperiales. Urkundenkonzeption und Formulargebrauch in der Kanzlei Kaiser Ludwigs des Frommen (814–840), (MGH Studien und Texte 59) Wiesbaden 2016.

Steffen Patzold, Normen im Buch. Überlegungen zu Geltungsansprüchen sogenannter Kapitularien, in: Frühmittelalterliche Studien 41 (2007), S. 331–350.

Steffen Patzold, Konsens und consensus im Merowingerreich, in: Epp – Meyer, Recht und Konsens, S. 265–297.

Ernst Pernicka, Energiedispersive Röntgenfluoreszenzanalyse von merowingischen Denaren und Sceattas aus dem Funde vom Goting-Kliff/ Föhr, in: Hatz, Münzfund, S. 95–109.

Cecilia Persson, Aktiv och passiv. Klassificering av vikingatida skattfynd utifrån myntsammansättningen, in: Samlad Glädje. Numismatiska Klubben i Uppsala 1969–1999, hg. von Kjell Holmberg – Harald Nilsson, Uppsala 1999, S. 127–132.

Pertz, Capitularia vgl. Capitularia regum Francorum

Pertz, Diplomata vgl. Diplomata maiorum domus e stirpe Arnulforum

Ralf Peters, Die Entwicklung des Grundbesitzes der Abtei Saint-Denis in merowingischer und karolingischer Zeit, Aachen 1993.

Martin Pilch, Der Rahmen der Rechtsgewohnheiten. Kritik des Normensystemdenkens entwickelt am Rechtsbegriff der mittelalterlichen Rechtsgeschichte, Wien – Köln – Weimar 2009.

Martin Pilch, Rechtsgewohnheiten aus rechtshistorischer und rechtstheoretischer Perspektive, in: Rechtsgeschichte 17 (2010), S. 17–39.

Henri Pirenne, Le Cellarium Fisci. Une institution économique des temps mérovingiens, in: Bulletin de la Classe des Lettres et des Sciences morales et politiques. 5e série 16 (1930), S. 201–211.

Elizabeth J.E. Pirie, Coins of the Kingdom of Northumbria, c. 700–867 in the Yorkshires Collections, Llanfyllin 1996.

Pithou, Capitula vgl. Karoli Magni et Ludovici Pii […] capitula

Carl Platner, Ueber Spuren deutscher Bevölkerung zur Zeit der slavischen Herrschaft in den östlich der Elbe und Saale gelegenen Ländern, in: Forschungen zur Deutschen Geschichte 17 (1877), S. 409–520.

Ruth Pliego Vázquez, La moneda visigoda, 2 Bde., Sevilla 2009.

Huibert A. Poelman, Geschiedenis van den handel van Noord-Nederland gedurende het Merovingische en Karolingische tijdperk, s'Gravenhage 1908.

Walter Pohl, Telling the Difference. Signs of Ethnic Identities, in: Strategies of Distinction. The Construction of the Ethnic Communities. 300–800, hg. von dems. – Helmut Reimitz, (The Transformation of the Roman World 2) Leiden – Boston – Köln 1998, S. 17–69.

Walter Pohl, Frontiers in Lombard Italy. The Laws of Ratchis and Aistulf, in: The Transformation of Frontiers. From Late Antiquity to the Carolingians, hg. von dems. – Ian Wood – Helmut Reimitz, (The Transformation of the Roman World 10) Leiden – Boston – Köln 2001, S. 117–141.

Walter Pohl, Art. Leges Langobardorum, in: RGA^2 18 (2001), S. 208–213.

Walter Pohl, Das Papsttum und die Langobarden, in: Becher – Jarnut, Dynastiewechsel, S. 145–161.

Walter Pohl, Münzen als Identitätsträger, in: Jarnut – Strothmann, Monetarmünzen, S. 21–31.

Walter Pohl – Veronika Wieser (Hgg.), Der frühmittelalterliche Staat. Europäische Perspektiven, (Österreichische Akademie der Wissenschaften. Philosophisch-historische Klasse. Denkschriften 386; Forschungen zur Geschichte des Mittelalters 16) Wien 2009, S. 411–422.

Reinier R. Post, Is Bonifacius bisschop van Utrecht geweest?, in: Tijdschrift voor geschiedenis 74 (1961), S. 517–526.

René Poupardin, Étude sur les deux diplômes de Charlemagne pour l'abbaye de Saint-Claude, in: Le moyen âge 16 (1903), S. 345–376.

Maurice Prou, Catalogue des monnaies françaises de la Bibliothèque nationale. Les monnaies carolingiennes, Paris 1896.

Maurice Prou – Étienne Bougenot, Catalogue des deniers mérovingiens de la trouvaille de Bais (Ille-et-Vilaine), Paris 1908.

Roland W.L. Puhl, Die Gaue und Grafschaften des frühen Mittelalters im Saar-Mosel-Raum. Philologisch-onomastische Studien zur frühmittelalterlichen Raumorganisation anhand der Raumnamen und der mit ihnen spezifizierten Ortsnamen, (Beiträge zur Sprache im Saar-Mosel-Raum 13) Saarbrücken 1999.

Egidio Ranieri, La monetazione di Ravenna antica dal V all'VIII secolo. Impero romano e bizantino, regno ostrogoto e longobardo, Bologna 2006.

Rau, Briefe vgl. Briefe des Bonifatius

Helmut Reimitz, History, Frankish Identity and the Framing of Western Ethnicity, 550–850, (Cambridge Studies in Medieval Life and Thought. 4th Series 101) Cambridge 2015.

Helmut Reimitz, *Viri inlustres* und *omnes Franci*. Zur Gestaltung der feinen Unterschiede in historiographischen und diplomatischen Quellen der frühen Karolingerzeit, in: Urkunden – Schriften – Lebensordnungen. Neue Beiträge zur Mediävistik, hg. von Andreas Schwarcz – Katharina Kaska, (Veröffentlichungen des Instituts für Österreichische Geschichtsforschung 63) Wien 2015, S. 123–149.

Kurt Reindel, Die bayerische Kirche und Rom am Anfang des 8. Jahrhunderts, in: Bayerische Vorgeschichtsblätter 65 (2000), S. 219–226.

Étienne Renard, Domaine, village ou circonscription administrative? La polysémie du mot villa au VIIIe–Xe siècles et l'assise territoriale des paroisses rurales, in: Autour du village. Établissements humains, finages et communautés rurales entre Seine et Rhin (IVe–XIIIe siècles), hg. von Jean-Marie Yante – Anne-Marie Bulto-Verleysen, (Publications de l'institut d'études médiévales 25) Louvain-la-Neuve 2010, S. 153–177.

Bertram Resmini, Prüm, in: Jürgensmeier, Die Männer- und Frauenklöster, S. 612–649.

Timothy Reuter, Plunder and Tribute in the Carolingian Empire, in: Transactions of the Royal Historical Society 35 (1985), S. 75–94.

Timothy Reuter, Kirchenreform und Kirchenpolitik im Zeitalter Karl Martells. Begriffe und Wirklichkeit, in: Jarnut – Nonn – Richter, Karl Martell in seiner Zeit, S. 35–59.

Dieter Riesenberger, Prosopographie der päpstlichen Legaten von Stephan II. bis Silvester II., Freiburg 1967.

Dieter Riesenberger, Zur Geschichte des Hausmeiers Karlmann, in: Westfälische Zeitschrift 120 (1970), S. 271–285.

Stuart E. Rigold, The principal series of English sceattas, in: British Numismatic Journal 47 (1977), S. 21–30.

Alice Rio, Legal Practice and the Written Word in the Early Middle Ages. Frankish Formulae, c. 500–1000, (Cambridge Studies in Medieval Life and Thought. 4th Series 75) Cambridge 2009.

Brian Robinson, The Royal Maundy, London 1977.

Arthur J. Rolnick – Warren E. Weber, Gresham's Law or Gresham's Fallacy?, (Federal Reserve Bank of Minneapolis. Research Department Staff Report 88) Minneapolis 1983.

Anne-Marie Romero, Saint-Denis. La montée des pouvoirs, Paris 1992.

Michel Rouche, Cambrai. Du comte mérovingien à l'évêque impérial, in: Histoire de Cambrai, hg. von Louis Trenard, (Histoires des villes du Nord/ Pas-de-Calais 2) Lille 1982, S. 11–42.

Guillaume Sarah, Caractérisation de la composition et de la structure des alliages argent-cuivre par ICP-MS avec prélèvement par ablation laser. Application au monnayage carolingien, 2 Bde., Diss. masch. Université d'Orléans 2008 (https://tel.archives-ouvertes.fr/tel-00391932/fr).

Guillaume Sarah, L'avènement de l'argent. Activité minière, frappe monétaire et commerce dans les mondes franc et islamique du haut Moyen Age, in: Du monde franc aux califats omeyyade et produits des mines d'argent de Melle et de Jabali, hg. von Florian Téreygeol, (Veröffentlichungen aus dem Deutschen Bergbau-Museum 199) Bochum 2014, S. 183–191.

Guillaume Sarah – Marc Bompaire, Une autre mesure de la monnaie. L'analyse des alliages monétaires carolingiens, in: Mesure et histoire médiévale, hg. von François-Olivier Touati – Pascal Chareille, (Histoire ancienne et médiévale 123) Paris 2013, S. 201–217.

Rudolf Schieffer, Die Zeit des karolingischen Großreichs. 714–887, (Gebhardt. Handbuch der deutschen Geschichte 2) Stuttgart 2005.

Rudolf Schieffer, Die internationale Forschung zur Staatlichkeit in der Karolingerzeit, in: Pohl – Wieser, Der frühmittelalterliche Staat, S. 43–49.

Rudolf Schieffer, Die Karolinger, (Urban-Taschenbücher 411) Stuttgart 52014.

Schieffer, Urkunden Lothars vgl. Die Urkunden Lothars I. und Lothars II.

Philippe Schiesser, Deux nouveaux types de deniers de Pépin le Bref (751–768) pour Sens, in: Bulletin de la Société française de numismatique 65 (2010), S. 232–234.

Philippe Schiesser, Les monnayages au nom de Saint-Étienne sous Pépin le Bref et Charlemagne, in: Bulletin de la Société française de numismatique 67 (2012), S. 157–165.

Philippe Schiesser, Un denier „mérovingien" de Berincarius de Sens très tardif imitant un denier d'Offa, in: Bulletin de la Société française de numismatique 68 (2013), S. 269–273.

Philippe Schiesser, Les oboles de Pépin le Bref, in: Bulletin de la Société française de numismatique 70 (2015), S. 32–36.

Philippe Schiesser, Monnaies et circulations monétaire mérovingiennes (vers 670 – vers 750). Les monnayages d'argent de Touraine, (Recherches et Travaux de la Société d'Études Numismatiques et Archéologiques 7) Paris 2017.

Ruth Schmidt-Wiegand, Art. Rachinburgen, in: RGA2 24 (2003), S. 47–49.

Ruth Schmidt-Wiegand, Art. Delatura, in: HRG2 1 (2008), Sp. 942 f.

Johannes Schmitt, Untersuchungen zu den Liberi homines der Karolingerzeit, (Geschichte und ihre Hilfswissenschaften 83) Frankfurt am Main 1977.

Adolf Schmitt-Weigand, Rechtspflegedelikte in der fränkischen Zeit, (Münsterische Beiträge zur Rechts- und Staatswissenschaft 7) Berlin 1962.

Gerhard Schmitz, Echtes und Falsches. Karl der Große, Ludwig der Fromme und Benedictus Levita, in: Münsch, Scientia veritatis, S. 153–172.

Gerhard Schmitz, Art. Kapitularien, in: HRG² 2 (2011), Sp. 1604–1612.

Olaf Schneider, Erzbischof Hinkmar und die Folgen. Der vierhundertjährige Weg historischer Erinnerungsbilder von Reims nach Trier, (Millennium-Studien 22) Berlin – New York 2010.

Bernd Schneidmüller, Konsensuale Herrschaft. Ein Essay über Formen und Konzepte politischer Ordnung im Mittelalter, in: Reich, Regionen und Europa in Mittelalter und Neuzeit. Festschrift für Peter Moraw, hg. von Paul-Joachim Heinig et al., (Historische Forschungen 67) Berlin 2000, S. 53–87.

Sebastian Scholz, Das Papsttum, Roms wirtschaftliche Lage und die Enteignung der päpstlichen Patrimonien in der Mitte des 8. Jahrhunderts, in: Päpstliche Herrschaft im Mittelalter. Funktionsweisen – Strategien – Darstellungsformen, hg. von Stefan Weinfurter, (Mittelalter-Forschungen 38) Ostfildern 2012, S. 11–25.

Sebastian Scholz, Die Merowinger, (Urban-Taschenbücher 748) Stuttgart 2015.

Sebastian Scholz, Die Pippinische Schenkung. Neue Lösungsansätze für ein altes Problem, in: Historische Zeitschrift 307 (2018), S. 635–654.

Jean Schroeder, Art. Echternach II. Abtei und Skriptorium, in: LMA 3 (1986), Sp. 1543 f.

Richard Schröder – Eberhard Freiherr von Künßberg, Lehrbuch der deutschen Rechtsgeschichte, Berlin – Leipzig ⁶1922.

Hans K. Schulze, Die Grafschaftsverfassung der Karolingerzeit in den Gebieten östlich des Rheins, (Schriften zur Verfassungsgeschichte) Berlin 1973.

Gunnar Folke Schuppert, Herrschaft im Mittelalter, Regieren in Räumen begrenzter Staatlichkeit, Governance in der post-etatistischen Konstellation. Ganz anders oder ziemlich ähnlich? Ein Versuch in vergleichender Governancegeschichte, in: Esders – Schuppert, Mittelalterliches Regieren, S. 13–145.

Emil Seckel, Studien zu Benedictus Levita. VI, in: Neues Archiv der Gesellschaft für ältere deutsche Geschichtskunde 31 (1906), S. 59–139.

Walther Seelmann, Der Rechtszug im älteren deutschen Recht, (Untersuchungen zur Deutschen Staats- und Rechtsgeschichte 107) Breslau 1911.

Ralf Seinecke, Rechtspluralismus in der Rechtsgeschichte, in: Rechtsgeschichte 25 (2017), S. 215–228.

Josef Semmler, Episcopi potestas und karolingische Klosterpolitik, in: Mönchtum, Episkopat und Adel zur Gründungszeit des Klosters Reichenau, hg. von Arno Borst, (Vorträge und Forschungen 20) Sigmaringen 1974, S. 305–395.

Josef Semmler, Pippin III. und die fränkischen Klöster, in: Francia 3 (1975), S. 88–146.

Josef Semmler, Zur pippinidisch-karolingischen Sukzessionskrise 714–723, in: Deutsches Archiv für Erforschung des Mittelalters 33 (1977), S. 1–36.

Josef Semmler, Der Dynastiewechsel von 751 und die fränkische Königssalbung, (Studia humaniora. Series minor 6) Düsseldorf 2013.

Philippe Sénac, Les Carolingiens et al-Andalus (VIIIᵉ–IXᵉ siècles), Paris 2002.

Harald Siems, Handel und Wucher im Spiegel frühmittelalterlicher Rechtsquellen, (MGH Schriften 35) Hannover 1992.

Harald Siems, Herrschaft und Konsens in der Lex Baiuvariorum und den Decreta Tassilonis, in: Epp – Meyer, Recht und Konsens, S. 299–361.

Sirmond, Concilia vgl. Concilia antiqua

Rudolph Sohm, Die Altdeutsche Reichs- und Gerichtsverfassung, Bd. 1. Die Fränkische Reichs- und Gerichtsverfassung, Weimar 1871 (ND Leipzig 1911).

Matthias Springer, Die Sachsen (Urban-Taschenbücher 598) Stuttgart 2004.

Nikolaus Staubach, „Des großen Kaisers kleiner Sohn". Zum Bild Ludwigs des Frommen in der älteren deutschen Geschichtsforschung, in: Godman – Collins, Charlemagne's Heir, S. 701–721.

Sebastian Steinbach, Imitation, Innovation und Imperialisierung. Geldwesen und Münzprägung als wirtschaftshistorische Quellen zur ethnischen Identität und Herrschaftsorganisation des spanischen Westgotenreiches (ca. 572–714), (Geschichte und Kultur der Iberischen Welt 11) Berlin 2017.

Edmund E. Stengel, Die Immunität in Deutschland bis zum Ende des 11. Jahrhunderts. Forschungen zur Diplomatik und Verfassungsgeschichte, Bd. 1. Diplomatik der deutschen Immunitäts-Privilegien vom 9. bis zum Ende des 11. Jahrhunderts, Innsbruck 1910.

Andrea Stieldorf, Zum „Verschwinden" der herrscherlichen Placita am Beginn des 9. Jahrhunderts, in: Archiv für Diplomatik 53 (2007), S. 1–26.

Alain J. Stoclet, Autour de Fulrad de Saint-Denis (v. 710–784), (Hautes études médiévales et modernes 72) Genf 1993.

Alain J. Stoclet, Immunes ab omni teleoneo. Étude de diplomatique, de philologie et d'histoire sur l'exemption de tonlieux au haut Moyen Âge et spécialement sur la Praeceptio de navibus, (Institut historique belge de Rome. Bibliothèque/ Belgisch historisch instituut te Rome. Bibliotheek 45) Brüssel – Rom 1999.

Alain J. Stoclet, Fils du Martel. La naissance, l'éducation et la jeunesse de Pépin, dit le Bref (v.714–v.741), (Histoires de famille. La parenté au Moyen Âge 13) Turnhout 2013.

Alain J. Stoclet, Du Champ de Mars mérovingien au Champ de Mai carolingien. Éclairages sur un objet fugace et une réforme de Pépin, dit le Bref, (Haut Moyen Âge 41) Turnhout 2020.

Joanna Story, Carolingian Connections. Anglo-Saxon England and Carolingian Francia, c. 750–870, (Studies in Early Medieval Britain) Aldershot 2003.

Zofia Anna Stos-Gale, Lead Isotope Analysis of Coins. A Review, in: Oddy – Cowell, Metallurgy, S. 348–366.

Peter Stotz, Handbuch der lateinischen Sprache des Mittelalters, 5 Bde., (Handbuch der Altertumswissenschaft 2,5,1–5) München 1996–2000.

Mary F. Striegel, X-Ray Diffraction in Numismatics. A Review, in: Oddy –Cowell, Metallurgy, S. 405–424.

Jürgen Strothmann, Merowingische Monetarmünzen und die Gallia im 7. Jahrhundert, in: Greule et al., Merowingische Monetarmünzen, S. 11–70.

Karl Friedrich Stumpf, Die Reichskanzler vornehmlich des X., XI. und XII. Jahrhunderts, Bd. 1, Die Reichskanzler, Innsbruck 1865.

Arthur Suhle, Die deutschen Münzen des Mittelalters, (Handbücher der staatlichen Museen in Berlin) Berlin 1936.

Georgine Tangl, Die Sendung des ehemaligen Hausmeiers Karlmann in das Frankenreich im Jahre 754 und der Konflikt der Brüder, in: Quellen und Forschungen aus italienischen Archiven und Bibliotheken 40 (1960), S. 1–42.

Michael Tangl, Die Tironischen Noten in den Urkunden der Karolinger, in: Archiv für Urkundenforschung 1 (1908), S. 87–166.

Tangl, Briefe vgl. Die Briefe des heiligen Bonifatius und Lullus

Michael Tangl, Studien zur Neuausgabe der Bonifatius-Briefe (II. Teil), in: Neues Archiv der Gesellschaft für ältere deutsche Geschichtskunde 41 (1919), S. 23–101.

Frans Theuws, Reversed directions. Re-thinking sceattas in the Netherlands and England, in: Zeitschrift für Archäologie des Mittelalters 46 (2018), S. 27–84.

Andreas Thier, Rechtsgewohnheiten, Ordnungskonfigurationen und Rechtsbegriff, in: Rechtsgeschichte 17 (2010), S. 40–44.

Dominik Trump, Beobachtungen zu einem Titel römischen Rechts in der Handschrift Laon, Bibliothèque Municipale, 265, in: Zeitschrift der Savigny-Stiftung für Rechtsgeschichte. Röm. Abt. 134 (2017), S. 524–529.

Karl Ubl, Der lange Schatten des Bonifatius. Die Responsa Stephani II. aus dem Jahr 754 und das fränkische Kirchenrecht, in: Deutsches Archiv für Erforschung des Mittelalters 63 (2007), S. 403–449.

Karl Ubl, Inzestverbot und Gesetzgebung. Die Konstruktion eines Verbrechens (300–1100), (Millennium-Studien 20) Berlin – New York 2008.

Karl Ubl, Die Karolinger. Herrscher und Reich, (C.H. Beck Wissen) München 2014.

Karl Ubl, Die erste Leges-Reform Karls des Großen, in: Das Gesetz – The Law – La Loi, hg. von Andreas Speer – Guy Guldentops, (Miscellanea Mediaevalia 38) Berlin – Boston 2014, S. 75–92.

Karl Ubl, Art. Kapitularien, in: Germanische Altertumskunde Online, 2017.

Karl Ubl, Sinnstiftungen eines Rechtsbuchs. Die Lex Salica im Frankenreich, (Quellen und Forschungen zum Recht im Mittelalter 9) Ostfildern 2017.

Karl Ubl, Der Entwurf einer imaginären Rechtsordnung im 9. Jahrhundert. Die Kapitulariensammlung des Benedictus Levita, in: Depreux – Esders, La productivité, S. 187–204.

Adries Ufkes, Conclusie, in: Een archeologische opgraving in de vroegmiddeleeuwse ringwalburg van Domburg, gem. Veere (Z.), hg. von ders., (ARC-Publicaties 223) Groningen 2011, S. 185–190.

Theo Uhrig, Pfalz und Bistum Worms in karolingischer Zeit, in: Mittelrheinische Beiträge zur Pfalzenforschung, Mainz 1964, S. 46–70.

Co van de Kieft, Bonifatius en het bisdom Utrecht, in: Tijdschrift voor geschiedenis 74 (1961), S. 42–63.

Co van de Kieft, Naschrift, in: Tijdschrift voor geschiedenis 74 (1961), S. 526–532.

Luit van der Tuuk, De Franken in België en Nederland. Heersers in de vroege middeleeuwen, Utrecht 2016.

Willem A. van Es – Willem Johannes Hendrik Verwers, Aufstieg, Blüte und Niedergang der frühmittelalterlichen Handelsmetropole Dorestad, in: Brandt – Müller-Wille – Radtke, Haithabu, S. 281–301.

Hendrik Enno van Gelder, De karolingische muntslag te Duurstede, in: Jaarboek voor Munt- en Penningkunde 48 (1961), S. 15–42.

Manfred van Rey, Einführung in die rheinische Münzgeschichte des Mittelalters, (Beiträge zur Geschichte der Stadt Mönchengladbach 17) Mönchengladbach 1983.

Marc van Uytfanghe, La diachronie latino-romane. Le conflit des chronologies et la diglossie, in: Zeitschrift für romanische Philologie 128 (2012), S. 405–456.

Johanna Maria van Winter, Utrecht aan de Rijn. Middeleeuwse Rijnloop en wordingsgeschiedenis van de stad Utrecht, in: Jaarboek Oud-Utrecht (1975), S. 44–72.

Adriaan Verhulst, Der frühmittelalterliche Handel der Niederlande und der Friesenhandel, in: Untersuchungen zu Handel und Verkehr der vor- und frühgeschichtlichen Zeit in Mittel und Nordeuropa, Bd. 3. Der Handel des frühen Mittelalters, hg. von Klaus Düwel et al., (Abhandlungen der Akademie der Wissenschaften in Göttingen. Philologisch-historische Klasse. 3. Folge 150) Göttingen 1985, S. 381–391.

Cornelis Lambertus Verkerk, Les tonlieux carolingiens et ottoniens aux Pays-Bas septentrionaux, aux bouches des grandes rivières, in: Tonlieux, foires et marchés avant 1300 en Lotharingie, (Publications de la section historique de l'institut G.-D. de Luxembourg 104) Luxemburg 1988, S. 159–180.

Paul Viollet, Histoire des institutions politiques et administratives de la France, 4 Bde., Paris 1890–1912.

Hans Hermann Völckers, Karolingische Münzfunde der Frühzeit (751–800). Pippin, Karlmann, Karl der Große (I. und II. Münzperiode), (Abhandlungen der Akademie der Wissenschaften in Göttingen. Philologisch-historische Klasse. 3. Folge 61) Göttingen 1965.

Lothar Vogel, Bayern und Rom im frühen achten Jahrhundert. Über die römischen Synodalakten von 721 und das päpstliche Kapitular von 716 zur Einrichtung einer bayerischen Kirchenprovinz, in: Zeitschrift für bayerische Landesgeschichte 63 (2000), S. 357–414.

Hanna Vollrath, Das Mittelalter in der Typik oraler Gesellschaften, in: Historische Zeitschrift 233 (1981), S. 571–594.

Peter Volz, Königliche Münzhoheit und Münzprivilegien im Karolingischen Reich und die Entwicklung in der sächsischen und fränkischen Zeit I. Die karolingische Zeit, in: Jahrbuch für Numismatik und Geldgeschichte 21 (1971), S. 157–186.

Richard Wagner, Das Bündnis Karls des Großen mit den Abodriten, in: Jahrbücher des Vereins für Mecklenburgische Geschichte und Altertumskunde 63 (1898), S. 89–129.

Ines Weber, Ein Gesetz für Männer und Frauen. Die frühmittelalterliche Ehe zwischen Religion, Gesellschaft und Kultur, 2 Bde., (Mittelalter-Forschungen 24) Ostfildern 2008.

Margarete Weidemann, Zur Chronologie der Merowinger im 7. und 8. Jahrhundert, in: Francia 25 (1998), S. 177–230.

Raymond Weiller, Die Münzen von Trier, Bd. 1,1. Beschreibung der Münzen. 6. Jahrhundert – 1307, (Publikationen der Gesellschaft für rheinische Geschichtskunde 30) Düsseldorf 1988.

Jürgen Weitzel, Dinggenossenschaft und Recht. Untersuchungen zum Rechtsverständnis im fränkisch-deutschen Mittelalter, 2 Bde., (Quellen und Forschungen zur höchsten Gerichtsbarkeit im Alten Reich 15) Köln – Wien 1985.

Jürgen Weitzel, Ein zweiter Paradigmenwechsel?, in: Rechtsgeschichte 17 (2010), S. 62–66.

Jürgen Weitzel, Art. Königsgericht, in: HRG^2 3 (2014), Sp. 41–50.

Tim Weski, Schleuse oder Bootsrutsche? Anmerkungen zur Überwindung von Staustufen, in: Großbaustelle 793. Das Kanalprojekt Karls des Großen zwischen Rhein und Donau, hg. von Peter Ettel et al., (Mosaiksteine 11) Mainz 2014, S. 103 f.

Ralf Wiechmann, Art. Sceatta, in: RGA² 26 (2004), S. 558–564.

Wilhelm Eduard Wilda, Geschichte des deutschen Strafrechts, Bd. 1, Halle 1842.

Dietmar Willoweit, Art. Immunität, in: HRG² 2 (2012), Sp. 1180–1192.

Christian Wilsdorf, Le Monasterium Scottorum de Honau et la famille des ducs d'Alsace au VIIIe siècle. Vestiges d'un cartulaire perdu, in: Francia 3 (1975), S. 1–87.

Katharina Winckler, Die Alpen im Frühmittelalter. Die Geschichte eines Raumes in den Jahren 500 bis 800, Wien – Köln – Weimar 2012.

Katharina Winckler, Die Alpen als Grenze und Grenzen in den Alpen, in: Archaeologica Austriaca 96 (2012), S. 147–161.

Katharina Winckler, Between Symbol of Power and Customs Station. Early Medieval Fortifications in the Eastern Alps according to written Sources, in: Prima dei castelli medievali. Materiali e luoghi nell'arco alpino orientale, hg. von Barbara Maurina – Carlo Andrea Postinger, (Atti della Accademia Roveretana degli Agiati. 9. Ser. 2,A,2) Rovereto 2012, S. 107–127.

Harald Witthöft, Münzfuß, Kleingewichte, Pondus Caroli und die Grundlegung des nordeuropäischen Maß- und Gewichtswesens in fränkischer Zeit, (Sachüberlieferung und Geschichte 1) Ostfildern 1984.

Mark Tobias Wittlinger, Kaiser, Rom und Apostelfürst. Herrscher und Petrus vom 8. bis zum 12. Jahrhundert, (Forschungen zur Kaiser- und Papstgeschichte des Mittelalters. Beihefte zu J. F. Böhmer, Regesta Imperii 42) Köln – Weimar – Wien 2018.

Gunther G. Wolf, Mögliche Gründe für Karlmanns d.Ä. Resignation 747. Ein kanonistischer Versuch, in: Zeitschrift der Savigny-Stiftung für Rechtsgeschichte. Kan. Abt. 78 (1992), S. 517–531.

Gunther G. Wolf, Einige Bemerkungen zum Tode Karlmanns d. Ä. († 17. August 754) und Karlmann d. J. († 4. Dezember 771), in: Archiv für Diplomatik 45 (1999), S. 7–14.

Herwig Wolfram, Intitulatio, Bd. 1. Lateinische Königs- und Fürstentitel bis zum Ende des 8. Jahrhunderts, (Mitteilungen des Instituts für Österreichische Geschichtsforschung 21) Graz – Wien – Köln 1967.

Herwig Wolfram, Tassilo III. Höchster Fürst und niedrigster Mönch, (Kleine bayerische Biografie) Regensburg 2016.

Patrick Wormald, Lex scripta and verbum regis. Legislation and Germanic kingship, from Euric to Cnut, in: Early Medieval Kingship, hg. von Peter Hayer Sawyer – Ian Wood, Leeds 1977, S. 105–138.

Roger Wright, Foreigner's Latin and Romance. Boniface and Pope Gregory II, in: ders., A sociophilological Study of Late Latin, (Utrecht Studies in Medieval Literacy 10) Turnhout 2002, S. 95–109.

Barbara Yorke, Kings and Kingdom of Early Anglo-Saxon England, London – New York 1990 (ND 2003).

Klaus Zechiel-Eckes, Fälschung als Mittel politischer Auseinandersetzung. Ludwig der Fromme (814–840) und die Genese der pseudosidorischen Dekretalen, (Nordrhein-Westfälische Akademie der Wissenschaften und der Künste. Geisteswissenschaftliche Klasse. Vorträge 428) Paderborn u. a. 2011.

Monique ZERNER, Cartulaire et historiographie à l'époque grégorienne. Le cas de Saint-Victor de Marseille, in: Provence historique 195–196 (1999), S. 523–540.
ZEUMER, Formulae vgl. Formulae Merowingici et Karolini aevi

7.7 Internet[3]

http://capitularia.uni-koeln.de
http://ww2.smb.museum/ikmk/
http://www.benedictus.mgh.de
http://www.leges.uni-koeln.de
http://www.mgh.de/datenbanken/diplomata/diplomata-ergaenzungen/
http://www.mgh.de/ddhv/
http://www.prosopographie.eu/
https://www.ogn-numismatique.com/article.asp?langue=fr&article=2269

3 Letzter Zugriff am 06.10.2020.

Register

Orts-, Personen-, und Quellenregister

Im Register sind folgende Abkürzungen verwendet: Bf. (Bischof), Ebf. (Erzbischof), Gem. (Gemahlin), Gf. (Graf), Hausm. (Hausmeier), Hl. (Heilige/ Heiliger), Hzg. (Herzog), M. (Mutter), Pfalzgf. (Pfalzgraf), S. (Sohn), T. (Tochter). Herrscherurkunden und karolingische Münzen sind über gesonderte Register erfasst. Privaturkunden und sonstige Münzen sind über die entsprechenden Institutionen und Personen in diesem Register auffindbar.

Herrscherurkunden

Dieses Register verzeichnet die verwendeten Herrscherurkunden in chronologischer Reihenfolge. Die Deperdita Pippins des Jüngeren, Karlmanns des Jüngeren und Karls des Großen sind nachgewiesen nach Lechner, Verlorene Urkunden.

Karolingische Münzen

Dieses Register verzeichnet die verwendeten karolingischen Münzen nach Depeyrot, Numéraire carolingien.